カリカチュアでよむ
19世紀末
フランス人物事典

鹿島茂＋倉方健作

白水社

カリカチュアでよむ
19世紀末フランス人物事典

装幀	森デザイン室
カリカチュア撮影	NOEMA Inc.

はじめに

鹿島 茂

　もう30年も昔のことになる。初冬のある日、サンテ刑務所の長い壁を左に見ながらサンテ通りを歩いていると、右手に煌々と明かりのついた古本屋が暗闇の中にポッカリと浮かびあがった。扉を開けると店内は推理小説とSF小説の山また山。これは場違いな店に入ってしまったと一瞬後悔したが、気を取り直して「19世紀の挿絵本を探しているのだけれど」と尋ねてみると、「ご覧のようにうちは19世紀の専門ではないが、ひとつだけすごいものを手に入れた。一応、見てみるか？」という返事。もちろん「Non」はない。店主が取り出した包みを開くと、出てきたのは文学者や政治家のカリカチュアを表紙に配した新聞形式の冊子。タイトルは"*Les Hommes d'aujourd'hui*"訳せば『今日の人々』である。
　「さて全部で469号ある。完全揃いだ。中を見てみるかね？」。これまた「Non」はありえない。かくして、その場で1時間以上もかけて、私は伝説的なカリカチュア新聞全号の確認に立ち会うことになったのである。そのときの興奮はよく覚えている。店主に説明されるまでもなく、それが空前絶後のものであることは即座にわかったからである。よって、店主が最後の469号目を確認し終わったとき、私の腹はもう決まっていた。いくら高くても買おうと思ったのである。だから、店主の口から「7000フラン」（当時のレートで21万円）という声が出たときには一瞬、耳を疑った。そんなに安くていいのかと思ったのである。私はすぐに小切手帳に« Sept mille francs »と書いて店主に渡し、握手を交わして店を出た。
　このときの気持ちもまたよく覚えている。道行く人たちを片端から捕まえて« J'ai gagné !（手に入れたぞ！）》と叫びたい気分だった。それぐらい興奮していたのである。
　では、なにゆえにそんなに興奮していたのか？　これさえあれば、私がそのころ夢想していた、19世紀フランスのすべてを網羅した巨大な事典、つまりそれを引けば、政治・経済・文学・芸術・科学など、どんなことでも出ていないことはない「決定版・総合フランス19世紀事典」をつくり上げることも決して夢ではないと思ったのである。
　だが、今になって振り返ると、私は自分の膂力を見誤っていた。いろいろなところに手を出したあげく、いたずらにときが経過してしまったからである。少しアレンジするだけで最高の19世紀人名事典ができあがるのにと思っても、執筆にとりかかるだけの気力がない。かくて、完全な宝の持ち腐れとなり、30年の月日が空しく流れたのである。
　そんなときに、ひょんなことからインターネットでレンタルボジのサイトを立ち上げることが決まった。一般公開したら利用希望者が現れると思われるような手持ち資料を順次データベース化していこうという話である。当然、『今日の人々』も候補に上がった。これだけ網羅的に19世紀の人の「顔」を見ることのできる資料は他に見当たらないからである。そこで、重い腰を上げてそれぞれの号のカリカチュアに解説文を書く作業を始めたのだが、なにせ469号という膨大な数である。思うように作業は進まない。
　なんとかならないかと思っている矢先に、『今日の人々』を専門に研究している倉方健作君のことを人づてに耳にした。そこで、これ幸いとコンタクトをとり、解説の作業を手伝っていただけないかと打診したところ、快諾を得たので、私がまず100号までの簡単な解説を書いてフォーマットをつくり、それに準じて残りの号を倉方君に担当してい

ただいくことにした。

　こうしてできあがってきた倉方君の原稿を読んでいるうちに、これをレンタルポジ・サイトの解説に終わらせてしまうのはいかにももったいない気がしてきたので、書籍化を白水社に依頼したのだが、その理由はいくつかある。

　まず、倉方君の調べ方が尋常ではない。『今日の人々』の人物紹介記事は不正確なところがあるうえに、自分の才知を見せつけようとするジャーナリストの癖で、当てこすりや皮肉が多く、そのまま訳したのでは現代の日本の読者には通用しない。利用するにしても十分な解読のコードがなければならないのだが、倉方君の原稿はその点がじつに素晴らしい。もとの解説文からできるかぎり情報を引き出したうえ、これに批評的な検討を加えて包括的なミニ・バイオグラフィーを書き上げているので、21世紀の読者にも十分理解できる。また、カリカチュアというのは、時間がたつと、どこがどう面白いのか意味不明となることが多いが、倉方君の超人的な努力により、その「意味」がかなりな程度、解明されているので、今日ではカリカチュアを楽しむことができるのである。

　第二に、『今日の人々』は、そのタイトルから想像がつくように、当時は多少とも名を知られてはいても、その後、忘却の淵に沈んでしまったマイナー政治家、マイナー文学者、マイナー芸術家、それにジャーナリストや編集者などが意外に多く登場している。そのときどきの「今日の人」を取り上げているのだから、当然といえば当然である。

　だから、もし発刊から20〜30年後だったら、これは「弱み」となるほかはない。マイナーな人物などだれだって興味をひかれないからだ。

　だが、終刊から数えても100年以上たった今日において、この「弱み」はとてつもない「強み」に変化している。つまり、マイナーな人たちが何百人というということは、人名事典としては、この上ない利点となっているのだ。とくに、前半における共和主義の政治家、および後半における詩人・作家は、その没年さえわからないことが多く、かなり大きな人名事典や文学事典、政治事典を引いてもまったく出てこない場合がほとんどである。マイナーな有名人を網羅した人名事典というのは「ありうべからざる」パラドクサルな事典なのである。もちろん、マイナーな人物が多いというだけが売りなのではない。その反対である。19世紀後半の有名人で写真が残っていない人はかなりいるから、そういう場合、この『今日の人々』だけが頼りということになる。

　書籍化に当たって、倉方君に大幅な加筆をお願いした上で、私が思う存分に赤字を入れて最終原稿としたが、当然、文責はすべて私にある。

　とにかく、類書が1冊もないという本であることは確かだ。これが出せたら死んでもいいと思うたぐいの本があるものだが、本書もそうした1冊であることは間違いない。

目次

はじめに　鹿島茂　　　　　　3

人物紹介　　　　　　　　　　11

用語・訳語について　　　　　12

No.1	ヴィクトル・ユゴー	13
No.2	レオン・クラデル	14
No.3	コンスタン・コクラン	15
No.4	エミール・ゾラ	16
No.5	レオン・ガンベッタ	17
No.6	オーレリアン・ショル	18
No.7	サラ・ベルナール	19
No.8	ナダール	20
No.9	オーギュスト・ヴァクリ	21
No.10	アンドレ・ジル	22
No.11	エミール・ド・ジラルダン	23
No.12	ヴィクトル・カプール	24
No.13	ルイ・ブラン	25
No.14	ポール・ド・カサニャック	26
No.15	エドモン・アブー	27
No.16	ソフィ・クロワゼット	28
No.17	アルフレッド・グレヴァン	29
No.18	エミール・リトレ	30
No.19	フランシスク・サルセー	31
No.20	アジェノール・バルドゥ	32
No.21	オリヴィエ・メトラ	33
No.22	ポール・シャルメル=ラクール	34
No.23	アルフォンス・ドーデ	35
No.24	ジュゼッペ・ガリバルディ	36
No.25	ジュール・グレヴィ	37
No.26	エルネスト・アメル	38
No.27	シャルル・フロケ	39
No.28	サン=ジュネ	40
No.29	エドゥアール・ロックロワ	41
No.30	ジョルジュ・クレマンソー	42
No.31	エクトル・ペサール	43
No.32	シャルル・モンスレ	44
No.33	シャルル・パジョ	45
No.34	アルチュール・ランク	46
No.35	ジュール・クラルティ	47
No.36	ジュール・フェリー	48
No.37	エルクマン=シャトリアン	49
No.38	ウジェーヌ・スピュレール	50
No.39	ヴィクトル・プーパン	51
No.40	エマニュエル=フェリックス・ド・ウィンプフェン	52
No.41	フェルディナン・ド・レセップス	53
No.42	アナトール・ド・ラ・フォルジュ	54
No.43	エドゥアール・シベケール	55
No.44	ジャン・マセ	56
No.45	オーギュスト・ヴォーコルベイユ	57
No.46	イヴ・ギュイヨ	58
No.47	エティエンヌ・カルジャ	59
No.48	エマニュエル・ヴォーシェ	60
No.49	ヴィクトル・シュルシェール	61
No.50	ジュール=アントワーヌ・カスタニャリ	62
No.51	アレクシ・ブーヴィエ	63
No.52	レオン・ビアンヴニュ［トゥシャトゥ］	64
No.53	アルフレッド・ナケ	65
No.54	ルイ・カンタン	66
No.55	ポール・アレーヌ	67
No.56	フェリックス・ジョベ=デュヴァル	68
No.57	シャルル・ルコック	69
No.58	フェルディナン・エロルド	70
No.59	ピエール・ヴェロン	71
No.60	テオドール・オーバネル	72
No.61	マリオ・プロート	73
No.62	アルフォンス・アンベール	74
No.63	テオドール・ド・バンヴィル	75
No.64	オリヴィエ・パン	76
No.65	フランソワ・アラン=タルジェ	77
No.66	トニ・レヴィヨン	78
No.67	デュメーヌ	79
No.68	アンリ・ロシュフォール	80
No.69	シャルル=アンジュ・レザン	81
No.70	ウジェーヌ・ファルシ	82

No.71	レオ・タクシル	83		No.113	セベリアーノ・ド・エレディア	125
No.72	アシール・ド・スゴンディニェ	84		No.114	エドゥアール・カドル	126
No.73	ヴラディミール・ガニュール	85		No.115	ドゥニ・プーロ	127
No.74	アルセーヌ・ウーセ	86		No.116	エクトル・マロ	128
No.75	レオン・ローラン=ピシャ	87		No.117	ポール・ソニエール	129
No.76	アンドレ=サチュルナン・モラン	88		No.118	ジュリエット・アダン	130
No.77	エクトル・フランス	89		No.119	ジュール・ヴァレス	131
No.78	バンジャマン・ラスパイユ	90		No.120	テオドール・ユン	132
No.79	シャルル・カステラニ	91		No.121	ウジェーヌ・ボヌメール	133
No.80	エドモン・チュルケ	92		No.122	シャルル・ボワセ	134
No.81	ギュスターヴ・リヴェ	93		No.123	ジュール・ヴェルヌ	135
No.82	フランシス・ピティエ	94		No.124	ピエール=ジュール・エッツェル	136
No.83	デジレ・バロデ	95		No.125	ルイ・ユルバック	137
No.84	クロード=アンティーム・コルボン	96		No.126	エドゥアール・ド・ポンペリ	138
No.85	マルタン・ナドー	97		No.127	シャルル・ルペール	139
No.86	エルフェージュ・ブルサン	98		No.128	アベル・オヴラック	140
No.87	ジャン=ジョゼフ・ファール	99		No.129	ジュール・カゾ	141
No.88	シャルル・ロート	100		No.130	シジスモン・ラクロワ	142
No.89	エミール・デシャネル	101		No.131	カミーユ・マルゲーヌ	143
No.90	ナルシス・ブランパン	102		No.132	アルフレッド・タランディエ	144
No.91	ルイ・グレポ	103		No.133	ジェルマン・カッス	145
No.92	アンリ・エスコフィエ	104		No.134	エクトル・ドゥパッス	146
No.93	ポール・ニコル	105		No.135	ジャン=マリ・ド・ラネサン	147
No.94	アンリ・ブリソン	106		No.136	テオクセーヌ・ロック・ド・フィヨル	148
No.95	ジュール・ロッシュ	107		No.137	モーリス・アンジェラール	149
No.96	ノエル・パルフェ	108		No.138	ギヨーム・マイヤール	150
No.97	アルチュール・アルヌー	109		No.139	ピエール・マルモッタン	151
No.98	シャルル・フレボー	110		No.140	ジュール・ヴィエット	152
No.99	レオン・リシェ	111		No.141	シャルル・ボーキエ	153
No.100	フランソワ・カンタグレル	112		No.142	ギュスターヴ・ユバール	154
No.101	アドルフ・コシュリ	113		No.143	ヴィクトル・ギシャール	155
No.102	アルフレッド・ルコント	114		No.144	アンリ・チュリエ	156
No.103	マリア・ドゥレーム	115		No.145	アンリ・ド・ラクルテル	157
No.104	ヴィクトル・ムニエ	116		No.146	アルベール・ペトロ	158
No.105	エルネスト・デルヴィイ	117		No.147	エルネスト・カメカッス	159
No.106	アンリ・トラン	118		No.148	エドガール・モンテイユ	160
No.107	エドモン・ルペルティエ	119		No.149	ジュスタン・ラビューズ	161
No.108	カミーユ・ペルタン	120		No.150	リュシアン・ドゥラブルース	162
No.109	カミーユ・フラマリオン	121		No.151	ウジェーヌ・ドゥラットル	163
No.110	アルフォンス・ペラ	122		No.152	アンリ・ラバニ	164
No.111	エマニュエル・ゴンザレス	123		No.153	フランシス・シャルム	165
No.112	シャルル・エリソン	124		No.154	ジャン・ラフォン	166

No.155 アンリ・マレ	167	No.197 テオフィル・マルクー	209
No.156 エドモン・ティオディエール	168	No.198 オノレ・ポントワ	210
No.157 デジレ=マグロワール・ブルヌヴィル	169	No.199 ノエル・マディエ・ド・モンジョー	211
No.158 エドゥアール・ミヨー	170	No.200 アンリ・ドゥマール	212
No.159 エルネスト・ルフェーヴル	171	No.201 ルイ・ビザレリ	213
No.160 ジュアン・ド・ブーテイエ	172	No.202 エミール・コラ	214
No.161 ディオニス・オルディネール	173	No.203 カチュール・マンデス	215
No.162 チャールズ・ブラッドロー	174	No.204 セザール・ベルトロン	216
No.163 アルチュール・シャラメ	175	No.205 アルベール・ルニャール	217
No.164 ギュスターヴ・イザンベール	176	No.206 ジャン・デストレム	218
No.165 カミーユ・ラスパイユ	177	No.207 セクスティユス・ミシェル	219
No.166 クロヴィス・ユーグ	178	No.208 エルネスト・フィギュレ	220
No.167 アンリ・マルスーラン	179	No.209 ルイ・アミアーブル	221
No.168 レオン・ドゥロム	180	No.210 ジョゼフ・マニエ	222
No.169 レオン・マルグ	181	No.211 ダニエル・ウィルソン	223
No.170 クレマンス・ロワイエ	182	No.212 ジュール・クレレ	224
No.171 ピエール・ヴァルデック=ルソー	183	No.213 エミール・アコラス	225
No.172 ジャン=バティスト=アンドレ・ゴダン	184	No.214 オーギュスタン・シャラメル	226
No.173 アンリ・ド・ラポムレ	185	No.215 シャルル=アルフレッド・ド・ジャンゼ	227
No.174 アンリ・マルタン	186	No.216 ジャック=シャルル・キュレ	228
No.175 オーギュスト・カデ	187	No.217 エドモン・ティエルソ	229
No.176 アルチュール・ラボルデール	188	No.218 エミール・ジロデ	230
No.177 ウジェーヌ・ド・メノルヴァル	189	No.219 ポール・ヴィギエ	231
No.178 ポール・ムーリス	190	No.220 フレデリック・デモン	232
No.179 フェルディナン・ルリエーヴル	191	No.221 ジャン=クロード・コルファヴリュ	233
No.180 アモリ・ドレオ	192	No.222 ポール・フェオ	234
No.181 フランソワ=グザヴィエ・カティオ	193	No.223 マリ=ルイーズ・ガニュール	235
No.182 ルイ・アマガ	194	No.224 フェリックス・レガメ	236
No.183 マチュラン・モロー	195	No.225 ジャン=フランソワ・トレボワ	237
No.184 ジャン=プラシッド・チュリニ	196	No.226 J.=A.・マンセル	238
No.185 レミ・ジャック	197	No.227 ウジェーヌ・シュヴルール	239
No.186 エミール・ジュリアン	198	No.228 ガブリエル・コンペレ	240
No.187 アルフレッド・ルテリエ	199	No.229 ジョルジュ・ブーランジェ	241
No.188 オーギュスト・シュレル=ケストネル	200	No.230 アメデ・クールベ	242
No.189 ジャン・フォルネ	201	No.231 ロゼリア・ルーセイユ	243
No.190 アルマン・レヴィ	202	No.232 ドラネル	244
No.191 ウジェーヌ・リュ	203	No.233 ジョルジュ・オーネ	245
No.192 エミール・マルタン=ランデル	204	No.234 ルイ・フェデルブ	246
No.193 ウジェース・テノ	205	No.235 ポール・ベール	247
No.194 エルネスト・ブルム	206	No.236 イポリット・マーズ	248
No.195 ジャック・ソンジョン	207	No.237 アドルフ・モージャン	249
No.196 エミール・ヴィルヌーヴ	208	No.238 ポール・デルレード	250

No.239 モーリス・ルーヴィエ	251	
No.240 ヴィクトル・デュリュイ	252	
No.241 ルコント・ド・リール	253	
No.242 ジュール・ボビヨ	254	
No.243 フランソワ・コペ	255	
No.244 ポール・ヴェルレーヌ	256	
No.245 エルネスト・コクラン	257	
No.246 ギ・ド・モーパッサン	258	
No.247 イラリオン・バランド	259	
No.248 シャルル・ド・フレシネ	260	
No.249 アンリ・ド・ボルニエ	261	
No.250 エルネスト・ルナン	262	
No.251 エミール・オージエ	263	
No.252 アンリ・ビュゲ	264	
No.253 フランソワ・カンロベール	265	
No.254 アレクサンドル・デュマ（・フィス）	266	
No.255 アンリ・リトルフ	267	
No.256 アルマン・デプレ	268	
No.257 フレデリック・パシ	269	
No.258 オーギュスト・ド・ヴィリエ・ド・リラダン	270	
No.259 マリユス・フォンターヌ	271	
No.260 フランシス・マニャール	272	
No.261 ガストン・ド・ガリフェ	273	
No.262 アンリ・ミシュラン	274	
No.263 ジョリス＝カルル・ユイスマンス	275	
No.264 ジュール・ベクラール	276	
No.265 アルマン・シルヴェストル	277	
No.266 エドゥアール・エルヴェ	278	
No.267 アルフォンス・ルメール	279	
No.268 ジャン・モレアス	280	
No.269 ジュール・レルミナ	281	
No.270 フィリップ・リコール	282	
No.271 モーリス・フォール	283	
No.272 ルイ・アンドリュー	284	
No.273 マティアス・デュヴァル	285	
No.274 エドモン・ド・ゴンクール	286	
No.275 ジュール・シェレ	287	
No.276 ドーブレ	288	
No.277 アントン・ルビンシュテイン	289	
No.278 レオン・セー	290	
No.279 ジャン＝バティスト・ビヨ	291	
No.280 ジャン・リシュパン	292	
No.281 ルイ・フィギエ	293	
No.282 ジュール・バルベ・ドールヴィイ	294	
No.283 フェリックス＝ギュスターヴ・ソーシエ	295	
No.284 シュリ・プリュドム	296	
No.285 ポール・ブールジェ	297	
No.286 ポール・ジニスティ	298	
No.287 レオン・ディエルクス	299	
No.288 エミール・コール	300	
No.289 ピエール・サヴォルニャン・ド・ブラザ	301	
No.290 レオン・ラベ	302	
No.291 ジョゼファン・スーラリ	303	
No.292 エミール・ベルジュラ	304	
No.293 エクトル・ジャコメリ	305	
No.294 ジョン・グラン＝カルトレ	306	
No.295 モーリス・マック＝ナブ	307	
No.296 ステファヌ・マラルメ	308	
No.297 J.＝エミール・ラバディ	309	
No.298 ジュール・ラフォルグ	310	
No.299 エルネスト・マンドロン	311	
No.300 シャルル・ヴィニエ	312	
No.301 エドゥアール・ドリュモン	313	
No.302 アルチュール・メイエル	314	
No.303 モーリス・ロリナ	315	
No.304 ポール・アダン	316	
No.305 オーギュスト・バルトルディ	317	
No.306 エドモン・ブノワ＝レヴィ	318	
No.307 ジュール・ルメートル	319	
No.308 ジュール・クリストフ アナトール・セルベール	320	
No.309 フランソワ・ビデル	321	
No.310 ジュール・バリック	322	
No.311 ギュスターヴ・ナドー	323	
No.312 シャルル・ジルベール＝マルタン	324	
No.313 シャルル・ガルニエ	325	
No.314 レオン・エニック	326	
No.315 フリードリヒ3世	327	
No.316 カミーユ・ドゥーセ	328	
No.317 フェリックス・ピヤ	329	
No.318 アルチュール・ランボー	330	
No.319 ジュール・マスネ	331	
No.320 レオン・ヴァニエ	332	
No.321 ヴィルヘルム1世	333	

No.322	アドルフ・ヴィレット	334
No.323	フィリップ・ジル	335
No.324	アントワーヌ・ギュメ	336
No.325	アルフレッド・リシェ	337
No.326	フランシス・ヴィエレ=グリファン	338
No.327	フェリシアン・シャンソール	339
No.328	ジュアン・サラザン	340
No.329	イヤサント・ロワゾン	341
No.330	エルネスト・グルネ=ダンクール	342
No.331	ピエール・ロティ	343
No.332	アナトール・バジュ	344
No.333	アルフレッド・ケクラン=シュヴァルツ	345
No.334	エドゥアール・パイユロン	346
No.335	シャルル・クロ	347
No.336	ポール・アレクシ	348
No.337	サディ・カルノー	349
No.338	ルネ・ギル	350
No.339	エドモン・ゴンディネ	351
No.340	モーリス・バレス	352
No.341	アンドレ・アントワーヌ	353
No.342	アンリ・ド・レニエ	354
No.343	ジャン=マルタン・シャルコー	355
No.344	エルネスト・レイエル	356
No.345	エドモン・ジュリアン・ド・ラ・グラヴィエール	357
No.346	アナトール・フランス	358
No.347	シャルル・グノー	359
No.348	アリスティッド・ブリュアン	360
No.349	テオフィル=アレクサンドル・スタンラン	361
No.350	ジョルジュ・クルトリーヌ	362
No.351	ギュスターヴ・エッフェル	363
No.352	シャルル・ド・マザード	364
No.353	リュジェ・ナボンヌ	365
No.354	ジュール・アベール=ディス	366
No.355	ロベール・ド・ラ・ヴィルエルヴェ	367
No.356	ジュゼッペ・ヴェルディ	368
No.357	ナーセロッディーン・シャー	369
No.358	ジョルジュ・ベルジェ	370
No.359	アンブロワーズ・トマ	371
No.360	ギュスターヴ・カーン	372
No.361	カミーユ・サン=サーンス	373
No.362	アドルフ・ペロー	374
No.363	ジュール=エミール・ペアン	375
No.364	エミール・グドー	376
No.365	エルネスト・メソニエ	377
No.366	カミーユ・ピサロ	378
No.367	リュシアン・デカーヴ	379
No.368	ジョルジュ・スーラ	380
No.369	ジョゼファン・ペラダン	381
No.370	アルベール・デュボワ=ピエ	382
No.371	レオン・クサンロフ	383
No.372	フィリベール・オードゥブラン	384
No.373	ポール・シニャック	385
No.374	ジャン・アジャルベール	386
No.375	シャルル・ル・ゴフィック	387
No.376	マクシミリアン・リュス	388
No.377	ポール・レオネック	389
No.378	イポリット・ビュフノワール	390
No.379	アルフォンス・カール	391
No.380	エドモン・フレミ	392
No.381	アルフレッド・ル・プティ	393
No.382	アンリ・セアール	394
No.383	ルイ・ルグラン	395
No.384	ルイ・ヴァレ	396
No.385	ルイ=グザヴィエ・ド・リカール	397
No.386	オディロン・ルドン	398
No.387	ポール・セザンヌ	399
No.388	エドゥアール・デュジャルダン	400
No.389	エミール・シュフネッケル	401
No.390	フィンセント・ファン・ゴッホ	402
No.391	ローラン・タイヤード	403
No.392	カラン・ダッシュ	404
No.393	シャルル・ディゲ	405
No.394	アンリ・カザリス	406
No.395	エミール・ブレモン	407
No.396	アルベール・メラ	408
No.397	ポール・デルメ	409
No.398	アンドレ・ルモワーヌ	410
No.399	ジョルジュ・ラフネートル	411
No.400	ラウール・ポンション	412
No.401	ガブリエル・ヴィケール	413
No.402	マヌエル・ルーケ	414
No.403	エウセビオ・ブラスコ	415

No.404 ジャック・マドレーヌ	416
No.405 ジョゼ=マリア・ド・エレディア	417
No.406 アンドレ・トゥリエ	418
No.407 アンリ・ソム	419
No.408 モーリス・デュ・プレシ	420
No.409 ゾ・ダクサ	421
No.410 パピュス	422
No.411 ジュール・ロック	423
No.412 ヴィリ	424
No.413 ピエール・トリムイヤ	425
No.414 スチュアート・メリル	426
No.415 マルセル・ルゲ	427
No.416 ジュール・ルナール	428
No.417 アドルフ・レテ	429
No.418 ポール・ヴォグレール	430
No.419 アルフォンス・オスベール	431
No.420 ジュール・シモン	432
No.421 フェルディナン・リュネル	433
No.422 リュドヴィック・アレヴィ	434
No.423 エルネスト・シュブルー	435
No.424 フランシス・ポワクトヴァン	436
No.425 ウジェーヌ・グラッセ	437
No.426 ウジェーヌ・プーベル	438
No.427 エルネスト・ボヌジョワ	439
No.428 グザヴィエ・プリヴァ	440
No.429 リュシアン・ユベール	441
No.430 アンリ・ド・スタ	442
No.431 エミール・ヴェルハーレン	443
No.432 アンリ・ブロヴィッツ	444
No.433 ウジェーヌ・ミュレール	445
No.434 モーリス・メーテルランク	446
No.435 エミール・ブーシェ	447
No.436 アルベール・コリニョン	448
No.437 ジャック・ル・ロラン	449
No.438 レモン・トレール	450
No.439 サン=ジョルジュ・ド・ブーエリエ	451
No.440 ポール・ゴーギャン	452
No.441 アルフレッド・モルティエ	453
No.442 アントワーヌ・ガティ	454
No.443 オーギュスタン・アモン	455
No.444 ジュール・ジュイ	456
No.445 マルス	457
No.446 ヴィクトリアン・サルドゥ	458
No.447 レオ・クラルティ	459
No.448 アデリーナ・パッティ	460
No.449 トム・ティット	461
No.450 ヴィクトリア	462
No.451 アルベール・ロビダ	463
No.452 アルベール・ギヨーム	464
No.453 エルネスト・ルグーヴェ	465
No.454 エルネスト・フラマリオン	466
No.455 ベルト・ド・マルシ	467
No.456 ウジェーヌ・ドーファン	468
No.457 アンリ・ド・オルレアン ［オマール公］	469
No.458 ヘンリー・モートン・スタンリー	470
No.459 シャルル・フュステール	471
No.460 アンリ・ド・トゥールーズ=ロートレック	472
No.461 ステファヌ・タルニエ	473
No.462 アベル・ルタル	474
No.463 アンリ・ウーセ	475
No.464 レオン・ノエル	476
No.465 エドモン・ロスタン	477
No.466 ガブリエル・アノトー	478
No.467 レオン・リオトール	479
No.468 フレデリック・モントゥナール	480
No.469 ポール・デシャネル	481

解説　倉方健作	482
参考文献	488
関連年表（1870-1900）	489
Les Hommes d'aujourd'hui 書誌一覧	494
人名カタカナ索引	503
人名欧文索引	507

人物紹介

Les Hommes d'aujourd'hui

用語・訳語について

固有名詞のカタカナ表記に関しては、発音辞典等を参照して原音に近似するよう試みたが、慣例に従ったところも少なくない。本文中では日本語に訳された用語の後ろにもとのフランス語を適宜挿入した。頻出する用語について、以下に原語と解説を示す。

〈政治〉

共和政　République
帝政　Empire
上院　Sénat　下院　Chambre des députés
　第三共和政成立後1875年の上院設置までは「国民議会」Assemblée nationale のみの一院制であったが、連続性を考慮して「下院」と訳した。
文部省　ministère de l'Instruction publique (et des Cultes, et des Beaux-Arts)
内務省　ministère de l'Intérieur
外務省　ministère des Affaires étrangères
司法省　ministère de la Justice
金融省　ministère des Finances
商業省　ministère du Commerce
農業省　ministère de l'Agriculture
公共事業省　ministère des Travaux publics
郵便通信省　ministère des Postes et Télégraphes
陸軍省　ministère de la Guerre
海軍省　ministère de la Marine (et des Colonies)
　なお、ministre は場合によって「相」「大臣」と訳しているが統一はしていない。
血の一週間　Semaine sanglante
　1871年5月22日から28日の、政府軍によるパリ・コミューンの武力鎮圧。3万人のパリ市民が殺害されたと言われる。
日和見主義　opportunisme
　第三共和政下で穏健共和派に与えられた呼称。グレヴィ、フェリー、また後期のガンベッタに代表される。
反教権主義　anti(-)cléricalisme
　宗教上の権威、特にカトリック教会の権力を否定し、その特権を除こうとする主張。第三共和政下ではとりわけ共和主義者に広く共有された。
(1880年の) 大赦　amnistie(de 1880)
　1880年に議決されたコミューンに関連する有罪判決の取り消し。これによって多くのコミューン関係者の帰国がかなった。
ドレフュス事件　Affaire Dreyfus
　1894年、ユダヤ系のドレフュス大尉がスパイ疑惑で冤罪逮捕されたことに始まる事件。軍部の腐敗やユダヤ人排斥運動が絡み、1906年の無罪判決までフランス国内の世論を二分した。
アクシオン・フランセーズ　Action française
　ドレフュス事件の動乱中、1898年に結成された国粋主義的団体。反ドレフュス派の知識人を中心に結成され、王政復古、民族主義を唱えた。

〈教育〉

collège は「中学」、lycée は「高校」と訳して統一した。大学 université 以外の高等教育機関、職種学校については以下のとおり。
高等師範学校　École normale supérieure
理工科学校　École polytechnique
官立美術学校　École des Beaux-Arts
陸軍士官学校　École spéciale militaire de Saint-Cyr
海軍士官学校　École navale
国立古文書学校　École des chartes
コンセルヴァトワール　Conservatoire de Paris

〈文芸・雑誌〉

高踏派　Parnasse / mouvement parnassien
　1866年、71年、76年の合同詩集『現代高踏詩集』Parnasse contemporain の参加者を中心とする運動。形式を重んじた。
自然主義　naturalisme
　遺伝や病理学など自然科学の知見を応用し写実主義を発展させた小説手法。ゾラに代表される。
象徴派(象徴主義)　symbolisme
　イメージを喚起する象徴として言語をとらえた文学思潮。ボードレール、ヴェルレーヌ、マラルメらの詩法を広く含むが、狭義には1880年代のモレアスを中心とした文学運動を指す。
フェリブリージュ　Félibrige
　南仏プロヴァンス語の保護と復興を訴えた文芸運動。ミストラル、オーバネルらが中心となった。
頻出する新聞・雑誌名の原題は以下のとおり。
『曙光(オロール)』　L'Aurore
『ガゼット・ド・パリ』　La Gazette de Paris
『ゴーロワ』　Le Gaulois
『19世紀』　Le XIXᵉ siècle
『黒猫(シャノワール)』　Le Chat noir
『シャリヴァリ』　Le Charivari
『ジュルナル・デ・デバ』　Le Journal des débats
『ジュルナル・アミュザン』　Le Journal amusant
『世紀』　Le Siècle
『タン』　Le Temps
『ナシオナル』　Le National
『フィガロ』　Le Figaro
『プティ・ジュルナル』　Le Petit Journal
『フランス共和国』　La Republique française
『ラペル』　Le Rappel
『角灯(ランテ)』　La Lanterne
『両世界評論』　La Revue des deux mondes

No. 1 VICTOR HUGO

dessin d'André Gill

ヴィクトル・ユゴー　1802.2.26-1885.5.22

フランスの作家。日本では主に小説『レ・ミゼラブル』*Les Misérables*（1862）のみで知られるが、詩、演劇、小説、評論の各分野で大きな足跡を残した19世紀最大の文学者である。軍人の三男としてブザンソンに生まれた。感情や個性を尊重する文学運動「ロマン派」の中心人物として1830年の戯曲『エルナニ』*Hernani* 等で文壇を刷新、1841年にアカデミー・フランセーズ会員となった。政界にも進出し1845年には上院議員に選出されるが、1851年のルイ＝ナポレオン（のちのナポレオン3世）のクーデターにより亡命を余儀なくされた。こうした経緯から第二帝政崩壊後に19年ぶりに帰国した際には歓呼で迎えられ、その後は共和国フランスの象徴として生きた。83歳で逝去した時には国葬をもって遇され、葬列を見送った国民は200万人にものぼったという。現在もその遺体は共和国の霊廟パンテオンに祀られている。ジルは何度となくユゴーのカリカチュアを手がけているが、常に敬意をもってこの大詩人を描いた。共和主義を奉ずる雑誌の創刊号のインパクトに最もふさわしい人物であり、ユゴーの偉大さを巨人の体軀で表現したり、太陽になぞらえたりすることは当時の常套的な喩法でもあった。

No. 2 LÉON CLADEL

dessin d'André Gill

レオン・クラデル　1834.3.22-1892.7.22

フランスの作家。モントーバンに生まれる。馬具職人の一人息子であったが、当時の地方生まれの文学青年の例に漏れず、筆で身を立てようとパリに出た。仕送りもない貧窮生活を送るうちに詩人ボードレール Charles Baudelaire (1821-67) に見込まれ、差し向かいで文章修行を受けるという貴重な経験を得た。1862年にボードレールが序文を書いた『滑稽な殉教者たち』*Martyrs ridicules* で注目を集め、1867年以降は故郷ケルシー地方（フランス南西部の地域を指す）の風物と農民を描く小説を次々に発表して流行作家となる。共和主義者でもあり、1875年には、民衆の政治参加を支持するあまり、小説中でパリ・コミューンを擁護したことを罪に問われ1ヶ月の禁固刑を受けている。後半生はパリを離れて故郷に身を落ち着けていたため、カリカチュアでは腕に刺青を彫り（ROBURはラテン語で「強さ」を意味する）野良仕事にいそしむ野人のように描かれているが、実際はボードレール譲りのダンディズムを生涯貫いていたという。娘ジュディット Judith Cladel (1873-1958) も文筆の道に進み、父親の伝記のほか、親交のあった彫刻家ロダンに関する著作を残している。

No. 3 CONSTANT COQUELIN

dessin d'André Gill

コンスタン・コクラン　　1841.1.23-1909.1.27

フランスの役者。同じく役者の弟エルネストと区別するため、コクラン・エネ Coquelin aîné(「エネ」は年長者、兄を意味する)と通称される。ドーヴァー海峡に面するブローニュ゠シュル゠メールにパン屋の息子として生まれ、コンセルヴァトワールで演劇を学ぶ。1860年からコメディ゠フランセーズの舞台に立ち、1864年に正座員、その後1886年まで四半世紀にわたって劇場の看板役者であり続けた。コメディ゠フランセーズは別名「モリエールの家」とも呼ばれるが、ジルはコクランにそのモリエールの扮装をさせ、劇場を彼の双肩に負わせている。一座の役者にレジオン・ドヌール勲章を授与するよう、親交のあったガンベッタに働きかけたことが明るみに出て物議をかもしたが、これは「芸術家」として見られることのない役者の地位向上を念頭に置いた上での要求であった。コクランはこの点を講演会で堂々と主張し、文部大臣も味方につけて見事に勲章を勝ちとっている。演劇技術に関する著作も多い。退団後はサラ・ベルナールともに海外公演をおこなったほか、1897年にはロスタンの戯曲『シラノ・ド・ベルジュラック』 Cyrano de Bergerac で最大の当たり役を得た。

No. 4 ÉMILE ZOLA

dessin d'André Gill

エミール・ゾラ　1840.4.2-1902.9.29

フランスの作家。パリに生まれ、少年期を過ごした南仏エクス゠アン゠プロヴァンスではセザンヌと親交を結んだ。パリに戻ると、写実主義を継承しながら生物学・生理学を援用して人間と社会を描く「自然主義」naturalismeの手法による小説を発表し、不道徳との謗(そし)りを受けながらも爆発的な成功を収めた。社会環境と遺伝的性質が織りなす一大絵巻である全20巻の『ルゴン゠マカール叢書』Les Rougon-Macquartは、ジルがカリカチュアで描くようにバルザックの『人間喜劇』La Comédie humaineの精神を継ぐものである。社会問題にも積極的に関わり、ドレフュス事件に際しては『曙光(オロール)』紙に「われ弾劾す」J'accuse ...!を発表、容疑者を擁護し政府と軍部の腐敗を告発した。このため懲役1年の判決を受けてイギリスに亡命、帰国後の1902年に一酸化炭素中毒で没した。ドレフュスの名誉が回復されたのち、1908年にゾラの遺灰はパンテオンに移されたが、これは共和国の象徴であったユゴーと同格の国家的顕彰である。2002年には大デュマの棺が加わり、現在パンテオンではこの3人の文豪が同室で眠っている。

No. 5 LÉON GAMBETTA

dessin d'André Gill

レオン・ガンベッタ　1838.4.2-1882.12.31

フランスの政治家。カオールに生まれ、弁護士を経て政治家として頭角を現した。1870年の普仏戦争でナポレオン3世が敗北した際には、敵軍に包囲されたパリからナダールの気球で脱出、臨時国防政府を指揮して抗戦を続けた。共和政下の議会では「急進共和派」と呼ばれる一派を率いて常に政局の中心にあった。ジルはガンベッタをサーカスの怪力男として描き、かたわらに「1880」と書かれたウェイトを置いている。この年号は王党派の現職大統領マクマオン Patrice de Mac Mahon（1808-93）の7年間の任期が切れる年であり、次期大統領に向けたガンベッタの自負と周囲の期待があらわれている。ところがマクマオンは1879年1月に上院改選での共和派圧勝を受けて辞任、新大統領には穏健共和派のグレヴィが選出された。ガンベッタは下院議長に甘んじ、さらに数々の妥協から強硬な主張が鳴りを潜め「日和見主義」に転じた。1881年末に首相となり念願の内閣を組織したものの、左右両派の調整に失敗、翌年早々に退陣を余儀なくされる。失意の豪腕政治家は1882年の大晦日に44歳で急死した。少年時代の事故で右目が義眼であったため、写真は常に顔の左側を撮影させたという。

No. 6 AURÉLIEN SCHOLL

dessin d'André Gill

オーレリアン・ショル　1833.7.13-1902.4.16

フランスの作家。ボルドーの公証人の家に生まれ、10代でパリに出てジャーナリズムの世界に入る。数々の新聞・雑誌を渡り歩き、数年の間『フィガロ』紙に関わったのち、1863年に対抗紙『黄色い小人』*Le Nain jaune* を創刊した。小説、戯曲も手がけたが、ショルが名を挙げたのはとりわけ時評の分野である。人の出入りの多い大通りのカフェを根城に最新の情報を集める「ブールヴァール族」boulevardier の代表格であり、文壇内部の事情に精通し、さらに女優たちから文字通り社交界の「舞台裏」の話題を引き出した。こうしたスタイルの成功には、第二帝政下の検閲で政治的な記事が排除され、社交界や文壇のゴシップが花盛りとなった時代背景も関係している。率直で辛辣な筆致はときに決闘を招き、カサニャックとの決闘では重傷を負っている。ペンを剣に見立てたジルのカリカチュアは、こうしたショルの姿勢を端的に示したものである。体制の変化にとらわれず生涯現役で時評を書き綴った「ブールヴァール族」の矜持は、1887年に刊行された2冊の『ブールヴァールの精神』*L'Esprit de Boulevard* に示されている。

No. 7 SARAH BERNHARDT

dessin d'André Gill

サラ・ベルナール　1844.10.22-1923.3.26

フランスの女優。社交界を渡り歩いた高級娼婦の私生児としてパリに生まれ、コンセルヴァトワールからコメディ=フランセーズに入団した。この経緯には、母親と懇意であったモルニー公 Charles de Morny (1811-65) の後ろ盾があったが、彼女自らも母親に倣ったやり方で関係者を篭絡したと噂された。当初は単なる痩せぎすの女優として特に目立つこともなかったが、1869年にコペの戯曲『通行人』Le Passant で最初の成功を収めて以降評価を高め、伝説の名女優ラシェル Rachel (1821-58) の再来とまで言われるに至った。世界的な活躍は半世紀以上に及び、ユゴーは彼女を「黄金の声」、コクトーは「聖なる怪物」と讃えている。画家ミュシャ Alfons Mucha (1860-1939) も彼女をモデルに連作のポスターを描いたが、これはベル・エポックを象徴する女性像となっている。ジルのカリカチュアは際立った痩軀をトンボに見立てたものだが、ベルナール自身、お気に入りの工芸家ラリック René Lalique (1860-1945) にトンボと女性を融合させたブローチを作らせており、これはアール・ヌーヴォーの傑作として今日まで伝わっている。

No. 8 NADAR

dessin d'André Gill

ナダール 1820.4.1-1910.3.23

フランスのイラストレーター、写真家、発明家。パリに生まれた。本名はフェリクス・トゥルナション Félix Tournachon。カリカチュア画家として出発したとき、名字をもじった「トゥルナダール」を縮めて「ナダール」と名乗った。当代を代表する人物約300名を1枚の絵に収めた巨大な「パンテオン=ナダール」Panthéon-Nadar により成功を収めた。また気球の有人飛行に情熱を注いで実用化に成功したことでも知られ、1870年に包囲されたパリからガンベッタが脱出する際に用いたのもナダールの気球であった。また、カリカチュアの資料として始めたモデルの写真撮影に没頭して著名な写真家ともなった。気球からの空撮やフラッシュを用いた暗闇での撮影など、豊富なアイディアと行動力を兼ね備えていた。ジルのカリカチュアでは、ナダールは写真機のかたわらに立ち、その背後には気球が見られる。さらにジルは、ナダール本人撮影のモノクロ写真では陰影に隠れることの多い右頬のできものを極度に強調して描いており、カリカチュアは写真以上に真実を映すのだと言わんばかりである。見習い時代にはナダールに職を世話してもらったこともあるというジル一流の「恩返し」には違いない。

No. 9 AUGUSTE VACQUERIE

dessin d'André Gill

オーギュスト・ヴァクリ　1819.11.19-1895.2.19

フランスの作家。ノルマンディ地方のヴィルキエに生まれる。友人ポール・ムーリスとともに学生時代にユゴーの知遇を得て親しく家に出入りをした。やがて兄シャルル Charles Vacquerie（1817-43）がユゴーの最愛の娘レオポルディーヌ Léopoldine Hugo（1824-43）と結婚したことで、ヴァクリは名実ともにユゴー家の一員となる。しかし結婚から7ヶ月後、レオポルディーヌ夫妻の舟がセーヌ川で転覆し溺死するという事故があり、ヴァクリとユゴーは喪の共有によってさらに強く結びついた。『エヴェヌマン』L'Événement 紙、次いで『ラペル』紙で長年にわたりユゴーの意向を大衆に広めたほか、その死に際してはムーリスとともに遺言執行人となっている。ヴァクリの名はユゴーと完全に不可分であり、カリカチュアで額に師のイニシャル「H」を刻印されている理由もここにある。なお、ユゴー夫妻は死んだ娘のかたわらに葬られることを生前望んでいたが、ユゴーがパンテオンに祀られたため、本来彼が入るはずであったヴィルキエの墓所は空くことになった。忠実な弟子としての一生を終えたヴァクリはそこに葬られ、死後も師の代理人のようにしてユゴー夫人のそばに侍している。

No. 10 ANDRÉ GILL

dessin d'Alfred Grévin

アンドレ・ジル　1840.10.17-1885.5.1

フランスの画家、イラストレーター。私生児としてパリに生まれる。実父は零落した伯爵であったため、ジル自身、本名としてアレクサンドル・ゴセ・ド・ギーヌ Alexandre Gosset de Guines を名乗った。両親を早くに失い、父方の祖父と叔母に育てられた。デッサンに技量を示し、雑誌にイラストを描き始めたが、糊口を凌ぐまでには至らず、当時ジルを預かっていたナダールの紹介で織物の仲買人をしていた時期もある。1866年に、『黄金虫』 Le Hanneton 誌と『月』 La Lune 紙で表紙のカリカチュアを担当した頃から徐々に評判を高め、カルティエ・ラタンやモンマルトルにたむろする文学者たちからも広く敬愛されるとともに、カリカチュアの第一人者としての名声を確立した。先駆者ドーミエの写実性とは一線を画し、大胆なデフォルメと独創的な構図、時事性を巧みに織り込んだカリカチュアを得意としたジルにとって、検閲が弱まり、かつ政治的動乱期となった第二帝政末期はまさに独壇場であった。活動の晩期にあたる『今日の人々』レ・ゾム・ドージュルデュイの筆致はそれに比べれば穏やかなものである。1880年代に精神を病み、療養所で没した。この号のジルの肖像はグレヴァンが描いている。

No. 11 ÉMILE DE GIRARDIN

dessin d'André Gill

エミール・ド・ジラルダン　　1806.6.21-1881.4.27

フランスの実業家、政治家。私生児エミール・ドゥラモット Émile Delamothe としてパリに生まれ、両親の顔を知らないまま他人の家で育った。しかし自身が侯爵家の血筋であることを知ると、半自伝的小説『エミール』Émile (1827) を執筆し、「ド・ジラルダン」の姓を名乗る権利を力づくで実父に認めさせた。翌年、新聞各紙から記事を選り抜いて編集した『盗賊』Le Voleur 紙の刊行によって成功を収め、その後創刊した『モード』La Mode 紙、『プレス』La Presse 紙でも全面広告や連載小説といった画期的な手法を導入、大衆を情報で誘導するフランスの「新聞王」となった。社会改革にも熱意を示し、ルイ＝ナポレオンが大統領に立候補した際には全メディアを挙げて応援し、彼のもとで政治改革を担当するつもりでいた。しかし当選後は袖にされ、さらに第二帝政成立後は亡命を余儀なくされたため、社会改革の夢はあえなくついえている。第三共和政下では『プティ・ジュルナル』紙、『フランス』La France 紙で共和派を支援した。2歳年長の妻デルフィーヌ Delphine de Girardan (1804-55) は才女として知られた作家である。

No. 12 VICTOR CAPOUL

dessin d'André Gill

ヴィクトル・カプール　1839.2.27-1924.2.18

フランスのテノール歌手。トゥールーズに生まれ、コンセルヴァトワールで優秀な成績を収める。卒業後にオペラ゠コミック座に入団し、声と美貌で特に女性から絶大な人気を得た。髪を中心で分け、左右の前髪の房がカールして額を覆う独特の髪型は「カプール風」と呼ばれて流行したという。1870年8月6日、普仏戦争の緒戦でフランスが勝利を収めたとの報にパリが喜びに沸いた際には、たまたま街に出ていたカプールは民衆に取り囲まれて「ラ・マルセイエーズ」を歌うよう請われた。この曲は第二帝政下では歌唱が禁じられていたが（国歌への制定は1879年）、カプールは快諾し、ブルス広場に停まっていた乗り合い馬車の屋上席で高らかに歌いあげ、一帯は大きな感動に包まれたという。ゴンクールの『日記』をはじめ多くのジャーナリストが書き留めた、共和政前夜の象徴的な出来事である。オペラ゠コミック座を退団した1871年以降は頻繁に長期の海外公演をおこない、その名声を世界的なものとした。しかし1870年代末を迎えると、もはやその声に衰えは隠せず、ジルは矢に射抜かれた鳥の姿でカプールのキャリアが下り坂にあることを示唆している。

No. 13　LOUIS BLANC

dessin d'André Gill

ルイ・ブラン　1811.10.29-1882.12.6

フランスの思想家、政治家。マドリッドに生まれる。父親はナポレオンの兄ジェロームやルイ18世のもとで成功した王党派であった。2歳下の弟とともにパリに出て、共和派のジャーナリストとして名を知られる。1848年の二月革命では成立した新政府のメンバーとなると、とりわけ労働問題に目を向けた。その中心プランは国立作業所Ateliers nationauxの設置であり、これによって資本主義に基づく競争を抑止し、労働者の地位を保全することを企図していた。しかし肝心の労働者の支持を得られず、さらに第二帝政期にはイギリスへの亡命を余儀なくされる。帝政崩壊後に帰国すると1876年には下院議員に当選、同じ共和派のフェリーの政策を「および腰」であると断じ、労働組合の認可等を強く主張するなど意気軒昂であった。非常に小柄であったブランは、カリカチュアではコップの中に入れられている。スプーンとコップは慣例的に演台に置かれるものであり、雄弁な人物を示す記号としてジルがたびたび用いている（89号、103号等参照）。弟のシャルルCharles Blanc（1813-1882）も美術批評家、アカデミー・フランセーズ会員として高名であった。

No. 14　PAUL DE CASSAGNAC

dessin d'André Gill

ポール・ド・カサニャック　1842.12.2-1904.11.4

フランスの作家、政治家。正式な名字はグラニエ・ド・カサニャック Granier de Cassagnac といい、ジェール県の名家の出であった。第二帝政を支持する父親が編集長を務める新聞『国家』*Le Pays* で1866年から政治記事を担当する。普仏戦争が勃発すると志願兵として従軍し、セダンでは敗色濃い皇帝に向かって「陛下、セント゠ヘレナ（ナポレオンの流刑地）までお供いたします！」と声高に叫んだという逸話が残っている。第三共和政下でも共和主義者に攻撃的な記事を書き、生涯に25回に及ぶ決闘を招いた。対手にはロシュフォール、ショル、ランク、ロックロワらの大物がいる。なかでもパリ・コミューン史の著者として知られるリサガレー Pierre-Olivier Lissagaray（1838-1901）とは、父親の従弟で血縁関係があるにもかかわらず、不倶戴天の敵同士であった。1876年に下院に立候補し共和派の対立候補を破って当選すると、1902年の引退まで極右派の論客として議会で存在感を示した。6歳下の弟は職業軍人として将軍にまで昇進、甥のひとりはサン゠グラニエ Saint-Granier（1890-1976）の名で知られるシャンソニエである。

No. 15 EDMOND ABOUT

dessin d'André Gill

エドモン・アブー　1828.2.14-1885.1.16

フランスの作家。ロレーヌ地方のデューズに生まれ、1848年に難関の高等師範学校に入学する。俊才が集ったこの年は「偉大な入学年」と呼ばれるが、アブーは碩学イポリット・テーヌ Hippolyte Taine（1828-93）、サルセーらを抑えて首席で学位を取得、文学の教授資格試験もトップで合格した。卒業後は国立研究所であるアテネ学院 École d'Athènes に所属したが、古代ではなく近代のギリシアに目を向け、1854年に『現代のギリシア』 La Grèce contemporaine を発表、政治と文明の堕落を痛烈な皮肉で描き出した。この著作は大いに読まれ、ギリシア神話の枠組みと現代風俗を融合させたオッフェンバックのオペレッタが享受される土台を準備した。機知縦横、交際とダンスを得意とするアブーは、第二帝政の刹那主義を満喫し、数々の小説、評論で時代の寵児となる。第三共和政下では『19世紀』紙の主幹として旧友サルセーらとともに「保守的共和主義」の論陣を張ったが、影響力の低下は否めなかった。1883年のアカデミー・フランセーズ会員への選出が最後の光輝である。

No. 16 SOPHIE CROIZETTE

dessin d'André Gill

ソフィ・クロワゼット　1847.3.19-1901.3.19

フランスの女優。バレリーナの母親が舞台に立っていたサンクトペテルブルクで生まれる。際立った美貌を武器にして、1868年に舞台デビュー、1873年にコメディ＝フランセーズの正座員となる。3歳年長のサラ・ベルナールのライヴァルと目され同僚も観客も対決を煽ったが、ベルナールの回想によれば快活なクロワゼットとの関係は良好であったという。凱旋門を臨む自宅のサロンに招いた社交界の名士と広く交友したほか、姉の夫である画家カロリュス＝デュラン Carolus-Duran (1837-1917) が描いた、海を背景に馬に横乗りで座る肖像画も評判をとった。長く愛人関係にあった銀行家ステルン Jacques Stern (1839-1902) との間に息子をもうけ、1882年の引退後に正式に結婚している。洋梨を抱くライオンのようなジルのカリカチュアは、彼女が演じた代表的な2篇の戯曲、オクターヴ・フイエ Octave Feuillet (1821-90) の『スフィンクス』Le Sphinx (1875) とエミール・オージエの『ポワリエ氏の婿』Le Gendre de M. Poirier (1854) のふたつのタイトルからインスピレーションを得たものだろう（ポワリエは「梨(の木)」を意味する）。

No. 17 ALFRED GRÉVIN

dessin d'André Gill

アルフレッド・グレヴァン　1827.1.28-1892.5.5

フランスのイラストレーター。ヨンヌ県の小村に生まれる。鉄道会社の社員として働きながら我流のデッサンに楽しみを見出していた。1853年にパリに出ると伝手を頼ってシャルル・フィリポン Charles Philippon（1800-1862）が創刊した週刊紙『ジュルナル・アミュザン』でイラストレーターとして働きはじめ、やがてこれを本職とするようになる。本領が発揮されたのは流行の服装をまとったパリの女性を描くイラストである。グレヴァンのイラストを集めたアルバムは1869年以降毎年刊行され、先駆者ガヴァルニ Gavarni（1804-66）と入れ替わるようにして絶大な知名度を得るに至った。ルコックの『アンゴ夫人の娘』*La Fille de Madame Angot* の舞台衣装も手がけた。1882年にアルチュール・メイエルとともに開いた蠟人形館が現在の「グレヴァン美術館」Musée Grévin であり、年間80万人が訪れる観光名所となっている。斜にかぶったベレー帽がグレヴァンのトレードマークであったが、ジルはカリカチュアで彼に女性の服を着せ、腕に「モード」modes と書いた帽子の箱を持たせている。

No. 18 ÉMILE LITTRÉ

dessin d'André Gill

エミール・リトレ　1801.2.1-1881.6.2

フランスの作家。パリに生まれ、金銀細工師の家系から一念発起して学問を志した父親の影響下で多くの言語に通暁する。医学を専攻するが、父の死により博士号を目前にしてジャーナリズムに転向、外国記事の翻訳などで家族を養った。たぐいまれな学識はたちまち人の知るところとなり、ヒポクラテスや大プリニウスの翻訳に加え、オーギュスト・コント Auguste Conte (1798-1857) の実証主義を具体的に応用したことで思想界に大きな貢献をもたらした。また彼の手による『フランス語辞典』*Dictionnaire de la langue française* (1872) は現在も「リトレ」の名で呼ばれる国語辞典の金字塔である。解釈は実証主義に貫かれ、「人間」の項の「霊長類に属する哺乳動物」という定義は当時物議をかもした。稀代の碩学が猿の姿で描かれた理由はここにあるが、そもそもリトレ自身がチンパンジーに似ているというのももっぱらの世評であった。赤い帯のラテン語は、前半がイタリア・ルネサンス期の哲学者ピコ・デッラ・ミランドラのモットー「知られるべきことの全てを」、後半は後世に付け加えられた「その他あれこれ」の意で、衒学者を揶揄する言い回しである。1871年にアカデミー・フランセーズ会員、1875年には終身上院議員となっている。

No. 19 FRANCISQUE SARCEY

dessin d'André Gill

フランシスク・サルセー　1827.10.8-1899.5.16

フランスの批評家。パリ南西に位置するドゥルダンに生まれる。父親は独学で私立学校の教師となった人物であり、その縁故によって質の高い教育を受ける機会に恵まれ、名門の高等師範学校に入学した。同級のアブー、テーヌ Hippolyte Taine（1828-93）のような卓越した才気や思考力は持たなかったが、文学を修めて卒業後は地方の高校で教鞭を執った。その後アブーの誘いで1857年にジャーナリストとしてデビューすると、まもなく教職を辞してパリに定住した。彼の名を有名にしたのは、1867年から30年以上にわたって『タン』紙上に掲載された劇評である。「良識」に根ざした読みやすい批評は大衆に広く受け入れられたが、先鋭的な文学者たちの目から見ればあまりにブルジョワ然とした文学観であり、田舎出の紳士といったサルセーの素朴な容貌と相まってしばしば揶揄の対象となった。ジルのカリカチュアで彼の胴体になっているのは、観劇に欠かせない携帯式の単眼オペラグラスであり、その手にはアブーが主幹を務めた『19世紀』紙が握られている。山っ気も名誉欲も持たない堅実なサルセーと時代の寵児アブーとは全く対照的だが、高校時代に始まった友情はアブーの死まで続いた。

No. 20　AGÉNOR BARDOUX

dessin d'André Gill

アジェノール・バルドゥ　1829.1.15-1897.11.23

フランスの作家、政治家。ブールジュに生まれ、青年時代はフロベールらとともに文学に専心し詩集も刊行している。やがて法曹から政治の道に進み、1869年にクレルモン＝フェラン市議、2年後に同市長となったのち、1875年には下院議員、1882年に終身上院議員に選出された（上院定員の4分の1にあたる75人を終身議員とする制度は1875年に制定され、1884年に廃止されたが、現職議員の権利は保証された）。この号の刊行時にバルドゥは文部大臣を務めており、イエズス会の帽子を踏みつけ、フランス革命の象徴フリジア帽が表紙の初級教科書を抱えた姿は、共和主義を奉ずる彼の姿勢を示している。なお同時期には旧友フロベールの弟子モーパッサンが文部省で部下になるという縁も持っている。息子ジャック Jacques Bardoux (1874-1959) は父と同じく上院・下院で議員を務め、そのジャックの娘は高級官僚と結婚した。そうして生まれた子供のひとりがのちの政治家ヴァレリー・ジスカール・デスタン Valéry Giscard d'Estaing (1926-) であり、バルドゥに始まる政治家一族は、4代目にして大統領を輩出したことになる。

No. 21　OLIVIER MÉTRA

dessin d'André Gill

オリヴィエ・メトラ　1830.6.2-1889.10.22

フランスの作曲家、指揮者。旅役者の家に生まれ、幼い頃から一座で端役を演じていた。独学のヴァイオリンの才能がオーケストラ奏者の目に留まり、勧められてコンセルヴァトワールに入学。青年時代はシャンフルーリ Champfleury (1821-89) らの「ボエーム」とも交際し、彼らと四重奏団も結成していた。次第に指揮者、作曲家として活躍する機会が増え、1870年代からは流行のミュージックホール「フォリ・ベルジェール」Folies Bergère やオペラ座の舞踏会で自作のワルツ、ポルカ、マズルカ、カドリーユを表現力豊かに指揮して人気を博した。パリの夜を彩った舞踏会の代名詞的存在であり、ヨハン・シュトラウス2世と人気を二分したフランスの「ワルツ王」である。1879年には折からのジャポニスムに乗じて日本の伝説に想を得た（と称する）バレエ作品『イェダ』Yedda を作曲し、こちらも大成功を収めている。ジルが描くカリカチュアでメトラはバラを手にしているが、これは彼の最も著名なワルツ「バラのワルツ」Valse des Roses を示している。1863年にメトラから同曲を50フランで買い取った出版社は、楽譜の販売によって20万フラン以上も儲けたという。

No. 22 PAUL CHALLEMEL-LACOUR

dessin d'André Gill

ポール・シャルメル=ラクール　1827.5.19-1896.10.26

フランスの政治家。ノルマンディ地方のアヴランシュに生まれる。1846年に高等師範学校に入学、哲学の教授資格試験に首席で合格した秀才であった。卒業後はポー、リモージュの高校で哲学を講じたが、1851年のクーデターに際して共和主義を主張する言動が問題となり収監された。第二帝政が成立するとフランスからの脱出を余儀なくされ、国外生活は7年間に及んだ。この間、各所での講演で評価を高め、チューリヒで教鞭を執り、ドイツではショーペンハウアーの知遇を得るなど、知的な側面では実りの多い歳月であった。1859年の大赦を受けて帰国したのちはさまざまな雑誌に政治記事を寄稿し、第三共和政下ではガンベッタが指揮する『フランス共和国』紙の編集長となった。その後、政治の道に進むと上下両院の議員を経て、イギリス大使をはじめとする外交上の要職に就き、さらにフェリー内閣では短期間ではあるが外相を務めた。1893年にはアカデミー・フランセーズ会員にもなっている。秀才を鼻にかけているとして煙たがられもしたが、確かにその弁舌は際立ったものであり、ジルは彼を「雄弁」éloquenceと書かれた剣を砥石で研ぐ姿で描いている。

No. 23　ALPHONSE DAUDET

dessin d'André Gill

アルフォンス・ドーデ　1840.5.13-1897.12.16

フランスの作家。父親はニームの裕福な絹織物業者。ドーデの少年期に経営が傾き、リヨンへの移住を経て破産、一家は離散した。1857年に兄を頼ってパリに出たドーデは数年間貧苦にあえいだが、ナポレオン3世の異父弟モルニー公 Charles de Morny (1811-65) の秘書となったことで文壇と社交界への道が開けた。1864年以降、たびたび南仏に滞在したことから、都会へと去ったかつての少年は故郷の魅力を再発見する。こうして生まれた短編集『風車小屋だより』Les Lettres de mon moulin (1869)、戯曲『アルルの女』L'Arlésienne (1872) 等の南仏を舞台とした作品は人気を博し、ジルがカリカチュアで描くように心の機微をとらえる風俗小説にも優れた。1870年代半ばからエドモン・ド・ゴンクールと親交を深め、遺言によりアカデミー・ゴンクールの長に選ばれた。このためドーデはアカデミー・フランセーズに立候補する機会を逸したとも言われる。後年右翼の論客となった長男レオン Léon Daudet (1868-1942) は1891年にユゴーの孫娘と結婚、4年後に離婚している。二男のリュシアン Lucien Daudet (1878-1946) はプルーストの「親友」として知られる。

No. 24 GIUSEPPE GARIBALDI

dessin d'André Gill

ジュゼッペ・ガリバルディ　1807.7.4-1882.6.2

イタリアの軍人、愛国者。南仏ニースに生まれる（ニースは当時フランス領だったが、1814年にサルデーニャ王国領となる）。イタリア統一運動に身を投じたのち、反乱の失敗で南米に亡命した際、現地でゲリラ戦術を身につけた。1848年にイタリアに戻ると、成立したばかりのローマ共和国を防衛すべくフランス軍と一戦を交えた。この戦争は敗北に終わったが、1859年に始まる第二次イタリア独立戦争では名高い「赤シャツ隊」を組織しヨーロッパ全土に勇名を馳せた。高い指揮力とカリスマ性でイタリア南部を掌握したが、権力の座に就くことを望まずにヴィットリオ・エマヌエーレ2世に半島統一を委ね、その後はカプレーラ島に隠棲した。1860年に生まれ故郷のニースが政治的取引によりフランスに割譲されたため、反仏感情を持っていたともいわれるが、第二帝政崩壊後は共和国への期待から義勇兵を率いてフランスに加勢、プロイセン軍をたびたび敗走させた。軍人としての経歴に加えて、ローマ教皇位の廃止を求め、普通選挙を見すえた数々の運動も繰り広げたガリバルディは、共和主義を奉ずる人々にとっての英雄であり、フランス国籍を持たないにもかかわらず下院議員に選出されたこともあった。

No. 25　JULES GRÉVY

dessin d'André Gill

ジュール・グレヴィ　　1807.8.15-1891.9.9

フランスの政治家。ジュラ県に生まれる。パリで法律を学び、七月王政下で共和派の弁護士として頭角を現した。1848年の二月革命後は共和政の中心人物のひとりとして活躍が期待されたが、ルイ＝ナポレオンのクーデターで第二帝政が成立、その後は長い沈黙を余儀なくされる。ようやく政治の表舞台に復帰したのは1868年で、ガンベッタ、ティエールと並ぶ共和派の巨頭となった。第三共和政下の1879年1月、上院改選で共和派が圧勝した際、辞任した王党派のマクマオンに代わって大統領に就任する。これは強硬な急進共和派のガンベッタが権力の座に就くことを恐れた緒派の結束によるものであり、穏健共和派としてのフェリーの調停能力に期待がかけられていた。ジルが描いた本号は、この大統領就任直後に発行されている。革命記念日を国家行事に、「ラ・マルセイエーズ」を国家としたほか、経済危機や右派の興隆をしのぎながら教育改革と平和安定に尽力した。1885年に再選された2年後、娘婿のウィルソンが起こした「勲章事件」によって退陣する。第三共和政下で初めて7年間の任期を全うした大統領であり、その政権運営の手腕は後年まで大統領職のひとつのロールモデルとなっている。

No. 26 ERNEST HAMEL

dessin d'André Gill

エルネスト・アメル　1826.7.2-1898.1.6

フランスの政治家、著述家。パリに生まれ、法律を学び弁護士となったが、法廷に立つことはまれであった。歴史に関する著作活動に力を注ぎ、その代表作が『サン=ジュスト伝』Histoire de Saint-Just（1859）と、3巻に及ぶ『ロベスピエール伝』Histoire de Robespierre（1865-67）である。第二帝政下でフランス革命の精神を称えるという挑戦的な試みであり、とりわけ後者は第1巻の刊行直後、官憲の追及を恐れた出版社が続刊の刊行を拒否したことで知られる。しかしアメルはこれを契約違反として告訴、裁判にも勝利したため、出版社は怯えながら続刊を刊行する羽目になった。ジルのカリカチュアでアメルがまたがっているのもこの著作である。第二帝政崩壊後は政界に進出し、パリ市議を経て1892年には上院議員となった。共和左派および急進派として数々の提言をおこなう一方で、検閲を恐れる必要もなくなったアメルの筆はますます冴えて、6年をかけて大著『大革命から第二帝政崩壊に至るフランス史』Histoire de France depuis la Révolution jusqu'à la chute du second empire（1885-91）全8巻を完成させた。

No. 27　CHARLES FLOQUET

dessin d'André Gill

シャルル・フロケ　1828.10.5-1896.1.19

フランスの弁護士、政治家。フランス西南端のサン゠ジャン゠ピエ゠ド゠ポールに生まれる。第二帝政末期に共和派の弁護士として活躍して名を上げ、帝政崩壊後は国民議会とパリ・コミューンの仲介役となるべく奔走した。第三共和政下では極左派の下院議員として、パリ・コミューンで有罪判決を受けた人々の大赦を求めてキャンペーンを張った。1888年4月に首相となったが、ブーランジェ将軍の台頭により運営は当初から困難が予想されていた。しかしフロケは将軍との政治取引を拒絶して全面対決を選び、激しい言葉の応酬の末、ついに決闘にまで及んだ。7月12日におこなわれた決闘はブーランジェ将軍が負傷し大流血するという予想外の結果となり、60歳も間近い弁護士に現役の将軍が敗北したショックはブーランジェ神話に最初の影を投げかけた。この勝利に驕ることもなく政権を運営したフロケであったが、最終的にはブーランジェ支持者と保守派の連合によって1889年2月に総辞職に追い込まれる。1893年にはパナマ事件によって議員を辞職、復帰をかけた同年の選挙にも敗北するなど、晩年の政治人生は順風満帆とは言いがたかった。1894年に上院議員となるが任期中に病気で没している。

No. 28 SAINT-GENEST

dessin d'André Gill

サン゠ジュネ　1835-1902

フランスのジャーナリスト。トゥールに生まれ、本名はアルチュール・デュラン・ド・ビュシュロンArthur Durand de Bucheronという。母方の曾祖父は総裁政府時代に警察長官を務めたシャルル・コション・ド・ラパランCharles Cochon de Lapparent（1750-1825）、祖父もシェール県知事を務めた名家であった。陸軍士官学校の入学試験に失敗し、志願して軽騎兵となった。連隊のブルジョワ階級出身者は彼ひとりであったという（なおカリカチュアにも見られる肋骨状の糸飾りが軽騎兵の軍服の特徴である）。1869年から「サン゠ジュネ」の筆名を用いて軍隊生活を主題とした記事を寄稿した。普仏戦争後に除隊すると、堕落した軍隊の現状を嘆き、共和主義をその元凶と批判して『フィガロ』紙等に攻撃的な記事を発表した。王党派を支持していた彼は、1877年にマクマオンがシモンを更迭してブロイ公Albert de Brogile（1821-1901）を首相にすえて下院解散を強行した「5月16日のクーデター」には快哉を叫んでいる。しかし、その後の下院選挙の結果、共和派が多数派となって政権が安定すると、以降は王党派そのものと同じくサン゠ジュネの存在感も希薄なものとなった。

№ 29 ÉDOUARD LOCKROY

dessin d'André Gill

エドゥアール・ロックロワ　1838.7.18-1913.11.22

フランスのジャーナリスト、政治家。本名はエドゥアール・シモンと言ったが、父親が「ロックロワ」の筆名で知られた俳優兼劇作家であったため、息子もその名を継ぎ、「小ロックロワ」Lockroy fils とも呼ばれた。パリに生まれ、1860年にガリバルディのイタリア統一戦線に参加する（カリカチュアの赤シャツはこのためである）。その後ルナンの秘書を経て、パリで政治運動に身を投じる。急進的共和主義者として第二帝政を攻撃し、第三共和政成立後に下院議員となった。彼の急進的な主張は特にパリの人々に支持され、1886年に成立した比較的穏健なフレシネ内閣はロックロワの人気を考慮して商業相に抜擢している。任期中にパリ万博の計画を進め、反対を押し切ってエッフェル塔の建設を推進したことで知られる。パリ最大のシンボルとなっている塔は、ロックロワの強硬かつ強引な手腕がなければ実現されていなかったものと思われる。1890年代に海軍相となった際にも、利権や人脈にとらわれず抜本的な改革を進めた。ユゴーの二男シャルル Charles Hugo（1826-71）の未亡人と結婚しており、そのため1893年には大詩人に恨みを持つ自称詩人の御者に狙撃され重傷を負うというとばっちりを受けている。

No. 30　GEORGES CLEMENCEAU

dessin d'André Gill

ジョルジュ・クレマンソー　　1841.9.28-1929.11.24

フランスの政治家。ヴァンデ地方の医師の家系に生まれる。医学を修め、インターンとして民衆の貧困と病苦を目の当たりにした。パリ18区長時代の1871年3月18日にはパリ・コミューンの引き金となる市民による2人の将軍の銃殺を阻止できなかった苦い経験を持つ。第三共和政下では「急進社会主義」を掲げて極左派を形成し、「日和見主義」に転じたガンベッタを攻撃した。カリカチュアでは左手に「社会の健康」santé socialeと書かれた本、右手にはコインに穴を穿つ腕前であった拳銃を握っている。「長剣、拳銃、舌」がクレマンソーの武器であり、その弁舌でたびたび内閣を辞職に追い込んだほか、デルレード、デシャネル、ドリュモンらを決闘で圧倒し、「虎」の異名で恐れられた。パナマ事件によって政界を離れていた時期に起こったドレフュス事件では『曙光』(オロール)紙上でゾラと共闘している。1906年と1917年の2度、首相に任命されて国政の舵をとり、軍備拡張、対独報復を軸として第一次世界大戦を勝利に導いた。この間、次第に保守化した姿勢は社会党のジョレスJean Jaurès（1859-1914）らによって激しく攻撃されたが、これはかつてのガンベッタと同じく、議会内左派が権力を掌握した際の宿命である。

No. 31 HECTOR PESSARD

dessin d'André Gill

エクトル・ペサール　1836.8.22-1895.7.21

フランスのジャーナリスト、政治家。リールに生まれる。青年時代はポルト・サン=マルタン劇場のオーケストラでフルートを演奏しており、当初は台本作家を志した。記事を『フィガロ』に持ち込んだところ、社主のヴィルメッサンに認められ、ジャーナリストとしての第一歩を踏み出す。第二帝政を攻撃する新聞を渡り歩いたのち、クレマン・デュベルノワ Clément Duvernois（1836-79）とともに『エポック』L'Époque 紙を編集する。共和主義一辺倒の他紙と異なり「自由帝政」への転換を訴える『エポック』は、現実的な改革論者が集まる場となったが、デュベルノワが政府に手なずけられたことで多くの寄稿者が離脱、ペサールも編集から離れた。第三共和政下では内務省の出版局長に抜擢されたが、これは政府との間合い、現実との妥協点を知っていたペサールの手腕が買われたものだろう。その後『ナシオナル』紙の編集長となったが、彼の主張は共和主義を盛り立てながらも常に抑制のきいたものであった。弟のエミール Émile Pessard（1843-1917）はコンセルヴァトワールを出てローマ賞を得た作曲家であり、オペラ作品を多く残したほか、のちに母校の教授としてモーリス・ラヴェルを指導している。

No. 32 CHARLES MONSELET

dessin d'André Gill

シャルル・モンスレ　1825.4.30-1888.5.19

フランスの作家。父親はナントでキャビネ・ド・レクチュール(新聞閲覧所を兼ねた貸本屋)を営んでいたが、その後ボルドーに移住してブルターニュ産バターを扱う問屋を開いた。この少年期はすでに「文学」と「料理」というモンスレの方向性を予告するものである。文学者を志してパリに出たのち、『ガゼット・ド・パリ』紙に連載した人物評によって最初の成功を収めた。1858年にはレストランの最新のメニューやレシピを掲載した『グルメ』Le Gourmet 誌の創刊に関与し、夜間の外出と外食が盛んとなった享楽的な第二帝政の時流に乗って流行作家となった。あらゆる雑誌に記事を書いたモンスレは「小新聞の王」とも称されたが、第三共和政下になると18世紀の風俗を扱う著作家あるいは回想録作者の面が強くなった。モンスレ自身、自らの時代が過ぎ去ったことを悟ったのかもしれない。この号が発行された1879年5月にはアカデミー・フランセーズ会員に立候補し、「会員たちが私の料理を味わえば当選は間違いない」と豪語したというが、料理をふるまう機会がなかったためか、結果はわずか1票を得たのみで落選した。

No. 33 CHARLES PAJOT

dessin d'André Gill

シャルル・パジョ　1816-1896

フランスの医師。1842年に医師の資格を得る前から、卓越した臨床検査の報告で学会の注目を集めていた。翌年から助産婦と医学生を対象として出産に関する講座を自ら開き、専門家としての知名度を高めていった。1850年からは同内容の講座をパリ大学医学部で担当、1863年には教授に就任している。自宅で出産する際の注意事項をわかりやすく講義するパジョのもとには多くの一般大衆も押しかけ、大教室は満員になったという。何冊もの専門書を執筆したほか、専門誌を編集して学問の体系を整え、また鉗子の改良もおこなうなど、婦人科学および産科学の草分けとして大衆の啓蒙と学問の発展の双方に大きく寄与した人物である。ジルは拡大鏡でキャベツを覗くパジョの姿を描いているが、これは子供がキャベツから生まれてくるという伝承を踏まえたものである（男児はキャベツから生まれ、女児はバラから生まれるとも言われる）。パジョの唯一の趣味は職場にほど近いセーヌ河岸での釣りであったが、あるときには身重の女性が入水自殺を試みた場に居合わせたため、女性を水から引き揚げ、直ちにその出産を介助したという逸話も残る。

No. 34　ARTHUR RANC

dessin d'André Gill

アルチュール・ランク　　1831.2.20-1908.4.10

フランスのジャーナリスト、政治家。ポワティエに生まれる。パリで法律を学び、第二帝政下では反体制運動に関わり投獄された。1854年に流刑地のアルジェリアから脱走、1859年に大赦が宣言されるまでフランス国外を転々とする。帰国後もヴァレスや、のちにパリ・コミューンの主要メンバーとなるドレクリューズ Charles Delescluze（1809-71）らとともに共和派の新聞・雑誌で筆を振るい、内乱教唆罪に問われて何度も刑に服した。普仏戦争では、包囲されたパリからガンベッタとともに気球で脱出したが、国防政府の中枢には留まらず、クレマンソーとともに政府とコミューンを和解させるべく奔走している。戦後、パリ市議となるが、大罪とされたコミューンとの関わりを右派から執拗に攻撃されてベルギーに亡命、1873年には死刑宣告まで受けた。その後1880年の大赦により帰国、翌年に下院議員となっている。クレマンソーとはブーランジスムの勃興に際しても共闘したほか、『曙光(オロール)』紙の編集を引き継ぐなど生涯にわたって盟友関係にあった。ジルは長らく流浪の身にあったランクの姿を、大革命の象徴であるフリジア帽を杖の先につけた「共和主義の巡礼」として描いている。

No. 35 JULES CLARETIE

dessin d'André Gill

ジュール・クラルティ　1840.12.3-1913.12.23

フランスの作家。リモージュに生まれる。パリで学業を終え、ごく短期間商店に勤めたのちに文学に専心する。活動初期には短編小説を得意としていたが、第三共和政下では多くのジャンルにわたる驚異的な執筆量を誇った。ジルの描くカリカチュアでもクラルティは、左から順に「批評」「小説」「戯曲」「歴史」「時評」と書かれたインク壺の前で多くの羽ペンを抱えており、その多作ぶりが示されている。とりわけパリ風俗を生き生きと描く小説群とそれらをもとにした戯曲、またミシュレにも賞賛されたという歴史書の評価は高かった。こうした文筆活動の一方、1885年にエミール・ペラン Émile Perrin (1814-85) の後任としてコメディ゠フランセーズの支配人となり、その職責を30年にわたって担った。プライドが高く扱いにくい座員たちをうまくコントロールしながら、若く才能ある作家たちの作品を上演した名支配人として名を残しているが、むろん、自分自身の作品をたびたび舞台にかけることも忘れなかった。1882年から文学者協会の会長を務めたほか、1888年にはアカデミー・フランセーズ会員となっている。1913年末に体調の悪化からコメディ゠フランセーズ支配人の職を辞し、その数週間後に没した。

No. 36 JULES FERRY

dessin d'André Gill

ジュール・フェリー　　1832.4.5-1893.3.17

フランスの政治家。ヴォージュ県に生まれ、ストラスブールとパリで法律を学び弁護士の資格を得た。法廷に立つことは少なく、政治記事を多くの雑誌に寄稿し、とりわけオスマンによるパリ改造を批判する記事で評価を高めた。普仏戦争に際しては国防政府の一員となり、セーヌ県知事兼パリ市長としてコミューンに厳しく対処したことで知られる。同世代のクレマンソーとはこの点で意見を異にして以来、生涯の政敵となった。1879年に文部大臣として改革を進め、宗教色を帯びない無償の義務教育の確立に尽力、その法律は今日でも「フェリー法」と呼ばれている。その後2度にわたって首相を経験し、クレマンソーをはじめとする多くの政治家が対独報復を旗印としてアルザス・ロレーヌに目を向けるなか、植民地の拡張を唱えてチュニジアに出兵した。1887年の大統領選挙でカルノーに敗北、以降は影響力を低下させた。クラルティやフロケとも縁戚にあり、2歳下の弟も政治家として知事を歴任するなど親類縁者には政治家が多い。フェリーがとりわけ可愛がった甥のアベル Abel Ferry（1881-1918）も政治家となり、クレマンソーの内閣で入閣して将来を嘱望されたが、第一次世界大戦末期に不慮の死を遂げている。

No. 37　ERCKMANN-CHATRIAN

dessin d'André Gill

エルクマン=シャトリアン

フランスの作家。禿頭に眼鏡のエミール・エルクマン Émile Erckmann（1822.5.20-1899.3.14）と、ぼさぼさの黒髪のアレクサンドル・シャトリアン Alexandre Chatrian（1826.12.18-1890.9.3）が共同で用いたペンネームである。ともにロレーヌ地方に生まれた2人は1847年に出会い、アイディアを出し合って小説を執筆し、1860年代にフランス屈指の人気作家となる。多くの作品がロレーヌ地方とともにプロイセンに割譲されたアルザス地方を舞台としていたため、普仏戦争後に興隆する愛国主義のなかでさらに人気を高めた。カリカチュアで描かれているビールは、アルザスの象徴として用いられている（43号も参照）。ジルは別の機会に、この分かちがたい2人をアルザスの民族衣装をまとった双頭のシャム双生児として描いたこともあるが、実際には1872年以降、エルクマンが小説、シャトリアンが戯曲と完全に独立して仕事をしていたことが判明している。こののち1887年にシャトリアンが共同執筆者を無断で雇い、報酬をエルクマンとの共通の資金から渡していたことが露見し、40年来の友情は破綻した。以降、エルクマンは単独の名前で執筆をおこなっている。

No. 38 EUGÈNE SPULLER

dessin d'André Gill

ウジェーヌ・スピュレール　1835.12.8-1896.7.23

フランスの政治家。父親はドイツからの移民で、コート゠ドール県で肉屋を営んでいた。ディジョンで法律を学んだのち1857年にパリに出て弁護士会に登録、そこで出会った3歳年下のガンベッタの腹心の友人となり、ともに政治の道に進む。1871年、ガンベッタが敵軍に包囲されたパリから脱出する際にも、一緒に気球に乗り込んでいる。ジルの描くカリカチュアにおいてもスピュレールの背後にはガンベッタのシルエットが配され、その盟友関係が周知のものであったことがうかがえる。手にしている新聞は、ガンベッタが1871年に創刊しスピュレールが編集長を務めた政治紙『フランス共和国』である。1876年に下院議員に初当選し、以降再選を重ねたが(1892年からは上院議員に転じている)、父親の出自や彼自身ドイツ語に堪能であったことは愛国主義を利用した政治的プロパガンダの標的となったため、年を追うごとに選挙での苦戦の度合いは増した。またガンベッタが残した「日和見主義」の負のイメージも根強く、議会内左派からの攻撃も絶えなかった。1887年以降、それぞれ任期は短いが文部大臣と外相を歴任している。ルノワールによる肖像画が現存する。

No. 39　VICTOR POUPIN

dessin d'André Gill

ヴィクトル・プーパン　1838.1.3-1906.6.29

フランスのジャーナリスト、政治家。パリに生まれ、弁護士を経て文筆に専念した。詩集や小説を刊行したのち、1869年に「民主主義叢書」Bibliothèque démocratique を立ち上げてルイ・ブランをはじめとする共和主義者たちの著作を再刊し、民衆に共和主義の精神を広めることに大きく貢献した。ナポレオン3世の敗北後に普仏戦争に志願兵として参加、その際に携帯していたプルードンの著作の余白に原稿を書いたという『戦争』 La Guerre は、その激烈な帝政批判によってボナパルティストの憤激を買った。第三共和政下ではマセやヴォーシェとともに教育の改革を訴えたほか、反教権主義の急先鋒として活躍した。1879年にブランパンとともに執筆した『黒いインターナショナル』L'Internationale noire は、イグナチウス・デ・ロヨラが創設した最大の修道会であり、会士の黒いスータンを特徴とするイエズス会を共和国フランスに敵対する結社と見なして激しく攻撃したものである。ジルのカリカチュアは、刊行されたばかりのこの著作を念頭に、ランタンを手にしてネズミのように地下に巣くうイエズス会士を一網打尽にするプーパンの姿を描いている。1885年から1898年まで下院議員も務めた。

No. 40 EMMANUEL-FÉLIX DE WIMPFFEN

dessin d'André Gill

エマニュエル=フェリクス・ド・ウィンプフェン　　1811.9.13-1884.2.26

フランスの軍人。ピカルディ地方のランに生まれる。家系をたどれば12世紀までさかのぼる名家であり、同じく軍人であった祖父と父の活躍によって第一帝政期には男爵家となっている。士官学校卒業後は主としてアフリカ戦線で現地兵を指揮して活躍、その後、彼らを率いてヨーロッパの戦場を転戦した。普仏戦争が勃発すると、アフリカ北部から本国に戻って将軍として従軍した。しかし戦闘のなかでマクマオン元帥が負傷すると、同僚であったデュクロ将軍 Auguste-Alexandre Ducrot（1817-82）よりも軍歴が長いという理由から、すでに敗色の濃くなっていたスダンの戦いで指揮を執ることとなり、その結果1870年9月2日の降伏文書にサインをする羽目に陥った。こうした経緯は本人の能力とはほぼ無関係であり、いわば不運な巡り合わせの結果ではあったが、「敗戦将軍」のイメージはウィンプフェンについてまわった。戦後はそうした中傷の声に耐えなければならず、法廷問題に発展したこともある。その間にマクマオン、デュクロは敗戦の責任を負うことなく立ち回り、ともに政界に進出したが、ウィンプフェンは表舞台に出ることはなく、スダンの戦いに関する著作など数冊の書物を残して没した。

No. 41　FERDINAND DE LESSEPS

dessin d'André Gill

フェルディナン・ド・レセップス　　1805.11.19-1894.12.7

フランスの外交官、実業家。ヴェルサイユに生まれる。領事であった父親の任地ピサ、次いでパリで少年時代を過ごし、高校卒業後に外交官となった。ローマ共和国に大使として赴任した際には策謀にも巻き込まれたが、実直な態度と清廉さ、持ち前の社交性で乗り切った。40代半ばで外交官を引退すると、地中海と紅海を運河で結ぶという大事業に乗り出す。現地の有力者ムハンマド・サイードとの公私にわたる友情から正当な権利を獲得したが、世界の流通、ひいては列強の序列を揺るがしかねない大事業への風当たりはレセップスの予想をはるかに上回り、とりわけイギリスは政治的手練手管を駆使して作業の進展を執拗に妨害した。こうしたなかで1869年にスエズ運河が完成するとレセップスは国民的英雄となり、1884年にはアカデミー・フランセーズ会員にも選出された。その後70歳を越えて着手されたパナマ運河の建設の注目度と影響力は、もはやひとりの実業家の意図を越えた絶大なものであった。のちに「パナマ事件」として政権を揺るがす資金の着服と収賄の全貌を、レセップスは把握していなかったといわれる。この事件によって1893年に懲役5年の判決を受けたが、高齢を鑑みて刑は執行されなかった。

No. 42 ANATOLE DE LA FORGE

dessin d'André Gill

アナトール・ド・ラ・フォルジュ　1821.4.1-1892.6.6

フランスの政治家。15世紀以降アルトワ地方に領地を持つ侯爵家の長男としてパリに生まれ、法律を学んだのちに外交官となった。1848年以降ジャーナリストに転じると世界の政治情勢や議会に関する記事を書き、その後ガンベッタの思想に共感して政治の道に進んでいる。穏健な王党派の雰囲気で育ったラ・フォルジュが突如として共和主義者となった背景には、外交官時代の上司の思想に影響されたとも、貴族であるにもかかわらず近い親戚にフランス革命でギロチンの犠牲となった人物がいなかったためともいわれる。彼の名を高めたのは、普仏戦争中に国防政府からエーヌ県知事に任命された際の働きである。ラ・フォルジュは軍を指揮してサン＝カンタン Saint-Quentin の街を防衛、勇名を馳せた。戦後もジャーナリズムに関わるとともに、1881年に下院に当選、1889年まで議員を務めている。ラ・フォルジュ夫人も同じくアルトワの名家出身であり、夫妻は物腰から趣味まであらゆる意味で貴族的であったという。外交官としての任地であったスペインをはじめとする各国の歴史を扱った著作も残している。1892年、精神に不調をきたし自ら命を絶った。

No. 43　ÉDOUARD SIEBECKER

dessin d'André Gill

エドゥアール・シベケール　1829-1891

フランスの作家。サンクトペテルブルグに生まれる。父親はアルザスの旧家出身の軍人であったが、1821年にベルフォールで陰謀に巻き込まれてフランス国内から追放されていた。少年時代に一家でアルザスに戻ると、19歳で軍人となった。抜群の剣の腕前で決闘に勝利することも多かったが、だらけきった第二帝政下の軍隊に失望、3年で軍を去ると大デュマの秘書、続いて歴史家オーギュスタン・ティエリ Augustin Thierry（1795-1856）の秘書となった。この経験によって歴史を豊かに語るすべを身につけたシベケールは、その後安定した収入を求めて鉄道会社に就職し、自由な文筆活動をおこなっている。普仏戦争中にはパリ市長の秘書に任命されたこともあったが、戦況を耳にすると、いてもたってもいられず辞職、副官として出征し終戦まで前線に身を置いた。アルザス出身のシベケールにとって戦後のアルザス・ロレーヌの割譲は耐え難い出来事であり、アルザスを舞台にした愛国的小説を次々に発表、多くの読者を獲得し国内での対独報復の気運を高めた。ジルのカリカチュアでシベケールはペンを手に、剣を背にしてアルザスの象徴であるビールの中に身を置いている。

No. 44　JEAN MACÉ

dessin d'André Gill

ジャン・マセ　　1815.8.22-1894.12.13

フランスの作家、教育者、政治家。パリの貧しい家庭に生まれ、奨学金を得て名門私立校スタニスラス学院の寄宿生となる。教師をしていた1861年に同窓のエッツェルの勧めで発表した『ひと口のパンのお話』 Histoire d'une bouchée de pain は、体内に取り込まれた食物のゆくえを少女に語りかける体裁の啓蒙的な読み物として好評を博した。1864年にエッツェルとともに『教育娯楽雑誌』 Le Magasin d'éducation et de récréation を創刊、1866年には「無償・義務・非宗教的」教育を確立すべく「フランス教育連盟」 Ligue française de l'enseignement を組織し、その後の教育改革の大きな原動力となった(「無償」は1881年、「義務・非宗教的」はその翌年に達成される)。1883年に終身上院議員に選出された。父親は荷馬車を引く貧しい労働者であったが、マセはこの出自を誇りとし、「思想の荷馬車引き」と自称することを好んだ。生涯を民衆の教育に捧げたマセの姿勢を、ジルは脇に抱いた幼児に太陽を示すという構図を用いて表現している。

№ 45 AUGUSTE VAUCORBEIL

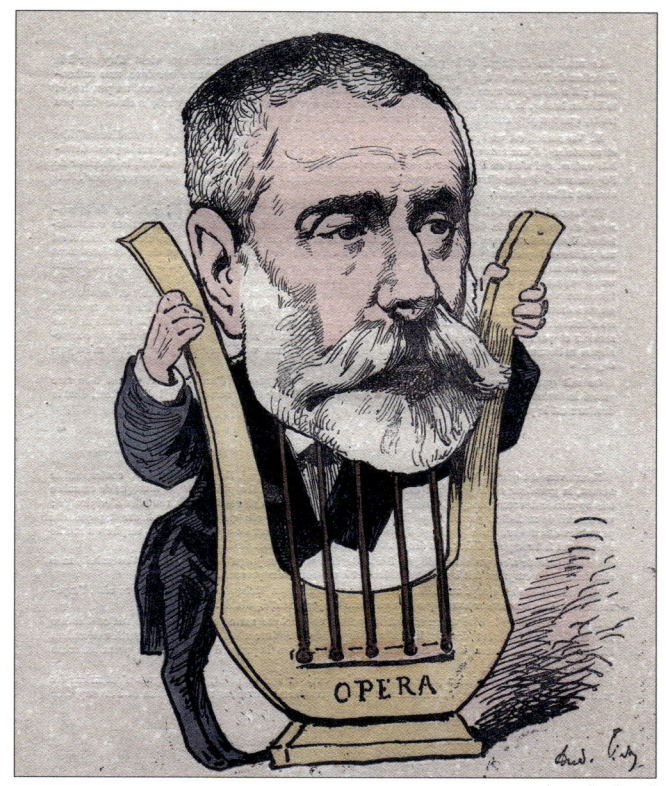

dessin d'André Gill

オーギュスト・ヴォーコルベイユ　1821.12.15-1884.11.2

フランスの作曲家。ジムナーズ座の役者を父にルーアンに生まれ、彼も子供のころから舞台に立ち、その美声で知られていた。コンセルヴァトワールでケルビーニに作曲を学んだ最後の生徒のひとりである。1863年にオペラ＝コミック『愛のたたかい』*Bataille d'amour* が初演された際、サルドゥの台本は酷評されたが、批評家は一致してヴォーコルベイユの音楽の出来ばえを讃え、これにより名声が高まった。誠実な仕事ぶりと人柄は広く信頼され、1878年に「芸術相」とも呼ばれる芸術監督官 inspecteur des Beaux-Arts に任命されるとともに作曲家協会会長にも就任、官民双方で音楽界の長となった。この45号は1879年、オリヴィエ・アランジエ Olivier Halanzier（1819-1896）の後任として彼がオペラ座の支配人となった機会に発行されている。音楽的素養がなく経営者に徹していた前任者に代って、新進の作曲家への作品依頼や、埋もれた過去の名作の発掘などに見識を発揮した。しかし大衆の関心とはずれがあり、それまで毎年黒字であった経営は一転して赤字となり、苦心を続けたまま在職中に没している。

No. 46 YVES GUYOT

dessin d'André Gill

イヴ・ギュイヨ　1843.9.6-1928.2.22

フランスのジャーナリスト、政治家。ディナンに生まれる。祖父も父もブルターニュ地方で活動する弁護士であった。レンヌで学業を終えたのちパリに出たのちにジャーナリストとして頭角をあらわし、第二帝政に反抗する記事によってたびたび収監された。その後ギュイヨは第三共和政下においても警視総監を中傷したとして半年の間収監されており、帝政と共和政の両体制で反権力を貫いた硬骨漢である。彼の真骨頂は1878年から翌年にかけて「老いぼれ小官吏」Un vieux petit employé の筆名で連載した告発記事で、これによって内相、警視総監が辞職に追い込まれ、数人の政府高官が罷免された。1885年に下院議員となり、1889年から3年間は公共事業相を務めたが、在任中は鉄道敷設のために各地を飛び回っていたため「竣工大臣」「さまよえる大臣」などとあだ名された。退任後、1893年の再選に失敗すると再びジャーナリズムに軸足を移し、編集長を務める『世紀』紙でパナマ事件の告発、ドレフュス裁判の見直しなどの議論を展開した。ギュイヨは80代まで旺盛な執筆活動を続け、統計学、経済学の分野でも卓越した業績を残している。

No. 47 ÉTIENNE CARJAT

dessin d'André Gill

エティエンヌ・カルジャ　　1828.3.28-1906.3.9

フランスの作家、イラストレーター、写真家。フランス東部のアン県に生まれる。優れたデッサンの腕を持ち、パリに出た当初は工業デザイナーとして働いていたが、やがて芸術の世界に身を投じた。カリカチュアの技量に加えて文章も巧みであり、ユーモアの名手としてたちまち名声を獲得し、多くの名士の知遇を得た。『ゴーロワ』『ガゼット・ド・パリ』『フィガロ』等で活躍したが、1862年には自らの雑誌『ブールヴァール』*Le Boulevard* を創刊した。同誌は18ヶ月しか続かなかったが、カルジャが力をこめたイラストと、彼が選びぬいた当代一流の執筆陣は当時の文壇の粋を知る格好の素材である。その一方で、ジルのイラストでもカメラに肘をついた姿で描かれているとおり、カリカチュアから次第に軸足を移して人物写真に没頭し、多くの有名人や文学者を被写体とした。1871年にはパリにやってきた少年詩人ランボーの写真も撮影している。しかしその数ヵ月後、文学サークルでのいざこざでランボーから仕込み杖で切りつけられたカルジャは、ネガの大半を破り捨てたという。この写真家による「抹殺」を幸運にも免れたものが、今日まで伝わっている有名なランボーの肖像である。

No. 48 EMMANUEL VAUCHEZ

dessin d'André Gill

エマニュエル・ヴォーシェ　1836-1926

フランスの教育者。ジュラ地方に生まれる。商業に従事してベルギー、アルジェリアに長く滞在したのちパリに定住する。30歳近くまでごく平凡な生活を送っていたが、1865年に偶然ジャン・マセによるフランス教育連盟設立の呼びかけを目にしたことで人生が一変する。ただちにマセのもとに馳せ参じたヴォーシェは、仕事も辞めて生涯を教育に捧げることを決意、教育連盟パリ支部を設立すると、事務局長として奔走した。普仏戦争に従軍した経験から、兵士にも教養と思想が必要であると確信し、戦後に陸軍省とかけ合って各連隊に図書室を設けさせた。こうした活動によって信頼を勝ち得た教育連盟パリ支部は、この48号が刊行された時点で1700人の会員を数え、総裁にユゴー、委員長にマセ、秘書にはポンペリ、プーパンらが名を連ねている。ジルのカリカチュアは、老若男女を問わず学校へと導くヴォーシェの姿を描いたものである。パリに基盤を置いたヴォーシェの活動は『今日の人々』(レ・ゾム・ドージュルデュイ)が強く後援するものであったらしく、後年には同内容で表紙イラストが異なる特別号も発行されている。

No. 49 VICTOR SCHŒLCHER

dessin d'André Gill

ヴィクトル・シュルシェール　1804.7.22-1893.12.25

フランスの政治家。パリに生まれ、アルザス出身の父親は大規模な陶器工場を経営していた。高校を出ると家業に関わり、商取引のためメキシコ、アメリカ、キューバに滞在した。この間キューバでは奴隷労働者の反乱に逢い、人権と労働問題に目を向けるきっかけとなる。フランス本土では大革命以降禁止されていた奴隷制度をフランス植民地においても根絶すべく、帰国後はジャーナリストとして精力的に活動した。1848年に彼が植民地を管轄する海軍相の政務次官に就任したことで、待望の奴隷廃止令の成立につながっている。同年から下院議員となったが、クーデターの勃発によりイギリスに亡命、1870年まで国外に留まった。この間には同じく亡命の日々を過ごしていたユゴーと親しく交わったほか、作曲家ヘンデルの自筆譜を整理して伝記を著している。第三共和政が成立すると、下院議員を経て1875年に終身上院議員となった。監獄での体刑の禁止、女性の権利の確立など常に人権のために戦った姿を、ジルは黒人の子を守るように両手で抱く姿で描いている。人種差別に抗して人権を訴えたシュルシェールの業績は没後に評価が高まり、1949年には国家を代表する偉人として遺灰がパンテオンに移されている。

No. 50 JULES-ANTOINE CASTAGNARY

dessin d'André Gill

ジュール=アントワーヌ・カスタニャリ　1830.4.11-1888.5.11

フランスのジャーナリスト、政治家。サントに生まれる。法律の勉強のためにパリに出るが、カルティエ・ラタンに渦巻いていた政治熱にあてられて第二帝政への反対運動に身を投じた。この疾風怒濤の青春期に、芸術の改革を訴える画家たちとも終生にわたる親交を結び、学業を終えて法曹の道に進むと、そのかたわらジャーナリストとしてクールベ、コロー、テオドール・ルソーらを擁護して旧弊の美術教育を批判する記事を発表した。これらの記事が評判を呼んで地位を固めると美術批評家に専業していたが、第三共和政が成立すると、かつての人間関係によって直接政治に参画する機会を得た。地方の市議会で経験を積んだのち、1879年に国務院 Conseil d'Etat（行政・立法の諮問機関および最高行政裁判所）のメンバーとなり、その後はガンベッタやスピュレールに美術行政の専門家として重用された。ゾラが提唱する「自然主義」に理解を示したほか、彫刻家ロダンの才能を最初に見出すなど、当時の美術界の流れに与えた影響は大きい。1888年に没した際の葬儀は国葬に準ずる扱いとなり、モンマルトル墓地にあるカスタニャリの墓は、現在もロダンが制作した胸像によって飾られている。

No. 51 ALEXIS BOUVIER

dessin d'André Gill

アレクシ・ブーヴィエ　1836.1.15-1892.5.18

フランスの作家。ブロンズ鋳造師の息子としてパリに生まれる。ブーヴィエ自身も20代半ばまで彫金師として働きながら、文学者となることを夢見て短編小説を新聞雑誌に寄稿していた。彼の名がある程度知られるようになるのは1870年以降、長編小説を旺盛に発表するようになってからのことである。起伏に富んだ筋書きと、自然主義風の手法を取り入れた社会風俗の生き生きとした描写は大いに人気を博した。これらの小説の多くは単行本に先立って連載小説として発表されていたため、ジルのカリカチュアでもブーヴィエは「連載小説」roman feuilletonに大量のインクを流し込む姿で描かれている。小説の抜粋をもとにした戯曲も成功を収めたほかシャンソンの作詞者としても名前を残しており、なかでも1865年に書かれた「下層民」 La Canaille は、ジョゼフ・ダルシエ Joseph Darcier（1819-83）の作曲によって広く歌われた。その歌詞は大革命の精神を受け継ぐパリ市民の心意気を歌い上げたものであり、1871年のパリ・コミューンにおいても大いに愛唱されたという。職人から身を立てて常にパリ市民に寄り添った作家ブーヴィエの真情が生んだ民衆歌の傑作である。

No. 52 LÉON BIENVENU [TOUCHATOUT]

dessin d'André Gill

レオン・ビアンヴニュ［トゥシャトゥ］　1835.3.25-1911.1

フランスのジャーナリスト、作家。パリに生まれる。「なんにでも手を出す」toucher à tout という表現から生まれた「トゥシャトゥ」の筆名を用いた。小新聞『轟音』Le Tintamarre に寄稿をはじめると、またたくまに人気を勝ち得て、1868年には同紙の共同経営者にまでのし上がった。機知に満ちた文章で人を揶揄することを得意としたが、その筆致に陰湿さはなく、陽気な笑いが読者に広く愛された。もっとも官憲は別であり、第二帝政下での検閲の対象になっている。検閲が弱まった帝政末期から1880年代にかけての時期にはユーモア文学の第一人者としての地位を確立し、「タンタマール的」tintamarresque の語を冠した著作を次々に発表した。ジルらの挿絵が入った『タンタマール的フランス史・改訂無秩序版』Histoire de France tintamarresque revue et mise en désordre も大成功を収め、1903年までに全6巻が刊行されている。他に同時代人物批評『トロンビノスコープ』Le Trombinoscope のほか、ユゴーやゾラのパロディ小説を発表し、またルイ・アンドリューの偽「回想録」を出版するなど、手を変え品を変え時代の「笑い」を紡いだ。

No. 53　ALFRED NAQUET

dessin d'André Gill

アルフレッド・ナケ　1834.10.6-1916.11.10

フランスの医師、化学者、政治家。ヴォークリューズ県のユダヤ系の家に生まれる。医学と化学の両分野で優れた論文を執筆し高く評価されていたが、共和主義への傾倒から政治家に転じた。第三共和政下で1871年以降20年間、ほぼ間断なく下院と上院で議員を務めたナケの最大の業績は、離婚法を成立させたことである。王政復古以来禁じられていた離婚の復活を1876年に初めて主張して以来、熱心に論陣を張ってたびたび議会での票決にまで持ち込んだ。ジルのカリカチュアでも「結婚」hymen と書かれた筒を踏みつけ、結合した心を鋏で切ろうとするナケの姿が描かれているが、この奮闘がついに実るのは1884年のことである。その後は上院で唯一ブーランジェ将軍への支持を明らかにして左派グループから離脱、またパナマ事件に際しては収賄の嫌疑をかけられ、1898年に辞職を余儀なくされている。こうした金銭問題に加えて、教会の意向に反して離婚を法制化したナケは右派の目の敵であり、とりわけ興隆する反ユダヤ主義の攻撃の的となった。ナケの黒々とした髪と髭、鉤鼻をジルはさほど強調しなかったが、それらを誇張して敵意とともに描いたカリカチュア画家も多く存在する。

No. 54 LOUIS CANTIN

dessin d'André Gill

ルイ・カンタン　1822-1893.4.11

フランスの実業家。アヴィニョンに生まれヴァイオリニスト兼指揮者となったが、手に大怪我を負って音楽家を断念、パリに会計事務所を開いた。経営が成功するとフォリ=ドラマティック劇場 Folies-Dramatiques の株を買い占めて支配人となった。舞台にかけたルコックの『アンゴ夫人の娘』 La Fille de Madame Angot の大成功によって資産を増やすと、さらにブッフ=パリジアン座 Les Bouffes-Parisiens の支配人に転じ、こちらでもオペレッタ作品で大当たりをとっている。ジルが描く、大金の上に腰掛けてふたつの大劇場に腕を通すカリカチュアは、誰もがうらやむ成功者カンタンの全盛期を示すものである。しかし 1883 年、オペラ座の脇にインド風の豪壮な建物を打ち立て、鳴り物入りで開業したエデン劇場 Éden-Théâtre は運営に失敗、大きな負債を抱えた。ピアニストであったカンタンの娘と結婚したアンリ・シャブリヤ Henri Chabrillat（1842-1893）もアンビギュ座 Ambigu の支配人として 1879 年にゾラの『居酒屋』を上演し成功を収めているが、数年後には不振で自殺未遂を試みており、まさにショービジネス界の一寸先は闇である。義理の親子は苦境から抜け出すことのないまま、同じ年に相次いで没した。

No. 55　PAUL ARÈNE

dessin d'André Gill

ポール・アレーヌ　　1843.6.26-1896.12.17

フランスの作家。フランス南西部のシストロンに生まれる。文学者を志してパリに出て、アルフォンス・ドーデと親交を結ぶ。ともに南仏出身であり、復習教師の経験やフェリブリージュへの畏敬など、共通点が多かったことから意気投合し、ともに文学修行に励んだ。ドーデの代表作として知られている短編集『風車小屋だより』はこの時代の産物だが、実際には数編がアレーヌとドーデの共作、さらに数編は完全にアレーヌひとりの作品であるという。興隆しつつあった詩人グループ「高踏派」とは距離を置き、パロディ詩集を変名で書いて揶揄したことでも知られる。ドーデほどの名声は得られなかったが、郷土を舞台とした小説は一定の読者を得た。ドーデの息子レオンによれば、南仏人らしくともに直情型であったため、2人は少なくとも1ヶ月に1度は諍いになったというが、それでも晩年まで30年間にわたって友情は保たれた。なおカリカチュアでアレーヌは虫に乗っているが、これはおそらく、ジルがセミのつもりで描いたものだろう。セミは北仏には生息しないためパリの人々にとっては馴染みが薄いが、南仏の象徴となる昆虫である。アレーヌも自ら創刊した雑誌のひとつに『蟬』*La Cigale*と名づけている。

No. 56 FÉLIX JOBBÉ-DUVAL

dessin d'André Gill

フェリックス・ジョベ゠デュヴァル　1821.7.16-1889.4.2

フランスの画家、政治家。ブルターニュ半島の西端、フィニステール県に生まれる。同県のカンペールで学業を終えてパリに出ると、絵筆で身を立てるべく1839年から当時の大家ポール・ドゥラロッシュ Paul Delaroche（1797-1856）のアトリエに出入りした。翌年から官立美術学校に通うと数々の賞を獲得するようになり、肖像画や宗教画の技量は高く評価された。最晩年まで毎年欠かさず官展(サロン)に出品するなど旺盛な制作意欲を示し、パリのサン゠シュルピス寺院、サン゠セヴラン教会、トリニテ教会、レンヌの高等法院の天井画ほか多くの寺院や公共建築がジョベ゠デュヴァルの絵によって飾られている。その一方で社会主義的傾向の強い戦闘的な共和主義者でもあり、生前は画家としてよりも政治家としての姿勢が広く知られていた。1848年の二月革命でバリケードに立ち、1860年にはガリバルディを支持するグループを結成した筋金入りの共和派であった。そうしたジョベ゠デュヴァルを、ジルはキャンヴァスに共和国を象徴するマリアンヌを描く姿で示している。1871年からパリ市議となり再選を重ねたが、1876年の下院への立候補は落選に終わった。親族にも多くの芸術家がおり、彼の息子と孫もまた画家となっている。

No. 57　CHARLES LECOCQ

dessin d'André Gill

シャルル・ルコック　　1832.6.3-1918.10.24

フランスの作曲家。パリに生まれる。コンセルヴァトワールでビゼー、サン゠サーンスらとともに学んだ。卒業後は家族を支えるため大衆音楽の道を選び、1856年、オッフェンバックが開催したオペレッタ作曲コンクールでビゼーと1等を分けあった。この受賞は、審査員のひとりで、2人の共通の師であったアレヴィ Jacques-Fromental Halévy (1799-1862) がビゼーを強く推していなければ、ルコックひとりに帰していたといわれる。1872年にブリュッセルで初演された『アンゴ夫人の娘』 La Fille de Madame Angot で空前の成功を収め、その後も1878年の『小公爵』 Le Petit Duc 等、軽快なオペレッタを四半世紀にわたって発表した。ジルのカリカチュアでは右足に下駄のようなものを履いているが、これは幼少時に患った股関節の疾患を貧困のため十分に治療できず、以来片足が短かったためである。しかしこのハンディキャップも、彼の生来の陽気さに影を落とすことはなかった。引退したのちも長命を保ったルコックは晩年、新聞に自分の死亡記事を見つけることが一度ならずあった。その際には人通りの多いカフェに出かけて当の新聞を広げて読み、人々を驚かせて喜んだという。

No. 58 FERDINAND HÉROLD

dessin d'André Gill

フェルディナン・エロルド　　1828.10.16-1882.1.1

フランスの政治家。パリに生まれる。祖父はピアニスト、同名の父(1791-1833)はローマ賞を受賞した著名な作曲家であった。その父を5歳で失ったこともあり、エロルド自身は音楽の道に進まず、優秀な成績で法学を修めて22歳で博士号を取得した。法学者としての前途を嘱望されていたが、ルイ=ナポレオンのクーデターで第二帝政が成立すると、御用学者となることを潔しとせず弁護士となって共和主義者の陣営に与して活動する道を選ぶ。1876年に上院議員となり、議会での共和派の優位が固まると、1879年1月25日にセーヌ県知事の要職に任命された（パリを含むセーヌ県は県知事と警視総監の2名の国家官僚によって統治されており、これは1977年にパリ市長職が置かれるまで続いた）。セーヌ Seine と書かれた地図の上に正装で立つカリカチュアはこの機会に描かれたものである。息子アンドレ=フェルディナン André-Ferdinand Hérold (1865-1940) はマラルメを師と仰いだ詩人であり、レニエ、ピエール・ルイス Pierre Louÿs (1870-1925) らとともに詩壇の若手を牽引した。

No. 59 PIERRE VÉRON

dessin d'André Gill

ピエール・ヴェロン　1831.4.19-1900.11.2

フランスのジャーナリスト。パリに生まれる。1859年に『シャリヴァリ』の編集部に入って時評を担当して頭角をあらわし、1865年からは同紙の編集長を務め、その後1899年まで34年間、1日も欠かすことなく旺盛に記事を書き続けた。同時代の風俗をユーモアを交えて描くヴェロンは、ショル、モンスレらと同じく大通り(ブールヴァール)に面したカフェを根城とする「ブールヴァール族」の一員である。時評をまとめた単行本を毎年刊行したほか、演劇、小説なども含めて著作は膨大な量に及ぶ。時評で得た現実感覚と想像力が結びついた所産としていくつかの未来予測小説があり、そのうち1878年に発表した『1900年』En 1900は、タイトルに反して20世紀最初の年、1901年の様子を描いたものである。そのなかでヴェロンが描く、電信の発達によって朝6時から真夜中まで日に18回も新聞が発行され、地球上のどんな些細なニュースも知ることができるというジャーナリズムの未来は、むしろ21世紀のインターネット社会に近いものだろう。しかし当のヴェロンは20世紀を目にすることなく、まさに1900年、19世紀最後の年に没している。

No. 60 THÉODORE AUBANEL

dessin d'André Gill

テオドール・オーバネル　1829.3.26-1886.10.31

フランスの詩人。印刷業も営むアヴィニョンの書店の息子として生まれる。南仏の地方言語であるプロヴァンス語に長け、1854年にミストラルFrédéric Mistral（1830-1914）、ルーマニーユ Joseph Roumanille（1818-1891）らとともに「フェリブリージュ」を結成する。プロヴァンス語の純化と顕揚を目的とするこの文学運動のなかで、オーバネルは最良の叙情詩人として知られた。写実性と官能性を両立した作品はパリ文壇でも高い評価を得たが、やがてフェリブリージュに南仏の独立を画策する政治的な傾向が強まると、融和的なオーバネルは孤立を深めることとなる。1884年には完全に運動から身を引き、翌年、詩人としての集大成『アヴィニョンの娘たち』Li Fiho d'Avignoun を300部限定で出版する。しかし、恋愛と肉体美を謳歌する詩集の内容を何者かがアヴィニョン大司教に注進および、同書は間もなく発売禁止を命じられ、失意の詩人は卒中に倒れ翌年末に没した。1904年にノーベル文学賞を受賞して栄光のうちに生涯を終えたミストラルとは対照的であり、明暗の一対をなしている。

No. 61　MARIO PROTH

dessin d'André Gill

マリオ・プロート　　1832.10.2-1891

フランスのジャーナリスト。ノール県のドゥエ近郊、サン゠ル゠ノーブルに生まれる。1859年に『ゴーロワ』でジャーナリストとしてのデビューを飾って以来、多くの新聞・雑誌に寄稿した。ミシュレやユゴーの著作に大いに感化され、第二帝政下では反体制的な記事を多く書いている。美術批評、文芸批評でも活躍し、いちはやくボードレールの重要性を認めたほか、ユゴーの『レ・ミゼラブル』を激賞し、亡命中の著者から感謝の手紙を受け取っている。サン゠ジェルマン゠デ゠プレ地区、ヴィスコンティ通りの自宅をサロンとして知己を招き、多くの芸術家、文学者と親交を結んだ。ジルのカリカチュアでプロートは羽ペンと双眼鏡を手にツバメの背に乗っているが、これは彼を敬愛する芸術家のひとり、工芸家フェルナン・テスマール Fernand Thesmar（1843-1912）が、海と空との間を飛翔するツバメを描いた七宝焼をプロートに捧げ、1878年の万国博覧会で展示した事実を踏まえている。翼の下にはラテン語で SEMPRE VAGARE と書かれており、これは「常に放浪する」の意である。この言葉を信条としたプロートは晩年まで多くの分野にわたって旺盛に執筆活動をおこなった。

No. 62 ALPHONSE HUMBERT

dessin d'André Gill

アルフォンス・アンベール　1844.2.21-1922.12.27

フランスの政治家。パリに生まれる。学業の成績は優秀で理工科学校への進学が期待されていたが、腸チフスに感染したためにその夢が絶たれ、薬局の店員として働くことになる。若い頃から共和主義、さらに革命的社会主義に傾倒し、ブランキ Auguste Blanqui (1805-81) を師と奉ずるグループに加わった。1866年にはジュネーヴで第1回インターナショナルにも参加している。当然第二帝政に対しても反抗的であり、ナポレオン3世の行進を前に「ガリバルディ万歳！」と叫んだことにより3ヶ月収監されるなど、硬骨漢として知られていた。私生活においてはエドモン・ルペルティエの妹と婚約したが、パリ・コミューンへの参加を罪に問われ、ニューカレドニアでの強制労働を課せられた。婚約者はその後8年間、常に黒い服を着てアンベールを待ち続け、その姿にはすでに寡婦のような趣があったという。ジルのカリカチュアは1879年の大赦に伴う、この闘士の帰国を期に描かれたものである。まもなくパリ市議に選出されたが、候補者の要件である「最近6ヶ月の居住」を満たしていなかったため当選は無効とされた。その後無事にパリ市議に当選、1893年には下院議員となった。なお帰国後に結婚、夫婦は4人の子供をもうけている。

No. 63 THÉODORE DE BANVILLE

dessin d'André Gill

テオドール・ド・バンヴィル　1823.3.14-1891.3.13

フランスの詩人。アリエ県ムーランに生まれる。少年期にパリの寄宿舎に入り、学業のかたわら文学に開眼する。19歳で最初の詩集を刊行して以来、アクロバティックなまでに巧みな押韻で抒情詩の可能性を拡げて頭角をあらわした。歳も近く友人であったボードレールとは恋人を取り合ったこともある。年齢的には世紀の変わり目に生まれたユゴーらロマン派の世代と、1840年代生まれが多数を占めるパルナシアン（高踏派）たちの間にあたり、後進たちを親身に指導したことでも知られる。温厚で甲高い声をしたバンヴィルはルコント・ド・リールのようなカリスマ性には欠けたが、詩法に関する蘊奥を余すところなく注いだ著作『フランス詩小論』Le Petit Traité de la poésie française（1872）は後世に大きな影響を与えた。1874年に結婚し、妻の連れ子を養子とした。周囲がバンヴィルの実子と信じるほど惜しみない愛情を注がれたこの少年は、のちに著名なイラストレーターとなったジョルジュ・ロシュグロス Georges Rochegrosse（1859-1938）である。バンヴィルは彼に自身の詩集の挿画を描かせたほか、文学界の知己を紹介して成功の足がかりを与えている。

No. 64 OLIVIER PAIN

dessin d'André Gill

オリヴィエ・パン 1845-1885

フランスのジャーナリスト。トロワに生まれる。ルーアンの高校を卒業後、パリで法律を学んだ。第二帝政下で盛り上がる若者の共和主義運動に参加したため収監され、そこで出会ったアンリ・ロシュフォールの盟友となる。パリ・コミューンには積極的に参加し、パスカル・グルーセ Paschal Grousset（1844-1909）（SF小説家アンドレ・ローリー André Laurie としても知られる）の右腕として奮戦した。市街戦では7発の銃弾を受け、うち1発は顎を貫通したという。戦後はニューカレドニアで強制労働を課されたが、ロシュフォールらとともに脱走に成功、国外に逃亡した。この際、自力で泳いでいたところをイギリスの軍艦に救助されたという経緯は伝説的に語り継がれ、ジルのカリカチュアもこれを踏まえている。アンリ・ロシュフォールのイニシャル「H. R」と書かれた封筒は2人の強固な結びつきを示す。1885年に『タン』と『フィガロ』の特派員として東アフリカのスーダンで活動中に死亡した。おそらく死因は熱病によるものだが、愛国者ロシュフォールはこれを英軍の仕業と決めつけ、追悼文で盟友の「復讐」を誓っている。

No. 65　FRANÇOIS ALLAIN-TARGÉ

dessin d'André Gill

フランソワ・アラン゠タルジェ　　1832.5.7-1902.7.16

フランスのジャーナリスト、政治家。アンジェに生まれる。祖父は第一帝政期の行政官、父は弁護士を経て下院議員となった名門の家系である。法律を学んで検事となるが職を辞し、反帝政のジャーナリストとして論陣を張る。この間にガンベッタやスピュレールとともに、1873年に共和派の雑誌『フランス共和国』の創刊にも関わった。1871年にパリ市議に選出され、1876年に下院に当選している。共和派内部での評価は高く、1881年、短命に終わったガンベッタ内閣での金融相を皮切りに、数々の内閣で公共事業相、内相を勤めた。古参の共和主義者としてブーランジスムの興隆にも毅然として異を唱えたことでも知られる。私生活ではアカデミー・フランセーズ会員で政治家のアベル゠フランソワ・ヴィルマン Abel-François Villemain (1790-1870) の娘を妻とし、2人の娘に恵まれた。そのうち姉はジュール・フェリーの弟シャルル Charles Ferry (1834-1909) と結婚、妹も議員の妻となっている。共和派の上層部におけるアラン゠タルジェの揺るぎない地位に、こうした縁戚関係が大きく影響していたことは否めない。

No. 66 TONY RÉVILLON

dessin d'André Gill

トニ・レヴィヨン　1832.12.30-1898.2.11

フランスのジャーナリスト、政治家。フランス中部のマコン近郊に生まれる。なお本名はアントワーヌで「トニ」は筆名である。公証人になる勉強を放棄してパリに出ると、同郷の大詩人ラマルティーヌ Alphonse de Lamartine (1790-1869) の援助を得て『ガゼット・ド・パリ』に寄稿を始めた。短いながら要を得た文章でたちまち評判を得たレヴィヨンを、対抗誌『フィガロ』の社主ヴィルメッサン Hippolyte de Villemessant (1810-79) が引き抜いたという逸話にその人気のほどがあらわれている。多くのペンネームを用いてさまざまな新聞・雑誌に寄稿し、その後1スー（5サンチーム、20分の1フラン）の大衆夕刊紙『ジュルナル』Le Journal を創刊した。夕方に働く新聞売りの確保が難しかったため販売促進の面では苦労したというが、ジルは同紙に身を包んだレヴィヨンの姿を描いている。その背後には「立法機関」Corps législatif の建物が見られるとおり、政治にも参画したレヴィヨンは1881年から1889年まで下院議員を務めた。政治的にはクレマンソーに近く、最左翼の立場からガンベッタやフェリーらを攻撃した。

No. 67　DUMAINE

dessin d'André Gill

デュメーヌ　1831-1893

フランスの役者。セーヌ＝エ＝マルヌ県の農家に生まれる。本名はルイ＝フランソワ・ペルソン Louis-François Person。小間物商の見習いをしていたが、女優をしていた姉が大デュマと懇意であったため、彼も役者になることを夢見て舞台の世界に飛び込んだ。デュマの家に住み込んで原稿清書係として働くかたわら「デュメーヌ」の芸名で端役を演じ始めたが、肥満体で容貌魁偉なために役が限られ、芽が出るまでに時間を要した。長い地方公演の時期を経て、ようやく成功をつかんだのは1853年、『アンクル・トムの小屋』での演技においてである。丸顔のなかに威厳があり、立ち居振る舞いが男らしく、ぶっきらぼうだが情に厚い人物像はデュメーヌの体軀によって説得力を増し、それまでにない役者像としてひとつのジャンルを確立した。その後は屈指の人気役者として活躍、とりわけ恩人の大デュマは、役者としてあらかじめデュメーヌを思い描きながら戯曲を書いたといい、多くの当たり役に恵まれた。ジルのカリカチュアは、1875年だけで415回も上演されたという戯曲版『80日間世界一周』で評判をとったデュメーヌを気球に見立てたものである。

No. 68　HENRI ROCHEFORT

dessin d'André Gill

アンリ・ロシュフォール　1831.1.30-1913.6.30

フランスのジャーナリスト、政治家。パリに生まれる。本名はアンリ・ド・ロシュフォール゠リュセ Henri de Rochefort-Luçay。父親は「侯爵」を僭称していたものの根拠は希薄である。ジャーナリストとして活動していた1868年、『フィガロ』の社主ヴィルメッサンの援助を得て週刊紙『角灯（ランテルヌ）』を創刊した。この経緯には、あまりに反体制的なロシュフォールを『フィガロ』紙から厄介払いする意味もあったらしい。同紙は12万部を売り上げ、権力が統制に乗り出すとロシュフォールはブリュッセルに逃れて発行を続けた。パリ・コミューン後にニューカレドニアに流刑となったが脱走、この68号の発行時点ではジュネーヴに滞在している。角灯と星を描いたジルのカリカチュアは、この時期の『ラペル』紙へのロシュフォールの寄稿が星印で署名されていたことによる。大赦に伴う1880年の帰国は熱狂的に迎えられたが、かつての反体制の雄は以降「愛国主義」の権化となる。アルザス・ロレーヌの奪還を叫び、ブーランジェ将軍を熱烈に支持、また反ユダヤ主義を掲げてドレフュスを攻撃するなどして旧友たちと袂（たもと）を分かった。その激烈な調子は次第に大衆からの乖離を招き、晩年は右派に利用されるだけに終わった。

No. 69 CHARLES-ANGE LAISANT

dessin d'André Gill

シャルル=アンジュ・レザン　1841.11.1-1920.5.5

フランスの数学者、政治家。ナント近郊に生まれる。理工科学校に入学し、卒業後は工兵として軍に所属した。数学に秀で、士官としても将来を嘱望されていたが、共和主義的な言動を問題視されてアルジェリアに左遷された。第三共和政下で自由な言論活動を求めて1875年に軍を離れると、翌年下院議員に立候補し当選した。ジルのカリカチュアでは工兵を示す金色の肩章を付けて「投票」scrutinと書かれた壺の横に立つレザンの姿が描かれている。なお「イシー砦」Ford d'Issyと書かれた背後の看板は、普仏戦争のパリ包囲戦に際して彼が死守した激戦地を示すものである。その後レザンは1879年、その3年前に創刊された日刊紙『プティ・パリジアン』Le Petit Parisienに携わって経営を軌道に乗せ、共和左派の機関紙が大衆紙へと飛躍を遂げる下地をつくった。1880年代半ばには同じくナントの学校を経て軍人となったブーランジェに心酔、その急先鋒として議会で奮闘した。そのため将軍の挫折と死には大きな衝撃を受け、1893年の選挙には立候補せず政治活動を離れた。その後は母校の理工科学校等で教育に携わっている。

81

No. 70 EUGÈNE FARCY

dessin d'André Gill

ウジェーヌ・ファルシ　1830.3.19-1910.2.26

フランスの軍人、政治家。パッシーに生まれる。9歳で見習水夫となり練習船オリアンタル号に乗船、世界を一周した。15歳で海軍士官学校に入るとレユニオン島、マダガスカル、アンティル諸島などに遠征、1859年には大尉に昇進している。新技術の開発に情熱を傾け、武器や艦艇の発明で名前を残したことで知られる。なかでも、川にも浮かべることが可能なボート大の小型砲艦は、多くの反対の声があがるなかでようやく1869年に皇帝の勅命により開発許可が下りたいわくつきの新兵器であった。許可が遅れたために普仏戦争までに完成したのは1隻のみであったが、パリ防衛戦ではセーヌ河上で大いに活躍し、同タイプの艦はその後トンキン攻略戦でも多大な成果を挙げている。ジルのカリカチュアにおいても、ファルシはこの小型砲艦の上で腕を組む姿で描かれている。これらの発明によって知名度を上げた1871年に下院に当選、その後1875年に中佐に昇進した直後に軍務を離れ、1876年から1893年まで下院で再選を重ねた。議会では海軍の専門家として機構の改革に強い意欲を見せた。1893年の選挙でアルフォンス・アンベールに敗北し、そのまま政界を引退している。

No. 71 LÉO TAXIL

dessin d'André Gill

レオ・タクシル　1854.3.21-1907.3.31

フランスの作家。本名はガブリエル・ジョガン゠パジェス Gabriel Jogand-Pagès。マルセイユの敬虔なカトリックの家庭に生まれた。イエズス会系の学校に入ったが一転して共和派のジャーナリストとなり、1875年から「レオ・タクシル」の筆名で反教権主義の書籍、新聞の発行に携わった。1881年の選挙に際して替え歌「反教権ラ・マルセイエーズ」La Marseillaise anticléricale を作詞するなど、教会への揶揄は留まるところを知らず、ジルがタクシルを悪魔の姿で描いた理由もここにある。その後1886年、タクシルは突如としてカトリックへの回心を表明し周囲を驚かせる。ローマで教皇に謁見し過去の著作を否認すると、悪魔を奉ずるフリーメーソンこそが社会の最大の敵であるとして、カトリックの立場から大々的なキャンペーンを張って攻撃した。しかし1897年の講演会でタクシルは、秘密結社のおどろおどろしい内幕がすべて完全な創作であったことを悪びれもせず告白し、周囲を再び啞然とさせた。これが12年間におよぶ壮大な「どっきり」であったのか、気まぐれな転向であったのか定かではないが、その後のタクシルはかつての「悪魔」に戻り、再び反キリスト教的な著作を発表している。

No. 72 ACHILLE DE SECONDIGNÉ

dessin d'André Gill

アシール・ド・スゴンディニェ　　1846.2.20-没年不詳

フランスのジャーナリスト、作家。ドゥ=セーヴル県に生まれ、ジャーナリストを志してパリに出た。デビュー時の論調は大半がアンリ・ロシュフォールの模倣に過ぎなかったが、1869年に発行した激烈なパンフレット『敷石』Le Pavé で独自性を打ち出し、反帝政の若手論客として知られるようになった。『敷石』は直ちに検閲の対象となりスゴンディニェも罰金と1ヶ月の収監を科されている。その後も短命の新聞を何度も発行し、そのたびに同様の刑に服した。社会主義的な内容にそぐわない貴族的な響きを恐れて、名前の「ド」を抜かしたり、また単に「スゴンディニェ」とのみ署名した例も多く見られる。パリ・コミューンに際しては新聞の発行によって活動を支援したが、戦後はこれが罪に問われ、5年間の懲役刑を受けた。刑期を終えたのち再びジャーナリズムの世界に戻り、ゾラの『居酒屋』の設定を借りて社会主義の問題を取り扱った一種のパロディ小説『昏倒者』L'Assommé (1877) を発表して評判を得ている。1880年には、ジルのカリカチュアにも見られる『市民』Le Citoyen 紙を創刊したが短命に終わり、その後のスゴンディニェの消息は明らかではない。

No. 73 WLADIMIR GAGNEUR

dessin d'André Gill

ヴラディミール・ガニュール　1807.8.9-1889.8.10

フランスのジャーナリスト、政治家。ジュラ県のポリニーに生まれる。父親もジュラ選出の国会議員であった。パリで法律を学んだが法曹の道には進まず、シャルル・フーリエ Charles Fourier (1772-1837) の思想に強く影響されて社会改革を志した。とりわけ経済と農業問題を専門とし、集団農業の方法を模索する著作を数多く残している。ルイ゠ナポレオンのクーデターに際しては地元ジュラで武装蜂起による反対活動を扇動したとして10年の国外追放を命じられた。途中で脱走に成功、ベルギーを経て帰国したのちは再びジャーナリズム活動に従事している。第三共和政下ではグレヴィの協力を得て故郷のジュラ地方から下院に立候補して当選、1889年に没するまで再選を重ねた。夫人のマリ゠ルイーズ (223号参照) も社会主義思想に根ざした作家であり、2人の間に生まれた娘マルグリット Marguerite Gagneur (1857-1945) はシアムール Syamour の名で知られる彫刻家となった。なおポリニーの街にはそのマグリットが手がけたガニュールのブロンズ像が存在していたが、ドイツ占領下で撤去、溶解され、現在は台座のみがモニュメントとして残されている。

No. 74 ARSÈNE HOUSSAYE

dessin d'André Gill

アルセーヌ・ウーセ　1815.3.28-1896.2.27

フランスの作家。エーヌ県に生まれる。文学者を志してパリに出ると、同世代の若者たちとともに当時流行の、貧しくも自由奔放な「ボエーム」と呼ばれる生活を送った。1843年に雑誌『芸術家』 *L'Artiste* の編集長となると、かつての仲間であるゴーティエ、ネルヴァル、モンスレ、ボードレールらの作品を掲載し、ロマン主義に続く新たな文学形式誕生の土壌をつくった。なかでも「散文詩」という豊かなジャンルをいち早く掘り下げたボードレールの『小散文詩』（『パリの憂鬱』） *Petits poèmes en prose* (*Le Spleen de Paris*) はウーセに献じられており、この1点のみでも文学史上で大きな役割を果たしたと言ってよい。1849年から56年まではコメディ＝フランセーズの支配人として同時代演劇の興隆に勤めた。晩年にいたるまで数々の雑誌を創刊し、旺盛に著作を発表、さらに作家協会会長ともなるなど文壇の大立者であったが、彼自身はアカデミー・フランセーズに立候補することはなかった。その一方で同じく作家となった息子アンリ（463号参照）は父の存命中、1894年に会員となっているが、そこに「七光り」が全く影響していなかったとは考えにくい。

No. 75 LÉON LAURENT-PICHAT

dessin d'André Gill

レオン・ローラン゠ピシャ　　1823.7.12-1886.6.12

フランスの政治家、作家。パリにローランという女性の私生児として生まれる。幼年期に資産家ピシャの養子となったことで「ローラン゠ピシャ」となり、15歳で養父の死により50万フラン（現在の5億円以上に相当する）の遺産を相続する。世界各地を旅行したのち、1844年以降はユゴーを信奉する文学者の仲間となって共和主義に根ざした小説を発表した。1852年にはゴーティエ、ウーセらとともに『ルヴュ・ド・パリ』 La Revue de Paris 誌を創刊し、同誌に掲載されたフロベールの『ボヴァリー夫人』 Madame Bovary が風俗壊乱の罪に問われた際には出廷も命じられている。コミューンに際してはパリとヴェルサイユの調停に奔走、第三共和政下で下院議員、のちに終身上院議員となった。私生児から終身議員という人生はこれだけでも十分ドラマチックだが、実際には母親のローランとも血のつながりはなかったといい、1851年には実母が名乗り出ている。またローラン゠ピシャ自身、母親を明かさないまま自身の娘を認知し、のちに政治家リスレール Charles Risler（1848-1923）に嫁がせた。リスレールの妹はジュール・フェリーの妻であり、こうした人間関係は共和派上層部で資本と人脈とが強固に結びついていたことを示す好例である。

No. 76 ANDRÉ-SATURNIN MORIN

dessin d'André Gill

アンドレ=サチュルナン・モラン　1807.11.28-1888.7.4

フランスのジャーナリスト、政治家。シャルトルに肉屋の息子として生まれる。弁護士を経てシャルトルの西に位置するノジャン=ル=ロトルーで公証人の仕事に就く。ルイ・ブランの思想に共感し、1848年に第二共和政が成立すると、一時、地方の副知事として国立作業所の実現にも奮闘したが、まもなく辞職して以降は長らく筆一本で身を立てた。自由思想に根ざしたモランはとりわけ教会を攻撃し、『原寸縮小版イエス』*Jésus réduit à sa juste valeur*（1864）ではキリストの反社会性を非難して大衆の「盲信」を啓こうとした。ジルのカリカチュアで蛇の胴体をしたイエズス会士を殴ろうとするモランの手にも同書のタイトルが書かれた棒が握られている。これらの著作はフランス国内での刊行が難しかったため、国外で印刷したものを輸入するという手続きがとられ、名前のアナグラム「ミロン」Mironの筆名もしばしば用いられた。1876年以降パリ市議となり再び政治に関わっている。没後、モランの遺産はパリの不動産を含め100万フラン（現在の10億円相当）にものぼったといい、肉屋の息子が名実ともに成功者となる道が開けていることを証明した。当時のジャーナリズムと政界の絶大な力の賜物である。

No. 77　HECTOR FRANCE

dessin d'André Gill

エクトル・フランス　　1837.7.5-1908.8.19

フランスの軍人、作家。ヴォージュ県ミルクールに生まれる。父親は騎馬部隊の隊長を務めた憲兵士官であり、彼も軍人の道を歩んだ。1859年にアルジェリアで騎兵隊の一員となって以来10年間を北アフリカ各地で過ごしたのち、1869年に軍を離れてフランス本土に戻りジャーナリストとなった。普仏戦争では再び臨時大尉として馬を駆ったが、パリ・コミューンの設立に立ち会ったため後難をおそれてイギリスに亡命、フランス語を教えながら、亡命者コミュニティの中でフランス語雑誌を発行していた。ここまではほぼ無名の存在にすぎなかったフランスが一躍有名になるのは、1878年にブリュッセルで刊行した『司祭の物語』Le Roman du curé の成功によってである。当初「XXX」と署名されていたこの小説はキリスト教を野卑に揶揄したもので、大成功を収めてフランスの名も公然と語られるようになった。ジルのカリカチュアで手に握られているのもこの著作である。1880年の大赦で帰国したのちは新聞・雑誌に旺盛に記事を寄稿したほか、イギリス滞在時の回想録など多岐にわたる著作を残している。それらはときに1000ページ以上にものぼる大著であったが、当時は多くの読者を獲得した。

No. 78 BENJAMIN RASPAIL

dessin d'André Gill

バンジャマン・ラスパイユ　1823.8.16-1899.9.24

フランスの画家、政治家。パリに生まれる。第二共和政成立の立役者で1848年の大統領選にも出馬した政治家フランソワ゠ヴァンサン・ラスパイユFrançois-Vincent Raspail（1794-1878）を父に持つ。彼も政治家を志して1849年に議員となるが、ルイ゠ナポレオンのクーデターが起こると父とともにベルギーに亡命した。少年期の怪我がもとで右脚を切断しており、ジルのカリカチュアでも義足が描かれている。父親とともに共和主義思想に基づいた政治活動をおこなう一方、画家として父親の著作をはじめとする多くの本の挿絵も描いている。第三共和政下では1876年に下院議員となり、1889年に選挙で敗れて引退するまで再選を重ねた。弟カミーユ（165号参照）をはじめ、エミールÉmile Raspail（1831-1887）、グザヴィエXavier Raspail（1840-1926）を加えたラスパイユ4兄弟は、それぞれの専門分野で業績を残しながら政治に参画した、共和派きっての有名一家である。死に臨んでラスパイユは、労働災害者のための施設と、絵画コレクション（彼自身の作品も含まれる）と父親の資料を保管する美術館の設立を願って遺産を地元の自治体に寄付している。

N⁰. 79　CHARLES CASTELLANI

dessin d'André Gill

シャルル・カステラニ　　1838.5.24-1913.12.1

フランスの画家。イタリア人を父に、フランス人を母にブリュッセルに生まれ、フランス国籍を1874年に取得した。画家として戦争を題材とした大作を得意としたが、これには普仏戦争に志願兵として参戦し負傷、敵軍の捕虜となった経験が生かされている。その絵画は次第にスケールを増し、多くの人物が躍動する「パノラマ画」の大家として名を馳せた。ジルのカリカチュアでは、パノラマ画を覆う布に手をかけるカステラニのパレットから大砲の煙が黒々と噴き出ている。なお、ジルはパリの景観のなかに多くの著名人を描く大作「パノラマ＝ジル」Panorama-Gill の計画を抱いており、カステラニに協力を要請していたが生前に実現を見なかった。カステラニはこのアイディアを継ぎ、パリの街を舞台に多くの著名人を配したパノラマ画《パリの名士たち》*Le Tout Paris* を1889年の万国博覧会で展示した。1895年に回想録『パノラマ画家の打ち明け話』*Confidences d'un panoramiste* を発表したほか、1896年にはコンゴからナイル上流を目指す探検隊に参加、帰国後に豊富なイラストを交えた著作を2冊刊行している。

No. 80 EDMOND TURQUET

dessin d'André Gill

エドモン・チュルケ　1836.5.31-1914.2.8

フランスの政治家。オワーズ県サンリスに生まれる。法律を学んだのち行政官となり、1876年からは下院議員を務めた。大臣となることはなかったが、政務次官として多くの内閣に関与、とりわけ美術行政を専門とした。彫刻家ロダンを最も評価した人物のひとりとして知られる。人体から直接型をとったと噂の立った裸体像《青銅時代》*L'Age d'airain*の国家による買い上げを決定し、また《地獄の門》の制作を依頼するなど、ロダンがフランスを代表する彫刻家となる過程で大きな役割を果たした。ロダンもこの4歳年長の行政官に対しては敬意を抱いており、チュルケの妻が没した1881年には故人を偲んでライオン像を制作して贈っている。ジルのカリカチュアでは手に抱いた赤ん坊に「おっぱい」LOLOを飲ませているが、これは豊かで健全な芸術こそが国家の揺籃となるとするチュルケの思想を反映したものだろう。エーヌ県選出の下院議員として再選を重ねていたが、1880年代半ばにはブーランジェ将軍を熱烈に支持し、その後、鞍替えしてパリから立候補した1889年の選挙ではイヴ・ギュイヨに敗れて落選している。1898年に再度国政に挑戦したが落選、政界を引退した。

No. 81　GUSTAVE RIVET

dessin d'André Gill

ギュスターヴ・リヴェ　　1848.2.25-1936.6.20

フランスの作家、政治家。グルノーブルにほど近い、アルプスの山間部に位置するドメーヌの町に生まれる。パリに出て名門のルイ＝ル＝グラン高校で学ぶうちに、カルティエ・ラタンの若者たちと交流を深めて文学者を志した。大学卒業後、1875年までパリの高校で教鞭を執りながら詩集や戯曲を発表していた。かねてから尊敬していたユゴーの知遇を得て家族の一員のように迎え入れられると、1878年には師の理念をまとめた談話集『自宅のヴィクトル・ユゴー』*Victor Hugo chez lui* を刊行し、その成功はユゴー本人からも祝福された。1881年にはシャルル9世の愛人と隠し子に関する史実を題材とした戯曲『マリー・トゥーシェ』*Marie Touchet* で喝采を浴びている。その後ユゴーのあと押しもあり共和派の政治家として1883年に下院に立候補し当選すると、1903年までの20年間再選を重ね、その後21年間は上院議員に転じて計41年を国政に捧げた。1894年には実際にマリー・トゥーシェが隠棲していたイゼール県内の荒廃した城館を購入して修復を施しており、晩年はそこに信奉者や親類を迎えることを楽しみとした。

No. 82 FRANCIS PITTIÉ

dessin d'André Gill

フランシス・ピティエ　1829.1.4-1886.12.3

フランスの軍人、詩人。ニエーヴル県の古都ヌヴェールに生まれる。陸軍士官学校を卒業後、クリミア戦争、イタリア統一戦争に従軍、負傷をものともしない勇敢さで昇進を重ねた。普仏戦争開戦時には少佐であったが、目覚しい武勲のため終戦時には大佐となっている。しかし本質は詩人であり、1862年に刊行した詩集『20歳のロマン』*Le Roman de la vintième année*は、ゲーテやハイネの仏訳を散りばめながら青年の惑いと決意をうたった小冊子である。作風はおよそ軍人の肩書きとは似つかわしくないが、さらに「平和のオード」*Ode à la paix*といった作品も残しており、軍刀を床に投げ出して楽器を奏でるピティエの姿を描いたジルのカリカチュアも、この奇妙な二面性を反映したものである。第三共和政下では共和主義に理解を示す文武両道の軍人として、グレヴィ大統領から官邸事務局長および武官長に任命されている。詩人として成功を収めたとは言いがたいが、ある意味、命をかけた叙情性を秘めた詩篇には独特の魅力があり、ボリス・ヴィアン Boris Vian（1920-59）がピティエの作品をラジオで朗読したこともある。

No. 83 DÉSIRÉ BARODET

dessin d'André Gill

デジレ・バロデ　1823.7.27-1906.4.18

フランスの政治家。ソーヌ゠エ゠ロワール県に生まれる。教師であった父親は息子が司祭職に就くことを望んだが、息子のほうは教職の道に進むとともに、キリスト教への反抗心を育てていった。アン地方で教師をしていたが、1849年にその共和思想と反教権主義を理由に罷免される。その後は私立学校の教師を経て、リヨンで政治活動をおこなった。1870年に市議、次いで助役となり、1872年にはついに市長に当選した。しかし教育から宗教色を一掃しようとするなど過激な政策によって県と衝突し、翌年に離職せざるをえなくなったが、この事件は共和派の闘士バロデの名を全国に轟かせた。翌1873年にセーヌ県から下院に立候補したバロデが、穏健共和派のティエール内閣の外相シャルル・ド・レミュザ Charles de Rémusat（1797-1875）を破って当選したことは、急進派の優勢を画した歴史的転換点である。1896年まで下院議員、その後上院議員を1期務めた。1890年には当選議員が選挙公約の要旨を明文化する規則を提案し、議会で採択された。選挙民に対して公約の実現度を可視化するこの文書は、現在も彼の名を採って「バロデ」と呼ばれている。

No. 84 CLAUDE-ANTHIME CORBON

dessin d'André Gill

クロード=アンティーム・コルボン   1808.12.23-1891.2.26

フランスのジャーナリスト、政治家。オート=マルヌ県に生まれる。父親は職人で、コルボンも7歳で織物工のところに送られて職人となる。その後パリに出ると植字工、次いで木彫職人として働きながら、友人たちとともに労働環境の改善に努め、カトリック教義と民主主義を両立させる社会の形態を模索して政治運動に関わった。小刀で共和国の象徴マリアンヌを切り出す姿を描いたジルのカリカチュアは、コルボンのこうした経歴を反映したものである。1848年に第二共和政が成立すると政府に加わり、ブランによる国立作業所の実現にも尽力したが、奮闘むなしくクーデターが勃発すると再び木彫職人に戻った。その後、第二帝政末期から徐々にジャーナリズムに復帰し、特に労働者の教育問題を扱った著作で知られた。1863年に発表した『パリ民衆の秘密』*Le Secret du peuple de Paris*では、教会による教育の問題点を指摘し、労働者に自尊心と向上心を与える学校教育の必然性を論じて評判となった。第三共和政下で下院議員に当選したときにはすでに60歳を越えていたが、第二共和政の盛衰を知る古株として存在感を示し、1875年には終身上院議員に選ばれている。

No. 85 MARTIN NADAUD

dessin d'André Gill

マルタン・ナドー　　1815.11.17-1898.12.28

フランスの政治家。フランス中部クルーズ県の小村に生まれる。石工だった父親は教育に熱心で、貧しいなかで息子に読み書きを習わせた。10代で父に従いパリに出稼ぎに出て、危険な職場でたびたび負傷しながら一人前の職人となった。その後、独学で知識を深めて職人集団の思想的リーダーとなると、1848年の二月革命以降は共和派の議員として政治に直接参画した。第二帝政下では国外に脱出して教師をしていたが、第三共和政の成立とともに帰国、パリ市議を経て1875年に下院議員となる。ジルのカリカチュアに描かれているように、常に石工の出自と経験を忘れず、労働環境の改善と、負傷によって働けなくなった労働者を補助する基金の設立のために尽力した。1889年、1894年と続けて選挙に破れたことにより政界を引退したあとは郷里に戻り、執筆活動に専念した。そうして晩年に完成した回想記『元見習石工、レオナールの回想』*Mémoires de Léonard ancien garçon maçon*（1895／邦題『ある出稼石工の回想』）は、当時の出稼ぎ農民の生活を克明に描きながら、ひとりの青年が政治への意識を高めてゆく過程をも活写した貴重な記録文学である。

No. 86　ELPHÈGE BOURSIN

dessin d'André Gill

エルフェージュ・ブルサン　1836.5.21-1891.2.27

フランスのジャーナリスト。ノルマンディ地方、カルヴァドス県のファレーズに生まれる。パリに出てジャーナリストを目指すが、縁故もなく、また正業を望む両親に仕送りを打ち切られたため、貧困に耐えながら図書館に通い詰めて知識の獲得と文章修行に明け暮れたという。『フィガロ』紙をはじめとする新聞、雑誌に寄稿するようになると、かつての自分と同じく地方に住む人々を念頭に、親しみやすい平易な言葉で共和主義を伝えることに天職を見出した。「ジェラール親父」Père Gérard の筆名を用いて常に同時代の最も急進的な雑誌に政治評論を書きながら、歴史をひもときつつフランス革命の精神を説き、また時事的な社会問題を取り上げる多くの著作を残している。1878年には自らのペンネームをタイトルに掲げたイラスト入り週刊新聞『ジェラール親父』Le Père Gérard を創刊、大衆に広く受け入れられて1887年まで刊行を続けた。ジルによるカリカチュアでブルサンは、家禽に空を飛ぶことを身振りで教えようとする姿で描かれている。一世代上のオーギュスタン・シャラメルとともに、大衆への共和主義の普及と啓蒙に一生を捧げた著述家である。

No. 87　JEAN-JOSEPH FARRE

dessin d'André Gill

ジャン=ジョゼフ・ファール　1816.5.5-1887.3.24

フランスの軍人。ヴァランスに生まれる。理工科学校を首席で卒業、メッスの職種学校を経て工兵士官となった。都市の要塞化を専門とし、優秀で誠実な軍人として順調に昇進を重ねた。アルジェリア、イタリアにも派遣されており、とりわけローマでは聖職者からも信頼も得た人格者であった。ナポレオン3世のスダン敗北後はフェデルブ将軍の片腕として指揮を執り、戦後再びアルジェリアに赴いたが、1875年、本土に召還され軍中枢の幹部に返り咲いた。共和主義に理解のある軍人として、ガンベッタもファールに敬意を持っており、1879年の選挙で共和派が大勝した際には陸軍相のポストを打診している。これはマクマオン元帥の反対によって実現を見なかったが、同年末にフレシネ内閣で陸軍相に就任、続くフェリー内閣でも留任し1881年までその地位にあった。しかし在任中のチュニジア侵攻には批判も多く、また軍隊の改革もファール自身の思うようには進まなかった。この間、1880年には終身上院議員に選出されているが、投票に際しては常に議会内左派に同調している。第三共和政にとって望ましい、知的な穏健派の軍人であったといえる。

No. 88 CHARLES LAUTH

dessin d'André Gill

シャルル・ロート　1836.9.27-1913.12.2

フランスの化学者。ストラスブールに生まれ、地元の大学で化学を学ぶ。染料の研究に従事して陶器の新たな色付けに成功、その色は「パリ紫」とも「ロート紫」とも呼ばれて1867年の万国博覧会の話題をさらった。1877年から88年まで国立セーヴル製陶所の所長を務め、1897年から1904年まではパリ市立工業物理化学高等専門学校の校長となった。この間も研究を進めながら、工場の効率化や労働環境の改善を実現、後進の育成に力を注いだ。普仏戦争での敗北以降、多くのアルザス出身の化学者がフランスの工業化学の立て直しに動員されており、ロートはまさしくその嚆矢である。彼らはいわば学問を武器としてドイツに対抗した愛国者の群であったが、その愛国心は盲目ではなかった。ドレフュス事件に際しては同じくアルザス出身の化学者シュレル=ケストネル、エドゥアール・グリモー Édouard Grimaux (1835-1900) らと共闘して「アルザス人」ドレフュスの再審を要求している。この盟友たちが1899年から翌年にかけて相次いで没するとロートは先頭に立って発言し、ついに1906年にはレンヌの裁判でドレフュスの名誉回復を勝ち取った。

No. 89 ÉMILE DESCHANEL

dessin d'André Gill

エミール・デシャネル　1819.11.19-1904.1.26

フランスの作家、政治家。パリに生まれ、名門ルイ゠ル゠グラン高校在籍時から全国試験でいくつもの賞を獲得する秀才として知られた。高等師範学校卒業後、パリの名門校シャルルマーニュ高校、ボナパルト高校、また母校ルイ゠ル゠グラン高校で教鞭をとった。1845年からは高等師範学校の講師も兼任してギリシャ文学を講じ、教え子にテーヌ Hippolyte Taine（1828-93）、アブー、サルセー、シャルメル゠ラクールら多くの俊英を数えた。しかし1850年2月、カトリックと社会主義を扱った記事が問題視されて出勤停止の処分を受け、翌年に逮捕されて国外追放処分を受けた。1859年の大赦による帰国後はジャーナリズムに復帰し、1860年には自由思想や共和派の論客を招く「ラ・ペ通りの講演会」Conférences de la rue de la Paix を開いて共和主義思想の深化と普及に努めた。第三共和政下では下院議員を経て、1881年にはリトレの死に伴い、後任の終身上院議員に選出されている。1877年以降は四半世紀にわたってコレージュ・ド・フランスの教授も務めた。共和国フランスの実質的な国父のひとりであり、また実際に息子のポール・デシャネル（469号参照）はフランス共和国大統領となっている。

No. 90 NARCISSE BLANPAIN

dessin d'André Gill

ナルシス・ブランパン　　1839.12.3-1893以降

フランスの印刷業者、作家。アルデンヌ地方の小村に生まれる。家は農家で学校にも通えず、15歳までほぼ文盲であったが、労働の合間に夜を日に継いで独学し、18歳で大学入学資格を得たという。パリに出て法律の勉強をするかたわら活版印刷の技術を身につけ、印刷所の校正係を経て1870年に印刷業者となった。その間に1869年以来、共和主義と反教権主義に貫かれた著作を次々に発表した。ヴィクトル・プーパンとは『黒いインターナショナル』 *L'Internationale noire* (1879) を協同執筆してイエズス会を攻撃しており、ジルのカリカチュアでも製本用の万力（エトー）でイエズス会士を締め付ける姿で描かれている。『今日の人々』とも関係が深く、155号から233号まではブランパンの印刷所で刷られている。1886年には攻撃的な内容のため出版がストップしていたレオン・ブロワ Léon Bloy (1846-1917) の小説『絶望者』*Le Désespéré* の印刷を引き受け、翌年の刊行にこぎつけるなど、表現の自由のために闘った侠気の印刷業者であった（ただし同書に印刷所の名前を明記することは拒否している）。1893年に刊行された著作を最後に、その後の消息は明らかではない。

No. 91　LOUIS GREPPO

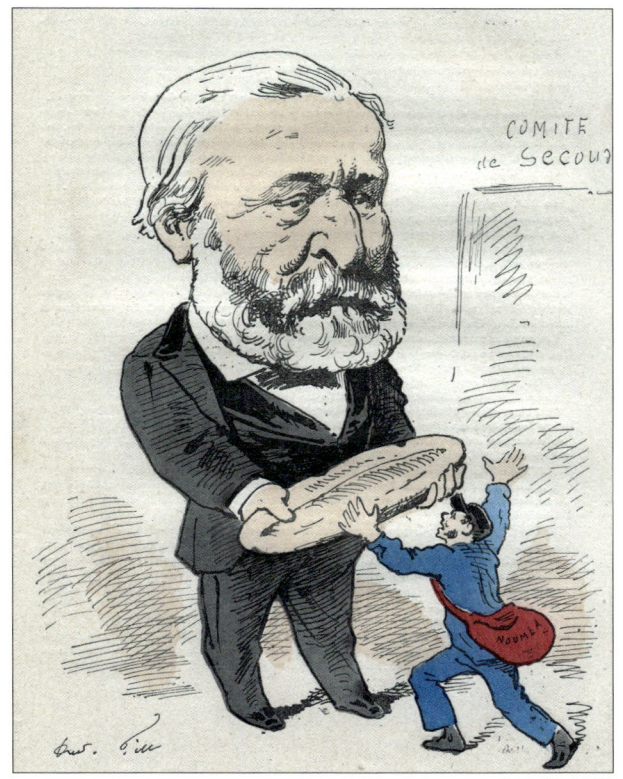

dessin d'André Gill

ルイ・グレポ　1810.1.8-1888.8.27

フランスの社会運動家、政治家。ローヌ県のブドウ農家に生まれ、14歳で織物工になるために県都リヨンに出た。手先の器用さと頭の良さから絹織物工場では職人仲間のリーダーとなり、やがて共和主義に目覚めて1830年代前半のリヨン争乱に参加、労働環境の改善と労働者の権利を強く訴えた。二月革命でもリヨンで主導的な役割を果たし、第二共和政下で国会議員に選出されたが、ルイ=ナポレオンによるクーデター勃発とともに逮捕され、死刑に等しいギアナへの流刑を宣告された（のち減刑）。その後ベルギーに脱出し、1859年の大赦までフランス国外を転々とするが、その間に生活を支えたのはグレポの生来の器用さであり、さまざまな業種に手を染めて糊口を凌いだという。帰国後はワイン商を営んでいたが、第二帝政が崩壊し第三共和政が成立すると、1871年には大量の票を集めて下院議員に当選した。ジルのカリカチュアは、グレポがコミューン参加者ら政治犯の家族に対する救済委員会を組織して支援したことを反映している。その経歴から左派の重鎮として畏敬されていたが、1880年代に入ると「日和見主義」に同調、そのため1885年の選挙では急進共和派の候補に敗北し政界を去った。

No. 92　HENRI ESCOFFIER

dessin d'André Gill

アンリ・エスコフィエ　1837.3.11-1891.12.20

フランスのジャーナリスト。ヴォークリューズ県に生まれる。父親の公証人の職を継ぐため法律を学んだが、転じてジャーナリズムの道に進んだ。地方を転々としつつニュースをパリに書き送る仕事をしていた1863年、『プティ・ジュルナル』紙を創刊したポリドール・ミヨー Polydore Millaud（1813-71）と出会ったことが人生の転機となり、以降は10ものペンネームを用いて同紙の紙面を埋めた。そのうちとりわけ有名なのは、ジルのカリカチュアで襟元に刺さった羽根ペンにも書かれた「トマ・グリム」Thomas Grimm の名である。これは『プティ・ジュルナル』の看板であったティモテ・トリム Timothée Trimm（1815-75）が他紙に引き抜かれた際にエスコフィエが被った仮面であり、たちまちトリムに勝るとも劣らぬ名声を勝ち得た。こうした貢献により1873年には同紙の編集長となっている。なお小説家のゾラとは、少年期にエクス゠アン゠プロヴァンスの寄宿舎で出会い親交を結んでいる。必ずしも文学観は一致しなかったが、『プティ・ジュルナル』でゾラの小説を紹介したり、またゾラのもとから逃げた子犬の消息を求める「尋ね犬」の記事を紙上に掲載するなど、彼なりに旧友に親愛の情を示し続けた。

No. 93 PAUL NICOLE

dessin d'André Gill

ポール・ニコル　1832.11.23-1904.11.19

フランスのプロモーター、作家。ノルマンディ地方のフェカンに生まれる。大学を出たのちに仲介業を営んでいたル・アーヴルで1868年に博覧会を成功させたのを皮切りに、1875年の海洋博覧会、1879年の工業化学博覧会と次々に事務局長に任じられた。博覧会成功の請負人として名を挙げたニコルに巨大なプロジェクトが任されたのは1879年のことである。パリ西側に広がる森に佇むサン゠クルー城は、普仏戦争時に焼き払われて以来廃墟と化していたが、そこに工業製品を恒久的に展示する壮麗な建造物を中心としたテーマパークを造り国力をアピールするという国家的な事業である。ジルの描くカリカチュアでは、フリジア帽柄の服を着た魔法使いのニコルが「クリスタル・パレス」Palais de Crystalを出現させており、その成功を疑う者はなかったかのようである。しかし実際には計画は遅々として進まず1884年頃に頓挫、その後の1889年、1900年の万国博覧会の熱狂によりプロジェクトは完全に忘れ去られた。1870年代末に「ニコルソン」Nicholsonの筆名で物語集も刊行していたニコルだったが、1887年再びル・アーヴルで開かれた博覧会の事務局長を最後に、以降は表舞台から魔法のように消えている。

No. 94 HENRI BRISSON

dessin d'André Gill

アンリ・ブリソン　　1835.7.31-1912.4.13

フランスの政治家。ブールジュに生まれる。パリで法律を学ぶなかで帝政への宣誓を拒否した法曹のグループに加入、ウジェーヌ・ペルタン Eugène Pelletan (1813-84) らとともに1854年に共和派の週刊誌『未来』*L'Avenir* の創刊に加わった。1871年に下院議員となり、共和派の中心議員のひとりとして活躍し、副議長を経て1881年には議長となった。この号は議長就任の直後に発行されたものだが、ジルのカリカチュアではブリソンの座る席の影は、首相となった前任者ガンベッタのシルエットである。その後のガンベッタの政権運営の失敗は共和派内に動揺を与えたが、ブリソンは1885年まで議長職を務めて政権の安定に尽力した。首相に就任した1885年以降の10年間で計4回大統領に立候補したがいずれも敗退、しかしその政治家としての力量は当代随一で、ブーランジェの台頭に対抗したほか、パナマ事件でも調査委員長に任じられている。ドレフュス事件で政界が揺れていた1898年に再び首相となり事件の再調査に着手したが、陸軍相が抗議のため次々と辞任するという事態に有効に対処できないまま4ヶ月で辞任を余儀なくされた。すでに高齢であった1906年に下院議長に就任、現職のまま没している。

No. 95 JULES ROCHE

dessin d'André Gill

ジュール・ロッシュ　1841.5.22-1923.4.8

フランスのジャーナリスト、政治家。ロワール県サン=テティエンヌに生まれる。パリで法律を学びリヨンで弁護士登録をしたが、ジャーナリストとなって故郷に隣接するアルデーシュ県を主な活躍の場とし、地元の共和派新聞の編集長として第三共和政の成立を迎えた。その後はパリに出て数々の新聞に寄稿した。ジルのカリカチュアでロッシュが脇に挟んでいるのは、クレマンソーに誘われて彼が健筆を揮った急進派の新聞『正義』*La Justice* である。政治家としては1881年にヴァール県から下院に初当選、その後サヴォワ県を経て1898年以降はアルデーシュ県から出馬して当選、1919年まで議席を守った。強硬な反教権主義者であり、義務教育の確立を機に、それまで教会に与えられてきた教育予算の見直しを強く求め、1882年には4200万フランの予算を800万フランに削減させることに成功した。しかしそのロッシュもやがて急進派から「日和見主義」へと転じ、クレマンソーの『正義』紙からガンベッタが創刊した『フランス共和国』紙へと活動の場を移している。第一次大戦中にも戦争被害の補償に関する法の制定を提言するなど、80歳近くまで旺盛に活動した。

No. 96　NOËL PARFAIT

dessin d'André Gill

ノエル・パルフェ　　1813.12.30-1896.11.19

フランスのジャーナリスト、政治家。シャルトルに生まれる。1830年の七月革命勃発時には16歳に過ぎなかったが、果敢に参加し、革命後には勲章を受けている。まもなく共和主義の芽が摘まれて七月王政が成立すると、これを文書で攻撃して2年間投獄され、以降も『ナシオナル』紙をはじめとする共和派の新聞・雑誌で論陣を張った。1848年に成立した第二共和政では国会議員に選出されたが、ルイ＝ナポレオンのクーデターによりベルギーへの亡命を強いられた。1859年の大赦により帰国、第二帝政が崩壊するまでは政治の表舞台から離れ、この間に大デュマの秘書、ユゴーの校正係を務めたほか、ミシェル・レヴィ書店の運営にも長らく携わり、多岐にわたる文筆活動で確固たる存在感を示した。第三共和政が成立すると、故郷のウール＝エ＝ロワール県から選出されて下院議員を務めた。その経歴が示すとおり、最古参の共和派のひとりであるパルフェは、ジルのカリカチュアでは右手で聖職者の首を握りしめる姿で描かれている。1871年の当選以来再選を重ねたが、1891年以降は病気のため議会を欠席、1893年の選挙には立候補せず、その3年後に没した。

No. 97　ARTHUR ARNOULD

dessin d'André Gill

アルチュール・アルヌー　1833.4.17-1895.11.26

フランスのジャーナリスト、政治家。ロレーヌ地方のデューズに生まれる。父エドモン Edmond Arnould（1811-61）はポワティエ大学、パリ大学等で文学を講じた教授であった。公務員として文部省、パリ市役所に勤務したのちにジャーナリストとなる。第二帝政下では体制を批判する記事の執筆により何度も投獄される一方で、1864年には19世紀初頭の風刺詩人ベランジェに関する著作も残している。パリ・コミューンに参加し、評議会のメンバーにも選出されたが、穏健なアルヌーは多くの急進的な提案に反対している。「血の一週間」の直後に着の身着のままでジュネーヴに亡命、その後南米に脱出したのちイタリアを経てスイスに落ち着いた。この時期にルガーノで晩年のバクーニンと親交を結びその遺言執行人となったほか、2冊のコミューン関係の著作をブリュッセルの書店から刊行している。この号は大赦によってようやくフランスに帰国したのちに発行されたものである。ジルのカリカチュアで彼が右手に持っている本にはMatheyと書かれているが、アルヌーが小説を発表する際に用いたペンネームMattheyの誤記であろう。この筆名は、転々とする苦難の国外生活をともにした妻の旧姓から採られている。

No. 98　CHARLES FRÉBAULT

dessin d'André Gill

シャルル・フレボー　1825.3.7-1902.10.29

フランスの医師、政治家。メッスに生まれる。パリで医学を学び、1850年に博士号を得た。その後パリ7区の北西部グロ=カイユー街区（現在のエッフェル塔を含む地域）で開業したが、当時の同街区はタバコ工場による工業汚染で知られる一帯であった。そうした土地にあって貧しい労働者を無料で診察するなど、昼夜を問わず献身的に医療活動をおこなったため、「貧者の父」「貧者の医師」と呼ばれて広く尊敬を集めた。パリ・コミューンに際してもパリに留まって3つの野戦病院を指揮し、「血の一週間」のあとでヴェルサイユ軍に捕らえられたが、直後に釈放されている。それまで直接政治と関わることはなかったが、1871年以降グロ=カイユー街区から選出されてパリ市議を務め、その後1876年には下院議員となった。議会では急進共和派として労働者の環境改善のために全力を尽くしたほか、死刑廃止を強く訴えた議員のひとりでもある。1889年に落選、1893年に復活したが1期で再び落選、その後1902年にも雪辱を期したが果たせず、その年のうちに没した。同時期に活躍した軍人出身の同名の政治家（1813-1888）がいるが、こちらはグアドループ総督を経て1875年に終身上院議員となった人物である。

No. 99 LÉON RICHER

dessin d'André Gill

レオン・リシェ　1824-1911

フランスのジャーナリスト。オルヌ県に生まれる。マリア・ドゥレームとともに、共和主義の観点から男女同権を訴えた先駆者として知られるが、ジャーナリズムの世界に入ったのは第二帝政末期と比較的遅い。1869年にはドゥレームとともに『女性の権利』*Le Droit des femmes*誌を創刊したほか、1878年の万国博覧会に合わせてパリで女性の権利のための国際会議を2週間の会期で開催している。リシェはその後も労働に対する賃金の平等や離婚問題に関する多くの著作を残し、女性の自由と男女同権を強く訴えた。こうしたリシェの活動に向けられる視線は、『今日の人々』(レ・ゾム・ドージュルデュイ)の本文において面長のリシェがドン・キホーテに例えられていることにも端的にあらわれている。ジルのカリカチュアでもリシェは紙のロシナンテにまたがり、その手でスペイン風の衣装を着た女性の人形を操っている。共和主義者にさえも男女同権の問題が切実に捉えられていなかった印象を与えるが、確かにフランスで女性の参政権が認められるのはドイツ、イギリス、スペイン等からはるかに遅れて1944年、ド・ゴール将軍の臨時政府下のことである（実際の投票は翌1945年）。

No. 100　FRANÇOIS CANTAGREL

dessin d'André Gill

フランソワ・カンタグレル　1810.6.27-1887.2.27

フランスのジャーナリスト、政治家。アンボワーズに生まれる。文学者を目指してパリに出て、法律と建築を学びながら『芸術家』誌で文壇にデビューした。1838年に社会改革を唱えるシャルル・フーリエとヴィクトル・コンシデラン Victor Considerant（1808-93）の思想に共感、その熱心な推進者となる。1841年にカンタグレルが刊行した『パレ＝ロワイヤルの狂人』*Le Fou du Palais-Royal* は、ときに難解なフーリエの思想を対話形式で説いて読者を獲得し、運動の伝播に広く貢献した著作である。その後もフーリエが提唱する共住労働共同体「ファランステール」Phalanstère の実現のために精力的に活動し、急進共和派と社会主義者の連携を志して政界に進出、第二共和政下の1849年に国会議員に当選している。第二帝政期にはアメリカに渡り、コンシデランとともにテキサスにファランステールを建設している。第三共和政下では1876年に下院に当選、再選を重ねて現職のまま没した。長身で肩幅が広く豊かな髭で知られたカンタグレルを、ジルは大海に屹立し四方の波にも動じることのない巨岩として描いている。

No. 101 ADOLPHE COCHERY

dessin d'André Gill

アドルフ・コシュリ　1819.8.26-1900.10.13

フランスの政治家。パリに生まれ、20歳で弁護士の資格を得る。1848年に第二共和政が成立すると司法省の官房長に任命されたが、個人的信条から法廷での活動を優先し、政治事件やジャーナリズムの弁護に積極的に関わった。第二帝政末期の1869年に議員となって以降、第三共和政下で下院議員を1888年まで務め、以降は上院に転じて現職のまま没した。ジルのカリカチュアでコシュリは電線の上に腰掛け稲妻を手にしているが、これは彼の最も大きな業績、通信の近代化を示している。1878年に部門の責任者に任命されると、翌年に省へと昇格した郵便通信省の最初の大臣となり、税金の引き下げと業務の体系化によって通信網をフランス全土に広く行き渡らせた。なおプルーストの小説等でも知られるパリの気送管郵便の整備も、コシュリの在任中におこなわれたものである。コシュリは1885年まで6年半にわたって継続して大臣を務めており、こうした大臣職の専門化と継続性は、内閣が頻繁に交代する第三共和政において政策の一貫性を支える特徴となった。息子のジョルジュ Georges Cochery（1855-1914）も政治家となり大臣を歴任している。

No. 102　ALFRED LECONTE

dessin d'André Gill

アルフレッド・ルコント　　1824.12.21-1905.9.6

フランスの政治家。フランス本土のほぼ中央に位置するアンドル県ヴァタンに生まれる。ブールジュを経てコンセルヴァトワールに通う一方、両親に命じられて薬学を学んだ。1851年には薬学の博士論文を提出、翌年には故郷に近い中都市イスーダンで薬剤師となっている。第二帝政下で共和主義に目覚めると、持ち前の文学的才能とかつて学んだ音楽を用いて、時事的な話題を詩や寓話に著し、さらにシャンソンにして人気を取った。その後市議、県議を経て1876年にアンドル県から下院に当選したが、そのかたわらで『シャンソン・フランセーズ』La Chanson française という紙葉1枚の刊行物を創刊し、自作を含む多くのシャンソンを紹介することにも熱意を示している。1885年からの1期のみ落選したものの、70歳を過ぎて1898年に引退するまで常にアンドル県から出馬して当選したルコントは、「ルコント・ド・ランドル(アンドルのルコント)」Leconte de l'Indre の通り名で親しまれた。議員の地位にあってもなお旺盛にシャンソンを発表し続けたルコントを、ジルはフルートを手にして故郷アンドルを練り歩く牧神のような姿で描いている。

No. 103　MARIA DERAISMES

dessin d'André Gill

マリア・ドゥレーム　1828.8.17-1894.2.6

フランスのフェミニスト、作家。パリの裕福な家庭に生まれたが、両親を早く亡くしたため姉に養育された。父の蔵書であったヴォルテールの著作をはじめとする思想書を耽読して思索を深め、その才知を知る人々の勧めで1866年に初めて講演をおこなった。教養に裏打ちされた弁舌のおかげで、聴衆の反応は当初の予想をはるかに上回った。以降は道徳、歴史、文学等を題材として、数多くの講演活動を展開した。男女同権、売春の根絶を訴えるドゥレームは、同時にある種の宗教的観点に基づく「女性の神格化」も否定する、自由思想の系譜に連なる雄弁な論客であった。講演においても著作においても、その主張は同じく女性の権利のために闘ったレオン・リシェよりもはるかに力強い。ドゥレームへの評価は第三共和政下で徐々に高まり、没後の1898年には彫刻家ルイ＝エルネスト・バリアス Louis-Ernest Barrias（1841-1905）によるブロンズ像がパリ17区のエピネット公園に立てられるなど、国家的顕彰の対象となった。なお、この像はドイツ占領下の1943年に溶解されたが1983年に再び鋳造され、以前と同じ場所に設置されている。

No. 104 VICTOR MEUNIER

dessin d'André Gill

ヴィクトル・ムニエ　1817.5.2-1903.9

フランスの作家。パリに生まれ、1840年代から新聞・雑誌に科学系の記事を書きはじめる。1850年にジラルダンの招きにより『プレス』La Presse 紙の定期的な寄稿者となったことで多くの読者を獲得し、科学読み物の第一人者としての地位を確立した。その一方でフーリエの思想に傾倒していたムニエの著作には社会主義的な傾向も強い。『プレス』紙の連載が単行本となった際のタイトルは『科学と民主主義』Science et démocratie（1865）であり、大衆の科学的啓蒙の延長線上に社会の変革を見すえていたことが窺われる。のちに自らの雑誌を創刊したほか、多くの著作を刊行し、ルイ・フィギエ Louis Figuier（1819-1894）とともにいわゆる「通俗科学」の大家として名を成した。なおムニエの3人の息子もそれぞれに父親の血を濃く受け継いでいる。長男スタニスラス Stanislas Meunier（1843-1925）は優秀な地質学者・鉱物学者となり、二男ルネ゠ヴィクトル René-Victor Meunier（1847-没年不詳）と三男リュシアン゠ヴィクトル Lucien-Victor Meunier（1857-1930）（モンフェルメイユ Montfermeil の筆名も用いた）はともに文学者として数多くの連載小説を残した。

No. 105 ERNEST D'HERVILLY

dessin d'André Gill

エルネスト・デルヴィイ　1839.5.26-1911.11.18

フランスのジャーナリスト、詩人、小説家、劇作家。パリに生まれ、北部鉄道 Compagnie des Chemins de fer du Nord（1845年に銀行家ロトシルド James de Rothschild (1792-1868) によって設立された鉄道会社）に入社して製図工となったのち、ジャーナリズムに身を投じた。当初はデッサンの腕を生かしてカリカチュアも描いていたが、次第にその詩文の巧みさで知られるようになる。ジルのカリカチュアで彼の手に握られている『ラペル』紙で文芸欄を担当したほか、詩人のグループに参加し、アンリ・ファンタン=ラトゥールによる絵画《テーブルの片隅》（1872）にはヴェルレーヌやランボーと席を共にするデルヴィイの姿が描かれている。文学作品で大きな成功を得られなかったため金銭的には恵まれず、ときおり土木局の現場監督も務めたという。後期の作品には児童向け小説も多く、1888年の『フランス先史時代の一少年の冒険』 Aventures d'un garçon préhistoririque en France は原始時代の生活を扱った作品の先駆である。晩年はパリを離れ、娘とともに田舎に隠棲した。

No. 106 HENRI TOLAIN

dessin d'André Gill

アンリ・トラン　1828.6.18-1897.5.3

フランスの組合活動家、政治家。ダンス教師を父としてパリに生まれ、自身は彫金工の道を歩んだ。プルードンを座右の書としながら労働運動に積極的に関わり、1862年には労働者の代表としてロンドン万国博覧会に派遣されたほか、1864年の第一インターナショナル設立にも参加している。また同年にトランの主導で発表された「60人宣言」Manifeste des Soixante は、労働者の権利を要求し、代表を第二帝政下の議会に選出するよう主張したものであり、フランス労働運動史上で大きな意味を持っている。しかしトランが実際に1871年にセーヌ県から下院議員に選出されると、パリ・コミューンを否定する発言が同志の憤激を買い、労働者の出自を忘れたとも非難された。1876年以降は同県選出の上院議員となり、ジルのカリカチュアでも「上院」Sénat と書かれた椅子に悠々と座りパイプをくゆらすトランの姿が描かれている。たしかに彼のかたわらにはプルードンの本が見られるが、それはもはや座右の書ではなく、打ち捨てられたように見える。少なくとも労働者たちの目にはそう映ったに違いない。議会で「日和見主義」に与したトランは再選を重ね、現職のまま世を去っている。

No. 107　EDMOND LEPELLETIER

dessin d'André Gill

エドモン・ルペルティエ　1846.6.26-1913.7.22

フランスの作家、政治家。パリに生まれ、正式な姓はル・ペルティエ・ド・ブーエリエ Le Pelletier de Bouhélier といった。弁護士の資格を得たが法曹の道には進まず、1865年に『芸術』*L'Art*誌でデビューし文学者となった。ヴェルレーヌとは少年時代からの親友であり、詩人の死後には最初の伝記を著している。共和派の雄弁な論客としても知られていたが、後年は兄事していたゾラとは対照的に反ドレフュス派となり、ナショナリズムに傾いた。1900年にパリ市議に当選、1902年から1906年までセーヌ県選出の下院議員を務めた。妹ロールはアルフォンス・アンベール夫人であり、息子はサン゠ジョルジュ・ド・ブーエリエを名乗る文学者（439号参照）、娘はのちに外相、首相を歴任する政治家ルネ・ヴィヴィアニ René Viviani（1862-1925）の妻となった。なお妹ロールが好んで語ったところによれば、百日天下の折に宮廷に上がっていた祖母にナポレオンが手をつけて生まれたのがルペルティエの父であるという。その真偽は不明だが、ルペルティエも息子もともにナポレオンを題材にとった作品を残しているところを見れば、一家が皇帝に特別な親近感を抱いていたことはどうやら確からしい。

No. 108 CAMILLE PELLETAN

dessin d'André Gill

カミーユ・ペルタン　1846.6.28-1915.6.4

フランスの政治家、ジャーナリスト。パリに生まれる。父ウジェーヌ Eugène Pelletan (1813-84)は国防政府のメンバーを経て上院議員となった共和派の文学者、政治家である。法学部に通いつつ国立古文書学校でも学び、中世武勲詩に関する論文で博士号を得ている。穏健共和派の父よりも過激な急進共和派として知られ、ジルのカリカチュアに見られるように『ラペル』紙、『正義』La Justice 紙で論陣を張った。1881年にローヌ県から下院議員に当選して以降再選を重ね、1902年から1905年までは海軍大臣も務めた。1912年に上院に転じ在職のまま没している。こうした経歴の一方、若い頃は詩人ヴェルレーヌらのグループの一員であり、ファンタン゠ラトゥールの絵画《テーブルの片隅》にもペルタンの姿が見られる。後年、有力政治家ペルタンの手になるとおぼしき戯れ詩を発見して本人に確認しに行ったジャーナリストは、激しい剣幕で怒鳴りつけられたという。ペルタンに子はなかったが、ディオニス・オルディネールの娘と結婚した弟アンドレ André Pelletan (1848-1909)の子孫、縁戚は有力政治家の一群を成しており、首相、大臣を輩出しながら現在に至るその血筋は脈々と続いている。

No. 109 CAMILLE FLAMMARION

dessin d'André Gill

カミーユ・フラマリオン　1842.2.26-1925.6.3

フランスの天文学者。オート゠マルヌ県のモンティニ゠ル゠ロワ（現在は周辺市町村との合併によりヴァル゠ド゠ムーズとなっている）に小間物屋の息子として生まれる。子供時代に日食を観察したことで天文学への興味が目覚め、一家でパリに出たのち1858年に16歳の若さで学生兼研究員としてパリ天文台に採用された。1862年に初の著作『有人世界の多様性』*La Pluralité des mondes habités* を刊行して人気を得たが、科学を逸脱しかねない奔放な想像力は所長のル・ヴェリエ Urbain Le Verrier（1811-77）の不興を買い職を解かれている。その後は『世紀』紙の科学記事を担当したほか、天体を題材とした多くの通俗科学書や、今日の目から見ればややオカルトじみた科学小説を執筆した。著作の多くは弟エルネスト（454号参照）が興したフラマリオン社から出版され、これらの成功によって1883年には図書館を併設した天文台を創設、1887年にはフランス天文学会を組織している。父親がナダールの写真館で働いていた時期があり、フラマリオンにとっては写真や気球も身近な「実験器具」であった。ジルのカリカチュアは、彼がたびたび気球を用いて大気の湿度や気流を調査した事実を踏まえている。

No. 110 ALPHONSE PEYRAT

dessin d'André Gill

アルフォンス・ペラ　1812.6.21-1891.1.2

フランスのジャーナリスト、政治家。トゥールーズに生まれる。成績優秀で、周囲が司祭や法学者の道を勧めるも、これを振り切り、パリに赴いた。1833年に共和派のジャーナリストとして『演壇』*La Tribune*紙でデビューを飾るが、急進的なペラの記事はたちまち検閲の対象となり、同紙の管理者は3年の禁錮と1万フランの罰金を命じられた。この華々しい新人の登場は話題をさらい、その後『ナシオナル』紙を経てジラルダンの『プレス』*La Presse*紙を主な活動の場とした。第三共和政下で政界に進出し1871年に下院に当選、1876年以降は上院に転じた。なお「教権主義、これこそ敵だ！」« Le cléricalisme, voilà l'ennemi ! » とは、ガンベッタが1877年に議会で発した「反教権主義」を象徴する言葉として知られているが、実際はペラの発言を流用したものである。ジルはこの事実をカリカチュアの右下のカードで示しているが、「1858年」という日付は発言の典拠としては疑わしい（これはペラの著作『歴史と宗教』*Histoire et religion*の出版年だが、同書にこの言葉は見当たらない）。1876年1月に開かれたセーヌ県選出議員の会議で発されたという説が有力である。

No. 111 EMMANUEL GONZALÈS

dessin d'André Gill

エマニュエル・ゴンザレス　　1815.10.25-1887.10.17

フランスの作家。医師の息子としてサントに生まれる。スペイン系だが、家系をたどれば神聖ローマ皇帝カール5世によって貴族に序されたモナコの名家にさかのぼるという。ユゴーやバルザックを目標に小説家を志し、『世紀』紙の連載小説で名を高めた。代表作『海辺の兄弟』 *Les Frères de la côte* (1844)の主題と技法は若き日のゾラにも大きな影響を与えている。カリカチュアで、ゴンザレスが腰掛けるインク壺に「文芸家協会」Société des gens de lettres とあるのは、彼が1863年から同会の会長を務めたためである。1891年に同じく会長となったゾラは、就任直後にゴンザレスの胸像を設立することを決議して「師」に敬意を表した。娘のエヴァ Éva Gonzalès (1849-83)は画家マネの弟子となり印象派風の佳品を残したほか、師マネの《エヴァ・ゴンザレスの肖像》*Portrait d'Éva Gonzalès* (1869-70)のモデルとしても知られる。エヴァはゴンザレスの小説の挿画も描いた画家アンリ・ゲラール Henri Guérard (1846-97)と結婚したが、出産が原因で父よりも早く世を去った。なおゴンザレスが没した翌年、寡夫ゲラールはエヴァの妹と再婚している。

№.112 CHARLES HÉRISSON

dessin d'André Gill

シャルル・エリソン　1831.10.12-1893.11.23

フランスの政治家。ニエーヴル県の小村シュルジに生まれる。パリで弁護士の資格を得たのち政治家を志す。反体制派の候補として立った1869年の国政選挙で落選したが、帝政崩壊直後にパリ6区長に任命された（なおパリの各区長は、国防政府期に1度直接選挙で選ばれた例外を除き1975年に至るまで任命制であった。現在は区議の互選によって選出されている）。パリ・コミューンが鎮圧されたのち国政選挙に立候補するも落選、1874年にオート゠ソーヌ県から下院に当選した。その後も、王党派との熾烈な主導権争いが続いていた1876年に再び落選の憂き目を見たが、1878年にセーヌ県から再び下院に当選すると、政権を掌握した共和派の中枢で活躍した。1882年から1883年まで2つの内閣で公共事業相と商業相を務めたほか、1883年に成立したフェリー内閣でも商業相となっている。1885年3月のトンキン事件（清仏戦争末期にフランス軍壊走の誤報が本国に流れ、戦争を推進してきた首相が解任された事件）で内閣が崩壊すると、同年の下院選挙に立候補せずに引退した。弟のシルヴェストル Sylvestre Hérisson（1835-1900）も政治家であり、ニエーヴル県選出の下院議員、上院議員を務めた。

No. 113 SEVERIANO DE HEREDIA

dessin d'André Gill

セベリアーノ・ド・エレディア　　1836.11.8-1901.2.9

フランスの政治家。ハバナの大規模なサトウキビ農場の息子として生まれる。8歳でパリに移住、優秀な成績で学業を修めた。当初は文学者も志したが、故郷のキューバで目撃した奴隷制社会への問題意識から、帝政末期に共和派の政治運動に参加する。しかしスペイン国籍のままでの活動に限界を感じた1870年、国防政府の法相クレミュー Adolphe Crémieux (1796-1880) にフランス国籍の取得を手紙で訴え、翌年に認められた。晴れて「フランス人」となったエレディアは1873年にパリ市議、1881年にはセーヌ県から下院議員に選出されている。1887年にルーヴィエ内閣で公共事業相を務めた際には労働環境の改善に力を注いだ。1889年の選挙でブーランジェ派の候補に敗れ落選、1893年に再び立候補するが当選には至らず、政界を引退した。娘マルセル Marcelle de Heredia (1873-1960) は神経生理学者である。同じくキューバ生まれで遠縁にあたるジョゼ=マリア・ド・エレディア (405号参照) とともに、しばしばアクサン付きで Herédia と誤記されるが、アクサンを付けない綴りが正しい。

No. 114 ÉDOUARD CADOL

dessin d'André Gill

エドゥアール・カドル　　1831.2.11-1898.6.2

フランスの劇作家、小説家。パリに生まれる。学業は中途で放棄し、北部鉄道会社勤務の父親の縁故で1849年に同社の臨時職員に採用されるが、文学者となる夢が断ち切れず4年後に職を辞している。派手なところがなく売り込み下手であったため芽が出ず、農業や料理といった文学と無関係な本の執筆やゴーストライターでの収入で糊口をしのいだ。情緒には溢れるが深みを欠くカドルが作家として一皮むけたのは、作家ジョルジュ・サンド George Sand (1804-76) に資質を認められ、文学指導を受けてからである。サンドは彼を自宅に招き、作品の下調べを依頼するという口実のもと、歴史書・思想書の読書を強いたほか、戯曲の文章を大胆に手直しするなど、息子のような歳のカドルに親身な指導をおこなった。この貴重な経験を経て、1860年代後半からは戯曲で多くの成功を収めたが、とりわけジルのカリカチュアにも描かれている『無益なものども』 Les Inutiles (1868) は200公演を超えるロングランとなった代表作である。その後もジュール・ヴェルヌの作品を原作者とともに翻案した戯曲をはじめ、人気劇作家として30年以上活躍、数編の小説も残している。

No. 115　DENIS POULOT

dessin d'André Gill

ドゥニ・プーロ　　1832.3.3-1905.3.28

フランスの企業家、エッセイスト。オート゠ソーヌ県に生まれる。パリで最初に重工業の工場を開いたエルネスト・グーアン Ernest Goüin (1815-85) のもとで職工長となり、のちに独立して自ら工場主となった。一労働者から経営者に至る過程でさまざまな労働者を見てきた経験をもとに執筆された『崇高なる者』Les Sublimes (1870) は社会学の嚆矢であり、当時も大いに話題を呼んだ。同書においては、多くは酒びたりの生活を送り「崇高なる者」を自称する自堕落な労働者が、共和主義を奉じる勤勉な「真の労働者」と対置されている。克明に描かれた第二帝政下の労働者の日常生活や彼らが用いる俗語は、ゾラの小説『居酒屋』の資料にもなった。これを踏まえてジルはプーロの背後に『崇高なる者』を拾い集めるゾラらしき人物の姿を描いている。1879年から1882年までパリ11区長を務めた。なお『崇高なる者』の初版、第2版では作者名はイニシャルのみとなっており（プーロが「崇高なる者」たちからの報復を恐れたためと言われる）、実名での刊行は1887年の第3版を待たねばならない。しかしこの号の発行時期は1881年頃と推定され、プーロが同書の著者であることはすでに公然の事実となっていたらしい。

No. 116　HECTOR MALOT

dessin d'André Gill

エクトル・マロ　1830.5.20-1907.7.17

フランスの作家。ルーアン近郊のラ・ブイユに生まれる。パリで学業を修めたのち、小説家の道を歩んだ。デビューには苦労し、書き上げた最初の小説『恋人たち』*Les Amants* の原稿も数々の書店に断られたあげく、修正を加えたのち、ミシェル・レヴィ書店から上梓の運びとなった。しかし同書が1859年に出版されると予想に反して大反響を呼び、たちまちマロは人気作家となった。かつて新進小説家を門前払いした書店のひとつであるダンチュ書店は、のちに処女作を含む初期作品の再刊の権利をレヴィ書店から10万フランで買い取っている。生涯で60作にのぼる小説を書いたが、現在、とりわけ日本では3作の子供向け小説、『ロマン・カルブリス』*Romain Kalbris*（1869）、『家なき子』*Sans famille*（1878）、『家なき娘』*En famille*（1893）でのみ知られている。しかし彼の本領はそれ以外の「一般向け」の小説にあり、都市と地方それぞれの現状と社会階層を浮彫りにする作品群によって当時はバルザックの後継者と見なされていた。ジルのカリカチュアで「近代小説」roman moderne と書かれた本を手に提げている理由もここにある。

No. 117 PAUL SAUNIÈRE

dessin d'André Gill

ポール・ソニエール　1827-1894

フランスの小説家。弁護士を父にパリに生まれる。法学を修めたのち公務員となり、当初は港湾関係、次いでパリ=オルレアン鉄道の事務所に勤めた。文学の道に入ったのは遅く、1860年に『ゴーロワ』紙等の記事でデビューし、のちに彼の主たる活動となる連載小説を初めて書いたのは1863年のことである。テーマと文体は、師と仰ぎ、一時は秘書を務めていたとも言われる大デュマからの影響を強く受けている。歴史に題材を得ることも多く、起伏のある筋書きと生彩に富んだ描写は広く大衆から好まれた。とりわけ『プティ・ジュルナル』紙のような発行部数の多い大衆紙での連載はソニエールの人気と知名度を飛躍的に高めるものとなった。執筆量は驚くべきものであり、並行して数紙に連載した小説の数は50作にものぼる。大西洋を横断してカナダとアメリカを訪れた際の旅行日誌『大西洋を横切って』À travers l'Atlantique（1884）や、数編の海洋小説も残した。生前の知名度に比して没後に作品が再刊されることは少なく、現在ではほぼ忘れられた「大衆小説家」だが、パリ16区には彼の名を冠した通りが現存している。

No. 118　JULIETTE ADAM

dessin d'André Gill

ジュリエット・アダン　1836.10.4-1936.8.23

フランスの作家。オワーズ県に医師の娘として生まれる。最初の夫と1867年に死別した翌年、高級官僚のエドモン・アダン Edmond Adam（1816-77）と結婚した。1873年から旧姓のジュリエット・ランベール Juliette Lamber 名義で著作を発表しはじめ、警視総監および終身上院議員を務めた夫の没後には、ポワソニエール大通り、続いてマルゼルブ大通りの自宅をサロンとした。才知に溢れたアダンのサロンはまもなくガンベッタやティエールをはじめとする大物政治家や多くの文学者が集う場となり、政界と文壇に隠然たる影響力をふるった。1879年には文芸誌『ヌーヴェル・ルヴュ』La Nouvelle Revue を創刊、1899年にピエール=バルテルミ・グージ Pierre-Barthélemy Gheusi（1865-1943）に売却するまで20年間編集に携わり、新進作家に活躍の場を提供した。ブールジェ、ロティ、小デュマらの息子のような年齢の作家たちの成功に助力を惜しまなかったことでも知られる。長命を保ち、ほぼ1世紀の生を全うした。なおジルのカリカチュアで彼女の足元の本にギリシア語らしき文字が書いてあるのは、1879年の著作『ギリシア女』Grecque を念頭に置いたものらしい。

No. 119　JULES VALLÈS

dessin d'André Gill

ジュール・ヴァレス　1832.6.11-1885.2.14

フランスの作家。ル・ピュイ=アン=ヴレに生まれる。教師の父の任地に従ってナント、パリの学校で優秀な成績を収めるが、ヴァレス自身は学校を監獄とみなして激しく憎悪していたという。ルイ=ナポレオンのクーデターが勃発すると学生を先導して蜂起を試みたが失敗、父親によりナントの精神病院に入れられた。その後はパリで反体制のジャーナリストとして活動し、コミューン下のパリでは日刊紙『民衆の叫び』 Le Cri du peuple を創刊し、言論の中心に身を置いていた。パリ・コミューンの武力鎮圧後には死刑を宣告され、ロンドンに亡命、1880年の大赦で帰国したが体調の悪化により5年後に没した。ジルのカリカチュアでヴァレスが両脇に抱えているのは処女作『反抗者』 Les Réfractaires (1865)と、晩年に書き継がれた自伝的小説『ジャック・ヴァントラス』 Jacques Vingtras である。同書は第1部『子供』 L'Enfant、第2部『大学入学資格者』 Le Bachelier、第3部『蜂起者』 L'Insurgé から構成されるが、なかでも没後の1886年に刊行された『蜂起者』はパリ・コミューンを内部から描いた貴重な記録であり、第三共和政下でひとつのタブーとなっていたコミューンを再考する契機ともなった。

No. 120　THÉODORE JUNG

dessin d'André Gill

テオドール・ユン　1833.3.12-1896.10.3

フランスの軍人、政治家。軍所属の画家であった父（1803-65）と同名のテオドール・ユンを名乗ったが、公式記録にはアンリ・ユン Henri Iung の名前で記載されている。ストラスブールに生まれ、1851年に陸軍士官学校に入学した。父譲りのデッサンの才能はあるが凡庸な士官とみなされ、さらに軍中枢に批判的な共和制寄りの記事を寄稿したことが響いて大尉に17年間据え置かれた。1873年にようやく少佐に昇進、その後1879年に共和派が政権を掌握すると1880年に中佐、1883年に大佐へと階級を上げている。1886年、陸軍相のブーランジェ将軍に重用され准将となったのち1893年に退役、ノール県から下院議員選挙に出馬した。対立候補と決闘まで起こすという猛烈な選挙活動の末に当選を果たし議会での活躍を期待されたが、3年後に没している。私生活では若い頃にバイエルン出身の女性と結婚していたが、子供を残したまま出奔されるという憂き目にあった（この際にユンの父親は一家の行く末に悩み自殺したという）。1880年には、彼のもとを去った妻が陸軍相のシセ将軍 Ernest-Courtot de Cissey（1810-82）の愛人かつドイツのスパイであるという報道がなされ、再び著しい不名誉を被っている。

No. 121 EUGÈNE BONNEMÈRE

dessin d'André Gill

ウジェーヌ・ボヌメール　1813.2.20-1893.11.3

フランスの歴史家、作家。メーヌ゠エ゠ロワール県ソミュールに生まれる。祖父ジョゼフ゠トゥーサン Joseph-Toussaint Bonnemère de Chavigny（1746-94）はソミュールの初代市長を務め、1791年憲法で成立した立法議会の議員でもあった。パリで弁護士の資格を得たのちに文学者を志し、小劇場で戯曲によりデビューを飾る。大きな成功には至らないまま一時期パリを離れていた1846年、ナントのアカデミーが出した懸賞論文「農民が都市へと移動する原因およびその対策」に応募し、受賞した論考が翌年刊行の『19世紀の農民』 Les Paysans du XIXe siècle である。既存の社会は農民に知的な喜びを全く与えない、しかし交通網の発達は彼らを都会に容易に近づけ、文化的生活を目にした彼らは自らの置かれた立場を認識し近代文明との同化を望む――とするその言説は、生涯にわたって農民を題材としたボヌメールの全著作を貫いている。息子のリオネル Lionel Bonnemère（1843-1905）も弁護士の資格を得たのちに劇作家および彫刻家としてデビュー、その後は歴史に目を向け、先史時代に関する研究を多く残した。

No. 122 CHARLES BOYSSET

dessin d'André Gill

シャルル・ボワセ　1817.4.29-1901.5.22

フランスの政治家。ソーヌ゠エ゠ロワール県シャロン゠シュル゠ソーヌに生まれる。弁護士の資格を得るとともに、早くから共和主義の支持者として地元で知られていた。第二共和政が成立するとシャロンの検事に任命されたが、反動運動によって数ヵ月後に罷免、その後国会議員となった直後にルイ゠ナポレオンの政権掌握によって逮捕されリヨンに収監、国外追放となるなど、共和派に吹く逆風に翻弄された世代に属する。1867年の大赦でフランスに帰国すると、「進歩」や「科学」から「芸術」、「宗教」まで社会が抱える10の問題を扱った思想書『19世紀問答』 *Catéchisme du XIXe siècle*（1869）を刊行して論壇に復帰した。第三共和政下ではシャロン市長を経て1871年の補選で下院に当選、その後1901年に没するまで30年間議員を務めた。ジルのカリカチュアにも描かれるとおり激しい反教権主義の論客としても知られ、宗教予算の削減、大学の神学部の廃止、パリのヴァチカン大使館の閉鎖などを次々に要求した。80歳を越えてなお現役であったボワセは1898年以降下院の最年長議員となり、共和主義の原理に忠実な歴戦の勇士として広く畏敬された。

No. 123 JULES VERNE

dessin d'André Gill

ジュール・ヴェルヌ　1828.2.8-1905.3.24

フランスの作家。ナントに生まれる。代訴人(訴訟書類を作成して裁判所に提出する職業。2012年廃止)の父親の希望もありパリで法律を学んだが、演劇に傾倒して文学者を志す。やがてデュマ親子の知遇を得て戯曲でデビューを飾るが、大きな成功には至らなかった。しかし1863年にエッツェル書店から刊行された『気球に乗って5週間』 Cinq semaines en ballon は爆発的な人気を呼び、科学的描写を取り入れた冒険小説で読者の想像力をかき立てる。「SFの父」の誕生である。日本でもよく知られた『地底旅行』 Voyage au centre de la Terre や『海底二万里』 Vingt mille lieues sous les mers をはじめとする一連の「驚異の旅」 Voyages extraordinaires は、あらゆる言語に翻訳されて現在も人々を魅了し続けている。ジルのカリカチュアでは手にするペンが地球を突き刺しており、作品中であらゆる土地を舞台としたヴェルヌを巧みに表現している(小説では月や彗星にも飛び出している)。アフリカが赤く塗られている理由は、ヴェルヌが『気球に乗って5週間』以来この大陸をたびたび取り上げたことに加え、時代情勢とも相まって人々の視線がこの「未開の地」に強く向いていたためであろう。

No. 124　PIERRE-JULES HETZEL

dessin d'André Gill

ピエール=ジュール・エッツェル　1814.1.18-1886.3.16

フランスの出版者、作家。シャルトルに生まれる。パリの名門スタニスラス学院を卒業後、学業を放棄、絵入り新聞『イリュストラシオン』L'Illustration を創刊したことで知られるアレクサンドル・ポーラン Alexandre Paulin（1796-1859）の書店に入った。1837年にポーランと共同経営の書店を設立（1843年に完全独立）、グランヴィル Grandville（1803-47）やガヴァルニ Gavarni（1804-66）の挿絵が入った読み物を出版して成功を収める。その後も作家の個人全集等を意欲的に刊行するが、エッツェル書店の看板となったものは、マセやヴェルヌの作品をはじめとする児童向けの出版物である。その一方で第二帝政期には、ナポレオン3世を攻撃するユゴーの詩集を刊行するため奔走するなど、共和主義の支持者としても知られた。エッツェル自身も「P.-J. スタール」P.-J. Stahl の筆名を用いた作家であり、ジルのカリカチュアは、叢書の中から自作を選んで子供たちに与えるエッツェルを描いたものである。没後は息子のルイ=ジュール Louis-Jules Hetzel（1847-1930）があとを継いだが1914年にライバルのアシェット社に吸収され、一時代を築いた書店の看板を下ろした。

No. 125　LOUIS ULBACH

dessin d'André Gill

ルイ・ユルバック　1822.3.7-1889.4.16

フランスの作家。オーブ県のトロワに生まれる。ユゴーのあと押しを受けて詩人としてデビューした。その後は『ルヴュ・ド・パリ』 La Revue de Paris の編集者となり、持ち込まれる数々の原稿をその鑑識眼で選別している。フロマンタン Eugène Flomentin（1820-76）の『サハラの夏』 Un été dans le Sahara やフロベールの『ボヴァリー夫人』の原稿を読み、同誌への掲載を決定したのもユルバックであったという。一方でゴンクールやゾラの小説に対しては辛辣であり、「堕落の文学」と評して憚らなかった。『フィガロ』紙ではフェラギュス Ferragus の筆名で評論を連載し、小説家としても成功を収めている。体制に疑問を投げかける出版人でもあり、第二帝政下で発行した『クロッシュ』 La Croche 紙は検閲を受け6ヶ月の収監と1000フランの罰金刑を課された。さらに第三共和政下でもコミューンへの加担を罪に問われ、3年の収監と罰金6000フランの刑も受けている（その後3ヶ月、3000フランに減刑）。1878年にアルスナル図書館の司書の職を得て、晩年まで旺盛に文学活動を続けた。なお国立図書館の司書職は当時、収入の安定を保証する一種の名誉職であり、多くの文学者がこの恩恵を受けている。

No. 126 ÉDOUARD DE POMPÉRY

dessin d'André Gill

エドゥアール・ド・ポンペリ　1821.4.7-1895.11.23

フランスの著述家、エッセイスト。エーヌ県に生まれたが、母方に縁のあるブルターニュ地方で育った。レンヌで弁護士の資格を得たのち著述活動を開始、リトレに倣った実証主義的な手法で社会問題を扱った旺盛な執筆活動で知られる。19世紀前半に絶大な人気と影響力を誇ったシャンソニエであるベランジェ Pierre-Jean de Béranger（1780-1857）と親しく交わり、各所のサロンに出入りしてジョルジュ・サンド、ロッシーニら当代一流の芸術家からも信頼を得るなど、社交的な一面も持ち合わせていた。伝記作品に秀で、ベランジェ、ベートーヴェンの伝記を執筆したほか、啓蒙思想家ヴォルテールを扱った『真のヴォルテール』Le Vrai Voltaire（1867）、『ヴォルテールの生涯』La Vie de Voltaire（1878）の2冊は好評を博し、フランス革命の基盤ともなったその思想を広く知らしめた。ジルのカリカチュアではヴォルテールの胸像を小脇に抱え、革命精神と実証主義の敵と目される聖職者を足蹴にする姿のポンペリが描かれている。彼自身は政治家への転身に成功しなかったが、兄テオフィル Théophile de Pompéry（1814-80）は1871年にブルターニュ西端のフィニステール県から下院に当選、没年まで議員を務めた。

No. 127 CHARLES LEPÈRE

dessin d'André Gill

シャルル・ルペール 1823.2.1-1885.9.6

フランスの政治家。ヨンヌ県のオセールに生まれる。パリで学生生活を送ったのち、弁護士の資格を得て故郷に戻った。快活な性格に威厳と雄弁を兼ね備えたルペールはたちまち信頼を勝ち得て、市議、次いで県議に選出されている。第三共和政成立後の1871年にヨンヌ県から下院に当選、1879年から1880年にかけてのヴァダントン William Henry Waddington（1826-94）内閣ではまず農業相・商業相を兼務、次いで内相を務め政権の要となった。一時期はガンベッタに従って「日和見主義」に流れたが、その本質は共和主義の理念に忠実な左派であり、ジルは腕に共和国の象徴であるマリアンヌ像を抱かせたカリカチュアを描いている。ルペールの一面を伝えるエピソードとしては、「古きカルティエ・ラタン」 Le Vieux Quartier latin というシャンソンをめぐる逸話が残る。パリの若者たちが歌い継いでいた同曲は作詞者不詳であったが、1867年には2人の人物が著者の権利をめぐって争い、そのニュースがヴァレスが編集する『街路』 La Rue 紙で報じられた。これに対してルペールは、当のシャンソンを学生時代に酔って書いた経緯を誇るでもなく軽妙に同紙に書き送り、その洒脱さ、鷹揚さで評判を高めたという。

No. 128　ABEL HOVELACQUE

dessin d'André Gill

アベル・オヴラック　　1843.11.14-1896.2.22

フランスの言語学者、人類学者、政治家。パリに生まれ、まず法律を学んだが、のちに言語学に転向した。ベルギー出身の言語学者オノレ・シャヴェ Honoré Chavée（1815-77）、および言語能力を司る前頭葉の研究に先鞭をつけたポール・ブロカ Paul Broca（1824-80）に学び、頭角を現した。シャヴェが1867年に創刊したフランス最初の言語学専門誌『言語学・比較言語学誌』 La Revue de Linguistique et de Philologie comparée に旺盛に寄稿、のちに同誌の編集も担当したほか、1876年にはブロカが設立した人類学学校 École d'anthropologie の教授に就任している。なおオヴラック自身は人種と言語に相関関係があると信じており、その論考の多くは言語学を自然科学研究の一環として捉えたものである。研究と並行して政治にも情熱を傾け、1878年にパリ市議となった際には女子修道院の土地を接収し学校の用地に充てる計画を推進した。このためジルのカリカチュアで、オヴラックは修道院に「市有地」Propriété municipale の札を掛ける姿で描かれている。1889年には下院議員となったが、1894年に健康上の理由から辞職し2年後に没した。

No. 129 JULES CAZOT

dessin d'André Gill

ジュール・カゾ   1821.2.11-1912.11.27

フランスの政治家。ガール県のアレス（現在はAlèsと綴るが1926年まではAlaisと表記されていた）に生まれ、パリで弁護士の資格を取得した。1848年の二月革命以降、パリと地元のガール県を往復しながら共和派として政治活動に携わる。第三共和政成立後は、1871年からガール県選出の下院議員を務め、1875年に終身上院議員となった。ルペールとともに反教権主義の急先鋒として知られたほか、1879年12月に成立したフレシネ内閣からフェリー内閣、ガンベッタ内閣と約2年間続けて司法相を務めた際には、旧態依然とした司法制度の改革に力を注いだ。ジルのカリカチュアでカゾは、黒と赤の礼服（トージュ togeと呼ばれる）を纏った司法官の埃を払い掃除を試みている。1883年には最高裁判所にあたる破毀院 cour de cassationの院長という要職に就いたが、その翌年、アレスからローヌ渓谷まで鉄道を敷設し石炭を運ぶ民間鉄道会社の計画が破綻、地元への利益誘導が発覚したことから辞職を余儀なくされ、50万フランの支払いも命じられた。このスキャンダルにもかかわらず、「終身」上院議員の地位が保証されていたため、その後も議会に留まり、91歳という長命を保った。

No. 130 SIGISMOND LACROIX

dessin d'André Gill

シジスモン・ラクロワ　1845.5.26-1909.12.4

フランスのジャーナリスト、政治家。ワルシャワのポーランド人家庭に生まれる。本名はクルジザノフスキ Krzyzanowski。その後一家は亡命してアンジェに定住、父親は公務員として働き、彼もパリで法律を学んだのちパリ市の職員となった。そのかたわら法学者エミール・アコラスの秘書となり、共和派のジャーナリストとして活動した。この際に筆名として用いたのが「ラクロワ」の名であり、のちにこれを通名としている。1868年にフランスに帰化、第三共和政下の1874年にはパリ市議に選出されたが、「本名」ではなく「通名」で選挙活動をしたとして、当選無効が宣告された。出直し選挙では「クルジザノフスキ」の名で出馬、見事当選を勝ち得ている。その後数度の再選を経て1883年にセーヌ県から下院に当選、急進左派の議員として活躍した。ジルのカリカチュアで「国民公会」Convention nationale と書かれた旗を持っているように、共和政の原点であるフランス革命の理念に忠実であった。彼の脳裏に、共和政を達成しながらも内紛によって領土分割を招いたポーランドの姿があったことは間違いない。1889年に選挙に敗れたあとは、フランス革命期のパリに関する著作の執筆に没頭している。

No. 131 CAMILLE MARGAINE

dessin d'André Gill

カミーユ・マルゲーヌ　1829.9.4-1893.10.13

フランスの政治家。マルヌ県サント＝ムヌーに生まれる。1847年に陸軍士官学校に入学、在学中に二月革命を経験した。卒業後はアフリカ戦線やクリミア戦争に従軍、名誉の負傷によりレジオン・ドヌール勲章も受けたが長らく大尉に据え置かれ、昇進も望み薄となった1863年に軍を離れた。その後サント＝ムヌーに帰り結婚したが、妻の実家が共和派であったため次第に関与するようになる。市議を経てサント＝ムヌー市長、マルヌ県議となり、第三共和政下の1871年にはマルヌ県から下院議員に選出された。決闘も辞さない猛者ぞろいの急進左派議員のなかにあっても、軍人出身で剛毅な性格のマルゲーヌは異彩を放ち、議会内での「闘争」でたびたび存在感を示した。ジルのカリカチュアは、1880年11月、当時の共和派内閣を「盗人どもの内閣」と侮辱して懲罰を受けたヴァンデ県選出の王党派下院議員アルマン＝レオン・ド・ボドリ・ダソン Armand-Leon de Baudry d'Asson（1836-1915）をマルゲーヌが監視する様子を描いている。1888年まで下院で再選を重ねたのち上院に転じ、現職のまま没した。葬儀の際には、生前からマルゲーヌに絶大な信頼を寄せていたサント＝ムヌーの全市民が墓地に集ったという。

No. 132　ALFRED TALANDIER

dessin d'André Gill

アルフレッド・タランディエ　1822.9.7-1890.3.4

フランスの政治家。リモージュに生まれる。父はリモージュの控訴院で重きをなす法曹一家で、叔父は1836年10月にルイ＝ナポレオンが七月王政転覆を図ってストラスブールで蜂起した際にこれを鎮圧した軍人であった。パリで法学を修め、父と同じくリモージュの控訴院で活動したが、次第に共和主義に傾倒、それを理由として1849年に罷免されている。ルイ＝ナポレオンのクーデターに際して反対運動を身を投じ、懲役2年の刑を宣告されるとイギリスに逃亡、教師をしながら政治活動を継続した。第三共和政下の1876年にセーヌ県から下院議員に当選し、極左派として議会で活動した。現状に妥協しない進取の精神の持ち主として知られ、議会で彼がおこなった数々革新的な提言は、ときにその突飛さで反対派の揶揄の対象となり、たびたび新聞紙上に話題を提供した。ジルのカリカチュアで彼が手にしている「昨日の理想は今日の現実、明日の古物」がタランディエのモットーである。足元の鉄道は、当時議会を二分した鉄道国有化論を背景にしていると同時に、未来を見すえて常に力強く走り続けるタランディエの姿勢を映したものだろう。体調の不良から1885年に政界から引退している。

No. 133 GERMAIN CASSE

dessin d'André Gill

ジェルマン・カッス　1837.9.23-1900.12.9

フランスの政治家。20歳まで西インド諸島に位置するフランスの海外領土グアドループで育った。島内きっての優秀な学生として知られ、法律を学ぶためにフランス本土に渡るが、1865年にリエージュで開かれた国際学生会議に出席したことにより社会主義者と見なされ、全国の大学から締め出された。その後グアドループに一時的に戻るが、1848年の奴隷廃止以降も依然として残る人種差別に愕然とし、政治活動に身を投じる。第三共和政下の1873年にグアドループの代表として下院に選出されると、人権問題に従事したほか、恵まれない子供の救済にも力を注いだ。カッスのそうした姿勢は、異なる人種の子供を等しく胸に抱いたジルのカリカチュアにもあらわれている。1876年以降はセーヌ県から出馬し再選を重ねたが1889年の選挙には出馬せず、同年にマルティニーク総督に任命された。その翌年にはグアドループ県の出納長となっている。なお1869年に結婚した妻は学者を輩出したルクリュ一族の出で、長兄に学者でアナーキストのエリ Élie Reclus (1827-1904)、次兄にエリゼ Élisé Reclus (1830-1905)、すぐ上の兄に「フランコフォニー」francophonie の語を最初に用いた地理学者のオネジム Onésime Reclus (1837-1916) がいる。

No. 134　HECTOR DEPASSE

dessin d'André Gill

エクトル・ドゥパッス　1842.12.14-1911.9.16

フランスのジャーナリスト、政治家。ノール県のアルマンティエールに生まれる。父親は数学を教えていたが、共和主義がたたって教授や安定したポストへの昇進が断たれ、高校の教師として国内を転々としていた。父親に感化されて共和主義に目覚めたドゥパッスは20代半ばでパリに出ると、ジャーナリストとして数々の新聞に寄稿を始めた。1877年に刊行した『教権主義』Le Cléricalisme と題した書は反教権主義に貫かれ、国家の未来を憂いつつ政教分離を要求した著作として、理論派の愛国者ドゥパッスの評判を高めた。また1880年に著したラザール・カルノー（大カルノー）の伝記はパリ市議会が成績優秀な子供に贈る賞品にも選ばれるなど、共和政の理念を代弁する著述家としてときの政権から重宝されている。1881年にパリ市議に当選、ジルのカリカチュアでは「質疑」Interpellation と書かれた大砲に火をつける姿で描かれている。1890年には文相スピュレールの官房長となるなど、共和派中枢での活躍を常に期待されながら国政選挙では負け続け、ようやく下院議員となったのは60代も半ばとなった1906年のことである。1910年に再選されたものの翌年没し、下院での活動は5年に留まった。

No. 135　JEAN-MARIE DE LANESSAN

dessin d'André Gill

ジャン゠マリ・ド・ラネサン　1843.7.13-1919.11.7

フランスの博物学者、政治家。ジロンド県に生まれる。ボルドーで医学を学んだのち、ロシュフォールの海軍医学校に進み船医助手となる。アフリカとコーチシナ（ベトナム南部）の船上で8年間を過ごしたのち軍艦を離れ、第三共和政下で医学博士号と博物学の大学教授資格を立て続けに取得、パリ大学医学部で動物学を講じた。こうした経歴によって豊かな知見に恵まれた彼は「ジャン゠ルイ・ド・ラネサン」Jean-Louis de Lanessan の筆名で動物学、社会問題、植民地政策等、多岐にわたる分野で多くの著書を残している。政界に進出すると1879年にパリ市議、1881年に下院議員となり、1度の落選期間を挟んで1914年まで議員を務めた。ジルが描くように、当初の政治姿勢は反教権主義を掲げる強硬な共和主義者であったが、その後は徐々に「日和見主義」に傾いて政権の中枢に身を置いた。1891年にはインドシナ総督に任命され、清仏戦争の余波が残る紛争地帯の安定に力を注いだほか、1899年から1902年にはヴァルデック゠ルソー内閣で海軍相を務めている。海軍相の前任者はロックロワ、後任はペルタンであったが、特に後者とは意見の相違が大きく、大臣職から退いたあともたびたび議会で激しい論戦が展開された。

No. 136 THÉOXÈNE ROQUE DE FILLOL

dessin d'André Gill

テオクセーヌ・ロック・ド・フィヨル　1824.4.11-1889.9.10

フランスの政治家。ジロンド県サント=コロンブ近郊の農家に生まれる。本名は農夫の父親と同じジャン・ロック Jean Roque であったが、同名・同音の議員と区別するため生地の小集落の名をとり、ファーストネームも変えて「テオクセーヌ・ロック・ド・フィヨル」を名乗った。早くから共和主義に目覚め、1850年にパリに出ると翌年末のルイ=ナポレオンのクーデターで抵抗運動に身を投じた。その後も政治活動を続け、帝政の瓦解とともに成立した国防政府下ではパリ近郊のピュトー市長に任命されている。しかし戦後はパリ・コミューンへの協力の廉(かど)で逮捕、ニューカレドニアに流刑され強制労働への従事を命じられた。大赦によって帰国が叶ったロック・ド・フィヨルは、1881年の下院議員選挙にセーヌ県から立候補、当選を飾った。ジルのカリカチュアは、強制労働の鉄鎖から解きはなたれて議会の入り口に立つ彼の姿を描いたものである。議会では共和主義の理念に忠実な極左派として「日和見主義」を攻撃、1885年に再選されたが任期中に没した。強制労働の回想記を準備し、「8年の徒刑」Huit ans de bagne というタイトルも決定していたというが、刊行されることなく今日に至っている。

No. 137 MAURICE ENGELHARD

dessin d'André Gill

モーリス・アンジェラール　1819.3.21-1891.5.14

フランスの弁護士、政治家。ストラスブールに生まれる。法曹の道に進み、パリでの研修期間を除いて地元で弁護士としてのキャリアを積んだ。帝政末期の1869年にはストラスブールの弁護士会会長となり、名士としての地位を確立している。共和主義者としても知られていたため、帝政が瓦解すると国防政府からストラスブールの市長に任ぜられたが、保守派が大勢を占める市議会の抗議によって前市長が留任するという一幕もあった。その後プロイセン軍が実効支配を固めるなかで抵抗運動を指揮した。フランスがアルザス・ロレーヌ地方を失うとパリにのぼり、主に政治関連の裁判で弁護を担当したほか、自由思想の立場から法と宗教の問題を扱った著作を残している。1875年以降はパリ市議とセーヌ県議を務めたが、上院と下院への数度にわたる立候補はすべて落選に終わった。2人の娘はジュール・フェリーのもとで教育改革に尽力し1880年に女子高等師範学校を設立した教育者ペコー Félix Pécaut（1828-98）の2人の息子とそれぞれ結婚している。この結びつきには地位と環境、政治的傾向の釣り合い、さらに両家がともにプロテスタントであったことが大きく影響していると思われる。

No. 138 GUILLAUME MAILLARD

dessin d'André Gill

ギヨーム・マイヤール　1823.8.22-1906.1.17

フランスの政治家。リムーザン地方のコレーズ県に生まれる。弁護士の資格を得たのち、第二共和政の立役者のひとりルドリュ＝ロラン Alexandre Ledru-Rollin（1807-74）の秘書となった。第二帝政下では多くの政治的裁判で共和派の弁護士として活躍し、第三共和政が成立すると1878年からのパリ市議を経て1885年に下院に当選している。ジルのカリカチュアは「ヴァンセンヌ」と書かれた土地を掘るマイヤールの姿を描いているが、これは彼が議会でおこなった大胆な提言を背景としている。ナポレオン3世と二人三脚でパリ大改造を成し遂げたセーヌ県知事オスマン Georges Haussmann（1809-91）は、膨張するパリの人口に対する墓地の不足を予見し、1860年、パリから26キロ離れたメリ＝シュル＝オワーズに500ヘクタールの土地を購入していた。パリと墓地を結ぶ専用鉄道路線の造成を含む計画はその後棚上げとなっていたが、この事業へのマイヤールの対案が、ヴァンセンヌの森を墓地として利用することであった。オスマンとマイヤール、どちらの計画も実現しなかったことは言うまでもない。1889年にウジェーヌ・ファルシに敗れて落選、下院議員としての活動は1期のみに留まった。

No. 139　PIERRE MARMOTTAN

dessin d'André Gill

ピエール・マルモッタン　　1832.8.30-1914.1.6

フランスの政治家。フランス北部のノール県ヴァランシエンヌに生まれる。パリで医学を学んでいた1851年にルイ=ナポレオンのクーデターに遭遇すると、反対派の学生を率いて蜂起を企てた。第三共和政下でパリ市議となり、1875年にはクレマンソーの後任として議長も務めている。1876年にセーヌ県から下院に初当選し、以降1898年まで1度の落選期間を挟んで議員を務めた。ジルのカリカチュアは、当時持ち上がっていた警視庁の統廃合論の審議メンバーにマルモッタンが名を連ねていたことによる。国家官僚である警視総監をトップに戴く警視庁組織は共和国の理念にふさわしくないものと見なされ、廃止論が絶えず持ち上がっていた。これ以降もパリ市議会と下院が警視庁予算の否決を繰り返し、険悪な対立状態は1890年代半ばまで続いた。国政からの引退後はパリ16区長となり、その後カンヌで没している。なお、マネをはじめとする印象派絵画の所蔵で名高いマルモッタン美術館は、彼の兄ジュールJules Marmottan（1829-83）とその息子ポールPaul Marmottan（1856-1932）親子の邸宅と絵画コレクションを基盤としたものである。

No. 140　JULES VIETTE

dessin d'André Gill

ジュール・ヴィエット　1843.5.6-1894.2.15

フランスのジャーナリスト、政治家。ドゥー県ブラモンのワイン商人の家に生まれる。県都ブザンソンを経てパリで学生生活を送るうちに政治に傾倒、第二帝政に反旗を翻す共和派の素地を固めた。1869年には地元に戻り、10歳年長のシャルル・ボーキエとともに共和派新聞『ドゥー』 *Le Doubs* 紙を刊行、官憲に絶えず介入されながらも県内で共和派の輪を広げる努力を重ねている。1870年にはブラモンの市長となるが普仏戦争の勃発を受けて辞職、軍隊に志願すると中隊を率いてベルフォール周辺で数々の軍功を挙げ、愛国者としての評判を高めた。その後は県議を経て1876年にドゥー県から下院に当選、1894年に現職のまま没するまで揺るぎない左派として議会で活躍した。1887年から1889年にかけて2つの内閣で農業相、また1892年から翌年まで同じく2つの内閣で公共事業相を務めている。ヴィエットが没した翌年には故郷ブラモンの広場に胸像が設置され、台座の前には炭鉱夫と農婦の像が置かれた。これはヴィエットの2つの大臣職を示すとともに、地元の人々の生活に密着した、いわば土着の共和主義者としてのヴィエットのキャリアを讃えるものでもある。

No. 141　CHARLES BEAUQUIER

dessin d'André Gill

シャルル・ボーキエ　1833.12.19-1916.8.12

フランスの政治家、著述家。ブザンソンに生まれ、パリで法学部と国立古文書学校に通い、2つの学位を手にした。その後ジャーナリズムに入り、音楽評論と政治評論でその名を知られたほか、第二帝政下のブザンソンではジュール・ヴィエットとともに共和派の新聞を刊行している。1880年にドゥー県から下院に当選、急進左派の議員として1914年の引退まで再選を重ねた。自由思想家、確固たる反教権主義者であり、その主張に憤激したカトリック信者がボーキエを暗殺しようとブザンソンを訪れたが果たせず、市庁舎で自殺するという事件も在任中に起きている。ジルのカリカチュアは、神学生にも兵役を課すべきとする当時の議論を反映したものだが、ボーキエがこの案に賛成したことは言うまでもない。多方面での著述活動に加え、1901年にはフランス最初の自然保護団体であるフランス景観美観保護協会 Société pour la protection des paysages et de l'esthétique de la France の設立に参加、詩人のシュリ・プリュドムに続く第2代会長として環境運動の先頭に立った。1906年には景観保護法の成立に尽力し、これは現在でも「ボーキエ法」の名で呼ばれている。

No. 142　GUSTAVE HUBBARD

dessin d'André Gill

ギュスターヴ・ユバール　1828-1888.2.21

フランスの経済学者、歴史家。セーヌ=エ=オワーズ県（現在のイヴリーヌ県）に生まれる。パリでの学生時代に二月革命に参加、第二共和政成立後には文相ラザール=イポリット・カルノー Lazare-Hippolyte Carnot（1801-88）が設立した国立行政学院 École nationale d'administration に入学し、共和国に身を捧げる決意をした。しかし同校はカルノーの辞職によりわずか数ヶ月で閉校となり（現在のENAとしての「再開校」はほぼ1世紀後の1945年である）ユバールは再び法学に専念し弁護士の資格を得ている。歴史と経済に精通するジャーナリストとして活動を開始したが、第二帝政下では抑圧を避けてスペインに避難、滞在は13年にも及んだ。その間に着手された全6巻の大著『スペイン現代史』*Histoire contemporaine de l'Espagne*（1869-83）は高い評価を受けた。帰国後は経済政策のブレーンとしてガンベッタを支えた。1歳年長の兄アルチュール Arthur Hubbard（1827-82）はパリ市議、マドリッドで生まれた息子のギュスターヴ=アドルフ Gustave-Adolphe Hubbard（1858-1927）はガンベッタの導きで政治の道に入り下院議員となっている。

No. 143 VICTOR GUICHARD

dessin d'Henri Demare

ヴィクトル・ギシャール　1803.8.18-1884.11.11

フランスの政治家。パリに生まれる。父親は総裁政府、執政政府で議員を務めたヨンヌ県の有力者であった。弁護士の資格を得たのち、ヨンヌ県の広大な所有地で農業を営んでいたが、ルイ＝フィリップの政治に反発、共和主義を標榜した。二月革命が起こるとサンスの市長、次いで国会議員となるも政権の中枢に留まることができず、さらに第二帝政下では実質的に追放され、再び地元で農業に従事する。第三共和政下の1871年に下院に当選して政界に復帰、以降再選を重ねた。自らの経験から農業政策に一家言を持ち、とりわけ大資本に対する農業の保護を主張したギシャールは、農業予算にたかる資本家を追い払う姿でカリカチュアに描かれている（この号からジルに代わってアンリ・ドゥマールが表紙を担当している）。1884年、担当会議の開会を宣言すると同時に突然の脳出血によって議場で死去した。娘はパリ7区長を経て下院・上院で議員を務めた有力政治家フレデリック・アルノー Frédéric Arnaud（1819-78）と結婚、また息子のジュール Jules Guichard（1827-96）も上院議員となり、レセップスの片腕としてスエズ運河会社の第2代社長を務めた。

No. 144　HENRI THULIÉ

dessin d'Henri Demare

アンリ・チュリエ　1832.7.30-1916

フランスの医師、政治家。ボルドーに生まれる。地元で高校を終えたのちパリに出て文学者と交わり、1856年にはシャンフルーリ Champfleury（1821-99）、デュランティ Edmond Duranty（1833-80）らとともに『レアリスム』*Le Réalisme* 誌を創刊した。やがて「ありのまま」の人間を探求する欲求が高じ精神医学を専攻、パリ郊外シャラントンの精神病院での3年間のインターンを経て、1865年に精神病に関する博士論文を提出している。その一方、共和派の政治家として1872年からパリ市議を務め、在職中は3度にわたって議長も務めた。議会においては精神病患者の人権を求める提言をおこなったほか、反教権主義の立場から『教権主義の結託』*La Coalition cléricale*（1875）という冊子を著した。同書は大きな反響を得て20万部以上が発行されたといわれる。イエズス会士を生体解剖するチュリエの姿を描いたドゥマールのカリカチュアは、こうした姿勢と経歴を踏まえたものである。1880年に意見の対立から市議を辞職したのちは著作活動に専念した。故郷ボルドーが属するジロンド県ではチュリエを上院議員候補に推す声も絶えなかったが、本人はこれを共和派の内部に波風を立てるものとして一貫して固辞し続けた。

No. 145　HENRI DE LACRETELLE

dessin d'Henri Demare

アンリ・ド・ラクルテル　　1815.8.21-1899.2.17

フランスの政治家、作家。パリに生まれる。歴史家の父親シャルル Charles de Lacretelle（1766-1855）、伯父のピエール=ルイ Pierre-Louis de Lacretelle（1751-1824）はともにアカデミー・フランセーズ会員であった。知的に恵まれた環境のなかで早くから文学に目覚め、ロマン派の文学者たちと交流しながら詩、戯曲、連載小説の分野で成功を収めた。共和主義者としても知られ、1871年にはソーヌ=エ=ロワール県から下院に立候補し当選、1898年の引退まで四半世紀以上にわたり下院議員を務めた。教育問題を専門とし、無償・義務・非宗教的教育の確立をいち早く提言している。ドゥマールのカリカチュアでは棄児院 Hospice des Enfants-Trouvés に捨てられた子供が国家によって見事に養育される過程が、焼きあがったパンのように世に送るラクルテルの姿で描かれている。なお、息子の早世により彼が晩年に手ずから養育した孫のジャック Jacques de Lacretelle（1888-1985）は、のちに小説『反逆児』Silbermann（1922）で成功を収め、1936年にレニエの後任として名門ラクルテル家3人目のアカデミー・フランセーズ会員となっている。

No. 146 ALBERT PÉTROT

dessin d'Henri Demare

アルベール・ペトロ　1837.6.3-1897.12.11

フランスの弁護士、政治家。パリに生まれ、大学で法律を学びながらジャーナリストとしての活動を開始した。ギヨーム・マイヤールとエミール・アコラスを師と仰ぎ、弁護士の資格を得たのち専門の法律に関する論考のほか、共和派を支持する政治的文章を旺盛に発表している。ボーキエがブザンソンから立候補した際にも雑誌で応援を展開した。急進左派の躍進に一役買った影の功労者である。その後自ら『自由思想』 La Libre-Pensée 紙を創刊、師のアコラスやボーキエ、ラネサン、アンベール、ユーグらの名だたる左派の論客が論陣を張る場を提供した。裁判では常に貧民の味方に立ったことでも知られ、ドゥマールのカリカチュアでは貧しい少年を誰よりも優先し、起訴状 acte d'accusation を提出する手助けをしている姿で描かれている。知名度は高かったが実質的な政治家としてのデビューは遅く、50歳を迎えた1887年にパリ市議となり、その後1893年にセーヌ県選出の下院議員となった。しかし選挙期間中から思わしくなかった健康状態が在任中に悪化、任期未了で没している。

No. 147 ERNEST CAMESCASSE

dessin d'Henri Demare

エルネスト・カメカッス　1838.9.23-1897.6.8

フランスの政治家。ブルターニュ地方西端、フィニステール県ブレストに生まれる。弁護士の資格を得たのちに政治の道に進んだ。ティエールやガンベッタら共和派の大物の信頼を得て、国防政府下では故郷フィニステール県の知事に任命されている。第三共和政下でも地方の県知事を歴任するとともに、ガンベッタの新聞『フランス共和国』の編集に携わるなど、共和派の中枢を担う若手として活躍した。この号は1881年7月17日、カメカッスが警視総監となった際に発行されたものである。ドゥマールによるカリカチュアでは、「パリの道徳の浄化」という掲示の前に立つカメカッスの指示で、鯖(maquereau 売春婦のひもの意もある)の一群が澄んだセーヌ川から飛んでゆく様子が描かれている。なおカメカッスの警視総監就任には、前任のアンドリューが市議会と対立し辞職したという経緯があったため、政治的混乱を収束するという期待がかかっていた。しかしその手腕をもってしても市議会との意見調整は困難を極め、苦労を続けたのちの1885年、フェリー内閣の退陣とともに辞職している。警視総監在任中から下院議員を兼任、のちに上院議員も務めたが60歳を迎える前に没した。

159

No. 148 EDGAR MONTEIL

dessin d'Henri Demare

エドガール・モンテイユ　1845.1.26-1921.7.17

フランスのジャーナリスト、政治家。カルヴァドス県のヴィールに代訴人の息子として生まれる。ジャーナリズムに身を投じ、ドゥクリューズの秘書としてパリ・コミューンの崩壊にも立ち会ったが、周囲の援助と本人の機転により、奇跡的に1年間の収監のみで戦後を切り抜けている（この経緯は1883年刊行の回想記『1871年、コミューンの回想』 *Souvenir de la Commune, 1871* に詳しい）。第三共和政下においても『ラペル』紙等で論陣を張り、挑発的な諷刺作品で刑を科されるほどの過激な自由思想で知られた。政界にも進出し1881年から1887年までパリ市議、1880年から1884年までセーヌ県議も兼任した。共和派政治家のなかでも最も強硬な反教権主義者として知られ、ドゥマールのカリカチュアでは「市の職務」Service municipal と書かれた箒（ほうき）でカトリック関係の事物を一掃している。その中には聖職者や司教冠（ミトラ）、また1858年の聖母マリアの「出現」により聖地となっていたルルドの教会も見られる（巨大なロザリオ大聖堂の建設は1883年に始まっている）。1888年にはクルーズ県知事となるなど行政官として活動したが、自らの信念を曲げることのないモンテイユは周囲と軋轢が絶えなかったという。

No. 149　JUSTIN LABUZE

dessin d'Henri Demare

ジュスタン・ラビューズ　1847.1.26-1914.2.15

フランスの政治家。オート＝ヴィエンヌ県に生まれ、父親と同じ医師の道を歩んだ。パリの病院でインターンをしていた時期に普仏戦争が勃発すると、比較的安全な陸軍病院内での任務を選べたにもかかわらず、志願して前線の要塞で治療に従事、その活躍によりレジオン・ドヌール勲章を受けている。戦後は故郷にほど近いベラックで医師として働いていたが、共和派の闘士としての評判は次第に高まり、周囲に請われて1878年の選挙に出馬し当選、1885年までオート＝ヴィエンヌ県選出の下院議員を務めた。議会では共和派、反教権主義者として知られ、1881年5月にはそれまで兵役を免除されていた神学生にも一般国民と同じように義務を課す法案を推進し、採択に至らせた。これを踏まえてドゥマールのカリカチュアは、背嚢を持たせた聖職者の背を十字架で突いて兵舎caserneに追い立てる姿でラビューズを描いている。ベラック市長、オート＝ヴィエンヌ県議も兼任したほか、1882年8月から3つの内閣で金融省の政務次官を務めた。政治的にはガンベッタ、フェリーらの「日和見主義」の路線に沿ったが、1885年の選挙では落選し、その後はブールジュとマルセイユで出納長となり地味に地方行政に携わっている。

No. 150 LUCIEN DELABROUSSE

dessin d'Henri Demare

リュシアン・ドゥラブルース　1846.8.9-1919

フランスの政治家。アルザス地方のバ=ラン県に公証人の息子として生まれる。共和主義者であった父親の影響を受けて育ったドゥラブルースは、ストラスブールで弁護士の資格を得たのち、同郷の政治家モーリス・アンジェラールの秘書となった。その後ドクリューズやシュレル=ケストネルらのもとで反帝政のジャーナリストとしてデビューしたが、普仏戦争では第二の故郷であるストラスブールが戦火に包まれ、さらにアルザス地方が割譲されるという痛みを味わっている。1872年にパリに出てからも多くの新聞・雑誌に寄稿し、1877年以降『世紀』紙の編集に関わった。1879年には下院議員に転じたシャルル・エリソンの補選に当選してパリ市議となり、その後も再選を重ねた。予算委員会のメンバーに選ばれた際には、教育予算の不足を修道会の所有地を接収することで埋め合わせるという提言をしており、ドゥマールのカリカチュアはこれを背景として描かれている。晩年は執筆活動に重点を置き、政治の師アンジェラールや終身上院議員のジョゼフ・マニャン Joseph Magnin（1824-1910）らの伝記を執筆したほか、「勲章事件」によって辞職を余儀なくされたグレヴィの発言録を編纂し名誉の回復を図っている。

No. 151 EUGÈNE DELATTRE

dessin d'Henri Demare

ウジェーヌ・ドゥラットル　1830.1.3-1898.12.24

フランスの弁護士、政治家。フランス北部ソンム県の小村ランビュレルに生まれる。パリで弁護士となり、社会問題を旺盛に記事や講演で取り上げたことで知名度を高めた。ガンベッタにも信頼され、国防政府下ではマイエンヌ県の知事に任命されている。第三共和政下では話題性の高い裁判にたびたび関わり、そのなかには風俗の壊乱に問われたレオ・タクシルの裁判や、『角灯(ランテルヌ)』紙の記事の弁護なども含まれる。なお鉄道にまたがるドゥラットルを描いたドゥマールのカリカチュアは、陳情書への署名を理由に83人の機械工が鉄道会社から解雇された事件での猛烈な弁護活動が反映されたものである。1874年からパリ市議を務め、1881年9月の選挙でセーヌ県から下院に当選した。1889年に引退するまで左派の議員として活動し、在任中はヴォルテールの没後100年記念祭の発起人、ガリバルディ追悼集会の委員長など、共和主義をめぐるさまざまな催しに中心的に関与した。兄のアルチュール Arthur Delattre（1824-93）も故郷ランビュレルの市長を長年務め、地元では政治家兄弟として存在感を示した。なお、この号には絵柄の異なる別の版が確認されている（172号、173号の注記参照）。

No. 152　HENRI RABAGNY

dessin d'Henri Demare

アンリ・ラバニ　　1851-没年不詳

フランスの政治家。貧しい労働者の長男としてパリに生まれ、両親を早くに亡くしたため10代前半で弟妹を養って働いた。職人仕事の合間に会計を学び、14歳で銀行に働き口を見つけた苦労人である。その後生活は安定し、1878年には持ち前の才覚で『資本家新聞』 *La Gazette des capitalistes* を創刊、金融情報の確かさで購読者を次第に増やしていった。社会情勢を踏まえた着実なヴィジョンを持つラバニを政治家に推す声が高まり、1881年1月の市議選でペール=ラシェーズ地区から出馬、パリ=コミューンの闘士トランケ Alexis Trinquet (1835-82) を抑えて当選した。「血の一週間」の舞台となった地区での新顔ラバニの当選はひとつの事件であり、民意がコミューンの「復讐」から未来志向へと移っていたことを示している。なおドゥマールのカリカチュアでラバニが振る鞭が描く『アウェンティヌスの丘』 *Le Mont Aventin* は、彼が創刊した政治新聞の名称である。しかし当選後の活動に目立ったものはなく、すでに政界を離れていた1889年には『資本家新聞』の広告を悪用し不正に蓄財した罪でブリュッセルで逮捕され、フランスの警察に引き渡された。その後のラバニの消息は明らかではない。

No. 153　FRANCIS CHARMES

dessin d'Henri Demare

フランシス・シャルム　1848.11.21-1916.1.4

フランスのジャーナリスト、政治家。ドゥマールのカリカチュアで示されているように、チーズの名産地として知られるカンタル県のオーリヤックに生まれた。法律を学んだのちパリ施療院 Assistance publique で薄給の公務員として働いていたが、昇給の要望を断られた上に報復的な配置転換を命じられ辞職、ジャーナリストとしての活動を開始した。まもなく『ジュルナル・デ・デバ』紙 Journal des débats への寄稿が好評を博し、同紙への連載はその後30年以上にも及んでいる。その一方で政界にも進出、1881年からの1期、1889年からの2期をカンタル県選出の下院議員として務め、1900年以降は上院議員に転じた。1894年からは雑誌『両世界評論』 La Revue des Deux Mondes の政治欄を担当、1907年以降はブリュヌティエール Ferdinand Brunetière（1849-1906）の後を継いで同誌の編集長を務めた。ジャーナリズムの大立者として言論界の実権を握り、政界にも知己の多かったシャルムは、連載を単行本化したもの以外には特にまとまった著作がなかったにもかかわらず、1908年にアカデミー・フランセーズ会員に選出されている。

No. 154　JEAN LAFONT

dessin d'Henri Demare

ジャン・ラフォン　1835.4.2-1908.6.7

フランスのジャーナリスト、政治家。トゥールーズに生まれる。パリに出て医学を学んだのち『タン』紙の編集に参加、主に商業欄を担当しながら共和派として反体制の活動を展開した。帝政崩壊後は包囲下のパリで18区長を務める盟友クレマンソーを助役として支えたが、パリ・コミューンの起爆剤となる2将軍の殺害事件を阻止できなかった苦い記憶を共有することになる。1871年にパリ市議となり、急進左派として多くの提言をおこなっている。なかでも1880年10月には、その5年前にパリ市議会の頭越しに決定されたモンマルトルの丘への教会建設計画に強硬に反対し、60人の議員から賛同を得た。これを背景としてドゥマールのカリカチュアは教会をスコップで埋め戻すラフォンの姿を描いている。彼自身は代わりにパリを見守る巨大な「自由の女神」の立像をモンマルトルの丘に据えることを望んでいたというが、こうした反対運動を受けながら1914年に完成された教会が現在のサクレ＝クール寺院である。1881年にセーヌ県から下院議員に当選し国政に進出し2期を務めたのち、1889年の改選でブーランジェ派の候補であったレザンに敗れ政治の表舞台から去った。

No. 155　HENRY MARET

dessin d'Henri Demare

アンリ・マレ　1837.3.4-1917.1.5

フランスのジャーナリスト、政治家。収税吏の息子としてシェール県に生まれる。ナポレオンからバッサーノ公に叙されアカデミー・フランセーズ会員ともなった政治家ユーグ＝ベルナール・マレ Hugues-Bernard Maret（1763-1839）とは縁続きであり、公爵家の推薦によって第二帝政下のセーヌ県庁に職を得た。しかし彼自身はその恩義に縛られることなく、共和派のジャーナリストとして反体制活動に力を注いでいる。パリ・コミューン時にはアンリ・ロシュフォールとともに『指令』Le Mot d'ordre 紙を創刊、このため戦後は5年間の収監を科されたが、健康状態を理由にわずか4ヶ月で釈放された（ユゴーのとりなしが背後にあったとも言われる）。1878年からのパリ市議を経て1881年にセーヌ県から下院に当選、1885年からはシェール県選出の議員として1906年まで四半世紀にわたって議会に席を占めた。共和主義者のなかでも最も強硬な左派であり、ガンベッタやフェリーの「日和見主義」に牙を向く反骨の政治家として知られた。ドゥマールのカリカチュアでも「急進派議員」député radical と書かれた書類入れを抱えたマレは、繁栄を見せる共和派の「右派路線」ligne droite に背を向けて荒れ野を行く姿で描かれている。

No. 156 EDMOND THIAUDIÈRE

dessin d'Henri Demare

エドモン・ティオディエール　1837.3.17-1930.11.9

フランスの作家。ヴィエンヌ県ジャンセに生まれる。父に至るまで4代にわたる医者の家系だったが、その道を選ばず早くから筆で身を立てる決意を固めた。後年この選択に関して問われると、「人を殺すよりは退屈させるほうがまだいい、そう考えた末の人道的選択だ」と答えるのを好んだという。ポワティエでの学生時代を経てパリに出るとジャーナリズムに身を投じ、1860年代から旺盛に記事を寄せ、著作を発表した。とりわけ彼の名を高めたのはスウィフトの『ガリバー旅行記』を彷彿とさせる政治風刺のパンフレットであり、これを踏まえてドゥマールは、百合（フランス王家）、鷲（帝政）、洋梨（復古王政）の旗をそれぞれ付けた3頭の牛をペンの先で突いて走らせるティオディエールの姿を描いている。小説ではたびたびカトリック教会を揶揄の対象とし、マルクス主義的な傾向も示している。その一方で平和運動を推進して1878年にはパリでの国際会議の開催に尽力し、またいち早く動物愛護運動を展開するなど、その「人道的」活動は幅広い。1886年以降は40年以上にわたって「ある悲観主義者のノート」 Notes d'un Pessimiste の副題を持つ省察・箴言集を数年毎に出版し、その総数は13冊に及んだ。

No. 157 DÉSIRÉ-MAGLOIRE BOURNEVILLE

dessin d'Henri Demare

デジレ=マグロワール・ブルヌヴィル　1840.10.21-1909.5.30

フランスの医師、政治家。ウール県に生まれ、パリで医学を修める。学生時代にアミアンでコレラが発生すると直ちに現地に赴き治療にあたるなど、常に患者と現場を第一にする人物として知られた。1870年に博士論文を提出、翌年にパリのサルペトリエール病院で神経学の権威シャルコーの助手となる。1873年に雑誌『医学の進歩』Le Progrès médical を創刊し、催眠療法等に関するシャルコーの「講義」もここに掲載された。1876年にパリ市議に当選、その後1883年には死去したルイ・ブランの後継としてセーヌ県から下院議員選挙に出馬、アンジェラールを抑えて当選している。議会では教会の影響下にあった当時の看護学校を非宗教化するために活動したほか、専門の医療分野では精神病患者の援助を強く訴えた。いわゆる「障害児」に対する偏見を打破することにも力を注ぎ、十把ひとからげにされていた症例を分類するなど、すべての子供に教育を受ける機会を与えるよう努力を重ねた。1889年の改選でブーランジェ支持を明らかにしたアルフレッド・ナケに敗れ政界を引退、以降はビセートルの病院で治療と研究を続け、定年後も複数の医学専門誌の編集に関わるなど生涯にわたって医学的見解を発信し続けた。

No. 158　ÉDOUARD MILLAUD

dessin d'Henri Demare

エドゥアール・ミヨー　　1834.9.7-1912.5.16

フランスの政治家。タラスコンのユダヤ教徒の家庭に生まれる。パリで法学を修めたのちリヨンで弁護士として活動を開始した。巧みな弁舌と品格を兼ね備え着実に評価を高めていたが、国防政府下でリヨンの検察官に任じられた際、共和派の新聞に対する公訴の命令を拒否して野に下っている。その後はジャーナリズムに寄稿し、政治の道に進んだ。1871年にローヌ県から出馬し当選して以降再選を重ね、1880年に上院議員に転じた。1912年に没するまで現職であったミヨーの議員活動は、上下両院併せて40年以上に及んでいる。1886年11から翌年5月末までの7ヶ月間は、2つの内閣で公共事業相も務めた。ドゥマールのカリカチュアは、ミヨーが議会で訴えた書籍の移動・訪問販売業 colportage の規制緩和を踏まえており、「検閲」censure の鋏を踏みつけて「訪問販売業の自由」liberté de colportage と書かれた檻から業者たちを解き放つ姿を描いている。なお、こうした訪問販売業は19世紀半ばに書店主ルイ・アシェット Louis Hachette（1800-64）が初めて駅に設置した書籍売店が次第に普及したことによって、20世紀を迎える前にほぼ絶滅した。

No. 159　ERNEST LEFÈVRE

dessin d'Henri Demare

エルネスト・ルフェーヴル　1833.8.15-1889.11.9

フランスのジャーナリスト、政治家。港湾都市ル・アーヴルに生まれ、父親は靴職人から身を立てた商人であった。ジャーナリズムに入ると、母親がオーギュスト・ヴァクリの姉であった縁からヴィクトル・ユゴー一家の一員に数えられ、若い頃から第二帝政下の共和主義運動に深く関与することになった。ドゥマールのカリカチュアにも見られるように、ユゴーとヴァクリの意向が反映された『ラペル』紙には創刊時から編集に携わり、中心的な役割を果たしている。第三共和政下では1875年にパリ市議となり、のちに議長も務めた。その後1881年にセーヌ県から下院に当選、2期を務めたが体調の悪化により1889年の改選には出馬せず同年中に没した。アンリ・マレとはパリで地盤も政治姿勢も重なっていたが、両者が同時期に当選し議会で活動できた理由は、異なる県からの重複立候補も可能であった複雑な選挙制度にある。なお息子のピエール Pierre Lefèvre（1862-1933）は父親の死から数年後にヴァクリが独身のまま没すると、その遺産相続者に指定されている。ユゴーの貴重な資料と『ラペル』紙を引き継いだ彼はルフェーヴル゠ヴァクリ Lefèvre-Vacquerie を名乗り、もはや家業と化したユゴーの顕彰活動を20世紀につないだ。

No. 160 JEHAN DE BOUTEILLER

dessin d'Henri Demare

ジュアン・ド・ブーテイエ　1840.1.26-1885.9.6

フランスのジャーナリスト、政治家。ルイ14世の家臣を先祖に持ち、18世紀に貿易で財産を築いたというナントの名家に生まれる。海軍士官学校に進むと中国、コーチシナに派遣され、メキシコ出兵にも加わった。その後1866年に軍を去り、パリ16区に居を定めて共和派のジャーナリストとしての活動を開始している。1879年に同区からパリ市議に選出されて以降再選を重ね、のちに議長も務めた。議会では国家に対する市の自治権の拡大を訴えたほか、主権が国民にある以上、義務教育に軍事教練を導入し、早くから祖国防衛の心を全国民に植えつけるべきであると主張した。「16区学校」と書かれた建物の前で子供たちを率いる軍服姿のカリカチュアは、こうした主張を踏まえたものである。その他、市民の芸術観を高めるために野外音楽会を一層充実させるように提言するなど、ブーテイエの言動は常に、共和政にふさわしい「市民」の育成を念頭に置いたものであったと言える。1885年に現職のまま没し、弟のジャック Jacques de Bouteiller (1844-99) が地盤を引き継いで入れ替わりで市議に当選した。パッシー墓地にある墓はロダンによるブロンズ製のメダイヨン（円形肖像）で飾られている。

No. 161　DIONYS ORDINAIRE

dessin d'Henri Demare

ディオニス・オルディネール　1826.6.10-1896.10.15

フランスの政治家。ドゥー県東部、スイスに接する山間の町ジューニュに生まれる。9歳で父を亡くすと、信仰心の篤かった母の希望によりカトリックの学校に入学したが、気質が合わなかったのか、まもなく退校している。リヨンの高校を経て1848年に難関の高等師範学校に入学、テーヌ Hippolyte Taine（1828-93）、サルセー、アブーら名だたる秀才とともに学んだ。1855年に文学の教授資格を取得し、フランス各地の学校で教鞭を執るなかで神話学やレトリックに関する書物を著しており、単なる教科書に留まらない豊かな内容と文体は、批評家サント＝ブーヴの賞賛も得た。やがて共和主義への思いが高じると教壇を去って政治の道に進み、ガンベッタの『フランス共和国』紙に協力したのち、その分家のようなかたちで『小フランス共和国』La Petite République française 紙を創刊、好評を博した。ドゥマールのカリカチュアでオルディネールが手にしているのも同紙である。1880年にドゥー県から下院に当選し、それ以降生涯議席を守った。息子のモーリス Maurice Ordinaire（1862-1934）も同じく共和派政治家の道を歩み、父の死後1898年から1902年までドゥー県選出の下院議員、1913年からは同県の上院議員となっている。

No. 162 CHARLES BRADLAUGH

dessin d'Henri Demare

チャールズ・ブラッドロー　1833.9.26-1891.1.30

イギリスの政治家。ロンドンのイースト・エンドの貧しい家庭に生まれる。日曜学校に通い、年長者として子供を教えていたが、授業の準備中に福音書の記述の矛盾に気づき、そのことを校長に伝えた結果「無神論」のレッテルを貼られて教会から追放された。この経験を機に宗教に対する疑念を掲げながら政治活動に傾倒、旺盛な講演活動や力強い攻撃文書によって次第に名を知られるようになった。1866年に英国世俗協会 National Secular Society を設立したのち、1880年には議員に当選するも神の名のもとで宣誓することを拒否、さらに議場からの退出も拒否して逮捕された。その後も再選挙と宣誓拒否を繰り返した末、世論を味方につけて1888年には宣誓に関する法律を変えさせるなど、ブラッドローがイギリスにおける政教分離に果たした役割は大きい。過激な無神論者、世俗主義の推進者としてヨーロッパ中に広く知られた人物ではあっても、フランスとの直接的な関係は希薄である。それでもこうしてカリカチュアに取りあげられた理由は、反教権主義に貫かれていたこの時期の『今日の人々』が理想とする政治家像をブラッドローに認めていたからにほかならない。

No. 163 ARTHUR CHALAMET

dessin d'Henri Demare

アルチュール・シャラメ　1822.12.19-1895.12.5

フランスの政治家。アルデーシュ県ヴェルヌーに生まれる。母方の祖父はヴェルヌー市長であり、父も隣接するサン゠フェリックス゠ド゠シャトーヌフ（1907年にシャトーヌフ゠ド゠ヴェルヌーと改称）の市長を務めていた。パリで難関の高等師範学校に学び、卒業後はフランス各地の高校で教鞭を執った。1876年にアルデーシュ県から下院に当選し、その経歴を生かして教育問題に精力的に取り組んだ。ドゥマールのカリカチュアで彼が手にしている本の表紙には「文部省政務次官」Instruction publique, Sous-secrétaire d'état とあり、彼が同職にあった1881年11月から翌年の2月までの間にこの号が発行されたことがわかる。この後1883年に上院に当選、再選を重ねて現職のまま没した。兄ガストン Gaston Chalamet（1815-72）は国防政府下でガンベッタからアルデーシュ県知事に任命された人物だったが、第三共和政下で活躍することなく世を去っている。ガストンの息子アンリ Henri Chalamet（1849-1935）はヴァランス市長を経て、1920年に叔父と同じくアルデーシュ県選出の上院議員を務めた。

No. 164　GUSTAVE ISAMBERT

dessin d'Henri Demare

ギュスターヴ・イザンベール　1841.10.20-1902.4.14

フランスのジャーナリスト、政治家。ウール＝エ＝ロワール県に生まれ、早くから手書きで新聞を作るなど、ジャーナリズムに早熟な志向を示した。その後パリに出るとカルティエ・ラタンで多くの同世代の青年と交わり、19歳のときに同い年のオーギュスト・ヴェルモレル Auguste Vermorel（1841-71）とともに『若いフランス』 *La Jeune France* 誌を創刊した。同誌は政治よりもむしろ文学を対象としていたが、論争的な記事は決闘を招き、イザンベールは親のような年齢の文学者に傷を負わされたこともあった。その際、「いい勉強になったろう」と言われたことに対して「せいぜい剣術の勉強どまりですね」と平静に答えたという逸話は、若いジャーナリストの気概を示すものとして語り草となったという。第三共和政下の1872年にガンベッタ派が『フランス共和国』紙を創刊すると中心メンバーとして活躍し、のちに同紙の編集長となっている。ドゥマールのカリカチュアは同紙で人々を下院に送るイザンベールの姿を描いたものだが、彼自身の政界への挑戦は苦難が続き、3度の落選ののちにようやく1889年、ウール＝エ＝ロワール県から下院に当選した。その後2度再選されたが健康状態の悪化により在職中に没している。

No. 165　CAMILLE RASPAIL

dessin d'Henri Demare

カミーユ・ラスパイユ　1827.8.17-1893.5.26

フランスの医師、政治家。フランソワ゠ヴァンサン・ラスパイユの二男としてパリに生まれる。兄バンジャマン（78号参照）をはじめとする4人の兄弟はみな父と同様に学問と政治活動を両立させ、カミーユは医学を選んで博士号を取得した。寛大で献身的なラスパイユは長年にわたって無料診察をおこない、診療所の前には多くの貧しい人々が列をなしたという。パリ・コミューン末期には医師としての立場を利用してコミューン派の人々の脱出を助けたことが問題とされたが、実刑は受けなかった。ドゥマールのカリカチュアでは父親の胸像を背にしたラスパイユが「フランソワ゠ヴァンサン・ラスパイユの方法」という垂れ幕の下で演説をしているが、彼の掲げる共和主義、ときに度を越した人道主義は確かに父親譲りのものである。政治家としては1885年にヴァール県から下院に当選し、再選を経て現職のまま没した。任期中にパリの衛生問題に取り組んだラスパイユは、運河を掘って海に直接下水を流すという壮大な案を提唱している。パリから海までは直線距離で200キロ弱であり、17世紀に完成したミディ運河（世界遺産、全長約240キロ）を考えれば全く不可能とまでは言えないが、実現を見ることはなかった。

No. 166　CLOVIS HUGUES

dessin d'Henri Demare

クロヴィス・ユーグ　1851.11.3-1907.6.11

フランスの作家、政治家。ヴォークリューズ県に生まれ、マルセイユで共和派ジャーナリストとしての活動を始める。1871年にパリ・コミューンに呼応したマルセイユでの民衆蜂起では主導者ガストン・クレミュー Gaston Crémieux (1836-71)の片腕となって活動した。この「マルセイユ・コミューン」はパリと同様に武力で鎮圧され、クレミューは銃殺、ユーグは4年間の収監と6000フランの罰金を科せられている。釈放後の1877年に同志の娘であるジャンヌ・ロワヤネ Jeanne Royannez (1855-1932)と結婚したが、教会で式を挙げなかったことを揶揄した相手と決闘、これを刺殺している（この件では無罪となった）。1881年にブーシュ゠デュ゠ローヌ県から下院に当選、2期の落選期間を挟んだが1906年まで議員を務めた。攻撃的な政治家でありながら、ユゴーにも認められた優れた詩人の一面を持ち合わせ、南仏語での執筆によりフェリブリージュ運動にも深く関わっている。なお妻もユーグに負けず劣らず血気盛んな人物であり、夫妻の名誉を傷つけた人物に対して裁判所内で発砲するという事件も起こした（これも裁判の結果無罪となった）。彼女は晩年彫刻家として活動し、夫の像を複数制作している。

No. 167 HENRY MARSOULAN

dessin d'Henri Demare

アンリ・マルスーラン　1839.3.30-1909.9.21

フランスの政治家。壁紙工場経営者の息子としてパリに生まれる。8歳で迎えた1848年の二月革命ではバリケードを築く手伝いをしたという（当時バリケードが子供や女性の手で築かれること自体は珍しくなかった）。若くして父親の工場を継ぎ、蒸気機関を用いて乾燥機を改良するなど、進取の精神に富んだ経営者として知られた。普仏戦争で重傷を負いかろうじて生還したのち、1874年に12区から選出されてパリ市議となる。労働の現場を知るマルスーランが立ち向かう相手は、ドゥマールのカリカチュアに描かれるように、パリの上に居座り、風向きを見ながら特権を享受する聖職者や資本家たちであった。こうした異形のヒュドラと全力で闘う一方、教育の充実にも力を注ぎ、職業上の技能を磨く各種専門学校を設立するために奔走した。身体の障害によって就労が困難な人々に労働の機会を与える作業場の設立も実現させている。精力的で骨身を惜しまない人柄で知られたマルスーランは再選を重ね、現職のまま没した。現在もパリ郊外のモントルイユには彼の名を冠した障害者のための作業施設があるほか、彼が地盤とした12区には、彼の死の3年後、1912年に名づけられた「マルスーラン通り」が現存している。

No. 168　LÉON DELHOMME

dessin d'Henri Demare

レオン・ドゥロム　1841.7.20-1895.3.16

フランスの彫刻家。トゥルノンに生まれ、早くから美術に天分を示した。13歳で公証人の事務所に入れられたが、書類よりも絵を好んだため、まもなく大理石職人のもとで働くようになる。この間もドゥロムの才能を惜しんだ市長が便宜をはかり、公費でデッサンの勉強を続けさせてくれたという。その後も市の助成金によってパリ行きが叶い、地元の期待を背負って官立美術学校に入学した。当時の彫刻の第一人者であり、バスティーユ広場とヴァンドーム広場双方の円柱の頂を作品が飾るデュモン Auguste Dumont（1801-84）に学んで彫刻家としての才能を開花させ、1867年には官展（サロン）に《傷ついたガリア人》 Gaulois blessé を出品、金賞を獲得した。その他、初期の代表作として知られるデモクリトス像は、現在もリヨン美術館の中庭に置かれている。熱心な共和主義者として政界にも進出し、1881年以降パリ市議を務めた。ドゥロムの作品の主題は、火刑台の上のジャンヌ・ダルク、古代ローマのガリア侵略に抵抗したウェルキンゲトリクスなど、多分に愛国的である。彼が手がけた共和政成立の立役者のひとりであるルイ・ブランの像もモンジュ広場に設置されていたが、第二次世界大戦中の占領下で溶解された。

No. 169　LÉON MARGUE

dessin d'Henri Demare

レオン・マルグ　1828.7.14-1888.9.13

フランスの弁護士、政治家。公証人から裁判官となった地元の名士を父にソーヌ゠エ゠ロワール県に生まれる。パリで弁護士の資格を得ると、第二帝政下では数々の裁判で共和派を弁護し評判を高めた。その反面、反対派の攻撃に疲弊し、1858年からの2年間、法曹界を離れて大デュマの秘書を務めていた時期もある。第三共和政下の1876年にソーヌ゠エ゠ロワール県から下院に当選、1885年までの2期を務めた。弁護士出身のマルグは議会ではその雄弁をもって知られたが、彼の知名度を全国的なものとしたのは適切な語の選択や巧妙なレトリックではなく、1879年に右派議員たちに対して声高に発された、たった一語である。英軍に降服を迫られたカンブロンヌ将軍 Pierre Cambronne（1770-1842）が激して口にしたという逸話から婉曲的に「カンブロンヌの語」と呼ばれる語、「糞！」Merde！は、およそ議場にふさわしい言葉ではなく、これによりマルグは一躍話題の人となった。対立派の新聞はマルグを一斉に揶揄したが本人は意に介さず、むしろその「名声」は彼の再選に弾みをつけたという。ドゥマールのカリカチュアも、周囲の声に「無関心」l'indifférenceの傘を向けて超然とするマルグの姿を描いている。

No. 170 CLÉMENCE ROYER

dessin d'Henri Demare

クレマンス・ロワイエ　1830.4.21-1902.2.6

フランスの思想家、科学者。王党派の士官を父としてナントに生まれる。10歳からル・マンの修道院で教育を受けたが、19歳で父が死去すると生活費を稼ぐ必要から家庭教師となった。この機会に働き先の家庭の書物で独学し、哲学、人類学、生物学等に関する広範な知識を身につけている。またたくまに現代思想の最前線に至ったロワイエは、その後スイスに行き、第二帝政下で亡命中の共和主義者たちとも交流した（この地で知り合った政治家のパスカル・デュプラ Pascal Duprat（1815-85）との間には一子をもうけている）。ロワイエの名を歴史上に留める最大の業績は、独特の注釈を付したダーウィン『種の起源』の仏訳である。ダーウィンの理論を人間社会に応用したロワイエの思想には、現在の視点からは優性主義的かつ人種主義的と見なされる部分も少なくない。1870年にはポール・ブロカが設立したパリ人類学協会に女性として初めて入会を許可されたほか、1901年には女性科学者として初めてレジオン・ドヌール勲章を授与されている。多岐にわたる分野で多くの著作を残し、男性と同等の権利の獲得および教育機会の拡充を女性の立場から訴えたロワイエは、フェミニズムの象徴として広く尊敬を集めた。

No. 171 PIERRE WALDECK-ROUSSEAU

dessin d'Henri Demare

ピエール・ヴァルデック=ルソー　1846.12.2-1904.8.10

フランスの政治家。ナントに生まれる。父親のルネ René Waldeck-Rousseau（1809-82）は名高い弁護士であり、第二共和政下では議員を務め、のちにナント市長となった。父と同じく弁護士の資格を得たのち、第三共和政下の1879年にイル=エ=ヴィレーヌ県から下院議員に選出された。政治的な姿勢は穏健共和派であり、「日和見主義」のガンベッタおよびフェリーの内閣を内相として支えた。1884年には労働組合を合法化した「ヴァルデック=ルソー法」を成立させたことでも知られる。クレマンソーら急進共和派が主流となった時期には政治から離れたが、1894年に上院議員として政界に復帰、1899年にはルーベ大統領 Émile Loubet（1838-1929）のもとで首相を務めた。ドレフュス事件で国内が真っ二つに割れ、誰もが尻込みするなかで火中の栗を拾うような首相就任であったが、軍の大物ガリフェ将軍から社会主義者のミルラン Alexandre Millerand（1859-1943）まで幅広い人材を大臣として登用、第三共和政下最大の国難に対処した。なお1881年から連れ添った妻は、神経学で名高いシャルコーの義娘（妻の連れ子）である。

No. 172　JEAN-BAPTISTE-ANDRÉ GODIN

dessin de Coll-Toc

ジャン゠バティスト゠アンドレ・ゴダン　1817.1.26-1888.1.15

フランスの実業家、社会主義者、政治家。エーヌ県の職人の家に生まれ、彼自身も11歳で職人の道に入った。父の鍛冶屋、親戚の金具製造業を経てフランス国内で修業を重ね、1837年に地元で工房を開いた。1840年には新型ストーブの特許をとり、これは今日でも「ゴダン・ストーブ」poêle Godinとして知られている。その後フーリエの思想に共鳴、1871年から1876年まではエーヌ県選出の下院議員としても活動し、労働者への富の再分配を強く訴えている。労働者の住居と仕事場を一体化した「共住労働共同体（ファランステール）」phalanstèreの実現という大望を掲げ、カンタグレル、コンシデラン Victor Considerant（1808-93）らによる海外での建設事業にも資金を提供したが、その失敗を目にすると独力で理想に向かって邁進した。ゴダンが情熱を傾けたこの大事業は、故郷のエーヌ県とブリュッセル近郊の2つの巨大な「ゴダン・ファミリステール」Familistère Godinとして1880年代に結実を見ている。彼の死後、エーヌ県のファミリステールは一時期ル・クルーゼ社が所有し、現在もストーブ製造会社によって使われている。なおコル゠トックが表紙を担当しているこの号は、ヴァニエ書店時代に発行された第2版である。

No. 173　HENRI DE LAPOMMERAYE

dessin de Manuel Luque

アンリ・ド・ラポムレ　1839.10.20-1891

フランスの批評家、著述家。ルーアンに生まれる。地元きっての勤勉で優秀な学生として高等師範学校への進学を期待されたが重病にかかり断念、弁護士の資格を得たのちに公務員となった。セーヌ県庁に勤務しながら文筆活動を開始、当初は正式な姓である「ベルダル・ド・ラポムレ」Berdalle de Lapommerayeの「ベルダル」をアナグラムにした「アンリ・ダルベール」Henri d'Alleberを筆名とした。彼の名が高まったのは、毎週の劇評を新聞掲載ではなく講演会場でおこなう「話す学芸欄」Feuilleton parléが市民に好評をもって迎えられたためである。この企画は多くの追随者を生んだだけでなく、講演者としてのラポムレの技量は高く評価され、ときの文相バルドゥからは演劇関係者以外では異例のコンセルヴァトワールの朗読担当教授に任命されている。ラポムレの批評はイデオロギーを押し出す中堅作家や大家には厳しかったが、若い作家たちに対しては総じて温かく、助言を惜しむことがなかった。古典劇作家、とりわけモリエールとディドロを愛好したことでも知られる。なおルーケがカリカチュアを担当しているこの号はヴァニエ書店による第2版である。

No. 174　HENRI MARTIN

dessin d'Henri Demare

アンリ・マルタン　　1810.2.20-1883.12.14

フランスの歴史家、政治家。サン＝カンタンに生まれる。民事裁判所の判事を父親に持ち、幼少時から読書に耽溺して歴史への興味を深めた。まず歴史小説で成功を収め、そののち本格的に歴史研究に没頭、19巻にも及ぶ『フランス史』*Histoire de France*（1837-54）を完成させた。同書は当時から名著の誉れが高く、著者のマルタンは1878年、同じく歴史家であったティエール元大統領の後任としてアカデミー・フランセーズ会員となる栄誉を得ている。政治家としても活動し、パリ16区長を経て1871年にエーヌ県から下院に当選、1876年からは上院に転じた。ドゥマールのカリカチュアでは、ロリケ神父 Jean-Nicolas Loriquet（1767-1845）の歴史書に手を加える聖職者が『フランス史』に潰されている。たびたび改訂されながら19世紀のあいだ広く用いられたロリケ神父の歴史教科書は、輝かしいフランスの歴史に対して侮辱的な記述があるとして、ミシュレをはじめとする共和派の歴史家からは目の敵にされていた書物である。しかし現在の視点から見れば宗教性も薄く、資料に根ざしつつ比較的バランスのとれた教科書であり、当時の非難は著者がイエズス会士であることが主な理由であったことは間違いない。

No. 175　AUGUSTE CADET

dessin d'Henri Demare

オーギュスト・カデ　1821.3.23-1891.2.21

フランスの薬学者、政治家。シェール県に生まれる。パリで薬学を学び、博士号を得た。薬局を営んで、便通を促す効果のある茶を製造販売して安定した生活を保つ一方、1871年から10年間パリ市議を務めた。カトリックの伝統から反発の大きい火葬の推進に努めたことで知られる。カデは火葬がなにより衛生的であり、また遺灰を加工してメダルや像にすればいつでも家族と一緒にいられるとも主張した。ドゥマールのカリカチュアでは「火葬」crémationと書かれた球形の容器が火にかかる前で、カデの両手に「ここに眠る」Ci gitと書かれた小型の墓が握られている。左側の「ジェローム・パチュロ」Jérôme Paturotの名は、ルイ・レボー Louis Reybaud（1799-1879）の小説の主人公からとられたものである。1882年、フロケがセーヌ県知事に任命されたことに伴う下院の補欠選挙に出馬し当選、議員となったが1885年の改選に破れ、再び薬局の経営に戻った。念願の火葬が認められたのはその2年後、1887年11月15日の「葬儀の自由」に関する法によるものである。なお、カデはペール゠ラシェーズ墓地に葬られているが、どういった理由からか、最も熱心な推進者であったはずの彼が火葬されたという記録は残っていない。

No. 176 ARTHUR LABORDÈRE

dessin d'Henri Demare

アルチュール・ラボルデール　1835.10.12- 没年不詳

フランスの軍人、政治家。ボーヴェに生まれる。陸軍士官学校を卒業、いくつかの戦功を挙げて昇進し、普仏戦争ではスダンで捕虜になるという、当時の職業軍人お決まりの経歴をたどった。平凡な軍人であった彼が一躍時の人となるのは、マクマオン大統領がシモン首相を更迭、王党派のブロイ公 Albert de Brogile (1821-1901) を首相に据えた1877年の「5月16日のクーデター」の半年後のことである。解散した下院の選挙で共和派が圧勝すると、ラボルデールの所属する連隊では大規模な蜂起の計画が持ち上がった。しかし彼は同調を拒否して上官に軍刀を返還、計画を共和派の新聞に伝えた。これにより反乱は未然に阻止され、ラボルデールは共和政を守った気骨の軍人として英雄に祭り上げられた。ドゥマールのカリカチュアでは「5月16日」16 mai の上に立つ王党派、司法官、聖職者たちが、一振りの軍刀の重みで揺らいでいる。周囲に推されて1882年の上院選挙にセーヌ県から出馬し当選したが2年で辞職、引退の意向を示したが、またも周囲に推されて1885年からしぶしぶ下院議員を1期務めた。慣れない政界に疲れ切ったラボルデールは1889年の再選には出馬せず完全に引退、その後の消息は明らかではない。

No. 177　EUGÈNE DE MÉNORVAL

dessin d'Henri Demare

ウジェーヌ・ド・メノルヴァル　1829.10.25-1897.10.27

フランスの政治家、著述家。ブルターニュの貴族の直系としてパリに生まれる。姓も正式には「ド・ラ・グーブレ・ド・メノルヴァル」Eugène de La Goublaye de Ménorval といい、長男の彼には伯爵を称する権利があった。リトレの実証主義に影響を受け、第二帝政下の1859年から私立学校を運営、共和主義と自由思想に基づく教育をおこなう。第三共和政下の1879年からパリ4区の助役を務めたのち、1881年に同地区からパリ市議に当選、1889年までの2期を務めた。議会では教育の専門化として、教育現場から宗教色を排除することを強く訴えている。ドゥマールのカリカチュアでは、公教要理（カテキスム）を子供に読ませる聖職者が「夜」NOXを司る悪魔のように描かれる一方で、メノルヴァルは「自由教育」enseignement libreの太陽を掲げている。政治活動のかたわら、パリの歴史に関する研究者としても知られ、古代のパリに関するコラムを新聞に執筆、著作も刊行した。1883年、鉄道馬車の保線区工事の際にローマ時代の遺跡が全貌を現すと、いちはやく保存の声を上げている。この円形劇場 Arènes de Lutèceはその後開発による破壊を免れ、現在もモンジュ広場の近くで市民の憩いの場となっている。

No. 178 PAUL MEURICE

dessin d'Henri Demare

ポール・ムーリス　1818.2.5-1905.12.11

フランスの作家。パリに生まれ、18歳でオーギュスト・ヴァクリとともに初めてユゴー家を訪問して以来、この大作家に文壇で最も近しい人物となった。ムーリスが新古典派の画家グランジェ Jean-Pierre Granger（1779-1840）の娘と結婚した際には、ユゴー自ら証人を務めている。第二帝政、第三共和政の期間を通じてヴァクリと同様に『エヴェヌマン』L'Événement 紙、『ラペル』紙を舞台にユゴーの腹心として活動した。ムーリス自身の文学作品には特に見るものはないが、ユゴーの小説の戯曲化では大きな成功を収めている。ドゥマールが描くカリカチュアで、師の影像の前に立つムーリスが手にしているのは、1881年12月に上演されたユゴーの小説『93年』Quatrevingt-treize の戯曲版である。1885年のユゴーの死後はヴァクリとともに遺言執行人として遺稿の出版に力を注いだほか、1902には青年時代に足しげく通ったヴォージュ広場のユゴーの旧宅をパリ市に寄贈し、翌年博物館として開館させた。1905年に没するまで師の栄誉と寄り添い続けたムーリスの死後は、ジュール・シモンの息子ギュスターヴ Gustave Simon（1848-1928）が後継者となっており、ユゴー顕彰のバトンが次代に託された。

No. 179　FERDINAND LELIÈVRE

dessin d'Henri Demare

フェルディナン・ルリエーヴル　1799.11.7-1886.12.27

フランスの政治家。メッスの北東、現ドイツのザールラント州トリアーに生まれる（ルリエーヴルの生まれた当時はフランス領の「サール県」であったが、1814年のパリ条約によって割譲された）。長年にわたりナンシーで書記官を務めていたが、50歳間近で第二共和政の成立に立会うと共和派として中心的な役割を果たした。その後ルイ゠ナポレオンのクーデターの勃発によって追放、数年後にナンシーに戻って政治活動を続けたが、1858年に逮捕され、今度はアルジェリアに追放される。以降ルリエーヴルはアルジェに定住し、現地で共和派の中心人物となった。ドゥマールのカリカチュアで地図に描かれているアルジェ県、オラン県、コンスタンティーヌ県は1848年以来フランスの準海外県となっており、第三共和政下では各県それぞれが国会に代表を送り込む権利を得ていた。ルリエーヴルは1876年にアルジェ県から上院に当選、復古王政期を知る共和派の長老格として畏敬された。その後、1885年の選挙に落選。あまりの高齢を危ぶむ声に加え、その政策がすでにアルジェリアの現状と乖離していたことが影響したようだ。『今日の人々』に取り上げられた数少ない18世紀生まれの人物である。

No. 180 AMAURY DRÉO

dessin d'Henri Demare

アモリ・ドレオ　1829.12.7-1882.9.11

フランスの政治家。レンヌに生まれ行政官を目指したが、ルイ゠ナポレオンのクーデターにより方針を転換、共和派の弁護士として活動を始めた。1857年に、のちに国防政府のメンバーともなる重鎮ルイ゠アントワーヌ・ガルニエ゠パジェス Louis-Antoine Garnier-Pagès（1803-78）の娘と結婚、第二帝政下では義父とともに反体制集会を積極的に開いた。1864年3月にガルニエ゠パジェスの家に集った人々が「無届集会」の罪状で逮捕されたことに始まる「13人裁判」Procès des treize では、同様に事件に巻き込まれたカルノー、フェリー、エロルド、フロケ、また弁護にあたったグレヴィらとの結束を強めている。第三共和政下では1871年の初当選以降、ヴァール県選出の下院議員として再選を重ねた。議会では急進左派として知られ、省庁や聖職者が持つ特権を厳しく追及している。船に乗ったドレオが海軍省の建物に横穴をあけているドゥマールのカリカチュアは、当時予算委員であったドレオが海軍省の腐敗を告発したことを示唆している。実力と人脈を兼ね備えたドレオは共和派政権内での活躍が期待されていたが、この号が出て間もなく42歳の若さで没している。

No. 181　FRANÇOIS-XAVIER CATTIAUX

dessin d'Henri Demare

フランソワ=グザヴィエ・カティオ　1827.10.14-1898.8.26

フランスの医師、政治家。ノール県の小村に生まれる。両親は自分の土地を持たない「日雇い農民」という、フランスでも最も貧しい層に属していた。カティオはどうにか学校に通う機会を得たが、16歳で学業を中断し、父親が興した商店で働いた。その後父親の事業が軌道に乗ったため、パリに出て医学生となり、卒業後はソンム県やノール県で医師として働いた。第二共和政下のパリで学生時代を送った経験から共和主義思想を地方の人々に伝えるべく努力したが、ルイ=ナポレオンのクーデター直後に逮捕、しばらくは政治活動を控えている。肺病を専門とし、自らが体験した極度の貧困生活を忘れることなく民衆に寄り添ったカティオへの信頼は厚く、第三共和政下の1878年にはパリ市議に選出された。ドゥマールのカリカチュアでも病人の前に立つカティオの姿が描かれており、壁には彼が創立した、非宗教的な友愛精神に基づいて病気の労働者を援助する「非宗教的友愛援助協会」Société laïque d'appui fraternelのポスターと「悲惨の撲滅」というスローガンが見られる。議会で反教権主義が主流であった当時、このカティオの協会はセーヌ県議会から補助金を受けながら旺盛に活動した。

No. 182　LOUIS AMAGAT

dessin d'Henri Demare

ルイ・アマガ　1847.7.13-1890.7.4

フランスの医師、政治家。カンタル県サン＝フルールに生まれる。パリで医学を修めたのち故郷に戻り医者を開業していたが、独自におこなっていた研究がたまたまパリから来ていた教授の目に留まり、誘われて再びパリに出た。稀に見る優秀さと勤勉さを兼ね備え、医学から徐々に専門分野を広げ、ついには弁護士の資格までも得るに至った。モンペリエ大学では自然学の講義を担当し人気を得たが、講義中に政治問題を扱ったとの理由で罷免されている。学生から慕われていたアマガの罷免は学内の暴動を引き起こし、一時モンペリエ大学は封鎖される騒ぎとなった。この問題をきっかけに政治の道に入り、1881年にカンタル県選出の下院議員となるが、再び騒ぎとなったのは、アマガの立候補をサン＝フルールの全ての聖職者たちが後援したと告発されたためである。反教権主義が主流となっていた議会でこれは大きなスキャンダルであり、アマガは否定したものの当選は無効とされた。しかし翌年の選挙で再び当選し、右派、左派どちらにもおもねらない政治姿勢を貫いて1890年に在職のまま没した。ドゥマールのカリカチュアはアマガの人類学者としての姿を強調して描いているようである。

No. 183 MATHURIN MOREAU

dessin d'Henri Demare

マチュラン・モロー　1822.11.18-1912.2.14

フランスの彫刻家、政治家。ディジョンで何人もの彫刻家を輩出した家系に生まれ、若い頃から父親のアトリエで学んだ。17歳で県の賞と奨学金を獲得し、パリの官立美術学校に進むと当時の第一人者であるデュモンに学んだ。19歳で早くもローマ賞の2位を獲得したが、当時2位ではローマに留学することは叶わず、その代わりに兵役が免除されたことを最大限に活用して美術に打ち込んだ。古典的な作風で次第に評価を高めると、第三共和政下ではアカデミー派の重鎮、ある種の「御用彫刻家」となり、1878年の万国博覧会に際して作られた代表作《オセアニア像》は現在もオルセー美術館の広場に置かれている。また鋳造所の運営にも携わったため、多数制作された作品はフランス国内はもとよりカナダやラテン・アメリカの多くの広場を飾っている。1879年以降はパリ19区長を務めたが、共和派としてのモローの姿勢は「法」LEXを手にする彫像が聖職者たちを潰しているドゥマールのカリカチュアにうかがわれる。弟のイポリットHippolyte Moreau（1832-1927）とオーギュストAuguste Moreau（1834-1917）も彫刻家であり、揃って長命を保った。

No. 184 JEAN-PLACIDE TURIGNY

dessin d'Henri Demare

ジャン=プラシッド・チュリニ　1822.1.17-1905.8.1

フランスの政治家。ブルゴーニュ地方、ニエーヴル県シャントネ（1888年以降シャントネ＝サンタンベールと改名）に生まれる。パリで医学を修めたのち共和派思想に共鳴、1851年のクーデターに際して抵抗運動を組織したことによりアルジェリアへの6ヶ月の強制移送を科せられた。その後は故郷で医師として働きながら政治に携わり、1870年にはシャントネの市長となっている。第二帝政が崩壊すると『ニヴェルネ演壇』 La Tribune nivernaise を創刊したが（ニヴェルネは現在のニエーヴル県、ヨンヌ県とシェール県の一部に相当する地域名）、パリ・コミューンに好意的な論調はティエール政権から問題視され、逮捕ののち6ヶ月収監された。1873年にニエーヴル県から下院に当選し、30年以上にわたって急進共和派として議会で活躍、現職のまま故郷のシャントネで没している。革命の理念を裏切る「日和見主義」を全力で攻撃したほか、強硬な反教権主義者としても知られた。ドゥマールの描くカリカチュアでは「道徳秩序のバロメーター」baromètre de l'ordre moral と書かれた容器の中には「諸悪の根源」たる聖職者の姿が見られ、それを密閉する蓋は、革命の象徴であるフリジア帽の形状を示している。

No. 185 RÉMY JACQUES

dessin d'Henri Demare

レミ・ジャック　1817.1.1-1905

フランスの政治家。オワーズ県ブルトゥイユに生まれる。法学を修めたのちアルジェリアのオランで弁護士として活動、地元の共和派運動の中心人物となった。1871年にオラン県から下院に当選、再選を重ねるなかで植民地政策の専門家として議会で存在感を示した。アルジェリアの風景にジャックを配したドゥマールのカリカチュアは、1881年6月の議会での一幕を背景としたものである。ジャックはオラン県南部での民衆蜂起を受けて、大統領の弟であり1879年以来アルジェリア総督に任じられていたアルベール・グレヴィ Albert Grévy（1823-99）の怠慢をその元凶として激しく攻撃し、ついには同年中の辞任に追い込んでいる。ジャックはその後1882年には上院に転じ、オラン出身の下院議員で地元で絶大な影響力のあった政治家ウジェーヌ・エティエンヌ Eugène Étienne（1844-1921）と協力、民衆の立場に立って政府の政策に反対するなど、植民地アルジェリアの発展に大きな役割を果たした。しかしその後、エティエンヌ派の内紛に巻き込まれたことから1900年の改選で政府が立てた候補に敗北、政治の表舞台から去り、5年後にオランで没している。

No. 186　ÉMILE JULLIEN

dessin d'Henri Demare

エミール・ジュリアン　1845.7.10-1912.7.24

フランスの政治家。ロワール＝エ＝シェール県、ロワール渓谷のメールに生まれる。パリで法学を修めたのち、故郷の近郊にある都市ブロワで弁護士として名を知られるようになった。共和派の政治家として県議を務めたほか、ロシュフォールの『角灯(ランテルヌ)』紙にも寄稿している。国政への初挑戦となった1879年の下院補選では落選したが、1881年に同じく補選でロワール＝エ＝シェール県から下院議員に当選した。議会では急進共和派として活躍し、ドゥマールのカリカチュアにも明らかなように反教権主義を強く主張した。また法律の専門家として議会に関わる法の修正と整備に力を注いだジュリアンは、県代表の選挙人による間接選挙で選ばれる上院議員を普通選挙に移行するよう訴えたほか、上院と同じく下院への半数改選の導入も求めたが、これらの案は採択されることはなかった。1898年の選挙で落選して以降は、1901年にカナダのニューファンドランド島南方に位置するフランス領サン＝ピエール島およびミクロン島の総督に任命されたのを皮切りに、1904年からはオセアニア植民地総督としてタヒチに駐在、その後もレユニオン島で行政に携わるなど、高級官僚として海外領土を転々とした。

No. 187 ALFRED LETELLIER

dessin d'Henri Demare

アルフレッド・ルテリエ　1841.3.16-1910.7.7

フランスのジャーナリスト、政治家。アルジェの一般的な家庭に生まれるが、教育に熱心であった父親が蓄えた資金により、パリで法律を学ぶことができた。この間に弁護士出身の政治家クレミュー Adolphe Crémieux（1796-1880）の秘書となったことで共和主義に傾倒、1865年にアルジェに戻ると弁護士としての活動と並行して共和派のジャーナリストとしてデビューした。旺盛な活動によりアルジェリアを代表する共和派として頭角をあらわし、県議を経て1881年に、師のクレミューもかつて経験したアルジェリア選出の下院議員となっている。任期中は、アルジェリアを完全に併合しようとする政府の動きに対して民衆を代表して反対した。ドゥマールのカリカチュアでは、さまざまな利権が絡み合っていることを示唆する「併合のヒュドラ」Hydre des ratachements を踏みつけて棍棒を振るう姿で描かれている。1893年に社会主義者の候補に敗れると国政から離れ、その後は地元の行政に携わりながらジャーナリストとしての活動を再開し、アルジェリアの現状を外部に発信して問題意識を高めることに力を注いだ。1910年にアルジェで死去した際には、地元の高官ばかりでなく大勢の市民がその死を悼んだという。

No. 188 AUGUSTE SCHEURER-KESTNER

dessin d'Henri Demare

オーギュスト・シュレル=ケストネル　1833.2.13-1899.9.19

フランスの化学者、実業家、政治家。大規模な壁紙工場の経営者を父としてミュルーズに生まれる。パリで化学を学んだのち、化学製品工場を営むケストネル家の娘と結婚、複合姓を名乗るとともに若くしてアルザス屈指の実業家となる。青年時代から共和派の大物たちと交友を深めた。1865年にクレマンソーが突如アメリカに渡ったのは、シュレル=ケストネルの家で出会った彼の義妹に失恋したためである（彼女はのちにフロケの妻となっている）。ガンベッタの新聞『フランス共和国』に資金を提供したほか、自身も1871年に下院に当選、1875年に終身上院議員となった。議会の良心として評判が高く、その一端はドレフュス事件の際に再審を強く要求したことにも示されている。1899年9月19日、奇しくもドレフュス釈放の当日に没した。なお弟のジュール Jules Scheurer（1852-1942）はドイツ帝国へのアルザス割譲後もかの地に留まり、敵地にあってフランス人の気概を示し続けた人物として知られる。第一次世界大戦では2人の息子がフランス軍に志願し出征、ともに戦死するという悲劇を経験し、1919年にアルザスがフランス領に復帰すると上院議員に選出された。アルザスの苦難の道のりを象徴する人物である。

No. 189 JEAN FORNÉ

dessin d'Henri Demare

ジャン・フォルネ　　1829.2.13-没年不詳

フランスの医師、政治家。ピレネ＝ゾリアンタル県のサン＝ローラン＝ド＝セルダンに生まれる。大学に通いながら中学校で教えていたが、ルイ＝ナポレオンのクーデターが勃発すると宣誓を拒否して罷免された。その後は苦学しながらモンペリエで医師の免許を取得、故郷に近い保養地アメリ＝レ＝バンで医師として働き人望を集めた。第二帝政下で共和派としての活動をはじめ、1871年からの県議を経て1878年にピレネ＝ゾリアンタル県から下院に当選している。政治的にはガンベッタらの「日和見主義」に与したが、革命精神の原則は堅持し、既得権益を享受する人々、また共和主義を揺るがそうとする人々に対してはたびたび急進左派以上に厳しい態度もとった。ドゥマールのカリカチュアはそうしたフォルネの姿勢を示したものであり、聖職者をはじめ、百合の紋章でそれとわかる王党派までが「害虫」insectes nuisibles として標本にされている。1883年以降はアメリ＝レ＝バンの市長も兼職したが1885年の下院の改選では落選、その翌年には市長職も健康上の理由で辞した。1890年の時点では収税吏として生活していたというが、表舞台から去ったあとの詳しい経歴と没年は明らかではない。

No. 190 ARMAND LÉVY

dessin d'Henri Demare

アルマン・レヴィ　1827-1891

フランスのジャーナリスト。コート＝ドール県に生まれる。「レヴィ」はユダヤ教徒の祭司階級の家系であったことを示す姓だが、祖父の代にカトリックに改宗していた。17歳でパリに出るとコレージュ・ド・フランスの講義でミシュレの思想に傾倒し、師と仰いだ。また当時パリにいたポーランドの国民詩人アダム・ミツキェヴィチ Adam Mickiewicz（1798-1855）の秘書となり、その影響下で自らの「ユダヤ人」としての出自に目を向けたほか、国家と民主主義の問題を常に考えるようになる。ミツキェヴィチが客死するトルコ旅行にも随行し、その思想的な後継者を自認した。何度か国政選挙へ立候補して失敗。以後は在野に留まる道を選び、労働者の権利や反教権主義を唱える多くの著作を残している。ルーマニア統一、イタリア統一に大いに関心を寄せ活動家とも連絡を密にするなど、フランス政治の表舞台には立たなかったものの、世界的な視野を持った人物であった。なおカルマン＝レヴィ書店 Calmann-Lévy の創業者として知られるミシェル Michel Lévy（1821-75）とカルマン Calmann Lévy（1819-91）のレヴィ兄弟はアルザスのユダヤ教徒の家系だが、近親関係にはない。

No. 191　EUGÈNE RIU

dessin d'Henri Demare

ウジェーヌ・リユ　1832.7.15-1895.1.24

フランスの軍人、政治家。モンペリエに生まれる。1851年に志願兵として軍に入り、そのかたわらソルボンヌと官立美術学校に通うという変り種であった。才知と運動神経は群を抜き、友人との賭けでストラスブール大聖堂の尖塔で三点倒立をしたり、軍服姿で宙返りをした、といった数々の逸話が残っている。大尉の階級で従軍した普仏戦争でプロイセン軍に捕まった際には画家と言い張り、疑う軍人たちの前で絵を描いてみせたところ納得して釈放されたという武勇伝も持つ。軍功により大佐にまで昇進したが、戦後はガンベッタとの交友や上下関係を重んじない開けっ広げな性格が軍隊内部で問題視され中佐に降格させられた。その後は任地を転々としたが、1879年に共和派が実権を握るとパリに戻り、再び大佐に昇進している。同年には下院の警備部隊長にも任命され、議場で騒いだ議員をつまみ出して新聞に話題を提供した。ドゥマールのカリカチュアは、この時期にリユが軍事教練と体操の監察官を拝命していたことを示唆している。1883年に少将となったのち1891年に退役、1893年にロワール゠エ゠シェール県から下院議員に選出されたが、在任わずか2年で没している。

No. 192 ÉMILE MARTIN-LANDELLE

dessin d'Henri Demare

エミール・マルタン゠ランデル　1834.9.15-没年不詳

フランスの政治家。パリに隣接するセーヌ県ラ・シャペル（1860年にパリ市に編入、18区東部の地区名として現在も残る）のワイン商の家に生まれる。本来の姓はマルタンだが、のちに母の姓を後ろに付けた「マルタン゠ランデル」に改姓した。父を継いで商売をする一方、第二帝政下で共和主義に目覚め、パリ・コミューン後の1871年にパリ18区の助役に任命された。当時パリの工業化によって労働者人口が急増していた18区では年間2000件の結婚式が執りおこなわれたといい、助役はその全てに立ち会う必要があった。式の集中する土曜日には約30件、5時間にもわたって法文を読み上げなければならず、マルタン゠ランデルは事態の改善の必要を身をもって実感することになった。1879年に区長に就任すると、11区長のドゥニ・プーロと協力し、円滑な民事婚のための枠組みの整備を推進している。これら一連の活動は、共和政下で結婚認証の権限が全て国家のものとなり、市庁舎での「民事婚」が義務付けられたことが背景となっている。これによりカトリック教会での「結婚の秘蹟」にはもはや副次的かつ儀礼的な意味しかなくなっており、ドゥマールが教会の入り口に蜘蛛の巣を張ったのも理由のないことではない。

No. 193 EUGÈNE TÉNOT

dessin d'Henri Demare

ウジェーヌ・テノ　1839.5.2-1890.1.10

フランスのジャーナリスト、政治家。オート゠ピレネ県の小村に生まれる。家族が貧窮していたため、早くから復習教師として地方を転々としつつ働かざるをえなかった。こうして各地方の現状に触れ、さらに第二帝政下で中央から遠ざけられた人々と交わった経験から生まれたのが、1865年に出版した『1851年12月における地方』*La Province en décembre 1851* である。同書はルイ゠ナポレオンのクーデター直後の反対運動とその鎮圧という生々しい出来事を扱い、テノを一躍有名にした。2年後には同趣旨の『1851年におけるパリ』*Paris en décembre 1851* も刊行し、第二帝政末期の反体制運動を勢いづけた。その後は共和派のジャーナリストとして『世紀』紙に関わり、国防政府下ではオート゠ピレネ県の知事に任命されている。1881年から1期、オート゠ピレネ県選出の下院議員を務め、ガンベッタとフェリーの「日和見主義」路線を支持した。晩年には、かつて帝政を非難したように、ブーランジェ支持の動きにいち早く反対し著作を刊行している。ドゥマールのカリカチュアでは、王党派、司法官、聖職者がテノの著作に潰されているが、左下の特徴的な髭の人物はナポレオン3世本人を模しているようである。

No. 194　ERNEST BLUM

dessin d'Henri Demare

エルネスト・ブルム　1836.8.15-1907.9.22

フランスの劇作家、ジャーナリスト。俳優の息子としてパリに生まれ、そのため子供のころから舞台に親しんだ。早くも16歳で劇場に自作の台本を送り付け、18歳のときにはヴァリエテ座で作品が上演されるという早熟な才能を示した。共作や偽名、ときには署名なしであらゆる傾向の作品を書き、パリでは彼の台本を用いたことがない劇場がないほどだったという。今日では名前が語られることは少ないが、19世紀後半のパリでは最も成功した劇作家のひとりと見なされていた。ジャーナリストとしては『シャリヴァリ』紙でデビューを飾り、その時期にはアンリ・ロシュフォールを親友としていた。劇場帰りのカフェでは政治の話題を出すこともなくともにドミノ遊びを楽しみ、同席した面々にはカサニャックやスピュレールらもいたという。1869年以降『ラペル』紙に寄稿をはじめたことで共和派の一員となり、かつてのカフェでの知己たちとときに共闘し、ときに微妙な距離感を持つこととなった。ドゥマールのカリカチュアでは共和派の敵と見なされる面々がのこぎりで切られているが、これはブルムによる『ラペル』紙上の人気コラム「パリのジグザグ」Zigzags dans Parisの傾向を念頭に置いたものだろう。

No. 195 JACQUES SONGEON

dessin d'Henri Demare

ジャック・ソンジョン　　1818.9.3-1889.2.17

フランスの政治家。イゼール県ブルゴワンに生まれる。父のジャン゠マリ Jean-Marie Songeon (1771-1834) は一兵卒からナポレオン軍の少将に昇進し男爵位を得た立志伝中の人物であった。それに伴い姓も「ド・ソンジョン」となったが、早くから共和主義に目覚めた息子はそれを好まず、単に「ソンジョン」を称している。リヨンで学生生活を送ったあとパリに出て二月革命に加わり、共和派の中心人物たちの秘書を務めた。このためにルイ゠ナポレオンのクーデターの直後から10年間の亡命生活を余儀なくされている。第三共和政下の1876年、下院議員に転じたクレマンソーの後継としてパリ市議に当選、急進左派の議員として活躍した。この号はパリ・コミューンで灰燼に帰した市庁舎が再建された1882年の発行だが、当時市議長を務めていたソンジョンは市の代表として同式典を執り行った。カリカチュアの右下に置かれているのはパリ市の紋章とその標語「たゆたえど沈まず」Fluctuat nec mergitur である。翌1883年に上院選挙に立候補するも落選、しかし2年後のユゴーの死に伴う補欠選挙には勝利し、晴れて上院議員となった。共和派の大物の動静というタイミングに恵まれてキャリアを形成した幸運な政治家である。

No. 196 ÉMILE VILLENEUVE

dessin d'Henri Demare

エミール・ヴィルヌーヴ　1840.2.25-1890.1.28

フランスの政治家。バッス=ピレネ県(1969年に現行のピレネ=ザトランティック県に名称変更)のポー近郊に医師の息子として生まれる。パリに出て医学部に通うなかで共和主義に傾倒し、在学中から仲間とともにカルティエ=ラタンの小新聞に政治的な記事を寄稿した。ブランキらとともに逮捕されるなど波乱の学生時代を送ったあと1865年に博士号を取得、17区に居を定める。普仏戦争中は外科医として包囲下のパリで軍人の手当をしていたが、コミューンが成立すると近郊のクリシー市に身を引き、市井の医師として働いた。1875年にはクリシーの市長となり、セーヌ県から下院に当選する1881年まで公共施設の充実に力を注いでいる。ヴィルヌーヴの政策は急速な発展を遂げる郊外の要求に合致し、在任期間中にクリシーの人口は倍増したという。下院では急進共和派として、ときの内閣の政策に多くの厳しい質問を投げかけた。ドゥマールのカリカチュアは、大臣席に居並ぶ閣僚の前に大きな疑問符を置くヴィルヌーヴの姿を描いている。1885年に再選されたが、徐々に精神に変調をきたし、辞職願を提出しないまま故郷に戻った。2期目の任期が1889年末に切れてまもなく、翌年はじめに没している。

No. 197　THÉOPHILE MARCOU

dessin d'Henri Demare

テオフィル・マルクー　1813.5.18-1893.7.7

フランスの政治家。城塞都市として知られるカルカソンヌに生まれる。父親は共和主義を奉じて還俗した元司祭であった。パリで弁護士の資格を得て地元に戻り、共和主義者として指導的な地位を確立した。率先して反体制運動を繰り広げたためルイ＝ナポレオンのクーデターが勃発するとスペインへの脱出を余儀なくされ、1867年に帰国したのちカルカソンヌ市長の地位で第三共和政の成立を迎えている。1873年から1885年までオード県選出の下院議員、1885年以降は没するまで上院議員を務めた。議会では中等・高等教育の非宗教化と制度改革に熱意を示し、国家によって能力が保証された教員が教育を担当するべきであると訴えた。これを踏まえてドゥマールは、カトリック教育者のもとからロバ（「馬鹿」の意がある）の耳をした少年をつまみ上げ、「国家の大学」université de l'Étatと書かれた装置で蒸留するマルクーの姿を描いている。常に故郷カルカソンヌを思い、国に働きかけて高台の城塞都市に初めて水道を通したのもマルクーの功績である（それまで住民はローマ時代にさかのぼる井戸から水を汲んでいた）。現在も城壁内の広場にはマルクーの名が冠されており、設置された給水所は彼の胸像を戴いている。

No. 198　HONORÉ PONTOIS

dessin d'Henri Demare

オノレ・ポントワ　1837.7.26-1902.8.5

フランスの作家、政治家。ドゥ＝セーヴル県トゥーアールに生まれる。法学を修めたのちに司法省の文書係を務めたが、22歳のとき最初の戯曲がパリで上演されるなど、作家としても順調な滑り出しを見せた。その後は地方で法曹としてのキャリアを積み、第三共和政下の1873年から1881年まではアルジェの控訴院で要職に就いた。この号はポントワが短期間本土に戻り、ブールジュの控訴院にいるときに発行されたものである。ドゥマールのカリカチュアで彼が手に持つ鉢植えには『自由思想』の文字が見られるが、これは1880年にアルジェで限定刊行され、彼の名を一躍高めた批評集のタイトルである。花の絵は「思想」と「パンジー」（いずれも penséeである）をかけたものだが、その辛辣な内容を示唆するように「刺のある茂み」buisson d'épines と書かれている。この後は再び北アフリカに渡り、1883年から1886年まではチュニスの裁判所長を務めた。この間に政府の植民地政策を批判するパンフレットを発行したため、ニームの控訴院院長を最後に1889年に法曹を退いたが、そのときには一切の名誉職を与えられなかった。同年にドゥ＝セーヴル県から下院選に出馬し当選、法律問題を専門として1期を務めた。

No. 199 NOËL MADIER DE MONTJAU

dessin d'Henri Demare

ノエル・マディエ・ド・モンジョー　1814.8.1-1892.5.26

フランスの政治家。ニームに生まれる。祖父ノエル゠ジョゼフ Noël-Joseph Madier de Montjau（1755-1830）は革命期に、父ジョゼフ゠ポーラン Joseph-Paulin Madier de Montjau（1785-1865）は七月王政下でそれぞれ議員を務めた名家である。彼も弁護士を経て政治の道に進み、第二共和政下で共和派の議員となった。ルイ゠ナポレオンのクーデターで政治から遠ざけられたが、第三共和政下の1874年にドローム県から下院に当選した。当初はフランス革命の理想を墨守し原理主義的主張を展開したが、時代がかった論調は急進左派のなかにあっても孤立を招きかねなかった。これを敏感に察知したマディエ・ド・モンジョーは1879年、方向を転換し突如として穏健共和派の首領ガンベッタにすり寄り、ガンベッタもまた輝かしい家名と権威を併せ持つ長老の転向を歓迎した。議会内部での「日和見主義」の台頭を如実に示す一幕と言える。その後も再選を重ね、年齢を感じさせない旺盛さで政治活動を繰り広げて現職のまま没した。ドゥマールのカリカチュアは、第二共和政から長年にわたり共和政の敵を言論で打ち倒してきたマディエ・ド・モンジョーのキャリアを示している。

No. 200　HENRI DEMARE

dessin d'Henri Demare

アンリ・ドゥマール　1846.5.3-1888

フランスのイラストレーター。パリに生まれ、教育者の父親はソルボンヌにほど近いカルティエ・ラタンの一角（現在のマルブランシュ通り）で私塾を経営していた。ドゥマール自身も師と仰いだ父親の教育は評判が高く、その生徒のなかには共和派の名士となるラスパイユ4兄弟（78号、165号参照）の三男エミールと末弟グザヴィエの姿もあった。特に後者はドゥマールと同時期に在校していた。名門ルイ＝ル＝グラン高校を卒業したのちデッサンを学び、1867年に『月』*La Lune*紙でカリカチュアを描いてデビューを飾った。その後は多くの新聞で活躍したが、父親譲りの共和主義者であったため、第三共和政下で王党派のマクマオンが実権を握った時期には閣僚を動物に似せて描き、1週間のうちに5度の検閲を受けたという逸話が残っている。ジルに続いて担当した『今日の人々』（レ・ゾム・ドージュルデュイ）の表紙画では写実的な似顔とともに時事の話題を知的に取り込んでおり、とりわけ反教権主義的な傾向が強く滲み出ている。230号以降、同紙がヴァニエ書店の発行となり方向性が変わるとドゥマールにはお呼びがかからなくなるが、1888年発行の313号では紙面を割いてドゥマールの訃報を掲載し、そのあまりに早い死を悼んでいる。

No. 201　LOUIS BIZARELLI

dessin d'Henri Demare

ルイ・ビザレリ　1836.7.25-1902.6.19

フランスの政治家。コルシカ島北端部に位置するサン゠フロランに生まれる。医学を修めたのち、フランス南東部ドローム県のル・グラン゠セールで政治に関わりはじめた。市議、県議を経て1879年以降20年にわたって下院議員を務めている。ドゥマールのカリカチュアは、廃兵院 Hôtel des Invalides の廃止という大胆な提案によって、自らと同郷の皇帝を祀る「聖域」にまで鋭く切り込んだビザレリの姿勢を描いたものである。傷痍軍人の高齢化と減少にもかかわらず廃兵院の予算が減額されず、併設された教会の維持費に多くが費やされたうえ一部の軍人への利益供与ともなっている事実を明らかにしたビザレリは、これを共和国の精神に反するものとして激しく糾弾した。カリカチュアでは「貸家」à louer の張り紙をつけた廃兵院の前でビザレリが傷痍軍人に十分な年金を支給している。結果としてビザレリの案は小差で否決されたが、こうした問題による議会の分裂はその後の共和派と軍部の対立を予期させるものでもあった。1899年、エミール・ルーベの大統領就任に伴う上院の補欠選挙で当選したが、任期を全うすることなく1902年に没した。気取りのない人柄で人望が厚かったと言われる。

213

No. 202 ÉMILE CORRA

dessin d'Henri Demare

エミール・コラ　1848.6.11-1934.6.23

フランスのジャーナリスト、教育者。軍人の息子としてシャトーダンに生まれる。家族の破産によって医学の道をあきらめたのち、パリ郊外のヌイイの私立学校で教鞭をとった。1875年からはジャーナリストとして数紙に時評を連載し、同年にヌイイ市議となる。ドゥマールのカリカチュアでコラは鞭を手にし、「実証主義」positivisme と書かれた教科書を読ませる姿で描かれているが、その最大の功績は、オーギュスト・コントの唱えた「実証主義」をひとつの思想運動として組織化したことである。コラが実証主義に傾倒したときにはコントは没していたが、後継者のピエール・ラフィット Pierre Laffitte（1823-1903）の忠実な弟子となり、理論よりその行動力によって実証主義者をとりまとめ、グループの中心的な存在となった。ラフィットの死後、1906年には国際実証主義協会 Société positiviste internationale を組織したが、会は次第にコラの独善主義に染まり、思想的に対立する会員を排除、また第一次大戦の勝利を「実証主義精神の勝利」と語るなど愛国的傾向も強めた。しかし戦後に高揚感が薄れると会は衰退し、1825年のコラの引退によって実証主義者の全国的組織は実質上消滅している。

No. 203　CATULLE MENDÈS

dessin d'Henri Demare

カチュール・マンデス　1841.5.22-1909.2.7

フランスの文学者。銀行家を父にボルドーに生まれる。豊富な資金力をバックに10代で詩集を出版、雑誌『ルヴュ・ファンテジスト』*La Revue fantaisiste* を主宰して同世代のリーダー格となった。1866年には合同詩集『現代高踏詩集』の刊行の原動力となり、さらにゴーティエの娘ジュディット Judith Gautier（1845-1917）と結婚して文壇での地位を確固たるものとする。生涯に100冊以上の著書を刊行し、多くの文芸雑誌に影響力を持つマンデスを、ドゥマールは「ロマン主義の川」にひざまづき天上のユゴー（実際には存命中である）に祈りを捧げる姿で描いている。ここでユゴーはマンデスに「息子」と呼びかけているが、実は当時、夫人ジュディットはユゴーと愛人関係にあり、その事実を知る者には皮肉な構図である。ジュディットと別居したのちに女性作曲家オーギュスタ・オルメス Augusta Holmès（1847-1903）との間に5人の子供をもうけ、娘たちはルノワールの画題ともなった。このうち三女はのちに小説家バルビュス Henri Barbusse（1873-1935）の妻となっている。1909年、マンデスは電車のトンネル内で遺体となって発見された。乗車中に手動の扉を誤って開け転落死したものらしい。

No. 204　CÉSAR BERTHOLON

dessin d'Henri Demare

セザール・ベルトロン　　1818.1.18-1885.1.6

フランスの政治家。絹商人の息子としてリヨンに生まれる。8歳上の姉が共和派のリヨン市議ベルジエ Joseph Bergier（1800-78）と結婚したこともあり、家業を手伝いながら早くから共和主義者として旺盛に活動した。ロベスピエールの思想に傾倒し、人権団体を組織したほか、共和派の新聞を発刊、また1840年には愛国主義の名のもとに出席者6000人を数える会合を催すなど20代にしてリヨン政治運動の中心人物となった。第二共和政下の1848年にイゼール県選出の下院議員となるも1851年のルイ＝ナポレオンのクーデターで逮捕され国外に追放された。この間、追放先のアルジェでも農作業に従事しながら政治運動を展開し、市議も務めた。1859年の大赦で本国に戻ると、国防政府下でロワール県知事に任命された。第三共和政下では1876年以降、ロワール県選出の下院議員となって生涯議席を守った。ドゥマールのカリカチュアでは「進歩」progrès と書かれた三色旗を掲げるベルトロンの足許にナポレオンのN、王家の百合、十字架がついた物品が積み上げられており、「ボナパルティスト」「王党派」「聖職者」を敵とした共和主義者の姿勢が示されている。

No. 205 ALBERT REGNARD

dessin d'Henri Demare

アルベール・ルニャール　1832-1903

フランスの社会主義者。ニエーヴル県に生まれる。パリでの医学生時代はブランキ派のリーダー格として活躍し、非妥協的な社会主義者として名を知られるようになった。1869年から翌年にかけて教皇ピウス9世の召集により300年ぶりとなる公会議(第一ヴァチカン公会議)がローマで開かれると、これに反対する各国の自由思想家がナポリに集結したが、フランスからは無神論者のルニャールが代表として参加している(この「反公会議」の開催にはガンベッタ、ガリバルディ、ユゴー、ミシュレ、リトレら多くの共和派の大物も賛意を示した)。その後パリ・コミューンでも急進的なメンバーとして活動し、鎮圧後は死刑を宣告されイギリスに逃れた。大赦を受けて1880年に帰国してからはガンベッタを支持したが、資金の不足から医師や政治家への転身は叶わず執筆活動に専念した。カリカチュアはルニャールの反教権主義を強調したものであり、彼が手にする籠には「珍鳥」RARA AVISと書かれ、三重冠を戴いて「天国の鍵」を抱いた教皇が入れられている。その教皇のかたわらに「ルルドの水」eau de Lourdeを置くような皮肉な小技は、同じく反教権主義の画家ドゥマールの得意としたところである。

No. 206　JEAN DESTREM

dessin d'Henri Demare

ジャン・デストレム　1842.2.3-1929.3.11

フランスのジャーナリスト、作家。ポワティエに生まれる。祖父のユーグ・デストレム Hugues Destrem（1754-1804）は、1799年の「ブリュメールのクーデター」で政権を握ったナポレオンに反抗して流刑に処せられ、配流先からの逃亡中に没した硬骨漢。早くからジャーナリズムに身を投じると共和主義者、反帝政の闘士として名を挙げ、アンリ・ロシュフォールの盟友となった。このロシュフォールもコミューン後に流刑となったため、流刑者と縁が深い人物である。第三共和政下では『ラペル』紙を中心に活動し、その一方で祖父ユーグの足跡をたどるために執政政府期と第一帝政期の流刑者に関する資料を広く調査し、著作にまとめて次々に刊行した。ドゥマールのカリカチュアでは、小太鼓を叩くデストレムが追放する側にまわり、共和国フランスの内なる敵を追い出している。軽快でユーモアに満ちた戯曲や小説も残している。数ページで完結する「ショートショート」の分野も開拓し、デストレム自身はこれを「超短編小説」roman très court と名づけている。1901年以降は、当時ルーヴル美術館に併設されていた海軍博物館 Musée de la Marine の学芸員となり、資料の整理に手腕を発揮した。

No. 207 SEXTIUS MICHEL

dessin d'Henri Demare

セクスティユス・ミシェル　1827.10.28-1906.3.25

フランスの作家、政治家。南仏ブーシュ゠デュ゠ローヌ県のアヴィニョン近郊の町セナに生まれ、エクスで学業を修めた。1849年にパリに出ると、詩人として活動したのち、郊外のグルネル地区（1860年に15区に編入）に居を構えて私立学校を運営した。共和派の理念に奉じて献身的に活動したことで信頼を受け、1871年7月にはパリ15区長に任命されている。毎朝徒歩で登庁し、貧しい家庭にも十分な教育の機会を与えるなど、その人柄と政策は住民に広く愛され、没するまで35年の長きにわたって区長を務めた。故郷の南仏を忘れることなく、ミストラル Frédéric Mistral（1830-1914）やオーバネルらを中心としたフェリブリージュ運動をパリから支えたことでも知られ、「フェリーブル・ド・パリ」Félibres de Paris の会長となったほか、南仏語の新聞も発刊した。ドゥマールのカリカチュアは、ミシェルの別の一面、フリーメイソンのメンバーとしての姿を強調している。ミシェルの背後の施設には「フリーメイソン孤児院」Orphelinat maçonique と書かれ、その上に置かれた三角定規、またフランス共和国 République Française の頭文字の間の六芒星（ダビデの星）は、いずれもフリーメイソンの象徴である。

No. 208 ERNEST FIGUREY

dessin d'Henri Demare

エルネスト・フィギュレ　1836.8.19-1903

フランスのジャーナリスト、作家。ジュラ県ドールに生まれる。当初は教職に就いたが、当時教員に課されていたミサへの出席を拒んで10ヶ月で罷免された。その後は共和主義を奉ずるジャーナリストとなったが、あまりに攻撃的な筆致のために孤立を招き、やがてひとりで外国語の習得に勤しむようになった。2年半のヴィスマール滞在でドイツ語を自家薬籠中のものとすると、1867年、銀行家シャルル゠ルイ・アヴァス Charles-Louis Havas（1783-1858）が1832年に設立したアヴァス通信社 Agence Havas に入る。この立場を利用して故郷のジュラ県をはじめとする多くの地方に共和派寄りのニュースを配信し、共和主義の伝播に貢献した。ドゥマールのカリカチュアではアヴァス通信社の机上に電信 télégraphe が置かれ、フィギュレの周囲をヴァンデ、アルジェ、リヨンの共和派新聞が取り巻いている。語学力を生かし、ハイネやホラティウスの仏訳も残した。なお、一時はロイター、APを凌ぐ世界最大の通信社であったアヴァス通信社は第二次大戦で解体され、報道部門はフランス通信社 AFP（Agence France-Presse）の前身となった。広告部門は現在でもフランス最大、世界屈指の広告会社として存続している。

No. 209 LOUIS AMIABLE

dessin d'Henri Demare

ルイ・アミアーブル　1837.2.16-1897.1.23

フランスの弁護士、政治家。ロワール県に生まれる。パリでの法学生時代からその優秀さは際立っており、1864年に弁護士としてコンスタンティノープルに赴くと、さまざまな国から俊秀が集うなかで一頭地を抜き、1872年に同地の弁護士会の会長となっている。クレマンソーの友人でもあり、1879年にフランスに帰国したのち1888年から1891年まではパリ5区の区長も務めた。ドゥマールのカリカチュアは、共和派のアミアーブルがコンスタンティノープル市街を背景に、聖職者を追い払う姿を描いたものである。一方、アミアーブルは熱心なフリーメイソンであったことでも知られている。コンスタンティノープルで現地の支部(ロッジ)に入会し、帰国後はフランスの管区「フランス大東社」Grand Orient de France の有力者として活動した。フリーメイソンの歴史にも興味を持ち、フランス革命前夜にヴォルテールやシエイエスら数々の有力者をメンバーとし、独立直後のアメリカにも大きな影響を及ぼしたという支部(ロッジ)「9姉妹」Les Neuf Sœurs の歴史的調査に力を注いだ。その成果は1897年の死後まもなく、遺著として刊行されている。

No. 210 JOSEPH MANIER

dessin d'Henri Demare

ジョゼフ・マニエ　1822.10.12-没年不詳

フランスの政治家。パ=ド=カレ県の農家に生まれ、苦学して教員の免許を取得する。地元で教職に就くが、共和派寄りの教育内容が問題視され1850年に罷免された。その後、私立学校を経営するが、圧力を受け閉鎖と移転を余儀なくされ、1852年には教職をあきらめてパリに上ることを決意した。建築事務所や商店で働きながらも教育の改善への意志を持ち続け、長い調査の末に1873年にフランスの教育状況を反映させた『フランスにおける教育統計地図』Cartes statistiques de l'institution en France を完成させた（第二帝政末期からそのプロトタイプが流通していたという）。識字率や教育機関の数を色刷りで示した2枚の地図は「書くことを知るフランス」La France sachant écire と「読むことを知るフランス」La France sachant lire と名づけられており、その明瞭さと問題意識の高さによってマニエは教育問題の専門家としての地位を確立した。1879年に14区から選出されてパリ市議となり、無償・義務・非宗教的教育の実現に力を注いだ。ドゥマールのカリカチュアは、ロバ（「馬鹿」の意味がある）が浮き出たフランス地図の前に立つマニエを描いている。

No. 211 DANIEL WILSON

dessin d'Henri Demare

ダニエル・ウィルソン　1840.3.6-1919.2.13

フランスの政治家。スコットランド出身の父親は1820年にパリに定住、首都のガス照明を一手に引き受けて莫大な財産を成した。息子のウィルソンは20歳で300万フランの遺産を相続し、第二帝政下の1869年に議員に当選する。この選挙活動中、ウィルソンは自身が経営する新聞を存分に利用したほか、一家の所有するシュノンソー城で反対派を饗応するなど資金力にものを言わせて選挙戦を展開した。第三共和政下でも1871年以降アンドル゠エ゠ロワール県選出の下院議員を務め、1881年にジュール・グレヴィの娘と結婚したことで政界で磐石の地位を固めた。しかしウィルソンが今日知られるのは、議員の地位を利用してレジオン・ドヌール勲章をひとつ2万5千フランで販売した、1887年のいわゆる「ウィルソン勲章事件」のためである。これにより義父のグレヴィは大統領辞任に追い込まれ、国民の議会不信が高まった。その一方、議員であるウィルソンの行為を罰すべき法律が当時は存在しなかったため、当人はいかなる罪にも問われていない。さすがに一時期は政界を離れたが1893年の選挙で下院議員に復活、一部の白眼視をものともせずに議場に再び姿を現した。その後1902年に引退、悠々自適の晩年を送っている。

No. 212 JULES CLÈRE

dessin d'Henri Demare

ジュール・クレール　1850.10.19-没年不詳

フランスのジャーナリスト。パリに生まれる。アンリ4世高校を卒業後、早くからジャーナリズムに身を投じた。本名のアナグラムである「ジュール・レークル」Jules Rècle の筆名で『ナシオナル』紙をはじめとする新聞・雑誌に文芸批評や時評を書いていたが、本領を発揮したのは資料調査と略伝の執筆という分野であった。1873年に大革命以降の普通選挙の歴史をまとめた著作を発表したのち、立て続けに全ての下院議員と上院議員の略伝をまとめた書物を編纂し刊行した。ドゥマールのカリカチュアでクレールは双眼鏡を手に上院と下院の前に立っているが、その脇に置かれているのがこの2冊の本『上院議員伝記集』 Biographies des Sénateurs（1876）と『下院議員伝記集』 Biographies des Députés（1876）である。特定の政治傾向におもねらないクレールの中立的な筆致は信頼され、一般大衆が投票する際の判断材料としても役立った。30歳を迎える前に声価を確立したクレールは高名な人物事典の編纂者ギュスターヴ・ヴァプロー Gustave Vapereau（1819-1906）にも比され「議会のヴァプロー」と呼ばれた。後半生について詳しいことは知られていないが、1930年頃まで存命であったらしい。

No. 213 ÉMILE ACOLLAS

dessin d'Henri Demare

エミール・アコラス　1826.6.24-1891.10.17

フランスの法学者、政治学者。ジョルジュ・サンドの友人でもあった自由思想家を父にアンドル県に生まれ、パリで法学を修めた。早くから人権や社会の問題に意識的であり、1867年にはジュネーヴで自由平和会議 Congrès de la paix et de la liberté を開催している。その後ベルン大学で教鞭を執ったのち、パリに戻って私塾を立ち上げると、クレマンソー、フロケらのちの共和派の重鎮が彼を師と仰ぎ、またフランス留学中であった西園寺公望(1849-1940)もここでアコラスに師事している。「余が師エミル・アコラス翁はこの世紀の半ば頃より、仏国の政治思想界に少なからぬ勢力を有し、学問の淵博と云わんよりは、寧ろ識見の透徹を以て知られたる碩儒にしてまた一種の慷慨家なり」(『陶庵随筆』)とは西園寺の回想だが、その思想は同時期にフランスに学んだ中江兆民にも影響を与えた。人権的な観点からアコラスは「ナポレオン法典」Code Napoléon の名で知られる「フランス民法典」Code civile にも批判を加えており、ドゥマールのカリカチュアはこうした事実を踏まえている。なお背景のタバコ屋の店名「ちびの伍長」Petit Caporal は、よく知られた大ナポレオンのあだ名である。

225

No. 214 AUGUSTIN CHALLAMEL

dessin d'Henri Demare

オーギュスタン・シャラメル　1819.3.18-1894.10.19

フランスの文学者。パリに生まれる。15歳で母を失い、職人の父親の意に沿って学業を中途で止めて服飾店に勤めた。時間を縫って勉学に励み高校卒業資格を取得、その後は大学で法律を学んで弁護士の資格も得ている。しかしこの間にユゴーをはじめとするロマン派の文学に目覚めたことで、法曹の道には進まず自身も文学者を志した。こうした青年期の文学生活は、1885年に刊行した自伝『ユゴーかぶれの思い出、1830年世代』 *Souvenir d'un hugolâtre : la génération de 1830* に詳しく語られている。ドゥマールのカリカチュアに見られるように、シャラメルはサント=ジュヌヴィエーヴ図書館の職員を長らく務めながら多くの著作を残した。歴史をわかりやすく解説した図版入りの書物を次々に発表して成功を収めたほか、1867年から1873年にかけて刊行された『フランス人民の記憶』*Mémoires du peuple français*は、フランスにおける歴史社会学の嚆矢ともされる。なお5歳上の兄ピエール=ジョゼフ Pierre-Joseph Challamel（1813-92）は1840年以降出版人として雑誌『フランス・リテレール』*La France littéraire* を刊行、ロマン主義の文学者たちに活躍の場を与えた人物である。

No. 215　CHARLES-ALFRED DE JANZÉ

dessin d'Henri Demare

シャルル=アルフレッド・ド・ジャンゼ　1822.8.15-1892.4.26

フランスの政治家。政治家と法曹を輩出してきたブルターニュの名家の長男としてレンヌに生まれる。復古王政期に父親が男爵の爵位を得たため、彼も長じて「バロン・ド・ジャンゼ」を名乗った。1863年から1885年まで、当選と落選を繰り返しながら断続的に下院議員を務め、議会では長年、鉄道会社を目の敵にしたことで知られる。小規模の民間業者の営為にはじまるフランスの鉄道網は、1842年以降官民共同の事業によって次第に統合され、パリ=オルレアン鉄道(1838)、北部鉄道(1845)、東部鉄道(1845)、南部鉄道(1852)、西部鉄道(1855)、パリ=リヨン=地中海鉄道(1857)が「6大鉄道会社」と呼ばれていた。ドゥマールのカリカチュアでジャンゼは「6大鉄道会社、独占・濫用・独裁」と書かれた貨車を引きとめる姿が描かれているように、利潤を追求する会社と官僚の結託を阻止すべく議会で数々の提言をおこなっている。解雇を含む人事に議会の承認を要求したほか、キオスクで売られる書籍がアシェット社との独占契約であることも問題視するなど、その追及は細かく執拗であった。このうちアシェット社の独占に関する発議は「私企業間の契約に政府は介入できない」との理由で却下されている。

227

No. 216 JACQUES-CHARLES CURÉ

dessin d'Henri Demare

ジャック=シャルル・キュレ　1836.7.3-1893.2.19

フランスの政治家。コート=ドール県の小村に生まれる。7人兄弟で家計は苦しく、不規則に学校に通いながら旺盛に知識を蓄えた。1848年の二月革命勃発時には11歳に過ぎなかったが、太鼓を叩いて共和主義政府の到来を村人に知らせたという逸話が残っている。パリに出てからは園芸家として1日15時間、ときに18時間に及ぶ勤労によって生活を安定させるとともに、アスパラガスの栽培法の改善にも成功するなどして周囲から一目置かれる存在となった。共和主義者として政治活動にも熱心に参加し、第三共和政下の1879年に15区の助役に任命され、1881年には同区から市議に選出された。パリという地域の性質上、農業に関わる人物が市議となることは珍しく、当時の議会ではキュレひとりであったという。ドゥマールのカリカチュアでキュレは、共和国の象徴マリアンヌの姿をした木に絡みつく聖職者や王党派を駆除する姿で描かれている。その腕にはラテン語で「労働」LABORと書かれているが、『今日の人々(レ・ゾム・ドージュルデュイ)』では同じく農作業に従事しているクラデル(2号参照)の腕にもラテン語とハートの刺青があったように、これはどうやら当時カリカチュアで農夫を描く際の定型であったらしい。

No. 217　EDMOND TIERSOT

dessin d'Henri Demare

エドモン・ティエルソ　1822.8.29-1883.1.21

フランスの政治家。ローヌ゠アルプ地方のアン県ブールに生まれる。医学を修め、パリとリヨンでインターンとして働いたのち1850年に医師となり、故郷ブールで活動した。近隣でペストが流行した際には直ちに駆けつけて治療にあたったほか、地元の指導者として図書館をはじめとする公共施設の設置や講演会を企画するなど、一般大衆の知識の涵養を常に心がけた。こうした運動のなかでティエルソ自身は無償で音楽を教える教室を開いたほか、音楽教育に関する冊子も著している。第二帝政下で共和主義と反教権主義に貫かれた政治活動に身を投じたのち、1871年にアン県から下院議員に当選して生涯議席を守った。こうした経歴を背景に、ドゥマールのカリカチュアでは医師の腕章をつけたティエルソが「ラ・マルセイエーズ」を子供たちに歌わせる姿で描かれている。なお、父親から音楽の素養を受け継いだ息子のジュリアンJulien Tiersot（1857-1936）は、民族音楽研究に先鞭をつけた人物である。1889年のパリ万国博覧会でガムランに惹かれたことをきっかけにヨーロッパ圏以外の音楽を社会学的観点から捉えたほか、アルプス地方の民謡を網羅的に収集するなどの業績を残している。

No. 218　ÉMILE GIRODET

dessin d'Henri Demare

エミール・ジロデ　1849.3.23-1898.4.16

フランスの政治家。ロワール県ブール゠アルジャンタルに生まれる。祖父と父は建具職人で、ジロデ自身は灯油の販売をしていたが、やがて政治の道に進んだ。1880年にブール゠アルジャンタル市長となったのち、1881年にはロワール県から下院に当選している（兼職は可能であるため1888年まで市長職を続けた）。特に労働者の環境改善に力を注ぎ、アドルフ・モージャンと協力し社会主義的改革を訴えたが、1885年の改選では落選、1888年にロワール県の県都サン゠テティエンヌの市長となった。炭鉱を抱えるサン゠テティエンヌは石炭の輸送のために1827年、ヨーロッパでいち早く鉄道が敷設された街として知られ、ジロデは市長時代に国とかけあって輸送力を強化したほか、鉱山で負傷した人々とその家族への補償を充実させている。また1891年にはサン゠テティエンヌで大規模な工業博覧会を開催し成功に導くなど、ロワール地方の工業振興に尽力し続けた。ドゥマールのカリカチュアでは、共和主義を奉じたジロデの足もとを流れるロワール川に、聖職者や王党派が沈んでいる。1889年に下院に返り咲いたのち1892年まで再び市長職と兼務、その後は国政一本に絞り、現職のまま没した。

No. 219　PAUL VIGUIER

dessin d'Henri Demare

ポール・ヴィギエ　1828.7.28-1902

フランスの政治家。パリに生まれる。フルネームはポール=ルイ・ヴィギエといい、家族の友人でもあった反骨の風刺作家ポール=ルイ・クーリエ Paul Louis Courrier（1772-1825）にあやかって名づけられた。工学を学んだのち1850年にアルジェリアに行き農園経緯に従事、第二帝政末期にはアルジェリア北東部のコンスタンティーヌで有数の大規模なオリーヴ農園を所有するまでになっている。軍隊の管理下に置かれ、現地の人々の声を汲むことのないアルジェリアの現状に憤って政治活動に身を投じ、コンスタンティーヌ地方の議員となるや公然と体制を批判した。こうしたヴィギエの姿勢は、ドゥマールのカリカチュアで現地人の頭を摑んで軍隊を潰す姿で示されている。帝政崩壊後も、ヴィギエの能力とアルジェリアの土地柄を知る国防政府の法相クレミュー Adolphe Crémieux（1796-1880）が彼に権限を与えたことで、反乱も内戦も起こさずに混乱期を乗り切ることができたという。その後はアルジェリアで県議を務めたのち本土に戻り、パリ市議となった。ヴィギエは一方でフリーメイソンのメンバーでもあり、1890年代にはフランス大東社で指導的地位にあった人物である。

No. 220 FRÉDÉRIC DESMONS

dessin d'Henri Demare

フレデリック・デモン　1832.10.14-1910.1.4

フランスの政治家。ガール県の小村に生まれ、神学を学んだのちプロテスタントの牧師となったが、第三共和政下の1881年にガール県から下院に当選すると同時に牧師の肩書きを棄てる。1894年まで連続して共和派の下院議員を務めたのち、上院議員に転じて在職中に没した。こうした平凡な「有力議員」としての経歴の一方、デモンはこの時期の『今日の人々(レ・ゾム・ドージュルデュイ)』で集中的に取り上げられているフリーメイソンのなかで最も影響力があった人物である。デモンは牧師時代にフリーメイソンに入会しているが、入会の条件には「世界の偉大な設計者」(婉曲的に神を指す)の存在を信ずるという条項があるため、この両立自体にはなんら問題はない。しかしその後フランス大東社の指導的立場に立ったデモンは、1877年にこの条項を廃止、無神論者であっても会員に迎えるという一大転機をもたらした。このためフランス大東社は英米のフリーメイソンと事実上断絶するが、反教権主義の共和派をメンバーに引き入れて政界に隠然とした影響力を及ぼすようになり、空前の繁栄を享受した(なおデモン自身は生涯信仰を棄てていない)。ドゥマールのカリカチュアでデモンの首にかかっている三角定規はフリーメイソンの象徴のひとつである。

No. 221　JEAN-CLAUDE COLFAVRU

dessin d'Henri Demare

ジャン＝クロード・コルファヴリュ　1820.12.1-1891.5.18

フランスの弁護士、政治家。リヨンに生まれ、弁護士の資格を得て1845年にパリに出た。共和派として政治家の道を進み、1850年に国会議員となるが、翌年のルイ＝ナポレオンのクーデターによって国外逃亡を余儀なくされた。ベルギー、ロンドン、ジャージー島を経て1859年の大赦で帰国、その後は弁護士としての活動をパリで再開し、さらに活躍の場を求めてエジプトにも赴いている。1880年の帰国後、オーギュスト・ディード Auguste Dide（1839-1918）とともに月刊誌『フランス革命』 *La Révolution française* を創刊し、共和主義の起源を歴史的に検証するとともに、「フランス革命100年」を国家的行事とする雰囲気を盛り上げることに貢献した。1885年に下院議員に当選して35年ぶりに国政に携わると、積極的な提言でたびたび穏健共和派の内閣を揺るがしている。なお、亡命中に著した『仏英比較商法』 *Droit commercial comparé de la France et de l'Angleterre*（1861）は、おそらくコルファヴリュ本人の関知しないまま、明治18年（1885）に「古琉波舞柳」の著者名表記とともに『英仏商法比較要論』として邦訳されている。

No. 222 PAUL FÉAU

dessin d'Henri Demare

ポール・フェオ　1852.6.7-没年不詳

フランスの弁護士、政治家。オルレアンに生まれる。パリで弁護士として活動したのち、セーヌ゠エ゠オワーズ県選出の共和派下院議員アルベール・ジョリ Albert Joly（1844-80）の秘書となった。1880年末にジョリが急死すると、周囲に推されて地盤を継ぐべく出馬を決意した。選挙運動ではジョリの後継であることを強調するとともに、弁護士の立場から聖職者の特権を糾弾、反教権主義を強く主張した。知名度の低さに苦しんだ選挙を終盤で巻き返して当選を飾り、当時の議会で最も若い29歳の議員となった。この222号はフェオの当選直後に発行されたものである。ドゥマールのカリカチュアでは「法改正」réforme judiciaire を手にして聖職者に「法」LEX を課す姿で描かれており、これは専門知識と雄弁を備えたフェオへの周囲の期待の表れでもあっただろう。しかし実際の議員活動ではガンベッタ、フェリーらの穏健共和派に与し、結果的に「日和見主義」のなかに埋没してしまう。唯一の売りであったはずの若さと急進性を失ったフェオは1885年の再選に失敗、その後の消息は明らかではない。

No. 223　MARIE-LOUISE GAGNEUR

dessin d'A. Dreux

マリ=ルイーズ・ガニュール　1832.5.25-1902.2.17

フランスの作家。ジュラ県に生まれ、旧姓はミニュロ Mignerot といった。18歳のときに労働者問題について書いた文章がヴラジミール・ガニュール（73号参照）の目にとまり、その後1855年にこの25歳上の活動家と結婚している。共和主義の精神にのっとった多くの作品を『世紀』紙の連載小説として発表し、夫以上の知名度を誇る人気作家となった。作品には積極的に反教権主義を持ち込み、小説に登場する聖職者とキリスト教徒はほぼ例外なく悪人として描かれている。また1864年に列福されたマルグリット=マリ・アラコック Marguerite-Marie Alacoque（1647-90）が体験した「神との合一」「啓示」なども、ガニュールにかかれば修道院の生活に由来するエロティックな妄想であり、こうした挑戦的な言辞から、教会の圧力によって連載が中止に追い込まれたこともあった。カリカチュアのガニュールは小説のタイトルを光背として、蛇の姿をした聖職者を踏みつけている。また「作家」auteur をはじめとする単語に女性形がないことを男性優位、不平等の表れとして糾弾し、公的なフランス語を司るアカデミー・フランセーズに改善要求を提出するなど、女性の権利運動として20世紀を先取りするような活動も展開している。

№ 224　FÉLIX RÉGAMEY

dessin de Frédéric Régamey

フェリックス・レガメ　1844.8.7-1907.5.7

フランスの画家、挿絵画家。画家の二男としてパリに生まれる。フランス、イギリスの雑誌に多くのカリカチュアや挿絵を描き、1870年代半ばからはアメリカで活動していた。1876年から実業家エミール・ギメ Émile Guimet（1836-1918）とともに中国、日本を旅行したことで知られる。カリカチュアの背景には富士山が配されており、右下にはギメが収集品を公開するため1879年にリヨンに開いた「ギメ博物館」Musée Guimet（1889年にパリに移転）の文字が見られるほか、レガメの手には自身が挿絵を描いたギメの紀行『日本散策』Promenades japonaises（1878）が抱えられている。滞在期間は長くなかったがレガメは日本に対する興味を深め、滝沢馬琴の『美濃旧衣八丈綺談』の翻案に挿絵を加えた『お駒』Okoma を1883年に出版した。フランス本国でジャポニズムの隆盛に貢献し、1899年に再来日するなど後半生を両国の交友に捧げた人物である。兄のギヨーム Guillaume Régamey（1837-75）、弟フレデリック Frédéric Regamey（1849-1925）も画家として名を残し、この号のカリカチュアはフレデリックが手がけている。

No. 225 JEAN-FRANÇOIS TRÉBOIS

dessin d'A. Dreux

ジャン゠フランソワ・トレボワ　1835.4.25-没年不詳

フランスのジャーナリスト、政治家。オート゠ピレネ県に生まれる。聖職者の道を歩んでいたが突如として方向を転換し、共和主義を掲げる教師となった。パリに出てからは政治家が多く参加していたフリーメイソンの支部(ロッジ)に加入して人脈を築いている。1878年からはパリ17区に接するルヴァロワ゠ペレ市に住み、1880年に同市の市長に就任した。中央政府から予算をもぎ取って数々の公共建築物を打ち立てる手法は人口が増加するパリ郊外の発展には合致したものであったが、市議会との対立から1888年には辞職を余儀なくされた。不屈のトレボワはその後ただちに同志を集め、同調者を市議会内に増やし、1891年に市長に返り咲いている。しかし強引な政治姿勢は変わらず1897年に再び辞任、その後の消息は明らかではない。市長時代はルヴァロワ゠ペレにアトリエを持っていたギュスターヴ・エッフェルの友人であったという(エッフェル塔として組みあげられる前、鉄骨の各部はルヴァロワ゠ペレで製造されている)。ジャーナリズム活動においてはファーストネームを変えたフランソワ゠グザヴィエ・トレボワ François-Xavier Trébois の筆名を用いた。

No. 226　J.-A. MANCEL

dessin d'Henri Demare

J.=A.・マンセル　1831-没年不詳

フランスのジャーナリスト。著作においてもファーストネームは「J.-A.」とイニシャルで綴られているため、正式な本名は不明である。第二帝政下の1860年代から文芸雑誌、思想雑誌の主幹を務め、フランス革命の精神を呼び起こすことに全力を注いだ。1868年には出版法と集会法が改正され、翌年の国政選挙では比較的自由な選挙活動が可能となっていたが、この時期にマンセルは毎月のように共和主義的な雑誌とパンフレットを出版し、選挙民に「市民」たる自覚を持って行動するよう促している。マンセルの活動の甲斐もあってか、政府側が議席を大幅に減らすと、皇帝は議会の発言力を認めざるをえなくなる(これ以降、帝政崩壊までは「議会帝政」とも呼ばれる)。第三共和政下では、市民の生活の指針を示すべく道徳を主眼に置いた著作を数冊刊行している。カリカチュアではマンセルは金庫の前に立ち、そこから金の詰まった袋が微笑みながら飛び立っている。右手に立つ少年に彼がユゴーの『レ・ミゼラブル』を手渡しているところを見れば、ドゥマールは彼を同作中で民衆への深い慈愛を見せるマドレーヌ市長(ジャン・ヴァルジャン)になぞらえているようである。

No. 227　EUGÈNE CHEVREUL

dessin de Boquillon Bridet

ウジェーヌ・シュヴルール　1786.8.31-1889.4.9

フランスの化学者。外科医を父にアンジェに生まれた。若くして化学者として名を高め、脂肪酸の研究、印象派の画家に影響を与えた色彩論をはじめ広範な分野で多大な業績を残した化学界の権威である。大革命の前に生まれた人物であるシュヴルールは、1880年代に入るととりわけその長寿で注目を集めており、カリカチュアでも右手に「長寿の妙薬」élixir de longue vie を持ち、左ポケットには「100歳まで生きる技術」L'Art de vivre cent ans と題された本がねじ込まれている。1886年に実際に100歳を迎えた際には国家的な祝祭の様相を示し、記念金貨が鋳造され、新聞にはナダールが撮影した写真とともに記事が掲載された（これは世界初の写真入りインタヴュー記事である）。その後もシュヴルールの旺盛な研究意欲は衰えることなく、102歳で没するまでの数年間は老化に関する研究にも先鞭をつけた。なお、この号を含めて計4回『今日の人々』レ・ゾム・ドージュルデュイの表紙を描いたボキヨン・ブリデ（生没年不詳）の詳しい経歴は不明だが、ユーモア芸術を掲げる「アンコエラン」Incohérents（「支離滅裂な人々」の意）のメンバーとして1880年代中ごろの「アンコエラン展」への出品が知られている。

No. 228 GABRIEL COMPAYRÉ

dessin d'Henri Demare

ガブリエル・コンペレ　1843.1.2-1913.2.24

フランスの教育者、政治家。アルビに生まれ、パリの高等師範学校に学んだ。哲学教授資格を取得したのち、教職に携わりながら書き上げたヒューム David Hume (1711-76) に関する博士論文はアカデミー・フランセーズの表彰を受けている。トゥールーズ大学の教授を経て、1880年にジュール・フェリーの指示で創設された基礎教育高等師範学校 École normale supérieure de l'enseignement primaire の教授に就任、教育学を担当した。宗教と教育の分離を論じた彼の著作は各大学で読まれ、カトリックの禁書目録にも名を連ねたという。ドゥマールのカリカチュアでもコンペレは「非宗教教育」instruction laïque と書かれた筒から多くの著作を世に送る姿で描かれている。1881年にタルン県から下院議員に当選し穏健共和派として活動したが、1889年に落選したのちは再び教育界に戻っている。1893年のシカゴ万国博覧会に派遣されたのを機会にアメリカの各都市を歴訪して、当地の中等・高等教育を精査した報告書は高い評価を受けた。そのほか、同国人ではルソーからジャン・マセまで、加えてドイツのフレーベルやイギリスのスペンサーなど多くの教育者に目を配った多くの概説書をシリーズで刊行している。

No. 229 GEORGES BOULANGER

dessin d'Henri Demare

ジョルジュ・ブーランジェ　1837.4.29-1891.9.30

フランスの軍人、政治家。レンヌに生まれ、軍人の道を歩む。名誉の負傷とともに数々の軍功を上げ、育ちと見栄えの良さも手伝い、異例の早さで昇進を重ねた。クレマンソーの友人でもあり、1886年には彼の斡旋でフレシネ内閣の陸軍相となる。その後「ウィルソン勲章事件」で議会不信が頂点に達すると、ブーランジェはたちまちフランス反共和政の象徴として国民の期待を一身に背負うことになる。「ブーランジスム」と呼ばれるこの国家的なうねりは、1889年1月、支持者のお膳立てによるほぼ完璧なクーデターの準備へと至るが、ブーランジェ自身がこの最大のチャンスに飛び込むことができず、計画は瓦解した（これは次の選挙での圧勝を確信していたブーランジェが合法的な権力の獲得を望んだという側面がある）。その後、国民の人気が一気にしぼむとともに、共和派政府によって急速に手が打たれ、逮捕状が出されたブーランジェは国外に逃亡、1891年9月30日に愛人の墓前でピストル自殺を遂げた。なお『今日の人々』の歴史上この号のみ、間に紙を1枚挟んだ全6ページの特別仕様となっており、ブーランジェの当時の人気ぶりがうかがえる。

No. 230　AMÉDÉE COURBET

dessin de Boquillon Bridet

アメデ・クールベ　1827.6.26-1885.6.12

フランスの軍人。ソンム県アブヴィルにワイン商の息子として生まれる。数学に長けた学生として知られ、1847年に優秀な成績で理工科学校に入学すると翌年の二月革命で早くも頭角を現したが、この間に目にした政治家の「日和見主義」や決断力の欠如に嫌悪をおぼえ、生涯政治家にはならないと決意したという。1849年の卒業後、海軍士官として昇進を重ね、1880年にはニューカレドニアの総督に任命された。1883年にはベトナム北部のトンキン地方派遣小艦隊の総司令官となり、同地方をフランスの保護領とする条約を阮朝（グエン）に締結させている。極東艦隊総司令官となったクールベは、トンキン侵攻に激怒した清朝との間に勃発した清仏戦争において多大な戦果を挙げたが、戦争自体は泥沼化し、1885年には停戦条約を締結する羽目に陥った。疲労困憊のクールベは条約が結ばれた直後に船上で病死し、植民地帝国の道を辿るフランスに捧げた一生を終えた（最終階級は中将）。この号はクールベの死後に発行されたものである。伝統的に海戦を得意としないフランスの歴史上数少ない名提督として名を残し、第一次大戦中に竣工したフランス史上唯一の弩級戦艦も「クールベ」の名を冠している。

No 231 ROSÉLIA ROUSSEIL

dessin d'André Gill

ロゼリア・ルーセイユ　1841.7.19-1916.6.7

フランスの女優。ニオールの貧しい労働者の家に生まれる。1852年に父親が追放刑にあったため、パリに出て針仕事や花売りをして母親を助けながら3人の弟妹の面倒を見た。こうした経緯はルーセイユ自身が、小説仕立ての自伝『追放者の娘』*La Fille d'un proscrit*（1878）の中で語っている。演劇を好んだルーセイユは1855年にコンセルヴァトワールに入学すると、とりわけ悲劇に天分を示した。12歳半のときには求婚を受けたという大人びた美貌を持ち、1861年に舞台にデビュー、1870年代初頭までは新進女優として順風満帆な時期を過ごした。しかしその後は同年代のムネ＝シュリ Mounet-Sully（1841-96）やサラ・ベルナールが大成する影で存在感を失い、1880年代からは文学者のサロンに出入りをすることが多くなった。この時期にすでに70歳を過ぎていたバルベ・ドールヴィの愛人として、また自分より20歳も若い神秘家スタニスラス・ド・ガイタ Stanislas de Guaita（1861-97）に熱烈なアプローチをかけるなど、熟女としての生々しい逸話が残る。晩年までに数冊の詩集も刊行した。

Nº 232　DRANER

dessin de Boquillon Bridet

ドラネル　　1833.11.11-1926

ベルギーのイラストレーター。リエージュに生まれる。父親が印刷所兼書店を営んでいたため、早くから持ち前のデッサンの才能を発表する機会に恵まれた。筆名の「ドラネル」は、本名のジュール・ルナール Jules Renard（著名な小説家と同姓同名である）の姓を逆から読んだものである。1861年にパリに出てからも数々の雑誌で旺盛に活躍し、とりわけ軍人の風刺画を得意とした。『シャリヴァリ』紙上で絶大な人気を誇ったシャム Cham（1818-79）が急逝した際に、その後任として時事風刺画を描いたことで名声を確固たるものとした。ブリデによるカリカチュアでドラネルは両手両足を用いて『シャリヴァリ』『イリュストラシオン』L'Illustration 等にイラストを描いている。彼の左手の下にある『カリカチュア』La Caricature はアルベール・ロビダが1880年に創刊し、ドラネルとともに盛り上げた風刺新聞である。また左下には「舞台衣装」costumes de théâtre と書かれたパレットが置かれているが、これは彼がオッフェンバックのオペレッタの衣装も手がけたことを示している。生涯に膨大な作品を残し、現在フランス国立図書館と故郷のリエージュ大学がそれらを保管している。

No. 233　GEORGES OHNET

dessin de Boquillon Bridet

ジョルジュ・オーネ　1848.4.3-1918.5.5

フランスの作家。建築家を父にパリに生まれる。母方の祖父はモンマルトルに精神病院を設立し、ネルヴァルらを患者としたことで知られる医師エスプリ・ブランシュ博士 Esprit Blanche（1796-1852）である。弁護士の資格を得たのちジャーナリストとして活動し、その後作家に転じた。朝早くに起きて午後4時には仕事を終えるという規則正しい生活を送り、家庭と社交を大事にしたオーネは、当時全盛の自然主義者たちとは社会観も問題意識もまったく共有しなかった。彼が選んだブルジョワ的主題とメロドラマ的手法はジュール・ルメートルをはじめとする批評家からはお涙頂戴の凡庸なものとして酷評されたが、大衆の人気は高く、小説はベストセラーとなり、舞台化された戯曲に多くの人々が足を運んだ。ブリデによるカリカチュアはオーネの代表作『鍛冶屋の親方』*Le Maitre de forges*（1882）を踏まえており、同作は小説刊行の翌年に戯曲化されて大成功を収め、ロシアやイギリスでも上演された。突出した思想や特殊な状況を欠くだけに、普遍的なオーネの作品は世界的に受け入れられ、その晩年から多くの作品がフランスをはじめイタリア、アメリカで映画化されている。森鷗外が愛読した作家である。

No. 234　LOUIS FAIDHERBE

dessin de Coll-Toc

ルイ・フェデルブ　1818.6.3-1889.9.28

フランスの軍人、政治家。フランス北部のリールに生まれ、理工科学校を経て海軍士官となる。1842年以降、アルジェリア、グアドループ、セネガルと転任し、1854年から1865年まではセネガル総督の任を務めた（1861年からの2年間は病気のため一時本国に戻っている）。この間フェデルブはトゥクロール族、セレール族の反抗を鎮圧、ムーア人を掃討するなどして着々と地方を平定し、近代的な植民地化を進めた。第三共和政下ではガンベッタに協力し、ノール県選出の下院議員、上院議員を経て1880年にはレジオン・ドヌール賞勲局総裁という栄典を司る要職に就いた。勲章を指差して人々を鼓舞するかのようなフェデルブを描いたカリカチュアは、この肩書きを踏まえたものである。目覚しい軍功の一方で現地の言語を調査したことでも知られ、在任時からそれらを論文にまとめて発表したほか、晩年には辞書や語彙集、概説的な研究書を出版している。文武両道の理想的軍人として広く尊敬を集めた。この号で初めて表紙を担当したコル=トックColl-Tocは、コリニョンCollignonとトクヴィルTocquevilleという二人のイラストレーターの共有名で、それぞれの姓の最初の音節を組み合わせて作られている。

No. 235 PAUL BERT

dessin de Coll-Toc

ポール・ベール　1833.10.19-1886.11.11

フランスの生理学者、政治家。オセールに生まれる。難関の理工科学校に合格するが方向を転換、1857年に法学の博士号を取得したのち今度は生理学に転じた。第一人者のクロード・ベルナール Claude Bernard（1813-78）のもとで飛びぬけた優秀さを示したベールは1866年に2つ目の博士号を取得、同年にボルドー大学の教授となった。これは当時フランスで最も若い教授就任であったという。3年後にはパリ大学の教授となって数々の業績を挙げ、潜水時などに起こる急性酸素中毒を解明したことで有名。これは現在も「ポール・ベール効果」と呼ばれている。この証明の過程で繰り返した動物実験の噂に尾ひれが付き、カルティエ・ラタンの犬猫の飼い主はベールを悪魔のように怖れたという当時の様子がコル゠トックのカリカチュアに見てとれる。また政治家としてジュール・フェリーとともに教育の無償化・義務化・非宗教化を進め、ガンベッタ内閣では文部相を務めた。植民地政策にも熱心であったが、それを正当化するために人種の優劣を説く彼の「科学的」観点は、今日の目から見れば人種差別の謗りを免れない。1886年に中部ベトナムのフランス保護領に高官として派遣され、コレラのためにハノイで没した。

No. 236 HIPPOLYTE MAZE

dessin de Coll-Toc

イポリット・マーズ　1839.11.5-1891.10.25

フランスの歴史家、政治家。軍人の息子としてアラスに生まれ、パリの高等師範学校に学んで歴史学の教授資格を得た。各地の高校で教鞭を執りながら共和派として活動し、国防政府下ではランド県知事に任命されている。1875年にパリの名門校フォンターヌ高校（現在のコンドルセ高校）の教授となったのち、1879年に下院に当選した。歴史学者として共和主義の歴史を扱った著作を数多く残したほか、議会では経済問題に取り組み、とりわけ共済組合制度の積極的な導入を主張した。コル=トックのカリカチュアでマーズが示す地図では「職業組合」や「貯蓄金庫」が「社会の平和」paix sociale に続いているが、マーズのこうした経済と社会への意識は、1870年に結婚した妻が経済学者アドルフ・ブランキ Adolphe Blanqui（1798-1854）の末娘、したがって革命家ブランキの姪であったことにも関係しているだろう。1885年の改選で落選した翌年の上院選挙に当選、没するまで議員の地位を守った。なお本書掲載のものはおそらく印刷ミスであり、本来はこの号にも他の号と同じく色が付いている。はからずも当時の彩色の過程と、印刷不良にも関わらず流通する『今日の人々』の扱いを知ることのできる資料となっている。

248

No. 237　ADOLPHE MAUJAN

dessin de Coll-Toc

アドルフ・モージャン　1853.6.3-1914.4.23

フランスの政治家、作家。ソーヌ゠エ゠ロワール県で大工の家に生まれ、陸軍士官学校に進んだ。士官として軍務に服していた1883年、かつての上官で陸軍相に就任した共和派寄りの将軍ジャン・ティボーダン Jean Thibaudin（1822-1905）に呼ばれてその秘書となる。剛直で融通の利かないモージャンはフェリーらの恨みを買ったといい、ティボーダンが辞職すると圧力で軍隊内の閑職に追いやられたので、抗議のために軍を離れた。その後は政治の道に進み、社会主義的新聞『自由フランス』La France libre紙を創刊、1889年に下院に初当選している。その後1893年に落選して以降は長い浪人時代が続いたが、1902年に下院に返り咲き、1909年からは上院議員に転じて在職中に没した。コル゠トックのカリカチュアでは軍刀を背負い『自由フランス』を手にしているが、その背後に積まれた本のなかには、モージャンがジャン・マリュス Jean Malusの筆名で書いた戯曲『レア』Léa（1881）も見られる。同作は普段辛辣な批評家バルベ・ドールヴィイの絶賛とともに一時期演劇界の話題をさらい、無名の作家は将来を嘱望されたが、モージャンが政治家に転身したため、「ジャン・マリュス」は大成することなく姿を消した。

No. 238 PAUL DÉROULÈDE

dessin de Coll-Toc

ポール・デルレード　1846.9.2-1914.1.30

フランスの作家、政治家。パリに生まれ、温和な詩人として文学界に慎ましく身を置いていたが、普仏戦争が始まると突如として軍に志願し、その勇敢さで一躍有名となる。戦後は筆をもってアルザス・ロレーヌの奪還を要求する「対独復讐」の権化となり、著作は爆発的な売れ行きをみせた。1882年には「愛国者連盟」Ligue des patriotes を結成、フランスの活力を分散させる植民地主義には反対し、国の要としてのカトリックを擁護している。ブーランジェを支持したが、1889年1月に訪れた絶好のクーデターの機会に将軍の説得に失敗したのは一世の痛恨事である。同年9月に余勢を駆って下院に当選したものの、1891年に追放先でブーランジェが自殺したことでデルレードの権力奪取の夢は完全に潰えた。このブーランジェの失敗から10年後の1899年、デルレードの再度のクーデター計画が発覚し、裁判の結果スペインに追放されている。1905年の恩赦で帰国、市民の熱狂的な歓迎を受けたが、晩年は新たなナショナリズムの潮流とは距離を置き、ニース郊外で静かに生涯を終えた。しかし遺骸はその後パリに運ばれて愛国者連盟によって愛国主義の発揚に利用されており、計画の失敗はその死後まで続くこととなった。

No. 239　MAURICE ROUVIER

dessin de Coll-Toc

モーリス・ルーヴィエ　1842.4.17-1911.6.7

フランスの政治家。マルセイユに生まれる。法学を修めたのち、銀行に勤務して商取引に従事しながらジャーナリストとして活動した。1869年、国政選挙でのガンベッタのマルセイユからの立候補を支持し（当時は複数の県からの立候補が可能であった）、その縁もあって政治家に転身する。第三共和政下の1871年から1903年まで下院議員を務め、その後は上院議員となって現職のまま没した。40年にわたる政治家人生の間、数多くの内閣で商業相、金融相を務めたため、コル゠トックのカリカチュアでは自分のイニシャルが書かれた荷物の上にどっかりと腰かける商業の神ヘルメスの姿で描かれている。確固たる主義を持たず八方美人的な政治姿勢が幸いしたのか、1887年と1905年の2度首相の座にも就いた。ある時期から盟友ガンベッタを見限り、常に政権の中心にすり寄った彼の態度は、堕落した左派政治家の典型と見なされる。なお彼より10歳年長の妻マリ゠ノエミ・カディオ Marie-Noemi Cadiot (1832-1888) はかつて神秘主義者エリファス・レヴィ Éliphas Lévi (1810-75) と結婚しており、彫刻家として活動したほか、クロード・ヴィニョン Claude Vignon の名でフェミニスト運動にも関わった。

No. 240 VICTOR DURUY

dessin de Coll-Toc

ヴィクトル・デュリュイ　　1811.9.11-1894.11.25

フランスの歴史家、政治家。代々パリの労働者であった家系に生まれ、父と同じくゴブラン織の工場で働き始めたが、父の友人の尽力で教育の機会を得て、1830年には難関として知られる高等師範学校に入学した。卒業後、22歳という異例の若さでパリの名門校アンリ4世高校の教授となった。国王ルイ゠フィリップの息子、アンリ・ドルレアン（オマール公）も当時の教え子のひとりである。コル゠トックのカリカチュアにも見られるアシェット社の叢書『世界史』*Histoire universelle* の責任者となり、『ローマ史』*Histoire des Romains* をはじめとする浩瀚な各国史を次々と世に送った。1853年には母校である高等師範学校の教授、次いで理工科学校の教授となり、さらにナポレオン3世の著作に協力し、文相を6年間務め、無償の初等教育や女子教育を推進した。その後第三共和政下でもフェリーの要請で教育改革に尽力するなど、無傷のまま各政体のトップと関わり続けた数少ない人物である。70歳を越えた1884年にはアカデミー・フランセーズ会員に選出され、学者政治家としての人生にさらなる輝きを添えて人生を全うしている。

No. 241 LECONTE DE LISLE

dessin de Coll-Toc

ルコント・ド・リール　1818.10.22-1894.7.17

フランスの詩人。本名はシャルル=マリ・ルコント・ド・リールCharles-Marie Leconte de Lisleだが、姓のみを筆名とした。インド洋に浮かぶブルボン島（現在のレユニオン島）の農園主の長男として生まれ、奴隷制を目の当たりにして育つ。フランスに定住して以降は共和主義を熱烈に支持したものの1848年の二月革命の展開に幻滅、その後は悲観主義を強めた。40代半ばまで無名に近い存在であったが、1863年頃から自宅のサロンに若い詩人たちを集め、「高踏派」の精神的支柱となった。非妥協的で確固たる信念を持ち、感情を排し、自らを語らず、主として神話と歴史に詩想を汲む厳格な詩法で知られた。ギリシア語に長け、『イリアス』と『オデュッセイア』、またギリシア三大悲劇詩人の翻訳も残している。コル=トックはトレードマークの片眼鏡をかけたルコント・ド・リールが「V・H」と書かれた椅子を抱える姿を描いているが、これは1886年にユゴーの後任としてアカデミー・フランセーズ会員に選出された事実を踏まえている。この栄誉は、生前から彼を後継者として指名していたユゴーの意向と、先んじて入会していた「弟子」のシュリ・プリュドムとコペの尽力によるものである。

No. 242　JULES BOBILLOT

dessin d'Émile Cohl

ジュール・ボビヨ　1860.9.10-1885.3.19

フランスの軍人。パリに生まれ、ジャーナリストとして活動したのち20歳で軍隊に入った。清仏戦争では1884年末からのトゥエンクアン（現在のベトナム北部）防衛戦において小隊長として奮戦、しかし翌年2月、見張りの中の敵弾で重傷を負い、友軍の到着後にハノイの病院で没した。ボビヨはまったく無名の人物であり、こうした戦死も本来ならありふれたものだが、植民地帝国へと邁進する政府の意を汲んだジャーナリズムに利用され、彼は一夜にしてフランスの英雄、日本で言うところの「軍神」となった。この『今日の人々』もボビヨの神格化に一役買ったメディアのうちに数えられる。ボビヨを称える声は止まず、3年後の1888年には早くも彼の名を新たな道に冠することが決定された。その後1896年に全体が開通した全長1キロに及ぶ「ボビヨ通り」はパリ13区を南北に貫いており、現在も途中の公園にはボビヨの石像が置かれている。当初は植民地風の服装をしたブロンズ像だったものが、ドイツ占領下で溶解され、現在の像になったのである。ボビヨの遺灰は1966年にフランスに帰還したというが、その死からすでに80年を経ており、かつての「軍神」を迎える国家的セレモニーがおこなわれた記録はない。

No. 243　FRANÇOIS COPPÉE

dessin d'Émile Cohl

フランソワ・コペ　1842.1.12-1908.5.17

フランスの詩人。パリで貧しい官吏の家庭に生まれ、高校卒業後、陸軍省の職員となった。仕事のかたわら詩作に勤しみ、1866年の第一次『現代高踏詩集』に参加、その後1869年に初めての劇作品『通行人』Le passant がサラ・ベルナールの熱演もあって大成功を収め、同世代では最も早く名声を勝ち得た。常に弱者に優しい視線を注ぎパリの日常を叙情的にうたう作品は大衆に好まれたが、あまりに毒気のない調子は同業者の揶揄の対象ともなり、ヴェルレーヌやランボー、後年ではルナールなども人気作家コペのパロディを書いては憂さを晴らしていた。1884年にはアカデミー・フランセーズ会員に選ばれ、コールが描くカリカチュアでは会員の正装である緑の礼服を身につけている。晩年に大病を患ったのち熱心なカトリック信者になり、またドレフュス事件で反ドレフュスの立場をとっただけでなく1898年にはアカデミーの同僚であるルメートル、ブールジェらとともにフランス故国同盟 Ligue de la patrie française を組織するなど、愛国的な傾向を強めた。ときに保守的で直情的な「大衆」の声なき声を詩や散文に定着させる術を知っていたという意味で、時代を象徴する偉大な「大衆詩人」であったと言える。

No. 244 PAUL VERLAINE

dessin d'Émile Cohl

ポール・ヴェルレーヌ　　1844.3.30-1896.1.8

フランスの詩人。軍人の一人息子としてメッスに生まれる。パリ市役所に勤めながら『現代高踏詩集』に参加、その後も数冊の詩集を刊行するなど順風満帆なデビューを飾ったが、パリ・コミューンへの同調、また10歳年少の詩人アルチュール・ランボーとの醜聞などによって文壇で孤立、家庭生活も破綻すると1872年にランボーとパリから出奔した。詩風を異にする2人の詩人の逃避行は、1年後に感情のもつれからブリュッセルでヴェルレーヌがランボーを拳銃で撃つという結末を迎える。ヴェルレーヌはベルギー国内の刑務所に2年間収監され、その後ひっそり帰国したが、初期の先駆的な詩作が次第に若手詩人たちに持ち上げられて、1880年代には文壇への復活を果たした。コールによるカリカチュアでは牢獄を摸した竪琴を手にした「頽廃」の尻尾を持つ悪魔のように描かれており、額に書かれたギリシア語 ’ΑΝÁΓΚΗ は「自らの意思を越えた宿命」の意である。後半生は生来の怠惰から自身が獲得した名声に寄りかかった観があり、作品に見るべきものは少ない。一方、輝きを失うことのない初期の詩篇は、上田敏が「落葉」と訳した「秋の歌」Chanson d'automne を筆頭に日本でもかつては広く親しまれた。

No. 245　ERNEST COQUELIN

dessin d'Émile Cohl

エルネスト・コクラン　1848.5.16-1909.2.8

フランスの俳優。7歳年長の兄コンスタン（3号参照）と区別するため、「コクラン・カデ」Coquelin cadet とも呼ばれる（「カデ」は年少者、弟を意味する）。ブローニュ＝シュル＝メールに生まれ、優秀な成績でコンセルヴァトワールを卒業したのちにコメディ＝フランセーズに入るというところまでは偉大な兄と全く同じ経歴だが、喜劇を好みフットワークが軽かったという点でその後の展開を異にした。1875年、一時的にヴァリエテ座に移り数々のヴォードヴィルを演じて評判をとったのち、翌年再びコメディ＝フランセーズに戻って1879年に正式に座員となった。特にモリエール作品で多くの当たり役を得たほか、舞台に一人で立ち滑稽な話を身振りとともに語る「モノローグ」monologue という形式を練り上げ、その第一人者となった。「モノローグ」はナンセンスな笑いを求める風潮とも合致して大いに流行し、1884年にはコクラン兄弟の共著で技術的な注釈を付したアンソロジーも出版されている。晩年は精神に変調をきたし1908年から入院していたが、翌年の1月末に兄コンスタンが没すると、わずか12日後にあとを追うように息を引き取った。

No. 246 GUY DE MAUPASSANT

dessin de Coll-Toc

ギ・ド・モーパッサン　1850.8.5-1893.7.6

フランスの作家。ノルマンディ地方に生まれる。普仏戦争に従軍したのち戦後は海軍省、文部省に勤めた。フロベールの指導のもとで小説を書き始め、戦時の一情景を捉えた『脂肪の塊』Boule de suif（1880）の成功で名を知られるようになった。簡潔な文体と乾いた客観描写に特徴づけられた小説を次々に発表し流行作家となってからはエトルタに別荘を買いヨットに興じたが、次第に精神に変調をきたして晩年はブランシュ博士Émile Blanche（1820-93）の精神病院に収容され、自殺未遂の末に42歳の若さで没した。『女の一生』Une vie（1883）と『ベラミ』Bel-Ami（1885）をはじめとする長編6作と約260の短編からなる作品群には、パリと地方それぞれの生活情景を扱ったもののほか、『オルラ』Le Horla に代表される幻覚や恐怖を主題とした怪奇小説の一群がある。コル=トックのカリカチュアではフロベールとバルザックの著作に馬乗りとなっている姿で描かれているが、実際にはバルザックからは大きな影響を受けておらず、技法や主題の上での共通点も多くはない。日本でも明治時代から翻訳で読まれ、フランス文学の大家として多くの作家に影響を与えた。

No. 247　HILARION BALLANDE

dessin de Coll-Toc

イラリオン・バランド　　1820.7.6-1887.1.26

フランスの俳優、作家。ロット゠エ゠ガロンヌ県に生まれる。コメディ゠フランセーズの舞台に立っていたが、正式な座員となることはできないまま舞台を離れた。これは権勢を誇っていた女優ラシェルに歯向かったためとも、単にバランドのガスコーニュ訛りが抜けなかったためとも言われる。役者としては大成しなかったバランドが名声と富を築いたのは、1869年に開始した「日曜文学マチネ」Matinées littéraires du dimanche の企画が大当たりをとったためである。戯曲の上演に先立って、理解を深めるための講演を専門家がおこなうという試みは、知識人層からも一般大衆からも好評をもって迎えられ、アカデミー・フランセーズからも表彰された。この成功を契機としてバランドは1876年からはデジャゼ劇場 Théâtre Déjazet、1880年からはナシオン劇場 Théâtre des Nations の運営にあたっている。コル゠トックのカリカチュアは当時ナシオン劇場で戯曲版『ノートルダム・ド・パリ』Notre-Dame de Paris を上演していたことを背景としたものである。1880年代半ばにあらゆる劇場が「文学的マチネ」を模倣するようになると、「マチネ」で築いた財産で購入したドルドーニュ県の城館に引退、ブドウ栽培に精を出したという。

No. 248　CHARLES DE FREYCINET

dessin d'Émile Cohl

シャルル・ド・フレシネ　　1828.11.14-1923.5.14

フランスの技師、政治家。アリエージュ県フォワに生まれる。理工科学校を優秀な成績で卒業したのち公共事業省に技師として勤め、南部鉄道の開発主任など重要な職務を果たして評価を高めた。ガンベッタのあと押しで政界に進出し、1876年に上院に当選、1920年の引退まで議員を務める。1877年に公共事業相に就任した際にはガンベッタ、金融相レオン・セーと協力し、フランス全土に交通網を張り巡らせる巨大な公共事業計画を立ち上げた。彼の名から「フレシネ・プラン」plan Freycinet と呼ばれるこの遠大な事業は1914年まで継続され、総延長8700キロに及ぶ鉄道に30億フラン、運河に10億フランの国費が投入されている。1879年以降4期にわたり内閣を組織、ときに外相を兼任した。コールのカリカチュアでは「外交」diplomatie を科学者のように慎重に扱う姿勢が描かれている。1885年の大統領選挙ではカルノーに敗れた。科学者としての評価も高く1882年の科学アカデミー入会は妥当であるが、オージエの後任として1890年にアカデミー・フランセーズに当選した際には文学者を中心に不満の声があがった。長命を保ち、第一次世界大戦中の1915年には86歳という高齢にもかかわらず国務大臣を務めている。

No. 249 HENRI DE BORNIER

dessin d'André Gill

アンリ・ド・ボルニエ　1825.12.24-1901.1.28

フランスの作家。エロー県リュネルに生まれる。パリに出て20歳で最初の詩集を刊行したのち、アルスナル図書館の臨時職員の職を得て文学活動を継続した。普仏戦争中に蔵書を守るなど誠実な働きぶりが評価され、1880年には同図書館の総責任者にまで登りつめている。この昇進の背景には、1875年の『ロランの娘』La Fille de Rolandの爆発的な成功による世間的な名声の獲得も影響している。同作は中世の武勲詩『ロランの歌』の主人公の娘と、ロランを死に追いやった裏切者ガヌロンの息子を中心に据えた宿命と感情の相克を描くコルネイユ風の戯曲であり、その内容は観客の愛国心にも強く訴えかけた。サラ・ベルナールとムネ=シュリの熱演もあり『ロランの娘』は大いに賞賛され、当時のマクマオン大統領も劇場に赴いて喝采したという。その後も史劇を中心とした戯曲を書き続けたほか、小説、詩集でも知られた。1893年には対抗馬となったゾラを退けてアカデミー・フランセーズの会員となっている。亡父の形見の聖剣デュランダルを抱く「ロランの娘」をあしらったカリカチュアはアンドレ・ジルの手によるものであり、没後数年を経て発見された晩年の作との注記がある。

No. 250 ERNEST RENAN

dessin d'Émile Cohl

エルネスト・ルナン　1823.2.28-1892.10.2

フランスの作家、思想家、歴史家。ブルターニュ地方のコート゠ダルモール県トレギエに生まれる。当初は聖職者を志すが、近代学問と伝統的宗教観の乖離に葛藤したのち学究の道に進んだ。哲学の教授試験に首席で合格、哲学者イブン・ルシュドに関する博士論文を著すなど広い学識に溢れ、パレスチナでの調査を経て1862年からはコレージュ・ド・フランスでヘブライ語の講義を担当した。イエス・キリストを「傑出した人間」と見なす1863年の『イエスの生涯』Vie de Jésus は一大スキャンダルとなり、ローマ教皇は瀆神行為として非難、その後文相デュリュイの命によって講座は閉鎖された。しかし同書に始まる全7巻の『キリスト教起源史』Histoire des origines du christianisme は、近代合理主義のもとでキリスト教をとらえなおした書物として次第に正当な評価を受け、1878年にはルナンをアカデミー・フランセーズ会員へと導いている。言語論、地域論、国家論などの多岐にわたる学術的業績のほか、ルナンの思想の形成史、精神史でもある『少年期と青年期の思い出』Souvenirs d'enfance et de jeunesse（1883）によって名文家としても盛名を馳せた。

No. 251　ÉMILE AUGIER

dessin d'Émile Cohl

エミール・オージエ　　1820.9.17-1889.10.25

フランスの詩人、劇作家。ヴァランスに生まれる。母方の祖父は小説家、劇作家のピゴー＝ルブラン Pigault-Lebrun（1753-1835）であり、父親も弁護士業のかたわら小説家として活動していた。幼少時に一家でパリに移住、アンリ4世高校に学んだ。1844年、最初に書いた戯曲はコメディ＝フランセーズに拒絶されたもののオデオン座で上演され、大きな成功を収める。高校時代に同級であったアンリ・ドルレアン（オマール公）の司書として安定した生活を送りながら次々に戯曲を世に送り、早くも1857年にはアカデミー・フランセーズの会員に選ばれた。ナポレオン3世とも懇意であり、聖職者を揶揄した戯曲の内容が問題視された際には皇帝自ら調停に乗り出し、無事上演にこぎつけている。第三共和政下でもオージエは時代を代表する大作家とみなされ、生前から街路に名前が冠されるほどであった。そうした高い評価は没後の1895年にオデオン広場にモニュメントが置かれ、1897年に生地ヴァランスに6メートルを越える巨大な銅像が建てられた事実にも示されるが、これらはいずれもドイツ占領下で撤去されてしまい、今日では作品も顧みられることが少ない。なおポール・デルレードはオージエの妹の息子である。

No. 252　HENRY BUGUET

dessin de Choubrac

アンリ・ビュゲ　1845.11.18-1920.6.10

フランスのジャーナリスト、劇作家。パリに生まれ、若くして劇作家としてデビューする。特に喜劇、オペレッタ、ヴォードヴィルに優れた。なかでも19世紀の年末の風物詩であった、1年間の時事問題を組み入れて笑い納めとする演劇ジャンル「年末レヴュー」revue de fin d'année はビュゲの独壇場であったという。パリ市内の複数の劇場の運営にも秘書のような立場で関わっていたため、舞台の製作現場や内幕を克明に記した『ロビーと楽屋』Foyers et coulisses のシリーズを1873年以降に計14巻刊行、これらは今日では貴重な劇場史となっている。カリカチュアは、若い頃にジェノヴァのスタリエーノ墓地を訪れて以来、ビュゲが墓地に対して持っていた異常な愛着を背景としている。生前からペール=ラシェーズ墓地に自らの墓を立て、ときにはその前で涙したという逸話が残るが、黒い十字架に書かれた「彼の人生の目的は陽気な目的であった」という文章の「陽気な目的 but-gai とはビュゲ自身の名前とかけた言葉遊びである。表紙を描いたアルフレッド・シューブラック Alfred Choubrac（1853-1902）は、後年ポスター画家として名声を博した。

No. 253 FRANÇOIS CANROBERT

dessin de Coll-Toc

フランソワ・カンロベール　1809.6.27-1895.1.28

フランスの軍人、政治家。ロット県サン゠セレに生まれ、55歳という高齢の父親は旧体制下の軍人であった。陸軍士官学校に進み、卒業後はアルジェリアを主な任地として昇進を重ねる。1850年にルイ゠ナポレオンによってフランスに呼び戻され、翌年のクーデターの際には配下の旅団をパリ中に展開して共和派の蜂起を鎮圧、クーデター成功に大いに尽力した。この功によって第二帝政下の陸軍における中心人物となり、クリミア戦争後の1856年にはボスケ Pierre Bosquet（1810-61）とともに19世紀生まれの軍人で初めて元帥に昇進している。普仏戦争では敵軍に捕らえられ、皇帝とともに数ヶ月の間捕虜となったが、その後第三共和政下の1879年から1885年までは上院議員を務め、ボナパルティスムの象徴として存在感を示した。軍人としてはときに楽観的に過ぎ、また決断力に欠けたともされる。クリミア戦争中あらゆる書類を「万事問題なし、カンロベール」との文言で結んだという逸話が残り、これは現在でも危機感の欠如や楽天主義を示す成句として用いられている。なおコル゠トックのカリカチュアでカンロベールの右手に握られているものが、元帥のみに与えられる「元帥杖」bâton de maréchal である。

No. 254 ALEXANDRE DUMAS (FILS)

dessin d'Émile Cohl

アレクサンドル・デュマ（・フィス）　1824.7.27-1895.11.27

フランスの作家。『三銃士』『モンテ=クリスト伯爵』の著者である同名の父と区別して「デュマ・フィス（息子のほうのデュマ）」Dumas fils と呼ばれ、日本では「小デュマ」の名で知られる。パリに生まれたが私生児として届けられ、生母との関係が冷え切っていた「大デュマ」に認知されたのは7歳のときであった。その後も父親との関係は希薄であり、こうした不幸な生い立ちを背景としてか、作品には家庭問題が主題として頻繁にとり上げられている。1848年の小説『椿姫』*La Dame aux camèllias* は大きな成功を収め、1852年の舞台化、その翌年のヴェルディによるオペラによって名声を世界的なものとした。今日ではこの一作のみで名前を留めている観があるが、当時はあらゆる作品で成功を収めており、1874年には偉大な父が生涯入会がかなわなかったアカデミー・フランセーズの会員となっている。なおナポレオン麾下の将軍であった同名の祖父（1762-1806）は軍人の父と奴隷との間に生まれているため、小デュマにも八分の一アフリカ系の血が流れている。大デュマは（ときに悪意をもって）「黒人」として描かれることが頻繁にあったが、小デュマのカリカチュアにそうした誇張はほとんど見られない。

No. 255　HENRY LITOLFF

dessin de Coll-Toc

アンリ・リトルフ　　1818.8.7-1891.8.5

フランスのピアニスト、作曲家。アルザス出身のヴァイオリニストを父にロンドンに生まれる。これはナポレオン軍の兵士であった父がスペインで捕らえられ、移送先のイギリスで解放後にスコットランド出身の女性と結婚したためである。こうした経緯からイギリス出身と見なされて「ヘンリー・リトルフ」と呼ばれることもある。早くからピアノの名手として知られたが、17歳のときに16歳の少女と駆け落ちし、その後はパリをはじめベルギー、ドイツの都市を転々としながら音楽家としてのキャリアを積んだ。この間、若き日のハンス・フォン・ビューロー Hans von Bülow（1830-94）にピアノを教えたほか、親交を結んだリストは自身のピアノ協奏曲第1番をリトルフに献じている。1858年の2度目の離婚以降パリに定住し、指揮者、ピアノ教師として名声を博した。その後シャトレ劇場の責任者となり、自作のオペレッタ等も上演されたが、今日では4曲のピアノ協奏曲（リトルフ自身は「交響的協奏曲」Concerto symphonique と呼んでいた）のみがときおり演奏される。3人目の妻と死別したのち1874年に17歳の少女と再婚、これを最後の結婚とし、以降は半ば引退生活に入って生涯を終えた。

No. 256　ARMAND DESPRÉS

dessin de Coll-Toc

アルマン・デプレ　　1834.4.12-1896.7.22

フランスの医師、政治家。外科医を父にパリに生まれ、彼自身もパリ大学で医学を修めて外科医となった。1866年には博学で知られた先達ブーシュ Eugène Bouchut（1818-91）との共著で『治療学事典』Dictionnaire de thérapeutique を刊行するなど、その学識の幅広さと確かさで知られた。性病学を専門とし、売春をはじめとする社会問題を意識したことから、次第に政治活動に関心を向けるようになった。1884年から1890年まで第6区選出のパリ市議を務め、1889年にはセーヌ県選出の下院議員となっている。共和主義者であったが、修道女が看護師の役割を担っていた病院にまで第三共和政下の「非宗教化」の波が及んだ際には断固として異を唱えた。当時は看護師の専門教育もなく、多くは地方出身の貧しい女性が「非宗教化」によって病院に入ったが、この流れを苦々しく思ったデプレの「病院内には売女か修道女しかいない」という議会での発言が記録に残っている。こうした強硬な態度から、反対派の議員からは取り除かれるべき「汚れた包帯」というあだ名で呼ばれたという。1894年に落選すると再び医師として活動し、2年後に没している。

No. 257 FRÉDÉRIC PASSY

dessin de Coll-Toc

フレデリック・パシ　1822.5.20-1912.6.12

フランスのジャーナリスト、政治家。多数の学者と政治家を輩出した家系に生まれる。当初は法曹の道に進んだが、ジャーナリズムに転じて経済問題を主に論じた。その後普仏戦争に際しては『タン』紙上で断固とした反戦を唱えるなど国家間の平和を強く希求し、のちの国際連合の前身となる国際問題の仲裁機関の設置をいち早く提言している。1889年にイギリスのウィリアム・ランダル・クリーマー William Randal Cremer（1828-1908）とともに設立した列国議会同盟 Union interparlementaire は、政治的な多国間交渉を初めて可能とした場であり、現在まで存続している。1881年から1889年まではセーヌ県選出の下院議員を務め、植民地の拡張に反対したほか、女性の地位向上、死刑の廃止なども強く訴えている。こうした活動によって、1901年に赤十字の創設者アンリ・デュナン Hneri Dunant（1828-1910）とともに第1回ノーベル平和賞を受賞するという栄誉に浴した。毒舌で知られるゴンクールはその『日記』に若い頃のパシを容貌魁偉、天下の醜男と記しているが、年齢をうまく重ねたものか、もしくはよく撮れた写真をもとにしたためか、コル=トックのカリカチュアでは整った顔立ちに風格と威厳が滲み出ている。

No. 258　AUGUSTE DE VILLIERS DE L'ISLE-ADAM

dessin de Coll-Toc

オーギュスト・ド・ヴィリエ・ド・リラダン　1838.11.7-1889.8.18

フランスの作家。ブルターニュ地方のサン゠ブリウに生まれる。侯爵を名乗る父親は家名の再興をもくろんでは破産を繰り返した人物であり、ヴィリエ・ド・リラダン自身も大貴族の直系であることを誇りとしつつも極貧にあえいだ。葬儀屋からボクシングのコーチまであらゆる職業に手を染めながらパリの文学サークルで頭角を現し、世間的には認められなかったものの文学者の間では非常に高く評価されていた。マラルメは畏友「ヴィリエ」に情愛のこもったエッセーを捧げ、またヴェルレーヌは彼を『呪われた詩人たち』 *Les Poètes maudits* のひとりに数えて賛辞を惜しまなかった。20世紀に入るとエドマンド・ウィルソン Edmund Wilson（1895-1972）の評論『アクセルの城』*Axel's Castle*（1931）で遺作『アクセル』*Axel*（1890）が象徴主義の典型として捉えられるなど、文学史上での位置付けが定まった観がある。奇行も多く、なかでもナポレオン3世に面会し、当時空位であったギリシア王位の継承者として名乗り出たという事件は、当時から半ば伝説として語り継がれていた。しかしこの「貴族」の出自については、「ヴィリエ」という名字の祖先が大貴族にあやかって「ド・リラダン」を僭称したという説が今日では有力である。

No. 259　MARIUS FONTANE

dessin d' Alfred Choubrac

マリユス・フォンターヌ　1838.9.4-1914

フランスのジャーナリスト、歴史家。マルセイユに生まれる。商社に勤め17歳で中東に赴いた際、ベイルートのフランス領事フェルディナン・ド・レセップスに才覚を認められ、1857年以降はその秘書となった。レセップスが主導したスエズ運河およびパナマ運河の開削という世界的大事業に直接関わった。シューブラックの描くカリカチュアではフォンターヌの後ろにパナマ帽が置かれ、『今日の人々』でジルがレセップスに持たせていたような「栓抜き」が突き刺さっている(41号参照)。フォンターヌは若い頃から詩集や紀行文も発表し、一方でオリエントの歴史研究にも力を注いだ。明快な文体と平易な言葉で書かれた彼の本は広く読まれ、オリエント趣味の興隆にも貢献している。1881年からは独力で『世界史』Histoire universelle の執筆に着手し、古代インドを扱った第1巻から順に刊行、1910年の第14巻「ルネサンス」まで30年に及ぶライフワークとなった。この間、1893年2月には「パナマ事件」関連の汚職容疑で逮捕され、2年間の懲役と3000フランの罰金を科せられたが、6月に判決が破棄されたため事なきを得ている。

No. 260 FRANCIS MAGNARD

dessin de Coll-Toc

フランシス・マニャール　1837.2.11-1894.11.19

フランスのジャーナリスト。フランス人を両親にブリュッセルに生まれる。夫に捨てられた母親はマニャールを女手ひとつで育て、十分な教育を受けさせた。ジャーナリズムに身を投じて1859年から『ゴーロワ』紙等に寄稿、1865年に『フィガロ』紙を主な活動の場と定めて社主ヴィルメッサンの片腕となった。ヴィルメッサンの信頼が厚かったマニャールは1876年に編集長に任じられ、3年後に社主が没すると他2名とともに共同経営者となっている。貧しい生まれから身を立てたマニャールはこうしてフランス有数の日刊紙を操るジャーナリズムの大立者となり、そのほか『タン』紙、『ジュルナル・ド・パリ』 Le Journal de Paris 紙等にも記事や短編小説を残した。苦労を共にしてきた妻は早世したが、作曲家を目指した息子のアルベリック Albéric Magnard（1865-1914）に対しては、『フィガロ』紙を半ば私物化しながらあらゆる応援を惜しまなかった。アルベリックは4つの交響曲を残し「フランスのブルックナー」とも呼ばれるが、第一次世界大戦の際に邸宅に侵入してきたドイツ兵との銃撃線の末、未刊の楽譜とともに炎に包まれるという悲劇的な最期を遂げた。

No. 261　GASTON DE GALLIFFET

dessin de Job

ガストン・ド・ガリフェ　　1830.1.23-1909.7.9

フランスの軍人。プロヴァンス地方の名家の直系としてパリに生まれ、後年は侯爵を名乗った。大学で文学を学んだのち軽騎兵として軍に入隊する。社交界での華やかな交際を好み、また両親から資産を相続したことで除隊も考えたが、惰性のようにして軍に属したままクリミア戦争に参加、アルジェリアにも派遣されて思わぬ軍功を挙げた。将軍として指揮を執った普仏戦争はスダンで捕虜となったが、帰国後のパリ・コミューン鎮圧ではほとんど殺戮に近い過酷な掃討によって名を轟かせた。1899年にガリフェが再び脚光を浴びたのは、ヴァルデック゠ルソー内閣がその「勇名」に期待をかけ、彼を陸軍相に任じてドレフュス事件の収拾を図ったためである。しかしもともと大衆的人気に欠けていたガリフェが仕掛けた強引な工作はことごとく裏目に出て、陸軍の評判は地に落ちることとなった。この号のカリカチュアを描いているジョブ Job (1858-1931) は本名をジャック・オンフロワ・ド・ブレヴィル Jacques Onfroy de Bréville といい、筆名はイニシャルに由来する。画家になるのを父親に反対され軍隊に入ったという経験を持つジョブのガリフェに対する印象は、この毒気の薄い構図からは測り難い。

No. 262　HENRI MICHELIN

dessin de Coll-Toc

アンリ・ミシュラン　1847.5.3-1912.10.7

フランスの政治家。パリに生まれ、法学を修め弁護士となる。パリ7区の助役、区長を経て1882年にパリ市議に当選した。威風堂々として押し出しのいいミシュランは市議会長も務め、1885年のヴィクトル・ユゴーの国葬に際しては凱旋門でパリ市を代表して演説をおこなっている。同年にセーヌ県から立候補し下院に当選した際にこの号が発行されており、コル=トックは市議会から来たミシュランが下院の扉を開ける姿を描いている。極左派として議会では「日和見主義」のルーヴィエ内閣に厳しい態度で臨んだほか、アルフォンス・アンベールを編集長に迎えて『アクシオン』L'Action紙を発行するなど旺盛に活動した。しかしブーランジェが台頭するとこれに与し、デルレードの愛国者同盟にも参加するなど、その姿勢は目に見えて右傾化していった。むろん社会主義と愛国主義が両立しないわけではないが、1889年の改選ではかつての自らの立場に近い急進左派の候補に敗れており、軸足の定まらない候補者という印象を有権者に与えていた可能性は高い。1893年には下院に返り咲くものの1期のみで終わり、その後は「愛国者」としての立ち位置を鮮明にして何度か立候補したが、政治の表舞台への復帰はならなかった。

No. 263 JORIS-KARL HUYSMANS

dessin de Coll-Toc

ジョリス=カルル・ユイスマンス　1848.2.5-1907.5.12

フランスの作家。パリに生まれる。代々画家を生業としたオランダ人の家系であり、石版画家の父の代でフランスに帰化した。内務省に勤めながら作家として出発し、本来のファーストネームに含まれる「ジョルジュ」「シャルル」を響き良く変えて筆名とした。当初は自然主義作家のグループに属したが、やがて文壇の新潮流である「象徴主義」を小説に応用する道を選び取り、ゾラらと袂を分かった。頽廃と爛熟の美学に生きる青年デ・ゼッサントを主人公とした『さかしま』À rebours (1884) は、世紀末の空気を見事に凝縮するとともに、マラルメ、ヴェルレーヌら象徴派詩人の名を世に広めた「デカダンスの聖書」として名高い。コル=トックのカリカチュアでユイスマンスが顔を出す本のページに、この時点での著作のタイトルが見られる。1891年には「悪魔主義」の烙印を押された小説『彼方』Là-bas を発表するが、現代社会への強い嫌悪はやがて中世キリスト教の賛美に行き着き、ユイスマンスは一転してカトリックに改宗、『大聖堂』La Cathédrale (1898)をはじめとする一連の作品を著した。美術に対する確かな批評眼は、評論集からも、また小説中の考察からもうかがうことができる。

No. 264 JULES BÉCLARD

dessin de Roc

ジュール・ベクラール　1817.9.17-1887.2.9

フランスの医師。解剖学の知識を外科手術に適用した高名な医師、ピエール=オーギュスタン・ベクラールPierre-Augustin Béclard（1785-1825）の息子としてパリに生まれる。優れた教育者でパリ大学教授でもあった父親を少年期に失ったが、同じ道を歩んで1842年に博士号を取得、1845年には解剖学・生理学の教授資格試験に首席で合格した。1851年には父が生前に刊行した解剖学の書物を最新の知見で増補、再刊し、その後継者たる資質を十分に知らしめている。カリカチュアでは体温計を手にしたベクラールの足元に動物が横たわっているが、これは体温が器官の働きに与える影響を研究対象とした彼が、動物の体温と筋収縮に関する独創的な論文で名を高めたことを背景としている。かつての父と同じパリ大学医学部の教授に就任して以降は各種団体の長を兼任、セーヌ県議にも選出されるなど医学界きっての名士となった。親子が並んで葬られているペール=ラシェーズ墓地には、両者の業績を称える2つのモニュメントが屹立している。なおこの号の表紙を担当しているロックは273号との計2回『今日の人々(レ・ゾム・ドージュルデュイ)』でカリカチュアを描いているが、生没年、経歴等は未詳である。

No. 265 ARMAND SILVESTRE

dessin de Coll-Toc

アルマン・シルヴェストル　1837.4.18-1901.2.19

フランスの作家。パリに生まれ、理工科学校を卒業したのちに文学者を志した。その詩は技巧派がひしめく「高踏派」のなかにあっても際立ち、フォーレ Gabriel Fauré（1845-1924）をはじめとする多くの作曲家が好んで歌曲とした。しかしシルヴェストルを文学史上特異な存在としたのは、その文学の極端な二面性である。コル=トックのカリカチュアには「涙よりも笑いを書くほうがいい、なぜなら笑いは人の本性なのだから」との『ガルガンチュア物語』*Gargantua*（1534）の巻頭言からの引用が見られるが、まさしくシルヴェストルはラブレーの後継者でもあった。1878年に『ジル・ブラース』*Gil Blas*紙に関わったのを機に発表を始めた短編小説の数々は、いわゆる「下ネタ」満載の笑話であり、優美な詩人と同一人物とは思われないばかばかしさで読者を唖然とさせた。さらに驚くべきは、シルヴェストルは1868年以降官僚となっていたため、公人でありながら艶話や糞尿譚を年に数冊のペースで量産していたという事実である。しかもこれらは出世の妨げとはならず、1892年には芸術監督官に就任するなど、典雅と卑俗を行き来したうえに社会的栄達まで手にした稀有な文学者である。

No. 266 ÉDOUARD HERVÉ

dessin d'Émile Cohl

エドゥアール・エルヴェ　1835.5.28-1899.1.4

フランスのジャーナリスト。レユニオン島（当時はブルボン島）のサン=ドゥニに生まれる。パリに出て、難関の高等師範学校に首席で合格するがわずか1年で退学、ジャーナリストの道を歩んだ。エミール・コールによるカリカチュアは、エルヴェが1873年に創刊した日刊紙『太陽』*Le Soleil* を踏まえたものである。大判で1部5サンチームという格安価格の同紙は、貧しい労働者にも政治状況を知らせるという役割を果たし、その成功により同種の新聞が続々創刊された。その後は政界に進出し、パリ市議となる。第三共和政下のパリ市議のうち、「ノルマリアン」（高等師範学校出身者は卒業の如何にかかわらずノルマリアン normalien と呼ばれる）はエルヴェただひとりである。1886年にアカデミー・フランセーズに入会しているが、ジャーナリスト、しかも大衆紙の創刊者に過ぎないエルヴェが入会の栄誉に浴した背景には、彼がアカデミー会員のアンリ・ドルレアン（オマール公）の庇護を受けていたことが影響している。なお『太陽』は後年、圧倒的な人気のブーランジェ将軍を支持せず、またドレフュス事件ではドレフュス派に立つなど、大衆におもねらない啓蒙的な姿勢がかえって仇となり大幅に部数を減らすことになる。

No. 267 ALPHONSE LEMERRE

dessin de Job

アルフォンス・ルメール　1838.4.9-1912.10.15

フランスの出版者。マンシュ県に生まれ、パリに出てパサージュ・ショワズールに書店を構えた。1866年に第一次『現代高踏詩集』の版元を引き受けたことで文壇の新潮流の中心として一躍名を高め、「高踏派」の牙城を築き上げた。一種の賭けに勝ったように飛躍を遂げたルメールだが、実際には出版物の大半が著者による自費出版、良くても費用を折半しており、書店のリスクは小さかったというのが真相である。こうした蓄財によって1875年にはパリ郊外ヴィル゠ダヴレーの画家コローの邸宅を買い取り、のちには同地の市長にもなった。1884年にルメールはレジオン・ドヌール勲章を受章し、またシュリ・プリュドムに続いてコペの、「高踏派」2人目となるアカデミー・フランセーズ入会が重なったため、功成り名を遂げた詩人たちは書店主を囲んで盛大な祝宴を催した。ジョブが描くカリカチュアはルメール書店の表紙の図案、「行動し願え（＝人事を尽くして天命を待つ）」の標語の下の「耕す人」という構図にルメール本人を当てはめたものであり、首にレジオン・ドヌール勲章がかかっている。権勢を極めたルメール書店であったが、創業者の死後は次第に時代から取り残され、1965年に1世紀にわたる活動に幕を下ろした。

No. 268 JEAN MORÉAS

dessin d'Émile Cohl

ジャン・モレアス　1856.4.15-1910.4.30

フランスの詩人。アテネ生まれの生粋のギリシャ人であり、本名はイオアニス・パパディアマントプロス Ioánnis Papadiamantópoulos といった。フランス語教育を受けて育ち、読み書きの能力は卓越していたが、1870年にパリに定住して以降も独特の強い訛りは残っていたという。片眼鏡と口髭をトレードマークとしたモレアスは、自己顕示欲が強く衒学的という評判で敵も少なくなかったが、若手文学者たちがひしめく当時のパリで次第に台頭した。やがて「象徴主義」という言葉が世間を賑わしはじめると目ざとくその波に乗り、1886年に「象徴主義宣言」を発表、新潮流のリーダーとして名乗りを挙げた。もっとも当時乱発された文学的「宣言」は、内容如何よりも文壇における主導権争いのための道具であり、モレアスの主張に特に目新しさはない。カリカチュアではブルジョワ風の衣装を着た女神アテナを前に、ギリシャの民族衣装フスタネーラをまとったモレアスが描かれている。モレアスはその後「ロマーヌ派」École romane を名乗り、アンドレ・シェニエ André Chénier（1762-94）を思わせる古典的な詩句を操った（母親がギリシャ人であったシェニエをモレアスは常に意識していた）。晩年にフランスに帰化している。

No. 269　JULES LERMINA

dessin de Coll-Toc

ジュール・レルミナ　1839.3.27-1915.6.23

フランスの作家。パリに生まれ、名門のサン゠ルイ高校でも優秀な生徒として知られていたが、18歳で結婚、翌年に子供が生まれたために若くして社会に飛び込むこととなった。あらゆる職業を経たのちにジャーナリズムの世界に入ってひとかどの地位を得るが、この間に社会主義に傾倒し、第二帝政を批判して収監されるという経験もあった。1870年代以降は文学に専念、ウィリアム・コッブ William Cobb の筆名も用いながら小説を量産した。人気作家ウジェーヌ・シュー Eugène Sue（1804-57）の『パリの秘密』Les Mystères de Paris の続編をうたった『ニューヨークの秘密』Les Mystères de New-York（1874）、大デュマの小説の主人公の息子を主役とした『モンテ゠クリストの息子』Le Fils de Monte-Cristo（1881）など、大作家の褌を借りた「続編」の数々はかなりの成功を収めた。これらの作品ではレルミナ自身の経歴を反映してか、主人公が社会主義的な視点を持つことが特徴である。その他にもSF小説やオカルト小説の一群を残すなど最も多産な作家のひとりに数えられ、本を撒き散らしながら疾走するようなコル゠トックのカリカチュアは当時のレルミナの印象を捉えたものであろう。

No. 270　PHILIPPE RICORD

dessin de Coll-Toc

フィリップ・リコール　1800.12.10-1889.10.22

フランスの医師。フランス革命を避けて一家が暮らしていたアメリカのボルチモアに生まれる。20歳でパリに来て医学を修め、各地の病院に勤めた。特に性感染症の専門家として知られ、梅毒と淋病の峻別、梅毒の発症の諸段階を明らかにするなど大きな業績を残し、膣鏡（クスコ）の改良もおこなった。第二帝政期にはナポレオン一家の侍医となり、上流社会においても性病が蔓延していたため、城館から城館へと往診して各国の貴族から受けた勲章は200以上に及んだという。ヴィクトリア女王がパリを訪れた際、勲章で服の下地が見えなくなっているリコールを見つけ、あれほどの遠征をした「元帥」は何者かと皇帝に尋ねたという逸話も残っている。その一方で、普仏戦争でのパリ攻囲中には、すでに高齢にもかかわらず、命を賭して治療にあたる仁術の人でもあった。パリの男性市民でリコールの名を知らぬ者はなく、住所を言わずともその名を告げれば御者も直ちにリコールのもとに向かったという。ナイフを手にしたリコールと松葉杖の愛の神（エロス）というコル=トックのカリカチュアの構図は、かつてアンドレ・ジルも用いたものだが、これは梅毒を防ぐために効果があるとされた包皮切開、いわゆる「割礼」を間接的に示唆したものであろう。

No. 271 MAURICE FAURE

dessin de Coll-Toc

モーリス・フォール　1850.1.7-1919.12.8

フランスの政治家。フランス南東部のドローム県に生まれる。共和主義の活動家であった父親はルイ=ナポレオンのクーデターの際に逮捕され、長く収監されたのちにフランスから追放された。母方の親戚の家で育てられたフォールも早くから文学と共和思想に目覚め、この号はフォールが1885年10月にドローム県から下院に初当選した際に発行されたものである。カリカチュアでは下院の前に南仏風の衣装を身にまとったフォールが立ち、そのペンには「蟬」La Cigaleと書かれた帯が結ばれている。これはフォールらが1875年に設立した南仏出身作家の親睦団体の名称であり、そこではフェリブリージュたちやポール・アレーヌ、また先輩格のアンリ・ド・ボルニエらが参加して毎月食事会が催されていた。郷土愛で結ばれた人脈は首都の文壇においても無視できない勢力を形づくり、他にもノルマンディとブルターニュ出身の作家たちは「りんご」La Pommeというグループを組織し、同様の食事会を開いていたという。フォールは1902年まで下院議員を務め、その後は上院に転じて現職のまま没している。旺盛な政治活動のかたわらオック語の保存運動や文学の振興にも力を注ぎ、南仏人としての矜持を保ち続けた。

No. 272　LOUIS ANDRIEUX

dessin de Coll-Toc

ルイ・アンドリュー　1840.7.23-1931.8.27

フランスの政治家。アン県トレヴーに生まれる。パリでの法学生時代に共和主義に傾倒し、クレマンソーらとともにジャーナリズム活動を展開した。その後はリヨンで反帝政の弁護士として活動したが、帝政崩壊後は国防政府によって権限を与えられ、パリ・コミューンに誘発されたリヨンの4月蜂起を冷静に鎮圧している。1876年に下院に当選、1879年に警視総監に任じられると断固として綱紀粛正にあたった。内部の引き締めには成功したものの、あまりに厳格で居丈高な姿勢は、かつて彼を喜んで迎えたジャーナリズムや民心の離反も招いている。このため一時期は長い落選期間も経験したが、1910年に下院に復活当選、1924年まで議員を務めた。政治活動からの引退後も壮健であり、87歳にして詩人アルフォンス・ラッブ Alphonse Rabbe (1784-1829) に関する博士論文をソルボンヌに提出、博士号を取得した。公開審査の際には旧友クレマンソーが聴衆の最前列に陣取ったという。このアンドリューが50代半ばで17歳の女性に産ませた私生児が、詩人ルイ・アラゴン Louis Aragon (1897-1982) である。「アラゴン」の姓を与えたのはアンドリューだが、これはかつて短期間スペインで外交官を務めた際の思い出であるという。

No. 273　MATHIAS DUVAL

dessin de Roc

マティアス・デュヴァル　1844.2.7-1907

フランスの医師。イネ科やトクサ属の研究に名を残す植物学者ジョセフ・デュヴァル＝ジューヴ Joseph Duval-Jouve を父に南仏グラースに生まれる。ストラスブール大学の医学部に学び、優秀な学生として将来を嘱望された。普仏戦争でアルザス地方が占領されるとストラスブール大学の組織はナンシー大学に移管され、デュヴァルも将来の教授候補として招かれたが、1873年に教授資格を得たのちはパリを活動の場に定めた。人類学高等研究所、官立美術学校、パリ大学医学部等多くの学校で教鞭をとり、その講義の見事さには定評があったという。1885年末にシャルル＝フィリップ・ロバン Charles-Philippe Robin（1821-85）が没すると、そのあとを継いでパリ大学医学部の教授となった。この号の本文中では翌年に行われたデュヴァルの最初の講義の様子を伝えているが、教室に入りきれなかった多くの人々が廊下に溢れ、最終的には学校の中庭まで人で一杯になったという。齧歯目の研究から人類学までその業績は多岐にわたり、卵を手にしたデュヴァルの姿を描いたカリカチュアは、鳥類を対象とした発生学と組織形成の研究を示したものである。

No. 274 EDMOND DE GONCOURT

dessin de Coll-Toc

エドモン・ド・ゴンクール　　1822.5.26-1896.7.16

フランスの作家。ナンシーに生まれる。8歳年下の弟ジュール Jules de Goncourt（1830-70）と小説を共同執筆をして著名となり、1870年にジュールが39歳で急逝すると、そののちの四半世紀は一人で執筆活動を続けた。コル゠トックのカリカチュアの右上に見られるのがジュールの胸像である。自然主義の先駆けとなった小説群のほか、フランス18世紀社会の考察、北斎・歌麿らを評価したジャポニズムなど、同時代に大きな足跡を残した。加えて、ほぼ半世紀にわたって綴られた名高い『日記』は、同時代の詳細な観察であるとともに貴重な文壇ゴシップの宝庫でもある。その一部は生前に発表されているが、「真実」を記録するという信条のもとに、食卓で口にした噂話や人物評、家庭の事情までもが暴かれ、文壇人たちは恐慌をきたしたという。こうした内容のため『日記』の全貌が明らかになったのは、ほとんどの関係者が世を去った第二次大戦後のことである。生前からアカデミー・フランセーズの向こうを張る「アカデミー・ゴンクール」を構想し、これは兄弟の遺産を基金として死後に実現した。アカデミーの10名の会員が選出する「ゴンクール賞」は、現在もフランスで最も影響力のある文学賞である。

No. 275 JULES CHÉRET

dessin d'Alfred Choubrac

ジュール・シェレ 1836.5.31-1932.9.23

フランスの画家。パリに生まれる。絵画を学び、リトグラフを用いたポスターを主要な表現手段とした。イギリスで色刷りのリトグラフを大量生産する技術を身につけたのち、1866年にパリで工房を開くと、オッフェンバックのオペレッタのポスターや企業広告などで次々に成功を収めた。女性を軽やかに描く画風は人気を博し、「街路のヴァトー」の異名をとった。世界中のポスター画家がモデルとした先駆者である。『今日の人々』にも1回のみ、自らの価値を最初に認めたエルネスト・マンドロンを描いている（299号参照）。晩年は失明し、96歳の生涯をニースで終えている。この号のカリカチュアについては本文中に短い解説があり、背景に置かれたドミノの最高の札「6のダブル」double-sixは、シェレが斯界のナンバーワンであることを示しているらしい。描いているのはアルフレッド・シューブラックだが、この号および290号のサインは、252号、259号とは微妙に異なり、姓の最初のCの文字に、AだけでなくLのイニシャルが加わっているようにも見える。ともにシェレから技術を受け継いだという、同じくポスター画家の兄レオンLéon Choubrac（1847-85 ホープHopeの名でも知られる）との共作ではないか。

No. 276 DAUBRAY

dessin d'Émile Cohl

ドーブレ　1837.5.7-1892.9.10

フランスの俳優。ナントに生まれ、本名はミシェル=ルネ・ティボー Michel-René Thibaut。俳優に憧れて14歳でパリに出ると、発声等の指導を受けながら世に出る機会をうかがっていた。しかしコンセルヴァトワールの受験に失敗、小劇場を渡り歩いて役者としての修行を重ねた。「ドーブレ」という芸名は、ナントで堅実に商売をする両親の邪魔をせぬよう、本名を隠すために用いられたものである。しわがれ声とでっぷりとした体格は役柄を限定することとなったが、やがてドーブレはこれを武器に変え、化粧や仮装を存分に用いた滑稽な役どころで次第に人気を博すようになった。なかでもオッフェンバックをはじめとするオペレッタでは多くの当り役を得て、他をもっては代えがたい役者として独特の存在感を示した。1877年には、シャブリエ Emmanuel Chabrier (1841-94) のオペラ=ブッフ『星』L'Étoile の初演でも、主人公に翻弄される王を演じて大いに笑いをとっている。ロシアやロンドンでも公演を成功させ、その福々しい顔で知られた人気役者であった。家庭においては11人の子宝に恵まれたという。55歳で没した。死因は心筋梗塞。

№ 277 ANTON RUBINSTEIN

dessin de Job

アントン・ルビンシュテイン　1829.11.28-1894.11.20

ロシアのピアニスト、作曲家。生地は現在のモルドバ共和国に位置する。子供の頃からモスクワでピアノの修業に励み、9歳で最初のコンサート、10歳でフランスを含む海外公演をおこなう神童であった。ベルリン、ウィーンを経て1848年に再びロシアに戻り、ピアニストとして大成するとともに旺盛に海外公演をおこない、ヨーロッパ中に轟く名声を勝ち得た。ロシア大公妃エレナ・パヴロヴナ Elena Pavlovna（1807-73）の後援を受けて1862年にはサンクトペテルブルク音楽院を創設し、後進の教育にも力を注いでいる。作曲家としては20作にのぼるオペラ、6曲の交響曲をはじめ膨大な作品を残したが、今日ではそれらはほぼ顧みられず、教育者として、またロシア派のピアニストの原型をつくったヴィルトゥオーゾとして名を残している。ジョブのカリカチュアは、ルビンシュテインの技巧を示すためにその両手をいくつも描いており、多分にマンガ的である。弟ニコライ Nikolai Rubinstein（1835-81）も音楽家、ピアニストであり、兄弟はともにチャイコフスキーの指導にあたったことでも知られる。なお20世紀の同姓のピアニスト、アルトゥール・ルービンシュタイン Arthur Rubinstein（1887-1982）との血縁関係はない。

No. 278　LÉON SAY

dessin d'Émile Cohl

レオン・セー　1826.6.6-1896.4.21

フランスの経済学者、政治家。パリに生まれる。「供給は需要を創造する」という「セーの法則」をはじめ、古典的経済理論を打ち立てたジャン=バティスト・セー Jean-Baptiste Say（1767-1832）を祖父に持つ。当初はジャーナリストとして出発し、『ジュルナル・デ・デバ』紙の経営者アルマン・ベルタン Armand Bertin（1801-54）の娘と結婚、同紙上でオスマン男爵の財政政策を批判した。またロトシルド（ロスチャイルド）家当主とも友人関係にあり、同家が所有する北部鉄道会社の取締役を務めるなど、恵まれた人脈は1869年に政界入りして以降もセーの大きな力となった。1871年にはオスマンの後任としてセーヌ県知事に就任、その後は財政の専門家として金融相を8度にわたって務めている。政界屈指の実力者として君臨した。期待をかけられたガンベッタ内閣の崩壊も、セーの協力が得られなかったことが原因であるという。1886年にはアカデミー・フランセーズ会員となり、晩年は力を増す社会主義を目の敵として、ジョレスらの力を削ぐことに腐心した。なお日本銀行の設立等でデフレ誘導を図った明治時代のいわゆる「松方財政」は、松方正義が1878年に訪欧した際にセーから学んだ政策をモデルにしたものとされる。

No. 279　JEAN-BAPTISTE BILLOT

essin d'Émile Cohl

ジャン=バティスト・ビヨ　1828.8.15-1907.5.31

フランスの軍人、政治家。コレーズ県ショーメイユに生まれる。ショーメイユ市長であった父親は最初の結婚で12人、2度目の結婚で9人の子宝に恵まれたが、その20番目がビヨである。陸軍士官学校を経て士官となるが共和主義の思想を持ち、ルイ゠ナポレオンへの権力集中には批判的であった。帝政成立後はアルジェリア、メキシコで軍功を挙げて昇進を重ね、普仏戦争でも一度は捕虜となったもののメッスから脱走、国防政府下で軍を指揮している。1871年にコレーズ県選出の下院議員となり、中道左派の議員としてマクマオンにも反対した。1875年以降は終身上院議員となっている。ジュリエット・アダンのサロンで共和派の中枢と人脈を築き、1879年に上院議員デュフェ Jean Dufay（1815-98）の娘と再婚、27歳年下の新妻には30万フランに近い持参金があったためビヨはますます安泰となった。1882年にフレシネ内閣で陸軍相を務めるなど、軍と政府の要職を歴任した。1896年から再び陸軍相を務めた際には国内で盛り上がるドレフュスの再審要求に耳を貸さず、そのためにエミール・ゾラの告発文「われ弾劾す」では名指しで非難されている。再審の実現は、ビヨが1898年に大臣職を離れたのちのことである。

No. 280 JEAN RICHEPIN

dessin de Coll-Toc

ジャン・リシュパン　1849.2.4-1926.12.12

フランスの文学者。フランス人の軍医を父に、アルジェリアのメデアに生まれる。作文を得意とする秀才として知られ、1868年に難関のパリ高等師範学校に入学した。1870年に文学士となるが、その後は学究の道に進むことなく、義勇兵として従軍したのち気ままな放浪生活を送る。やがてカルティエ・ラタンに居付くと奇矯な言動と才気で頭角をあらわした。作家リシュパンの転機となったのは1876年に上梓した初の詩集、『浮浪人の歌』 La Chanson des Gueux である。放浪生活で身に付けた俗語を用いて下層生活を赤裸々に語った同書は風俗壊乱の罪に問われ、著者には1ヶ月の収監と500フランの罰金が課せられた。しかしそれらを埋め合わせて余りある名声を勝ち得、その後の詩集、小説、戯曲も好意的に迎えられた。1908年にはアカデミー・フランセーズの会員に選出され、かつてスキャンダラスなデビューを飾った異端の詩人もフランスきっての名士となった。晩年には青年時代のアナーキーな人物の面影はなくなり、凡庸な老大家として揶揄の対象となったほか、1914年には下院議員に出馬して落選するなど、若い頃とはまったく別の意味で「俗世」にまみれている。

No. 281　LOUIS FIGUIER

dessin d'Émile Cohl

ルイ・フィギエ　1819.2.15-1894.11.8

フランスの作家。モンペリエに生まれ、父は薬局を経営していた。伯父は薬学の教授、また兄も父を手伝って新薬を開発するといった環境のもと、フィギエも軍人になるという夢をあきらめ、薬剤師の資格を得たのち1841年に医学博士となった。モンペリエとパリで教鞭を執り、旺盛に論文を執筆する学者となったが、30代半ばまではその知名度は医学界の内部に限定されていた。1855年にヴィクトル・ムニエに代わって『プレス』*La Presse*紙の科学読み物を担当すると、一般に広く名を知られるようになる。その後は自然科学の知識を平易に説明する挿絵入りの本を次々に執筆し、ムニエとともに「通俗科学」の第一人者として名声を博した。こうした科学知識の「大衆化」は第一線の研究者からは白眼視されることもあったが、フィギエは自らの仕事を、茎の棘で指から血を流しながら人々にバラを手渡す役目に例えている。その通り、フィギエの厖大な著作はジュール・ヴェルヌらのSF小説の情報源となったほか、詩人ランボーをはじめとする19世紀の多くの少年たちの想像力をかきたてた。妻のジュリエットは、クレール・セナール Claire Sénart（1827-79）の筆名で『両世界評論』等に小説を発表した作家である。

No. 282　JULES BARBEY D'AUREVILLY

dessin de Coll-Toc

ジュール・バルベ・ドールヴィイ　1808.11.2-1889.4.23

フランスの作家。14世紀までさかのぼるノルマンディ地方の旧家に生まれる。その血筋を誇りとし、カトリック信仰、反革命精神、ブルジョワ社会への憎悪を特徴とした。イギリスのバイロン卿やジョージ・ブランメル George Brummell（1778-1840）を規範とした「ダンディスム」をフランスで最初に体現した人物としても知られる。機知に満ちた会話でサロンの主役となり、文学界に道が開かれると、とりわけ優れた文学観を持つ批評家として名を成した。それまで軽視されてきたスタンダール、バルザックを再評価したほか、1857年にともに断罪されたボードレールの『悪の華』とフロベールの『ボヴァリー夫人』に深い理解を示すなど、19世紀の文学受容に果たした役割は大きく、「文学の大元帥」Connétable des lettres の異名をとった。その一方で「高踏派」として出発した若手詩人の面々には手厳しく、また後年はゾラら自然主義の作家を目の敵にした。彼自身も『悪魔のような女たち』Les Diaboliques（1874）をはじめとする優れた小説を残しており、決して眼高手低の人物ではない。なお名前の発音にはフランスでも異論があり、ノルマンディ地方での発音は「ドールヴィリ」に近いともいう。

No. 283　FÉLIX-GUSTAVE SAUSSIER

dessin de Coll-Toc

フェリックス=ギュスターヴ・ソーシエ　1828.1.16-1905.12.19

フランスの軍人。トロワに生まれ、20歳で陸軍士官学校に入った。軍ではメキシコ、アルジェリアなど海外の任地で軍功を重ねて昇進する。普仏戦争で捕虜となった際も、牙を抜かれた他の将官たちを尻目に、隙を見てケルンから脱走し再び戦いに身を投じるという気骨を見せた。1873年に下院に当選したが、軍務を優先させて1876年に辞職している。1884年には、首都での軍の顔となるパリ軍事総督 Gouverneur militaire de Pairs の要職に任命された。14世紀からの歴史を持つこの役職は、第二帝政末期にはカンロベールが5年間その任にあり、また1881年から翌年にかけてはガリフェも務めたものだが、1897年までの13年間というソーシエの任期は異例の長さである。この間、1887年12月の大統領選挙には保守派の代表として出馬したが、サディ・カルノーに大差で敗れた。「ウィルソン勲章事件」（211号参照）の際には調査委員長を務め、ドレフュス事件でも軍部の面目を保つために腐心するなど、フランス陸軍の中心人物であり続けた。青年、壮年期の大半を野営地に過ごした経験から身の回りに最小限のものしか置かず、生涯独身にもかかわらず浮名のひとつも立たなかったという硬派の軍人である。

No. 284 SULLY PRUDHOMME

dessin d'Émile Cohl

シュリ・プリュドム　1839.3.16-1907.9.6

フランスの詩人。パリに生まれ、本名はルネ＝アルマン・プリュドム René-Armand Prudhomme。筆名は名・姓ではなく「シュリ・プリュドム」でひとつの名前である。当初は技師を志すが、目を病んで文学に転じた。格調の高い「高踏派」の詩人として高く評価され、早くも1881年にはアカデミー・フランセーズの会員となっている。ルクレティウスの翻訳、また科学・哲学を詩作品に取り込む試みなどによって、知性の詩人として同時代の尊敬を集めた。カリカチュアでは、アカデミー・フランセーズ会員の正装に身を包んだシュリ・プリュドムを囲む鳥、蝶、鉢植に、詩篇や詩集のタイトルが書かれている。指に下げている花瓶は、もっともよく知られた詩篇「壊れた花瓶」Le vase brisé を暗示している。彼が歴史に名を留めているのは、トルストイ、イプセン、ゾラら世界的名声を得ていた文学者たちを抑えて1901年に第1回ノーベル文学賞を受賞したことによる。これは選考にあたったスウェーデン・アカデミーが、モデルとしていたアカデミー・フランセーズからの推薦を尊重したためであり、これによりシュリ・プリュドムは35年間の印税の総計の4倍にのぼる賞金とともに、歴史に名を残す栄誉を得た。

No. 285　PAUL BOURGET

dessin d'Émile Cohl

ポール・ブールジェ　　1852.9.2-1935.12.25

フランスの作家。アミアンに生まれ、数学教師の父親の任地に従ったのちパリに出た。数々の文学グループやサロンに積極的に足を運ぶなかでまず詩人としてデビューしたが、彼の名を高めたのは1883年の評論『現代心理論集』 Essais de psychologie contemporaine である。同書でブールジェは現代の文学傾向と精神性の原因をボードレール、フロベールらのなかに探り、「デカダンス」を最初に理論化したことで一躍時代の先端に立った。またテーヌ Hippolyte Taine (1828-93) の実証主義を小説に取り入れた『弟子』 Le Disciple (1889) も知的な問題作として話題を呼び、評価を固めた。1894年には早くもアカデミー・フランセーズ会員となっている。その後は同時代の風俗、特に社交界における男女関係の心理を描く小説を量産し、保守派の論客としても大きな影響力を保ったが、第一次世界大戦後はその硬直した思想によって時流から遠ざけられた。晩年のブールジェにかつての輝きはなく、アンドレ・ジッド André Gide (1869-1951) はすでに1930年にその作品を「時代とともに消えるもの」であると喝破し、『日記』に書きつけている。現在ジッドの予言はほぼ的中しているが、小説や批評、また優れた紀行文の数々はなお再読に値する。

No. 286　PAUL GINISTY

dessin d'Émile Cohl

ポール・ジニスティ　1855.4.4-1932.3.5

フランスの作家。パリに生まれる。1881年に詩集を刊行して文壇にデビューしたのち、多くの新聞雑誌に寄稿をはじめる。一定のレヴェルの文章を大量に書くという、ジャーナリズムに最も必要な能力を備えていたジニスティは、同時に4紙に時評を書き、さらに戯曲、小説を発表するという旺盛な生産力を示した。なかでも『ジル・ブラース』*Gil Blas*に連載した時評は『文芸年報』*L'Année littéraire*のタイトルにまとめられ、1886年以降1894年まで毎年刊行されている。また演劇界とのつながりから、1896年にはオデオン劇場の責任者となった。当初はアントワーヌと連名での就任だったが、意見が合わず、まもなくアントワーヌが辞任、単独で1906年までの10年間を指揮した（アントワーヌはその後1906年から1914年まで責任者を務めた）。在任中は、イプセンやビョルンソンらスカンディナヴィアの作家の作品も取り上げるなど、多彩なレパートリーで観客を引き付けている。晩年まで執筆量は衰えず、とりわけジャーナリズム史や「見世物」を含む演劇史に関する分野で興味深い著作を残した。前者では1930年に発表した回想記、また後者では綱渡り芸で知られたサキ夫人 Madame Saqui（1786-1866）の評伝が優れている。

No. 287 LÉON DIERX

dessin d'Émile Cohl

レオン・ディエルクス　　1838.3.31-1912.6.12

フランスの詩人。先輩詩人のルコント・ド・リールと同じく、インド洋上のブルボン島（レユニオン島）に生まれる。15歳でフランス本土に来て若手詩人のグループと交際し、『現代高踏詩集』でデビューを飾り、数冊の詩集を発表した。俗事に恬淡で、穏やかで控えめな人格から「聖なる俗人」Saint laïqueのあだ名を奉られたという。1879年以降は実質的になにも書いていないが、『全詩集』や『全集』の刊行、アンソロジーへの収録によって過去の作品が読まれ続け、「高踏派」のひとつのモデルとして尊敬を集めていた。このためマラルメの死後の1898年には「詩王」Prince des poètesに選ばれている。詩人の互選で選出される「詩王」は終身制の称号だが、公式なものでも主催団体があるわけでもなく、文芸誌がそのつど催したイベントであるといっていい。ルコント・ド・リールの死後にヴェルレーヌがまず選ばれ、その後マラルメ、ディエルクスと続いたが、ディエルクスの死後に選ばれたポール・フォール Paul Fort（1872-1960）が長命を保ったため、企画自体がうやむやになってしまった。なおディエルクスの墓はパリ北西部のバティニョール墓地にあり、同墓地内のヴェルレーヌの墓からもほど近い。

No. 288 ÉMILE COHL

dessin d'Uzès

エミール・コール　1857.1.4-1938.1.20

フランスのイラストレーター、アニメ作家。パリに生まれる。本名はエミール・クルテÉmile Courtet。アンドレ・ジルの弟子としてカリカチュアの分野で名を挙げた。カリカチュアは、ジルの胸像を抱えてその後継者を自認するコールの姿を描いている。カルジャからの紹介状を手に1878年に意を決して直接訪ねて以来師と仰いだジルへの畏敬の念は、最初の結婚で生まれた娘に「アンドレ」Andrée、2度目の結婚で生まれた息子に「アンドレ」Andréと名づけていることにもうかがえる。なお最初の離婚の原因は妻の不倫であり、その相手である作家ヴィリとは1886年に決闘沙汰となった。多才なコールには写真家、劇作家といった一面もあったが、なかでもフランスでアニメ製作に先鞭を付けた人物として名を残している。1908年にジムナーズ劇場で上映された1分40秒の『ファンタスマゴリー』Fantasmagorieは世界初のアニメ映画とされる。以降、生涯に約300本のアニメを製作した。なおこの号と435号で表紙を描いているユゼス(1846-1909)は本名をアシル・ルモ Achille Lemotといい、コールと同じくジルに学んだ。女に貢ぐために偽札をつくり10年間収監され、1881年に釈放されたといういわくつきの兄弟子である。

No. 289　PIERRE SAVORGNAN DE BRAZZA

dessin de Manuel Luque

ピエール・サヴォルニャン・ド・ブラザ　1852.1.26-1905.9.14

フランスの探検家。ローマで貴族の家系に生まれる。本名はピエトロ・サヴォルニャン・ディ・ブラッツァ Pietro Savorgnan di Brazzà。17歳でブレストの海軍士官学校に入学、外国籍であったため研修生の扱いであったが、卒業後の1874年にフランスに帰化して名前も改め、正式に海軍に入った。第三共和政下でコンゴ川流域の調査に名乗りを上げ、1875年から78年にかけて、1879年から82年にかけての2度にわたり調査団を指揮した。当初は実現を危ぶまれた第一次調査は、彼の実家が100万フランの資金援助をしたおかげで実現された。現地の人々とも友好的に接した探検は大いに成功を収め、彼の名を高めた。第二次にはフランス政府とフランス地理学会が資金を提供している。コンゴ共和国の首都ブラザヴィルは、最初にこの地に到達した彼の名にちなんだものである。リヴィングストンを理想とし、強引なスタンリーの手法を軽蔑した彼と、軍隊を用いて強硬に植民地化を進めようとする国家の方針は次第に齟齬を見せ、その功績にもかかわらず植民地政策の中枢からは遠ざけられた。1905年、調査中に熱病にかかりダカールで没したが、毒殺の噂が絶えなかったという。

No. 290　LÉON LABBÉ

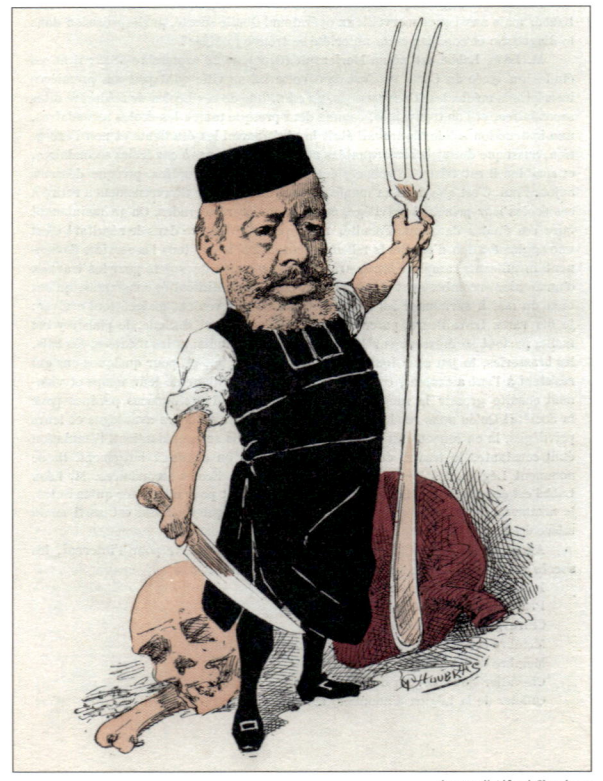

dessin d' Alfred Choubrac

レオン・ラベ　1830.9.29-1916.3.21

フランスの医師、政治家。オルヌ県に生まれる。カーンの高校で学んだのちパリで医学を修め、のちパリ大学の教授となった。優秀な外科医として評判が高く、特に彼の名を世間一般にも知らしめたのは、1876年に誤ってフォークを飲み込んだ青年（歯を閉じて上を向き、その上にフォークを立ててバランスを取る大道芸をしている最中に友人が笑わせたことが原因という）の腹部を切開してフォークを取り出した手術である。シューブラックによるカリカチュアでフォークを高々と掲げるラベの姿は、この事実を踏まえたものである。このほか1884年には喉頭を全摘出し人工器官と置き換える手術に成功するなど、外科の第一人者として知られた。1892年にオルヌ県から上院に当選、1900年、1909年に再選されて現職のまま没した。議会においても旺盛に活動し、彼が提言して成立したチフスのワクチン注射を兵士全員に義務化する法律は「ラベ法」と呼ばれている。ラベの息子は警視総監を2度にわたって務めたルイ・レピーヌ Louis Lépine（1846-1933）のひとり娘と結婚している。なお「ラベ静脈」と呼ばれる大静脈が脳にあるが、これは解剖学者として業績を残しながら早世した甥のシャルル Charles Labbé（1851-89）に由来する。

No. 291 JOSÉPHIN SOULARY

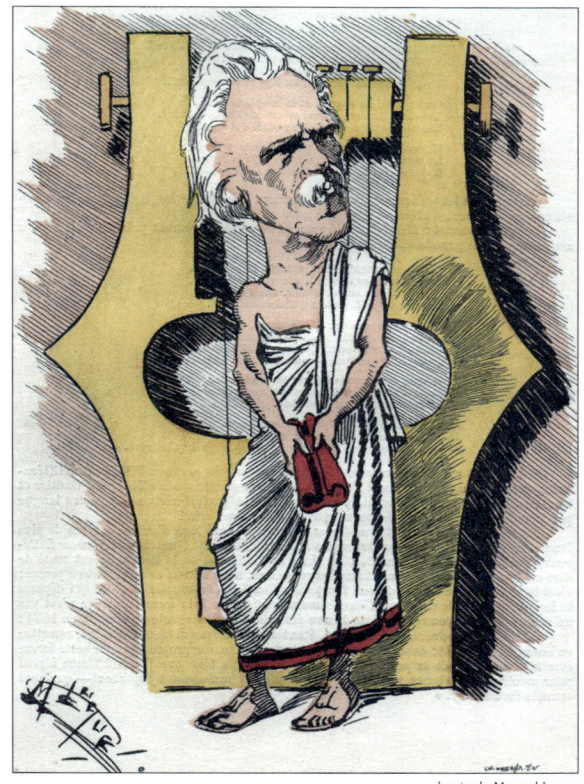

dessin de Manuel Luque

ジョゼファン・スーラリ　1815.2.23-1891.3.28

フランスの詩人。リヨンに生まれる。ローヌ県庁の職員を務めながら詩作をおこなった。ペトラルカやプレイヤード派の流れを組む、当代きってのソネットの名手として畏敬を集めた。なかでも、子供を喪ったばかりの母親と嬰児の洗礼にやってきた母親が教会で出会い、祈りとともに共感を果たすさまを14行で歌った「ふたつの行列」Les Deux Cortègesは、傑作としてスーラリの名を世に広く知らしめた作品である。大批評家サント゠ブーヴもスーラリを高く評価したほか、ボードレールは彼の技量をゴーティエ、ルコント・ド・リールにも比している。しかし彼らと違いスーラリは、リヨンを離れてパリに赴くことも、自らの周囲に若手詩人を集めることもなく、文芸の首都における文学潮流の栄枯盛衰に無関心のまま自作の彫琢に専心した。『諧謔ソネット集』Sonnets humoristiques (1858)や『皮肉詩集』Les Rimes ironiques (1877)といったタイトルにもうかがえるように、定型詩の形式で喜怒哀楽を見事に表現する術を備えたスーラリは、イタリアの彫刻家ベンヴェヌート・チェッリーニ Benvenuto Cellini (1500-71)になぞらえられて「詩文のベンヴェヌート」の異名もとったという。

No. 292 ÉMILE BERGERAT

dessin d'H. Reboul

エミール・ベルジュラ　1845.4.25-1923.10.13

フランスの作家。パリに生まれ、18歳で大学入学資格試験に失敗したその日にコメディ=フランセーズに一幕物の戯曲が採用されるという早熟の才能で知られた。この成功によりジャーナリズムに足がかりを得ると、誰もが物怖じする『フィガロ』紙の社主ヴィルメッサンともすぐに打ち解け、彼の太鼓腹を気安く叩いては「親父」呼ばわりするという大物ぶりを見せつけた。その後『フィガロ』には「カリバン」Caliban、別の有力紙『ヴォルテール』Voltaire には「仮面の男」l'Homme masqué のペンネームで時評を書き、機才縦横な筆で評判をとった。1872年にテオフィル・ゴーティエの娘エステル Estelle Gautier (1848-1914) と結婚し一男一女をもうけている（カチュール・マンデスとは義兄弟ということになる）。多くの小説と戯曲を残したほか、全4巻の回想記『パリの少年の回想』 Souvenirs d'un enfant de Paris (1911-14) がある。1919年にはアカデミー・ゴンクールの会員となった。なお、フランシスク・サルセーはベルジュラの高校時代の家庭教師であったが、後年、批評家と劇作家という立場になってからはかつての「教え子」の作品を厳しく評している。

No. 293　HECTOR GIACOMELLI

dessin d'Émile Cohl

エクトル・ジャコメリ　1822.4.1-1904.12.1

フランスの画家。イタリア人の声楽教師を父としてパリに生まれる。宝飾品の工業デザイナーとして働いていたが、30歳頃に体調を崩しパリを離れ、これを機に自然の美しさに開眼した。パリに戻ったあとは、ジャコメリより10歳年少ながらすでに第一人者として知られたギュスターヴ・ドレ Gustave Doré（1832-83）にデッサンの技術を学び、動植物を得意の画題とした。ドレは工業デザイナーであったジャコメリの線の確かさも高く評価し、1866年には代表作のひとつ『聖書』の挿絵の外枠と装飾を依頼している。ジャコメリが最も得意としたのは鳥の絵であり、ジュール・ミシュレの『鳥』*L'Oiseau*（1856）の挿絵の出来ばえは、格調高い本の内容と見事な調和を見せ、同時代の多くの人々から賛嘆された。こうした背景から、エミール・コールはカリカチュアでジャコメリを鳥の巣の中に置いている。その後も同じくミシュレの『虫』*L'Insecte*（1857）をはじめとして、多くの書籍と雑誌をその挿絵で飾ったほか、優れた鑑識眼を備えた19世紀版画のコレクターとしても知られた。戦争画を得意とした版画家オーギュスト・ラフェ Auguste Raffer（1804-60）の作品のコレクションは随一であり、1863年には作品目録も出版している。

No. 294　JOHN GRAND-CARTERET

dessin de Coll-Toc

ジョン・グラン=カルトレ　1850.5.6-1927.8.31

フランスのジャーナリスト。銀行家を父にパリに生まれる。本名はジャン・グランJean Grandといったが、ファーストネームを変え、さらに母の旧姓を加えてグラン=カルトレと名乗った。母方のおじはスイスの有力政治家であり、彼自身もまずジュネーヴでジャーナリストとして活動したのち、1880年代初頭にパリに来ている。数々の新聞雑誌に寄稿したが、カリカチュアを熱心に収集したことで知られる。彼を収集家のなかで一頭地を抜く存在としたのは、その学究精神である。人の目を瞬間的に楽しませはしても、二次的な評価しか受けていなかったカリカチュアをテーマごとに整理し、民衆の声なき声を具現化した資料として扱った彼の功績は大きい。多くの図像を引用しながら歴史・風俗を語る著作を多く残し、コル=トックが描いているように、とりわけドイツ関係のカリカチュアの専門家として知られた。ビスマルクやドイツ皇帝を揶揄したカリカチュアをまとめた書籍のほか、ワグナー、ドイツ女性、ドイツから見たフランス、またドイツにおけるホモセクシュアリティなど、ドイツにまつわるテーマだけでも多くの図像集を出版している。20世紀に入ると絵葉書収集にも手を広げ、専門誌も刊行した。

No. 295　MAURICE MAC-NAB

dessin de Fernand Fau

モーリス・マック=ナブ　1856.1.4-1889.12.25

フランスの詩人、シャンソニエ。シェール県ヴィエルゾンの城館に双子の兄ドナルド Donald Mac-Nab（1856-93）とともに生まれる。家系はスコットランドに由来する地元の名家であったが、マック=ナブの少年時代に家は傾き、土地と城館は資本家によって買収された。こうして境遇が一転したのちは、神学校で教育を受け、兵役を終えたあと1877年にパリに出て郵政省の職員となった。そしてマック=ナブは、これまでの人生で蓄積した資本家、聖職者、軍隊、また社会そのものに対する不満と鬱屈をシャンソンに仕立て、カルティエ・ラタンで旺盛に発表し始めた。まがりなりにも公務員のマック=ナブがパリ市議会を痛烈に揶揄したシャンソンを発表した際には政治問題になりかけたが、フランシス・ピティエがグレヴィにとりなして事なきを得ている。昼は平凡な職員、夜はアナーキストのシャンソニエという二重生活を送ったが、ポリシーから歌では金銭を受け取らず、代わりに酒で払ってもらうという無理な生活がたたり、33歳で世を去った。フェルナン・フォー（1858-1919）のカリカチュアに描かれた広口壜は、代表作「胎児」*Fœtus* を踏まえたものである。普段は吃音であったが、シャンソンは滑らかに歌ったという。

No. 296　STÉPHANE MALLARMÉ

dessin de Manuel Luque

ステファヌ・マラルメ　　1842.3.18-1898.9.9

フランスの詩人。パリで官吏の家系に生まれる。本名エティエンヌ・マラルメ Étienne Mallarmé。高校の英語教師となり、1866年に『現代高等詩集』でデビューしたが、理想の美を追い求める詩的言語は次第に深化し、一般読者には解釈不能な難解さを示すに至った。このため1876年の第三次『現代高踏詩集』からはアナトール・フランスの主導により放逐され、詩壇の孤高の存在として周囲に信奉者を集めるようになった。ローマ街の自宅で詩論を語り合う「火曜会」の参加者からはポール・ヴァレリーをはじめとして次代を担う多くの文学者や画家が輩出し、ヴェルレーヌとともに19世紀末のフランス詩壇を牽引する巨頭として大きな影響力を持った。深遠な言語観、詩の概念は時代とジャンルを越え、ドビュッシー、ニジンスキー、ピエール・ブーレーズらとも共鳴し、今日もなおその作品が多くの批評家・研究者を引き付けている。ルーケが描いたカリカチュアは代表作『牧神の午後』L'Après-midi d'un faune を踏まえたものだが、かつて友人のマネ Édouard Manet (1832-83) に描いてもらった肖像を理想とするマラルメにとって、このような悪ふざけはおよそ許しがたいものであり、出版元のヴァニエを提訴しようとした。

No. 297　J.-ÉMILE LABADIE

dessin d'Émile Cohl

J.=エミール・ラバディ　　1851.11.2-没年不詳

フランスの官吏。船員の息子で、少年時代を船上で過ごしたという。19歳で軍隊に入ったが3年で除隊、その後7年間世界を見てまわったのち、船舶登記局に採用された。一官吏に過ぎないラバディの名が人の口にのぼるようになったのは、1886年に発表した著作『海港パリの研究』*Étude sur Paris port de mer*のためである。フランスにおける海運の衰退を危惧するラバディはこの著書で、パリからルーアンを経由してル・アーヴルまで閘門のない運河を造成するという壮大な計画を示した。これによってパリは最大級の軍艦と商船が寄港可能な「港湾都市」となり、フランスでは海洋国家としてヨーロッパをリードすることができるとラバディは主張した(同時にパリの下水問題も解決するとしている)。エミール・コールが描くラバディは、運河に関連する人物のカリカチュアには付き物の「栓抜き」を抱えている。『海港パリの研究』巻末の詳細な試算では、大型船がすれ違う運河は横幅100メートル、深さ9メートルの規模で想定され、166ヘクタールに及ぶパリの「港」を含めた工事費は約6億フランである。「フレシネ・プラン」に邁進する国家にそのような余裕はあるわけもなく、「海港パリ」の案は泡と消えた。

No. 298 JULES LAFORGUE

dessin d'Émile Laforgue

ジュール・ラフォルグ　1860.8.16-1887.8.29

フランスの詩人。ウルグアイのモンテビデオに生まれる。父の故郷であるタルブを経てパリに赴き、文学者たちと交流した。詩の規則にとらわれず個人の内的な律動に従う「自由詩」vers libreを開拓し、その黎明期に傑作を残したほぼ唯一の詩人である。1881年以降はベルリンに滞在し、ヴィルヘルム1世の妻であるドイツ皇妃アウグスタ Augusta（1811-90）にフランスの文学や新聞を読み聞かせる朗読係となった。拘束時間が短く待遇も良いこの仕事によって、ヨーロッパ旅行や文学への耽溺が可能となり、1885年に『嘆きぶし』Les Complaintesを発表している。俗謡を取り入れながら独特のペシミズムを詩篇にまとわせ、主題としては月とピエロを偏愛した。1886年にベルリンを離れ、年末にイギリス人女性と結婚、この号で紹介されてほどなく1887年の夏に27歳の若さでパリで没している。その試みは、生前には完全に理解されたとは言いがたいが、T.Sエリオット、エズラ・パウンドら20世紀のモダニズムを牽引するイギリス詩人に大きな影響を与えた。カリカチュアを描いているのは詩人の1歳年長の兄エミール Émile Laforgue（1859-1912）である。

No. 299　ERNEST MAINDRON

dessin de Jules Chéret

エルネスト・マンドロン　　1838.12.9-1908

フランスの美術家、文筆家。パリに生まれる。リュクサンブール公園内の《ヴェレダ》Vellédaを代表作とする彫刻家イポリット・マンドロン Hippolyte Maindron (1801-84) の甥にあたる。長らく学士院に勤め、1889年のパリ万国博覧会では公式目録の責任者に任じられるなど、学術的な資料編纂に手腕を発揮した。マンドロンの最大の業績は、ジュール・シェレらによって興隆を見た「ポスター」の芸術性を最初に正当に評価したことである。この分野での最初の仕事は「世情を映す鏡」としての張り紙の考察であり、第二帝政の瓦解からパリ・コミューン集結までの9ヶ月間にパリ市内の壁面を飾った文書を集成した『政治の外壁』Les Murailles politiques (1874) を出版して、いまだ生々しい動乱の日々を人々の眼前にまざまざと甦らせた。その後は1880年代に画家によるポスターが全盛を迎えると、1886年に『絵入りポスター』Les Affiches illustréssを著し、複製を豊富に引用しながらその進展を紹介している。10年後の1896年に続編を刊行し、翌1897年には劇場とカフェ゠コンセールcafé-concert(コンサートホールを兼ねた飲食店)の絵入りプログラムを対象とした本を出版した。膨大なコレクションは1万5千枚にものぼったという。

No. 300 CHARLES VIGNIER

dessin de M. Reymond

シャルル・ヴィニエ　1863.5.8-1934.2.5

フランスの作家。ジュネーヴに生まれる。スイスで少年時代を過ごし、イギリス滞在を経たのちに1881年にパリに出た。この号はヴィニエが詩集『集句詩』Centon (1886) でデビューを飾った直後に発表されたものだが、結局はこの1作のみで創作の筆を折っている。その理由は同年に起こった決闘とその顛末に求められる。1886年2月15日、ヴィニエは些細な諍いから決闘を招き（これ自体は珍しいことではない）、対手の小説家ロベール・カーズ Robert Caze (1853-86) の腹部を剣で突き刺してしまう。運悪く肝臓を損傷したカーズは6週間後に没し、その死は文壇内部に小さくない波紋を広げた。衰弱するカーズを何度も見舞っていたエドモン・ド・ゴンクールは『日記』でヴィニエを呪詛した。自らに投げかけられた「カーズを殺した男」という呼び名を避けるようにヴィニエは文学界を離れ、東洋美術の収集家、美術商として後半生を送っている。ヴィニエはむしろこの方面で成功し、専門的なカタログの執筆もおこなったほか、若き日のアンドレ・マルロー André Malraux (1901-76) がカンボジアに美術品の「調査」に行く前にも相談を受けたといわれる。この号の表紙を担当しているレモンについては未詳。

No. 301 ÉDOUARD DRUMONT

dessin de Manuel Luque

エドゥアール・ドリュモン　1844.5.3-1917.2.3

フランスの作家。パリに生まれる。半年間の市役所勤めののちジャーナリストを志し、文章がジラルダンの目に留まったことで一定の地位を得た。パリやフランスの歴史に関する手堅い著作で知られるのみであったドリュモンが一躍時の人となったのは、1886年の『ユダヤのフランス』La France juive の刊行によるものである。フランスの停滞の元凶をすべてユダヤ人に帰し、経済を独占し文化を汚染する人種として猛烈に攻撃した同書は爆発的な売れ行きを示し、この号が発行された時点ですでに125版を重ねている。なおルーケのカリカチュアでは本を振りかざすドリュモンが、金銭の上に居座るユダヤ人に踊りかかっているが、実際には『ユダヤのフランス』は2巻組で計1200ページの大著である。その後は愛国的新聞『リーブル・パロール』La Libre Parole の創刊、反ユダヤ団体の組織など精力的に活動し、ドレフュス事件に際しては当然ながら反ドレフュス派として論陣を張った。1898年からの4年間はアルジェリア選出の下院議員も務めている。ドリュモンの主張は若きバレス、レオン・ドーデ、シャルル・モーラス Charles Maurras（1868-1952）らを導き、アクシオン・フランセーズを準備することとなる。

No. 302　ARTHUR MEYER

dessin de Manuel Luque

アルチュール・メイエル　1844.6.16-1924.2.2

フランスの出版人。ル・アーヴルに生まれる。10代で新聞を創刊するなど卓越した行動力で頭角をあらわし、1879年に日刊紙『ゴーロワ』紙を買収。上流志向が強い都市部のブルジョワに読者層を定め、同紙を多大な影響力を持つ大新聞に発展させることに成功した。ジラルダン、『フィガロ』の社主ヴィルメッサンのあとを継いで第三共和制下の文壇・論壇を左右したフランス屈指の実力者であり、あらゆる上流階級の人々と交流する社交界の名士ともなった。そのメイエルの評判を揺るがせたのが、彼を「最も成功したユダヤ人」として攻撃したドリュモンの著書『ユダヤのフランス』である。実際にメイエルの祖父はラビであったが、この「侮辱」に端を発した剣での決闘において、メイエルは剣を持たないほうの手で相手の剣を抑えるという重大なマナー違反を犯してしまう。怪我を負わせたドリュモンには罵られ、彼を快く思わない人々の間で「卑怯なユダヤ人」との声はますます高まった。その後、あたかも出自を否定するかのように、メイエルはドレフュス事件に際して反ドレフュスの側に立ち、1901年には完全にカトリックに改宗もしたが、アクシオン・フランセーズ一派の攻撃が止むことはついになかった。

N. 303　MAURICE ROLLINAT

dessin d'Émile Cohl

モーリス・ロリナ　1846.12.29-1903.10.26

フランスの詩人。アンドル県シャトルーに生まれる。第二共和政下で議員も務めた父フランソワ François Rollinat はジョルジュ・サンドの親しい友人であり、『愛の妖精』 La Petite Fadette（1849）、『捨て子のフランソワ』François le Champi（1850）の前書きにも匿名で登場している。早くから詩作とピアノを身につけ、サンドのあと押しもありパリの文壇に乗り出した。1877年の処女詩集はまったく評判を呼ばなかったが、キャバレーで自作の詩をピアノ演奏しながら歌うようになると、その内容と合致した幽鬼のような風貌と相まって徐々に評判を高めた。その後刊行された1883年の詩集『神経症』Les Névroses は文壇内でまっぷたつに評価が割れた。『フィガロ』紙上では詩集発売前に大々的なキャンペーンが張られ、バルベ・ドールヴィもロリナの才能を激賞したが、過多な宣伝活動を白眼視する一派は、そこにボードレールの追随者以上のものを見出さなかった。繊細なロリナはこうした状況に疲れ、精神の不安定もあってパリを去りフランス中部クルーズ県のフレスリーヌに隠遁した。詩作は続けたが、恋人の死、たび重なる自殺未遂の末、1903年に病気で世を去ったが、文壇からはほぼ忘れられた存在となっていた。

No. 304 PAUL ADAM

dessin de Zed

ポール・アダン　1862.12.7-1920.1.1

フランスの作家。パリに生まれる。1885年に「自然主義小説」の副題を掲げた『柔らかい肉』*Chair molle* で文壇にデビューを飾った。ポール・アレクシが序文を書いた同書は、愛人に利用され売春婦に身を落としたお針子がリールの病院で梅毒で死ぬまでを描いたものであり、その不道徳性を批評家サルセーが雑誌上で激しく糾弾、官憲によって著者は2週間の収監と1000フランの罰金刑を命じられた。しかし翌年の小説『自我』*Soi* では早くも自然主義からの脱却を試み、同年に出版したジャン・モレアスとの共著『ミランダの茶会』*Le Thé chez Miranda* は、その独特な語彙と文体でアダンを象徴派運動の主導者の地位にまで押し上げた。その後も『存在』*Être*（1888）では魔術やオカルティズムへの傾向も示すなど、出発からの数年間で次々と文学の垣根を飛び越えていくアダンの姿はゼッドのカリカチュアにも示されている。その一方でブーランジェ支持の立場を鮮明にし、1889年には下院選挙に出馬して落選、その後は殺人犯ラヴァショル Ravachol（1859-92）を現代の英雄と持ち上げて物議をかもすなど、多分に山っ気のあった人物である。多くの小説、エッセー、美術批評を残しており、文壇人としては成功した部類に入る。

No. 305 AUGUSTE BARTHOLDI

dessin de Manuel Luque

オーギュスト・バルトルディ　　1834.4.2-1904.10.4

フランスの彫刻家。アルザス地方のコルマールに生まれる。両親ともに裕福な地元の名士の家系であった。官立美術学校で学んだのち彫刻家として活動を始め、1880には普仏戦争下での抵抗を記念するベルフォールのライオン像（パリのダンフェール=ロシュロー広場に縮小複製がある）を完成させるなど、共和国を代表する彫刻家の地位を固めた。しかし彼の名を世界的なものとしているのは、やはりニューヨークの《自由の女神》である。当初は独立100年にあたる1876年にフランスからアメリカに贈られる予定であったが、政体の転換や資金の確保で時間がとられ、完成は10年遅れの1886年となった。ルーケのカリカチュアではバルトルディが松明を掲げた女神の右手に立っているが、実際に1916年までは松明部分まで登ることができたらしい。完成前の1876年にもフィラデルフィアの万国博覧会で右前腕部だけが展示されており、観光客がこぞって松明の周囲に登った。1878年のパリの万国博覧会でも女神像の頭部が展示され、こうした「顔見世」は完成に向けた多額の寄付金集めに大きく貢献した。力強い馬の姿が目を引くリヨンのテロー広場の噴水をはじめ、多くの記念碑や彫像がフランス国内に現存する。

No. 306 EDMOND BENOÎT-LÉVY

dessin d'Émile Cohl

エドモン・ブノワ=レヴィ　1858-1929

フランスの弁護士、文筆家。パリに生まれ、弁護士となる。第三共和政成立以降の政治的事件を扱った『15年史』Histoire de quinze ans（1887）が評判を呼んで世に知られ、その後訪れたアルジェリアとチュニジアではフランス人植民者によって抑圧される現地人のために法廷で弁護をして話題となった。法服を着て現地の人々を抱きかかえるブノワ=レヴィの姿を描くエミール・コールのカリカチュアは、この滞在を踏まえたものである。この号が出た当時は誰も予期しなかったことだが、ブノワ=レヴィは20世紀に入るとまったく違った立場からフランス文化に貢献することになる。新興芸術である映画に目を向けた彼は、1905年には雑誌『蓄音=映画雑誌』Phono-Ciné Gazette を創刊、翌年にはパリ最初の常設映画館「オムニア=パテ」Omnia-Pathé をモンマルトル大通りに開いている。また1910年には「フランスシネマトグラフ協会」Association française du cinématographe を組織するなど、映画が縁日の見世物から文化、芸術へと移る過渡期に大きな役割を果たした人物である。甥のジャン Jean Benoît-Lévy（1888-1959）は映画監督となった。

No. 307　JULES LEMAÎTRE

dessin de Manuel Luque

ジュール・ルメートル　1853.4.27-1914.8.5

フランスの批評家。ロワレ県に生まれる。1872年に難関の高等師範学校に入学し、卒業後はル・アーヴルの高校を皮切りにアルジェリア、ブザンソンと転々としながら教鞭を執った。1882年にモリエール以降の演劇の進展を対象とした論文で博士号を取得したが、グルノーブル大学教授を最後に1884年に教壇を去って、その後は文筆活動に専念した。才知に溢れた批評家として知られ、『ジュルナル・デ・デバ』『両世界評論』をはじめとする新聞・雑誌に連載した文芸批評は劇評集『劇の印象』*Impressions de Théâtre*（1888-98）全10巻、作家論『現代人物評論』*Les Contemporains*（1886-99）全8巻にまとめられている。彼自身も作家として戯曲と短編を残し、1895年にはヴィクトル・デュリュイの後任としてアカデミー・フランセーズ会員となった。自然主義は真実らしくない、象徴主義は明瞭でないとするルメートルの文学観は伝統を尊重するものと言えるが、政治に対しても保守的、愛国主義的であり、ドレフュス事件に際しては反ドレフュス派に立ったほか、晩年はアクシオン・フランセーズにも加担した。

No. 308 JULES CHRISTOPHE et ANATOLE CERFBERR

dessin d'Albert Dubois-Pillet

ジュール・クリストフ　1840.5.21-1908
アナトール・セルベール　1835.7.6-1896.8.19

フランスのジャーナリスト。バルザックの壮大な小説群『人間喜劇』La Comédie humaine の全登場人物を網羅した『人間喜劇総覧』Répertoire de la Comédie humaine を 1887 年に共同で完成させた。バルザックへの畏敬の念で結ばれた2人は、それまで文壇でまったく無名であったわけではない。セルベールは詩人として出発したのち主に演劇を対象とする批評家として知られていた。クリストフは陸軍省に勤めながら文筆活動をしており、1885 年には作家デュランティ Edmond Duranty（1833-80）がメリメ Prosper Mérimée（1803-70）の息子であるという巷説を補強して世に広めた人物である（この説は現在では否定されている）。またクリストフは「新印象派」をはじめとする新進の画家たちに好意的な批評家として知られ、デュボワ=ピエがこの号の表紙を担当したのもこうした縁によるものだろう。『人間喜劇総覧』は刊行されると直ちにアカデミー・フランセーズから表彰され、バルザック愛好者必携の書となった。その価値は現在でも減じることなく、2009 年にも改訂版がガルニエ版『バルザック全集』に収められている。

No. 309 FRANÇOIS BIDEL

dessin de Coll-Toc

フランソワ・ビデル 1839.10.23-1909.12.24

フランスの猛獣使い。興行師を両親としてルーアンに生まれる。父の死後に母が再婚した相手がイタリアの猛獣使いであったため、ビデルも幼い頃から厳しく芸を仕込まれた。最初はサル、ワニ、大蛇を相手としていたが、やがて「スルタン」Sultanと名づけたライオンとのコンビで評判をとった。王侯の御前や博覧会といった場で芸を見せる第一人者であったが、1886年には「スルタン」によって大怪我を負わされ3ヶ月の入院を余儀なくされた。1888年に刊行した自伝『猛獣使いの回想』 Les Mémoires d'un dompteur によれば、リューマチの発作が出て膝をついたところを襲われたとのことである（猛獣使いは常に背筋を伸ばしていなければいけないという）。60歳過ぎまで現役であったが、はしごを踏み外して怪我をしたことを機に引退した。ビデルの死後に動物の売り立てがあり、その結果は以下のようなものである。3頭の雌ライオンと1頭の雄ライオンで2200フラン、雄2頭と雌1頭で3200フラン、雌4頭で1800フラン。ベンガルトラ1600フラン、シベリアオオカミ2頭180フラン、ヒョウ350フラン、足の悪いヒョウ200フラン、アメリカクロクマ280フラン、サル2匹55フラン、等々。総売上額は11,415フランであったという。

No. 310　JULES BARIC

dessin de Craïb [Jules Baric]

ジュール・バリック　　1825.4.14-1905.6.27

フランスの風刺画家。トゥール近郊に生まれる。トゥールで高校を終えたのち理工科学校を目指したが失敗、その後はデッサンの才能を生かしてカリカチュア画家の道を進んだ。共和主義者であった父親が、第二共和政下の郵政局長エティエンヌ・アラゴ Étienne Arago（1802-92）に頼み込んで息子に職を世話してもらったおかげで、1848年から1881年まで30年以上にわたって郵便局に勤めることができた。1881年以降はアンドル゠エ゠ロワール県モネに転居し、1905年に同地で没している。風刺画家としては政治を扱うことはほとんどなく、農民の生活の一情景を描くことを得意とし、この号のカリカチュアにも見られる「われらの農民」Nos Paysans とは彼の人気連載のタイトルである。ドーミエ Honoré Daumier（1808-79）、ガヴァルニ Gavarni（1804-66）らとともに活躍した世代の最後の生き残りとして尊敬を集め、子供向けの雑誌の発行に力を注いだほか、モーパッサンをはじめとする小説の挿絵や水彩画、戯曲の執筆などその活動は多岐にわたる。「クライブ」Craïb とは Baric のアナグラム、画家自身が用いた偽名のひとつであり、したがってこのカリカチュアは自画像である。

No. 311 GUSTAVE NADAUD

dessin d'André Gill

ギュスターヴ・ナドー　1820.2.20-1893.4.28

フランスの詩人、シャンソニエ。ベルギーとの国境に近いノール県ルーベに生まれる。パリで中学を終えたのち家業の商店を手伝っていたが、友人の間で評判をとっていたシャンソンを刊行したところたちまち人気を博し、やがてシャンソニエを本職とした。作詞・作曲をともに手がけた彼の作品集『ギュスターヴ・ナドーのシャンソン集』*Chansons de Gustave Nadaud*は、1847年の初版から1870年の第8版まで作品を増補しながら刊行されており、まさしく第二帝政とともに生きたシャンソニエである。第三共和政下においてもシャンソニエの長老格として尊敬を集めた。300曲以上にのぼる彼の作品のうちには、20世紀になってから歌手ジョルジュ・ブラッサンス Georges Brassens (1921-81) が再評価し録音したものもある。なお、この号には注記があり、表紙のカリカチュアは2年前に没したアンドレ・ジルが入院中に描いたものであるという。師を見舞ったエミール・コールがボルニエの肖像（249号参照）とともに持ち帰ったものらしいが、対象に関係のある事柄も織り込まず、およそ躍動感もないその絵は「カリカチュア」と呼ぶにはあまりにも寂しく、かつて『今日の人々』の栄光そのものであった一代の天才の落日を思わせる。

No. 312　CHARLES GILBERT-MARTIN

dessin de Coll-Toc

シャルル・ジルベール＝マルタン　　1839.8.26-1905.7.21

フランスの風刺画家。ジロンド県に生まれ、幼い頃からデッサンに長けていた。中学卒業後パリに出てジャーナリズムの世界に入るが、友人と創刊した雑誌が発禁処分を受け、さまざまな媒体にカリカチュアを発表するようになる。第二帝政下の1868年に収監された際にはサント＝ペラジーの独房の壁一面にナポレオン3世を主題とした巧みな風刺画を描いたが、皮肉を読み解けない監獄の責任者はただその見事さを喜び、監獄を訪れる人々に嬉々として披露したという。1871年以降ボルドーに定住し、新聞・雑誌にカリカチュアを寄せたほか、1874年には政治風刺週刊紙『ドン・キホーテ』 *Le Don Quichotte* を創刊して地元のジャーナリズムを活気づけた。当時のマクマオン政権を痛烈に批判する同紙は全国区の知名度を誇ったが、1877年に任命されたジロンド県知事のたび重なる嫌がらせに抗議し、一時期は表紙にカリカチュアは描かないと宣言した。その後の4ヶ月間『ドン・キホーテ』はアポリネールの『カリグラム』を思わせるような大小の文字の配列で表紙を構成し、なおも攻撃を続けた。やがてマクマオンの退陣によって共和派政権が確立されると嫌がらせも止み、勝負はジルベール＝マルタンの勝利に終わった。

No. 313 CHARLES GARNIER

dessin de Manuel Luque

シャルル・ガルニエ　1825.11.6-1898.8.3

フランスの建築家。パリのムフタール通りに生まれ、父は貸し馬車業を営んでいた。建築家を志して1842年から官立美術学校に入学すると、1848年にはローマ賞を受賞し、翌年から1853年までローマに留学した。友人アブーとギリシャに足を伸ばし、作家ゴーティエとはコンスタンティノープルを訪れるなど、地中海文明の根底を確認する旅行はその後の作風に大きく影響した。1861年、ナポレオン3世によって布告されていた新オペラ座建築計画にガルニエの案が採用されると、一般にはほぼ無名であった35歳の建築家は一躍時の人となる。普仏戦争、パリ・コミューンを挟んで1875年に完成した豪華絢爛な劇場は当時最大の規模を誇り、現在でも設計者の名をとって「ガルニエ宮」Palais Garnierと呼ばれる。劇場にまっすぐ通じるオペラ大通りもこのために整備されたものだが、こうしたパリ大改造はガルニエの出自の痕跡も消し去った。ムフタール通りの一部は取り壊されてゴブラン大通りとなったため、ガルニエの生家の正確な位置は不明である。その後は建築界の第一人者としてさまざまな国家的モニュメントの制作に携わったほか、贅を尽くしたモナコ公国のカジノとオペラ劇場もガルニエの作品である。

No. 314 LÉON HENNIQUE

dessin de Manuel Luque

レオン・エニック　1851.11.4-1935.12.25

フランスの作家。フランスの海外領土グアドループに生まれる。父親はのちに海軍少将となり1865年から1870年までギアナ総督を務め、2人の兄も揃って軍人となった。ユイスマンス、アレクシらと知り合い、ゾラを取り巻く新進作家のひとりとして文壇にデビューする。1877年には講演で『居酒屋』をユゴーの『93年』 Quatrevingt-treize（1874）よりも優れていると明言し、これは当時の両作家の社会的立場からすれば大胆な発言であったため大いに物議をかもした。1880年にはゾラと若手5人の競作短編集『メダンの夕べ』Les Soirées de Médan にも参加したが、やがて一派から離脱し、エドモン・ド・ゴンクールを中心とするサークルに接近した。ドレフュス事件では反ドレフュスの立場を鮮明にして、かつての師とは完全に袂を分かっている。ゴンクールの死後はドーデとともに遺言執行人となり、1907年から1912年までアカデミー・ゴンクールの議長も務めている。国立中央文書館 Archives nationales の部門長を務めた高名な学者エドモン・デュポン Edmond Dupont（1827-86）の娘と結婚しており、義父の死後に遺産を受け継ぐと1889年を最後にもはや小説は執筆しなくなり、その後は趣味的に戯曲を発表するに留まった。

No. 315 FRÉDÉRIC III

dessin de Manuel Luque

フリードリヒ３世　1831.10.18-1888.6.15

プロイセン王、ドイツ皇帝。ヴィルヘルム１世の息子。母アウグスタの影響もあり、聡明で学問を好み、英語、フランス語、ラテン語を自由に操ったという。1855年にロンドンで出会ったヴィクトリア女王の長女、「ヴィッキー」ことヴィクトリア Victoria（1840-1901）と３年後に結婚した。その一方で父譲りの軍事的才能にも長け、普仏戦争でも数々の軍功を挙げたが、戦勝後もフランスのジャーナリストに対して戦争嫌いを明言するなど、自由主義的な態度でフランス国民からも敬意を持たれた。こうした態度から保守的な父とはそりが合わず、「鉄血宰相」ビスマルクからも距離を置かれることとなった。ドイツ国民の期待も高かったが、ヴィルヘルム１世が長命を保ったことにより、長らく「皇太子」Kronprinz の地位に留まり的確な助言で間接的に帝国を支えるに留まった。この号の発行はヴィルヘルム１世の死期が近いと囁かれた時期にあたり、ドイツ、フランスの国民がともに待望する即位が近いとされたためである。しかし彼自身の体も喉頭がんに蝕まれており、父の死を受けて1888年３月９日に即位した際には名君として采配を振るう時間はほとんど残されておらず、在位わずか99日で世を去った。

No. 316 CAMILLE DOUCET

dessin de Manuel Luque

カミーユ・ドゥーセ　1812.5.16-1895.4.1

フランスの作家。パリに生まれ、代訴人見習い、公証人補を経て7月王政下で有力政治家の秘書となった。1840年代に発表した戯曲が成功を収め、第二帝政下では皇帝の従妹マティルド・ボナパルト Mathilde Bonaparte（1820-1904）のサロンの常連になるとともに、劇場の行政責任者として影響力を振った。1867年には彼の主導でカフェ=コンセールでの上演に関する規約がゆるくなり、その後パリで軽演劇の分野が興隆する契機となっている。人格は公明正大であり、才能豊かなサラ・ベルナールがコメディ=フランセーズでデビューする手助けをしたことでも知られる。ルーケのカリカチュアに描かれた代表作『禁断の木の実』Le Fruit défendu は1857年の戯曲であり、この時点で初演から30年以上が経過している。これはドゥーセが1860年を最後に作品を発表していないためでもある。1865年にはアルフレッド・ド・ヴィニの席を継いでアカデミー・フランセーズ会員となり、1876年には終身書記 secrétaire perpetuel に選出された。この「終身書記」の役職は文字通り「終身」であるため（辞職は認められている）、1635年に始まるアカデミーの歴史でドゥーセが18人目、2013年現在は31人目が在任中である。

No. 317 FÉLIX PYAT

dessin de Manuel Luque

フェリックス・ピヤ　1810.10.4-1889.8.3

フランスの作家、政治家。シェール県ヴィエルゾンに生まれる。復古王政末期に共和主義に目覚めた。19歳のときに、国王シャルル10世の胸像を「人権宣言」の起草者ラ・ファイエットの像と置き換えたという逸話が残る。パリでジャーナリズムに身を投じ、まず劇作家として成功した。第二共和政が成立すると極左派として活動、第二帝政下ではナポレオン3世を激しく攻撃した。帝政崩壊までにピヤが受けた懲役刑は計29年5ヶ月にものぼったが、そのたびにブリュッセル、スイス、ロンドンに逃亡して活動を続けた。帰国後に60歳で迎えたパリ・コミューンでも中心人物の一人となるが、「血の一週間」の前に再びロンドンに脱出、裁判で死刑を宣告されている。1880年の大赦を受けて再び帰国すると極左派としての活動を再開し、帰国早々『コミューン』La Commune と名づけた新聞を創刊したことにより有罪判決を受けた。何度かの落選の末1888年にセーヌ県から下院議員に選出されたが翌年没している。背負い籠姿で樽の前に座るピヤを描いたルーケのカリカチュアは、文学者としての成功作、『ディオゲネス』Diogène（1846）と『パリの屑屋』Le Chiffonnier de Paris（1847）を踏まえたものである。

No. 318 ARTHUR RIMBAUD

dessin de Manuel Luque

アルチュール・ランボー　1854.10.20-1891.11.10

フランスの詩人。アルデンヌ県シャルルヴィルに生まれる。作文、ラテン語にとりわけ優れた生徒だったが、やがて学業放棄と家出を繰り返す問題児となる。早熟な詩人であり「見者の手紙」Lettre du voyantと呼ばれる書簡では「あらゆる感覚の錯乱」という大胆な詩論を提示している。ヴェルレーヌの招きでパリに出たが文壇にはなじめず、2人はその後ベルギー、ロンドンを転々とする放浪生活を送った。傾向の全く異なる両詩人の濃密な関係は、ブリュッセルでランボーがヴェルレーヌに狙撃されて終わりを告げる。唯一の詩集『地獄の一季節』Une saison en enfer（1873）と、草稿だけが残された『イリュミナシオン』Illuminationsは、20世紀以降の詩に大きく影響を与えている。1880年代後半にパリの文壇で突如として再評価されたが、その頃ランボー自身は文学を放棄してアフリカで貿易に従事しており、もはや文壇への関心は全く示さなかった。この号も、本人のまったく知らぬところで発行されている。アルファベットの積み木に色を塗る幼児ランボーを描いたルーケのカリカチュアは、母音と色彩とに共感覚を見出した詩篇「母音」Voyellesの内容を踏まえたものである。

No. 319　JULES MASSENET

dessin de Manuel Luque

ジュール・マスネ　　1842.5.12-1912.8.13

フランスの作曲家。ロワール県の小村モントー（1855年にサン゠テティエンヌに編入）に生まれる。12人の子供の末っ子であり、鎌製造工場を営む父親はすでに53歳であった。1848年に家族でパリに移り、ピアノ教師の母親に手ほどきをうけるとコンセルヴァトワールの入学試験でベートーヴェンのピアノソナタを弾きこなし、11歳にして同校に入学を許可された。アンブロワーズ・トマの指導のもとで作曲を学び、1863年にはローマ賞を受賞している。普仏戦争後は作曲家として広範に活躍し、1878年以降はトマの指名でコンセルヴァトワールの教授となって後進の指導にあたった。バレエ作品や管弦楽曲のほか、『マノン』 *Manon* (1884)、『ウェルテル』 *Werther* (1892)、『タイス』 *Thaïs* (1894)に代表される25作のオペラ作品でとりわけ大きな成功を収めた。豊かなメロディと快活さで当時随一の人気を誇った作曲家であった。今日でもその作品は一定の知名度を保つもの、他の同世代の作曲家や教え子たちの影に隠れている観は否めない。唯一『タイス』の間奏曲のみは「瞑想曲」 *Méditation* の名でさまざまに編曲され、演奏会の定番曲として愛好されている。

No. 320 LÉON VANIER

dessin de Manuel Luque

レオン・ヴァニエ　1847.12.27-1896.9.11

フランスの出版者。パリに生まれ、見習いを経て自らの名前を冠した書店をパリに開く。店での書籍の販売とともに出版業にも力を注ぎ、いまだ世に出ない若手詩人、無名詩人の作品を旺盛に刊行した。こうした活動により、店の所在地である「サン=ミシェル河岸19番地」は新興の「デカダン派」「象徴派」の作品が発信される一大拠点として文壇に地位を確立した。とりわけ一派の首領格であったヴェルレーヌには好意を示し、書店の看板作家として著作を刊行したほか、『今日の人々』でも例外的に多くの執筆の場を与えて厚遇している。1880年代半ばから急激に躍進したヴァニエ書店は、印刷所が不十分で大量の部数を発行できなかったこと、そして書店主が50歳を迎える前に早世したことにより、既存の大書店と肩を並べる存在とはならずに終わった。ルーケのカリカチュアが描くように、新進の詩人・小説家たちが頻繁に登場するこの時期の『今日の人々』はヴァニエ書店の広告ともなっていた。共和国を象徴するマリアンヌをコンパスで測るアンドレ・ジルの図柄は、『今日の人々』を、本来の「1年分」である52号ごとに製本刊行した際、表紙として用いられたものである。

No. 321 GUILLAUME Ier

dessin de Manuel Luque

ヴィルヘルム1世　1797.3.22-1888.3.9

プロイセン王、ドイツ皇帝。プロイセン王フリードリヒ・ヴィルヘルム3世の二男として生まれる。兄フリードリヒ・ヴィルヘルム4世のあとを継いで1861年にプロイセン王となり、宰相ビスマルクを片腕として強国への道を歩んだ。普仏戦争の勝利後、ドイツ統一を成し遂げ1871年に皇帝に即位した。強硬な武断派であり、社会が不安定となったのちは国民の反発も大きく、治世の終盤には暗殺未遂事件も起こっている。フランスにとってはアルザス・ロレーヌを奪った仇敵であるが、ヴィルヘルム1世にとってもフランスの体制、歴史はあってはならないものであった。生母ルイーゼは手練手管でナポレオンと対決した愛国の女傑であり、ヴィルヘルム1世も革命と共和主義を心の底から憎んでいたと言われる。その一方、皇妃アウグスタはフランスびいきの自由主義者だったため、フランス国民からは好感を持たれていた（皇帝夫妻の折り合いは良くなかったことは言うまでもない）。この号は、ヴィルヘルム1世が90歳で死去した直後に発行されている。足元の犬は当然ビスマルクである。息子のフリードリヒ3世が後継者となったが即位99日で死去、直系の孫となるヴィルヘルム2世が第3代皇帝となった。

No. 322 ADOLPHE WILLETTE

dessin de Manuel Luque

アドルフ・ヴィレット　1857.7.31-1926.2.4

フランスのイラストレーター。マルヌ県に生まれ、父親は陸軍大佐まで昇進した軍人であった。入学したパリの官立美術学校でカバネルAlexandre Cabanel（1823-89）に学び官展（サロン）でデビューを果たすなど、当初は既成の画壇のなかに身を置いていたが、やがてモンマルトルに住んでイラストや挿絵、絵葉書を描いて日銭を稼ぐようになった。1881年にロドルフ・サリスRodolphe Salis（1851-97）がキャバレー「黒猫」（シャ・ノワール）Le Chat Noirを開いた際には内装と看板を担当し、常連の画家スタンランとも親交を結んでいる。1885年にサリスが「黒猫」（シャ・ノワール）を拡張移転した際にもスタンランとともに内装を手がけたが、まもなくサリスとは仲違いし、その後はモンマルトルに次々にあらわれるキャバレー、レストランの装飾を担当した。ルーケのカリカチュアでヴィレットは得意としていたピエロの扮装に身を包んで「黒猫」に乗り、その背後には、これもヴィレットが手がけたと言われる「ムーラン・ルージュ」Moulin rougeの風車が配されている。「黒猫」（シャ・ノワール）と「ムーラン・ルージュ」という同地区を代表する2つの建物に関わったヴィレットは、1920年代までモンマルトルの魂であり続け、死後はモンマルトル墓地に葬られた。

No. 323　PHILIPPE GILLE

dessin de Manuel Luque

フィリップ・ジル　1831.12.10-1901.3.19

フランスのジャーナリスト、台本作家。パリに生まれる。彫刻家の道を歩んでいたが次第に舞台へと興味が移り、1857年に最初の戯曲を発表、1869年以降は『フィガロ』紙の看板寄稿者のひとりとなった。同紙では「鉄仮面」Masque de ferの筆名による時評と、「文学闘争」La Bataille littéraireというコラムを長年担当したが、ほのめかす、言外に匂わせる、行間を読ませるといったテクニックに満ちた文章は、文壇通を楽しませたという。オペラの台本作家としても成功を収め、オッフェンバックの作品のほか、今日でも上演されるもののなかでは、マスネの『マノン』、ロティの小説を原作としたドリーブ Léo Delibe (1836-91)の『ラクメ』Lakmé (1883)が代表作である（後者はゴンディネとの共作）。音楽には縁が深く、作曲家ヴィクトル・マセ Victor Massé (1822-84)の娘と結婚し、その間に生まれた息子のヴィクトル Victor Gille (1884-1964)も著名なピアニストとなった。歴史的珍品のコレクターとしても知られ、改装した自宅の2つの窓枠と手すりは、一方がマラーが最期を遂げた家から、もう一方がシャルロット・コルデーの旧居から移設したという触れ込みであり、同好の士の感嘆の的であったという。

No. 324 ANTOINE GUILLEMET

dessin de Manuel Luque

アントワーヌ・ギユメ　1843.9.6-1918.5.25

フランスの画家。パリから北に約40キロに位置するオワーズ県シャンティイに生まれる。コロー Jean-Baptiste Corot（1796-1875）、ドービニー Charles-François Daubigny（1817-78）らに絵画を学び、初期は官展に作品を拒絶されもしたが、次第に画風は落ち着き、河川や海岸を描くことに長けた風景画家として知られるようになった。マネの作品《バルコン》Le Balcon（1869）には、のちにマネの義妹となる画家ベルト・モリゾ Berthe Morisot（1841-95）、ファニー・クラウス Fanny Claus（1846-77）とともにギユメの姿が描かれている。セザンヌに紹介されてゾラと親しくなり、画家の苦悩と自殺を描いた小説『制作』L'Œuvre（1886）の執筆に際しても多くの書簡をやり取りして助言を与えた。印象派の画家たちとも親しかったが、抑制の効いたギユメの作品のほうが当時はアカデミズムから評価され、着々と画壇での地位を固めた。1882年にセザンヌが官展での悲願の入選を果たした影には審査員であったギユメの助力とともに、セザンヌが「ギユメの弟子」であるという触れ込みが大いに功を奏したと言われる。

No. 325 ALFRED RICHET

dessin de Manuel Luque

アルフレッド・リシェ　1816.3.16-1891.12.30

フランスの解剖学者、外科医。ディジョンに生まれる。パリ大学で医学を修め、パリ市内の数々の大病院で研究者として実績を積んだ。クロロホルムによる麻酔を用いるなど、解剖学・外科手術の分野で多くの業績を残し、1864年にパリ大学医学部教授、翌年には医学アカデミー会員となっている。当時の名声と社会的地位は外科医のなかでも指折りであり、1873年にはトゥーロン近郊のカルケランヌに17世紀の城館を購入できたほどであった。同じく医師の道を歩んだ息子のシャルル゠ロベール・リシェ Charles-Robert Richet（1850-1935）は生理学を専門とし、アレルギー研究における業績で1913年にノーベル生理学・医学賞を受賞したほか、カルケランヌの広大な所有地では趣味の飛行機の改良に勤しんだ。またリシェの娘は、『両世界評論』の創刊者フランソワ・ビュロ François Buloz（1803-1877）の息子で後継者のシャルル Charles Buloz（1843-1905）と結婚、死別後は神経学者でパリ大学医学部教授のルイ・ランドゥージ Louis Landouzi（1845-1917）と再婚している。

No. 326 FRANCIS VIELÉ-GRIFFIN

dessin de Manuel Luque

フランシス・ヴィエレ=グリファン　1864.4.26-1937.12.11

フランスの詩人。アメリカのヴァージニア州ノーフォークに生まれる。技師の父親は南北戦争では北軍の准将として活躍している。8歳でフランスに定住し一度も故郷に帰ることはなかったが、生涯アメリカ国籍を保持した。パリの名門私立校スタニスラス学院でアンリ・ド・レニエと友情を結び、ともに詩人を志してマラルメの「火曜会」に出席する。ルーケのカリカチュアで左上に描かれている白鳥は、1887年の詩集『白鳥』 *Les Cygnes* を踏まえたものである（詩集の命名の際、著者自身はマラルメの「白鳥のソネット」を意識していたに違いない）。この詩集でヴィエレ=グリファンは12音節詩句を句切りの規則から解放し、さらに続く詩集『歓喜』 *Joies* (1889) では、詩句の長さを揃えずに詩人の内的な律動に従う「自由詩」vers libre を実践した。「自由詩」はすでにラフォルグやランボー、近くはカーンによっても試みられていたが、ヴィエレ=グリファンが詩集の序文ではっきりと意図を述べたことで、ひとつの確かなムーヴメントとして認識された。生涯マラルメへの敬意を失わず、詩壇の良き長老となったのちも、1936年に「アカデミー・マラルメ」 Académie Mallarmé が設立された際には初代会長に就任している。

No. 327 FÉLICIEN CHAMPSAUR

dessin d'Émile Cohl

フェリシアン・シャンソール　1858.1.10-1934.12.22

フランスの作家。バッス＝アルプ県（現在のアルプ＝ド＝オート＝プロヴァンス県）に生まれる。知己のないままパリ文壇に飛び込み、20歳にして大家アンドレ・ジルとともに『今日の人々』を創刊することに成功した。しかし1880年、第30号を最後に突如として『今日の人々』を離れるとアルフレッド・ル・プティとともに版型も趣向も同一の競合紙『レ・コンタンポラン』Les Contemporains を創刊する。ジルに頼らずとも読者を獲得できると見込んでの行動であったが同誌は43号までしか続かず、実力を過信した若者は苦い教訓を得ることとなった。『今日の人々』にとってシャンソールは育児を放棄して家を出た父親のようなものだが、この号で彼が、また381号でル・プティが表紙に取り上げられているところを見ると、発行元がヴァニエ書店に代わったこともあり、どこかで和解がなされたものらしい。この頃のシャンソールはパリの文壇や芸術界を題材とする作家として成功しており、エミール・コールによるカリカチュアは、サーカスを舞台としたパントマイム『リュリュ』Lulu（1888）を踏まえたものである。同作は1894年まで上演が続くロングランとなり、1900年にはシャンソール自身によって同タイトルの小説も発表された。

339

No. 328　JEHAN SARRAZIN

dessin de George Auriol

ジュアン・サラザン　1863.2.7-1905?

フランスの詩人。リヨンに生まれる。父親ジャン・サラザン Jean Sarrazin (1833-1914)はリヨンで、食事中の客にオリーヴと自作の詩を売って生計を立て、檻に入ってライオンに詩を朗読するなどの奇行でも知られる詩人であった。レオン・リオトールらとともに文筆活動を始めて同じく詩人となった息子は「サラザン・ジュニア」Sarrazin junior とも呼ばれた。パリに出て詩人たちと交わると、故郷の父にならってモンマルトルで詩篇とオリーヴを売り歩くようになり、1888年からは「黒猫」に対抗するキャバレー「ディヴァン・ジャポネ」Divan japonais を経営した。同店のポスターはトゥールーズ=ロートレックが描き、一時は人気店となったものの、看板歌手のイヴェット・ギルベール Yvette Guilbert (1865-1944)が同店を去ったことなどから1892年にサラザンは店を手放している。その後はリヨンに戻って父親より先に没した。この号の表紙を描いているジョルジュ・オリオル George Auriol (1863-1938)はサラザンと同年に生まれ、「黒猫」周辺の人々に関わりながら、詩人、シャンソニエ、画家として多彩な才能を示した人物である。

No. 329 HYACINTHE LOYSON

dessin de Manuel Luque

イヤサント・ロワゾン　1827.3.10-1912.2.9

フランスの聖職者。オルレアンに生まれる。本名はシャルル・ロワゾン Charles Loyson だが「イヤサント神父」Père Hyacinthe の名で広く知られる。1851年に司祭に叙階され、熱のこもった説教によって評判を得た。1864年にはパリのノートルダム寺院で待降節の説教者に抜擢され、好評を得てその後5年間にわたって聴衆を集めた。カトリック教会の現状には批判的であり、説教では社会問題を広く取り上げ、さらに反戦の主張を明言したため、ヴァチカンの不興を買い、ついに1869年には破門されるに至った。その後の活動範囲はヨーロッパ諸国に及び、のちのエキュメニズムの先駆けとなるような超教派的活動やミサのフランス語での司式など、カトリック教会の改革を主眼とした数々の試みは1世紀後の第二ヴァチカン公会議を先取りしていた観がある。1872年にロンドンでアメリカ人女性と結婚したことでも物議をかもしたが、こうした行動はすべて強固な信仰と改革精神に基づいており、破門ののちも彼を畏敬するカトリック教会の聖職者たちは少なくなかった。同時代を生きたリジューのテレーズ Thérèse de Lisieux（1873-97）もイヤサント神父のための祈りを欠かさなかったという。

No. 330 ERNEST GRENET-DANCOURT

dessin d'Émile Cohl

エルネスト・グルネ=ダンクール　1854.2.21-1913.2.10

フランスの劇作家。パリに生まれ、若い頃から演劇に興味を持つ。高校卒業後に私立の寄宿学校で教鞭を執り、また銀行員としても働いたが、それらはすべて観劇と朗読技術を学ぶ授業料に消えたという。念願叶って俳優となると生来の陽気さを発揮し、モリエールの喜劇で評判を得た。1879年から1884年までエミール・グドーのサークル「イドロパット」Les Hydropathesの副会長を務めるなどモンマルトル界隈で人脈を拡げ、さらに舞台でのひとり語り「モノローグ」の台本を執筆したことで喜劇作家としての下地がつくられた。その後は男女関係を陽気に描く劇作家として成功し、1884年の『夫ひとりに妻3人』 Trois femmes pour un mariはクリュニー劇場での初演以来、1200回の上演を数えたという。エミール・コールのカリカチュアでは同作が足枷となりクリュニー座につなぎとめられているグルネ=ダンクールだが、実際にはオデオン劇場、デジャゼ劇場などでも作品を上演し、市民に心地よい笑いを提供した。なおクリュニー劇場はサン=ジェルマン大通りに面した収容人員1000人の劇場であったが、1914年に映画館となり、その後フィットネスクラブを経て現在はディスコとなっている。

No. 331　PIERRE LOTI

dessin d'H. Reboul

ピエール・ロティ　1850.1.14-1923.6.10

フランスの作家。ロシュフォールに生まれる。本名はジュリアン・ヴィオー JulienViaud。羽ペンを櫂にして船を漕ぐカリカチュアに示されているように、1867年に海軍士官学校に入学してから1910年に海軍大佐として予備役に任命されるまで40年以上を現役の軍人として過ごし、その半分は洋上に身を置いていた。一説に「ロティ」はインド原産の花の名であり、タヒチ女王の従者たちが内気な彼に与えたあだ名であるという。最初の小説『アジヤデ』*Aziyadé*（1879）以来、各地の風俗を取り入れた小説を発表し人気を博した。2度にわたる日本訪問は、小説『お菊さん』*Madame Chrysantème*（1887）等に結実している。とはいえその筆致は、他文化の理解というよりは「異国趣味」もしくは「見聞録」の次元に留まり、今日の視点では蔑視的な表現も多々見られる。1891年には対抗馬のゾラを破りアカデミー・フランセーズ会員に選ばれ、入会演説でも自然主義への嫌悪感を隠さなかった（その会場にゾラがいたことには気づいておらず、あとから謝罪したという）。1914年に第一次世界大戦が勃発した際には軍務への復帰を志願、海軍には拒絶されたが陸軍大佐となり、参謀部でその広い知見を生かしている。

No. 332　ANATOLE BAJU

dessin de Manuel Luque

アナトール・バジュ　1861.3.8-1903

フランスの作家。シャラント県の小村に生まれる。一家は風車に住み、父の死後はバジュ自身、石臼職人として働いた。パリに出たのは23歳のときである。文壇の新潮流が渦巻くなかで1886年に文芸紙『デカダン』*Le Décadent* を創刊して「デカダン派」を標榜し、ジャン・モレアスの主張する「象徴派」と争った。ルーケのカリカチュアは、ヴェルレーヌを旗頭に奮戦する当時のバジュの姿を描いている。外国人(モレアス、メーテルランクら)とパリの名門校出身者(ヴィエレ=グリファン、レニエ、ギル、メリル、カーンら)が多数を占める当時の若手文学者のなかでバジュの出自は特殊であり、教養に欠ける田舎者として常に揶揄の対象となった。そういった意味でバジュの繰り広げた孤独な戦いは「階級闘争」に近いものだが、彼の奉じる「デカダン」に内容は乏しく、理論的な裏づけも皆無である。彼の活動は結果的に文壇内の勢力争いに終始した観があり、作品に見るべきものはない。社会主義者ジュール・ゲード Jules Guesde (1845-1922) の影響下で1889年の下院選挙に立候補したが記録的な大敗を喫し、1895年にゲードの序文を付した平凡な著書を刊行して以降はなにも発表せず、文壇からの完全な忘却のうちに没した。

No. 333 ALFRED KOECHLIN-SCHWARTZ

dessin de Coll-Toc

アルフレッド・ケクラン＝シュヴァルツ　1829.9.15-1895.2.5

フランスの実業家、政治家。アルザス地方ミュルーズに生まれる。ケクラン家は15世紀以来チューリヒを中心に発展した有力な家系であり、多くの政治家と実業家を輩出していた。妻の旧姓と組み合わせた「ケクラン＝シュヴァルツ」を名乗ったのは同姓の同業者が多く、とりわけ同名の従兄で同じく実業家、政治家のケクラン＝ステンバック Alfred Koechlin-Steinbach（1825-72）と区別をする必要があったためである。父親の紡績工場を継ぎミュルーズの市議会議員を務めていたが、普仏戦争後のアルザス・ロレーヌの割譲によりパリに移住した。アルザス人コミュニティの中心人物となってパリ8区長を務めたのち、ブーランジェ将軍の支持を明確にして1888年の補欠選挙で下院議員に当選した。アルザス人ケクラン＝シュヴァルツの存在は対独報復を期待する国民にとっても象徴的なものであったが、将軍のクーデターが未遂に終わると、翌年の再選では彼も議席を失い、国政への参加はわずか1年あまりに留まった。その後は政治から撤退し、世界中を旅行するなどして過ごしている。なお作曲家のシャルル・ケクラン Charles Koechlin（1867-1950）は父の従弟の息子であり、ケクラン＝シュヴァルツの再従弟にあたる。

No. 334　ÉDOUARD PAILLERON

dessin de Manuel Luque

エドゥアール・パイユロン　1834.9.17-1899.4.19

フランスの作家。パリに生まれ、弁護士、公証人補、軽騎兵とさまざまな職業を試した末に文学に転じた。詩と散文喜劇を得意とし、ルーケのカリカチュアにタイトルが見られる戯曲『うんざりする世界』Le Monde où l'on s'ennuie（1881）はコメディ＝フランセーズで上演された代表作である。上流階級の人々を皮肉に描く同作の笑いの質は「モリエールの家」にふさわしくないとの非難もあったほか、気位の高い女優たちは個性的な役どころを嫌い、上演までにはひと悶着があった。特に「25歳の胸のない眼鏡の女性」という配役は女優全員に断られ、「設定を24歳にする」「傍白で魅力を強調する」「眼鏡にはガラスを入れない」という条件で妥協させて上演にこぎつけたという。結果として『うんざりする世界』は大成功を収め、パイユロンは翌年にシャルル・ブランの後任としてアカデミー・フランセーズ会員に選出された。1862年に有力誌『両世界評論』の創刊者フランソワ・ビュロの娘と結婚して以来、同誌の共同経営者となっていた彼は文壇の名士であり、上流階級の肖像画を得意としたアメリカの画家ジョン・シーガー・サージェント John Singer Sargent（1856-1925）はパイユロン一家を数度にわたって描いている。

No. 335 CHARLES CROS

dessin de Manuel Luque

シャルル・クロ　1842.10.10-1888.8.9

フランスの作家、発明家。オード県ファブルザンに生まれる。姓の発音には諸説あるが、「クロース、クロス、クロ、クローズ、どう発音すればいいのか僕も知らないよ！」とクロ自身が語っていたと友人ヴェルレーヌは伝えている。長兄で医師のアントワーヌ Antoine Cros (1833-1903)、次兄で芸術家のアンリ Henry Cros (1840-1907) を加えた「クロ3兄弟」は揃って卓越したユーモアと奇行で知られた。パリではヴェルレーヌ、ランボーらと親交を結び、後年は俳優コクラン・エネとともに「モノローグ」のジャンルを創始したが、文学者であると同時に独創的な科学的論文を数多く残した。エジソンよりも先に蓄音機を発明したという伝説は眉唾ものだが、カラー写真や惑星間通信に関する論考は、クロの豊かな発想力を証明するものである。ルーケのカリカチュアは、クロの最も評判をとった詩篇、ナンセンスな内容で各行末の音節を繰り返す「燻製にしん」 *Le Hareng saur* を踏まえたものである。この「燻製にしん」は息子のギィ Guy-Charles Cros (1879-1956) に捧げられた作品であり、彼もまた長じて詩人となった。この号はクロが没した直後に発行されている。

No. 336 PAUL ALEXIS

dessin de Manuel Luque

ポール・アレクシ　1847.6.16-1901.7.28

フランスの作家。エクス゠アン゠プロヴァンスに公証人の息子として生まれる。パリでゾラと親交を結び、1880年の競作短編集『メダンの夕べ』*Les Soirées de Médan* への参加を皮切りに自然主義作家として多くの小説、戯曲を残した。アレクシの名を文学史上に留めているのは、わずか5語の「作品」である。1891年、ジャーナリストのジュール・ユレ Jules Huret（1863-1915）がおこなった『文学の進展に関するアンケート』*Enquête sur l'évolution littéraire* で、「自然主義は終わったか」という問いに対して « Naturalisme pas mort. Lettre suit.（自然主義死ナズ。続キハ手紙）» と電報で答えたという逸話は、当時の文壇状況を伝えるとともに自然主義の擁護者アレクシの姿を豊かに伝えている。カリカチュアで描かれている『民衆の叫び』*Le Cri du peuple* は1883年にヴァレスが再刊した新聞であり、アレクシはゾラの『ごった煮』*Pot-Bouille*（1882）の登場人物から採った「トリュブロ」Trublot の筆名で記事を書いて人気を博した。1882年にはゾラの最初の伝記を発表したほか、ゾラ夫妻とお互いの子供の代父・代母になるなど親密な関係にあったアレクシは、同じゾラの弟子アンリ・セアールから「ゾラの影」とまで呼ばれた。

No. 337 SADI CARNOT

dessin de Manuel Luque

サディ・カルノー　1837.8.11-1894.6.24

フランスの政治家。祖父は科学者、軍人、政治家として多大な業績を残した「勝利の組織者」ことラザール・カルノー、父は第二共和政の立役者のひとりラザール=イポリット・カルノーである。一族には学問と政治の分野で名を残した人物が多いが、サディは父親と同じく政治家の道を歩み、1871年に下院に当選、1880年以降は大臣を歴任している。1887年には辞任したグレヴィのあとをうけて大統領に就任し、その直後のブーランジェ将軍のクーデター未遂、続くパナマ疑獄を持ち前の手腕で乗り切り、大衆からの支持を勝ち得た。任期中の1889年には革命100年を迎えており、その際に祖父「大カルノー」の遺灰を偉人の霊廟であるパンテオンに葬っている。しかし、民衆との接触を好んだ彼の姿勢は、1894年、リヨンでイタリア人アナーキストに刺殺されるという最悪の事態を招いた。現職大統領の暗殺に憤激した民衆はイタリア人経営者の店舗に次々に放火するなどして、騒乱は3日間続いたという。ルーケのカリカチュアで軍服姿の「大カルノー」の彫像と並んでいたサディ・カルノーは、その後パンテオンで祖父のかたわらに葬られた。フランスの大統領経験者で「偉人」に序されたのは現在まで彼ひとりである。

No. 338 RENÉ GHIL

dessin de Manuel Luque

ルネ・ギル　1862.9.27-1925.9.15

フランスの詩人。給仕人を父にノール県トゥルコワンに生まれた。本名はルネ・ギルベール René Ghilbert。1870年以降一家はパリに定住し、入学したフォンターヌ高校（現在のコンドルセ高校）ではスチュアート・メリル、アンドレ=フェルディナン・エロルド André-Ferdinand Hérold（1865-1940）、ピエール・キヤール Pierre Quillard（1864-1912）ら文学志望の若者と友情で結ばれた。同校ではマラルメが英語を教えていたが、彼らはドイツ語を選択していたため、偉大な「師」の影響を受けるのは「火曜会」に出席するようになってからのことである。ギルは実証的な理論家として1886年に『語論』Traité du Verbe を著し、同書にはマラルメが序文を書いた。しかし1888年、科学を越える「エデン」の存在をめぐってマラルメと決別し、その後は「言語の器楽編成」Instrumentation verbale という独自の詩法を追及した。これはランボーが詩篇「母音」で用いた手法をより「科学的」に掘り下げたものだが、かつての師を凌ぐ難解さによって、読者も支持者も非常に限られたものとなった。ギルは『語論』にも手を加え、1888年の第3版からはマラルメの序文を抹消、その後も晩年まで独自の理論を補強し続けた。

No. 339 EDMOND GONDINET

dessin de Manuel Luque

エドモン・ゴンディネ　1828.3.7-1888.11.19

フランスの劇作家。オート=ヴィエンヌ県ロリエールに生まれる。父は県都リモージュで働く公務員であり、彼も金融省に勤めながら文壇にデビューした。1868年には文学に専念するため退職したが、10年あまりの公務員生活で得た見聞を生かし、勤め人を主人公に据えた軽妙な喜劇を得意とした。レオ・ドリーブのオペラ『ラクメ』 Lakmé (1883) の台本をフィリップ・ジルと共作したことでも名を残している。喜劇の大家ラビッシュ Eugène Labiche (1815-88) の後継者と見なされ、多くの作品がパリの劇場で上演され成功を収めたが60歳で没した。その弔辞を読んだエミール・ド・ナジャック Émile de Najac (1828-99) によれば、早世の理由はゴンディネがあまりに「いい人」であったことであるという。若者が持ち込んだ習作を酷評することができず、そのたびに時間を削って手直しして共作として発表するなど、その善意は留まるところを知らなかった。ゴンディネ自身、頼まれれば断ることのできない自身の性格をよく知り、晩年はパリを離れて隠棲し、同業者が嗅ぎつければ直ちに引っ越すという念の入れようであったという。

No. 340　MAURICE BARRÈS

dessin d'Alexis Axilette

モーリス・バレス　1862.8.19-1923.12.4

フランスの作家、政治家。ロレーヌ地方のヴォージュ県に生まれ、ナンシーで学生時代を過ごす。在学中から文芸雑誌を創刊し、パリに出て着々と人脈を築いた。1888年から刊行された思想的な三部作小説『自我礼拝』Le Culte du moi によって一躍時代の寵児となる。この時点では「小説家」に過ぎなかったバレスは以降、フランスきっての言論人への道を歩む。出身地のロレーヌ地方がドイツに奪われたこともあり、小説、エッセーで愛国主義的な世論をリードすると1889年にはムルト゠エ゠モーゼル県（ドイツに割譲されなかったロレーヌ地方によって1871年に成立した県）から下院に当選し1期を務めた。ドレフュス事件に際しては反ドレフュス派に立ち、再び下院議員となって第一次世界大戦を迎えると、デルレードが設立した愛国者連盟の会長に就任している。1906年にはエレディアの後任としてアカデミー・フランセーズ会員に選出され、1923年の死去は文学者としてはユゴー以来の国葬となった（バレス以降は1945年のヴァレリー、1954年のコレット、2008年のエメ・セゼールの例がある）。表紙を担当したアレクシ・アクシレットAlexis Axilette（1860-1931）には、同じくバレスを描いた油彩画も存在する。

No. 341 ANDRÉ ANTOINE

dessin de Désiré Luc

アンドレ・アントワーヌ　1857.1.31-1943.10.19

フランスの俳優、演出家。リモージュに生まれる。高校卒業後コンセルヴァトワールの受験に失敗、兵役ののちにガス会社に勤めていた。演劇への情熱からアマチュアの俳優として活動していたが、1887年3月30日に演劇の革新を目指して「自由劇場」Théâtre-Libre を設立する。ゾラ、エニックらの協力を得た旗揚げ公演に対する反応は薄かったが、ジャーナリズムに強いパイプを持つベルジュラの作品を上映した第2回公演は満席となり、同年中には演劇界の雄としての名声を確立した。自然主義作家の戯曲を数多く上演し、社会の観察をもとにしたリアリズム演劇の流行を招くとともに、それまで重視されなかった「演出家」の重要性をいち早く認識させるなど、演劇界の革新に果たした役割は大きい。財政難から「自由劇場」を解散したのち1897年からは自らの名を冠した「アントワーヌ劇場」Théâtre Antoine を率い、その後1906年にはオデオン座の責任者となった。1914年にはオデオン座を去って映画製作に進出するなど、ほぼ10年周期で立ち位置を代えながら演劇の革新に情熱を傾けた人物である。晩年に「自由劇場」時代、「アントワーヌ劇場」時代をそれぞれ振り返る2冊の回想録を執筆した。

No. 342　HENRI DE RÉGNIER

dessin de Manuel Luque

アンリ・ド・レニエ　1864.12.28-1936.5.23

フランスの作家。セーヌ川河口の街オンフルールで古くからの貴族の家系に生まれる。パリのスタニスラス学院を卒業後、1889年に最初の詩集を出版すると新進の若手詩人として好評をもって迎えられた。1895年には高踏派詩人ジョゼ・マリア・ド・エレディアの次女マリ Marie de Heredia（1875-1963）と結婚している（彼女はのちに筆名をジェラール・ドゥーヴィル Gerard d'Houville という作家となる）。しかし結婚生活は幸福ではなく、妻は結婚早々レニエの親友である作家ピエール・ルイス Pierre Louÿs（1870-1925）と公然と浮気をし、ルイスが撮影したマリのヌード写真が大量に残されているほか、1898年に生まれた夫婦の子供の父親も実際にはルイスであったと言われる。詩人としてのレニエは、義父エレディアの堅牢な詩風と、師と仰いだマラルメの「象徴的」詩法の双方の影響を受けており、世紀の変わり目の「空白期」では最も優れた詩人のひとりである。1902年にはリシュパンに敗れたが1911年にアカデミー・フランセーズ会員に選出された。男女の機微を描いた小説も多く残し、永井荷風が心酔したことでも知られる。このカリカチュアでは描かれていないが、片眼鏡が生涯にわたるトレードマークである。

No. 343　JEAN-MARTIN CHARCOT

dessin de Manuel Luque

ジャン＝マルタン・シャルコー　　1825.11.29-1893.8.16

フランスの医師。パリで父親は車大工、母は16歳という慎ましい家庭に生まれる。1853年に痛風に関する論文で博士号を取得、1860年に大学教授資格試験に合格してパリ大学で病理解剖学を講じるかたわら1862年からサルペトリエール病院Hôpital de la Salpêtrièreに勤務した。多発性硬化症、腓骨筋萎縮症、梅毒性髄膜脊髄炎等、神経学の分野で多くの業績を挙げて1872年に教授となっている。1878年以降ヒステリーの研究に着手し、翌年から催眠に関する講義を一般向けにも開いたことで知名度を上げた。パフォーマンスの効果もあり当代一の催眠療法の権威となり、フロイトも一時期シャルコーのもとで学んでいる。ルーケのカリカチュアは、髑髏の口からシャルコーが飛び出し、その上には「暗示」suggestionの文字が躍っているが、この「暗示」の扱いについてはシャルコーの「サルペトリエール学派」とナンシー大学のベルネームHyppolite Bernheim（1840-1919）らの「ナンシー学派」（「暗示学派」とも呼ばれる）の間で論争の種となった。息子のジャン＝バティストJean-Baptiste Charcot（1867-1936）は医師を経て著名な極地探検家となったが、海難事故により没している。

355

No. 344　ERNEST REYER

dessin de Manuel Luque

エルネスト・レイエル　1823.12.1-1909.1.15

フランスの作曲家。マルセイユの公証人の息子に生まれた。本名はルイ=エルネスト・レ Louis-Ernest Rey。地元で音楽の基礎を身につけると、1848年にパリに出てゴーティエ、フロベールら芸術家たちと交流する。義理の伯母（母方の伯父の妻）がコンセルヴァトワール最初の女性教授となったルイーズ・ファラン Louise Farrenc（1804-75）であり（彫刻家デュモンの妹でもある）、その指導のもとでピアノと作曲を本格的に学んだ。『千夜一夜物語』を元にしたオペラ=コミック『彫像』*La Statue*（1860）で世に認められたものの、その後失敗が続くと劇場に作品の上演を断られ続け、結果的に20年間発表の場から遠ざかった。制作に数年をかけた渾身のオペラ『シグルド』*Sigurd* もパリのあらゆる劇場で断られたが、1884年にブリュッセルの劇場で上演されると予想を越える成功を収め、同年中にロンドンで、翌年にはリヨン、次いでパリのオペラ座でも上演されるという代表作となった。ルーケのカリカチュアは、湖を舞台とする同作の2幕を踏まえている。旧友フロベールの小説をオペラ化した『サランボー』*Salammbô*（1892）も一定の評判を得たが、晩年はパリを離れて過ごし、地中海に面したル・ラヴァンドゥで没した。

No. 345 EDMOND JURIEN DE LA GRAVIÈRE

dessin de Manuel Luque

エドモン・ジュリアン・ド・ラ・グラヴィエール　1812.11.19-1892.3.5

フランスの軍人、文筆家。「エドモン」がファーストネームで残りは姓である。ブレストに生まれ、彼の誕生時に海軍大佐であった父親ピエール＝ロック Pierre-Roch Jurien de La Gravière（1772-1849）は後年中将まで昇進している。1828年に15歳で海軍に入ると軍人としての才能を示して昇進を重ねた。第二帝政下ではクリミア戦争、イタリア統一戦争、メキシコ出兵で艦隊を指揮し、1862年には父と同じく海軍中将となっている。1864年にはナポレオン3世の副官にも任じられ、帝政崩壊後に皇妃ウジェニー Eugénie de Montijo（1826-1920）のフランスからの脱出を手助けするなど、皇帝夫妻からの信頼が厚かった。第三共和政下では海軍省で海図の責任者を務めたが、こうした軍歴の一方で海軍の理論家、優れた文筆家としても知られ、軍人の伝記や海軍史をはじめとする多くの著作を残している。海軍の輝かしい歴史を民衆に伝えた功績は高く評価され、1888年にはブリュヌティエール Ferdinand Brunetière（1849-1906）とゾラを抑えてアカデミー・フランセーズ会員に選出された。この号は、ジュリアン・ド・ラ・グラヴィエールが「不滅の人」（immortel アカデミー会員の別名）となった機会に発行されたものである。

No. 346 ANATOLE FRANCE

dessin de Manuel Luque

アナトール・フランス　1844.4.16-1924.10.12

フランスの作家。パリに生まれる。本名フランソワ゠アナトール・ティボー François-Anatole Thibault。父親はセーヌ河岸で古本屋を営んでいた。詩人として出発し、1876年の第三次『現代高踏詩集』ではバンヴィル、コペとともに選者となり、合同詩集からのヴェルレーヌとマラルメの排除を主導した。その後は小説家として名声を博したほか、ルーケのカリカチュアにも見られるように『タン』紙の文芸批評も担当した。1896年にレセップスの後任としてアカデミー・フランセーズの会員となって以降、ドレフュス事件を契機として政治的発言や時事性の高い小説で時代と寄り添い、世界的な名声を確固たるものとした。1921年にはノーベル文学賞を受賞しているが、著作でたびたびカトリックを攻撃したため、1922年には彼の「全作品」Opera omnia が『禁書目録』Index Librorum Prohibitorum に記載されている(同じ措置は1894年にはゾラが、1914年にメーテルランクが受けている)。なお没後にフランスの後任としてアカデミー・フランセーズに入会したポール・ヴァレリーは、師マラルメが受けた恥辱をすすぐべく、前任者を称揚することが慣例となっている入会演説でアナトール・フランスに言及しないという前例のない意趣返しをしたことで知られる。

No. 347　CHARLES GOUNOD

dessin de Coll-Toc

シャルル・グノー　1818.6.17-1893.10.18

フランスの作曲家。画家を父としてパリに生まれ、ピアニストであった母親から音楽の手ほどきを受ける。コンセルヴァトワールでジャック゠フロマンタル・アレヴィ Jacques-Fromental Halévy（1799-1862）に師事し、1839年にローマ賞を受賞した。1851年の『サフォー』Sapho は商業的に失敗に終わったものの、その後はオペラ作品で徐々に好評を博し、『ファウスト』Faust（1859）、『ロミオとジュリエット』Roméo et Juliette（1867）で大きな成功を収めた。コル゠トックのカリカチュアはグノーをファウスト博士の姿で描いたものであり、その手に握られた紙が作曲家の作品目録となっている。ドイツの影響を脱した多くの歌曲は後進に大きな影響を与えたほか、キャリアの初めと終わりに宗教曲に力を注いだ。グノーが教皇ピウス10世のために書いた『教皇の行進曲』Marche pontificale は1869年にヴァチカンのサン゠ピエトロ寺院で初演され、1949年にピウス12世によって正式にヴァチカン市国の教皇賛歌として公認された。同曲にはイタリア語の歌詞が付けられ、公式行事の際に演奏される事実上の「国歌」の扱いとなっている（ヴァチカン市国の公式見解では「国歌」は存在しないという）。

No. 348 ARISTIDE BRUANT

dessin de Théophile-Alexandre Steinlen

アリスティッド・ブリュアン　1851.5.6-1925.2.11

フランスのシャンソニエ。ロワレ県クルトネに生まれる。古典語と音楽に優れた学生であったが、家業が傾いてパリに出たのちに父親が破産、学校を中途でやめて宝飾品職人として働かざるをえなくなった。この青年時の貧しい生活は、労働者が直面する現実と、彼らが操る俗語をブリュアンに叩き込んだ。普仏戦争後に北部鉄道に勤務したのち、俗語を織り込んだ自作のシャンソンをカフェ＝コンセールで歌うようになるとたちまち評判をとった。成功の足がかりとなった「黒猫」(シャ・ノワール)が1883年に拡張移転すると、その跡地に自分のキャバレー「ミルリトン」Mirlitonをオープンした。初日には3人しか客が来なかったため、いらだちから客を罵倒したところ、これが思わぬ人気を呼び、次第に店は軌道に乗った。この店のために友人のトゥールーズ＝ロートレックが描いたポスターは、帽子と赤いマフラー、黒い上着を羽織ったブリュアンのイメージを定着させることとなった。ありのままの社会を歌にする「シャンソン・レアリスト」chanson réalisteの先駆者であり、その世界はダミアやエディット・ピアフに受け継がれた。ブリュアンは晩年に多くの録音も残しているため、今日でも彼の歌声から当時の雰囲気を知ることができる。

No. 349　THÉOPHILE-ALEXANDRE STEINLEN

dessin de Jean Caillou (Théophile-Alexandre Steinlen)

テオフィル=アレクサンドル・スタンラン　　1859.11.10-1923.12.14

フランスの画家。ドイツ系スイス人としてローザンヌに生まれる。ミュルーズの織物工場でデザイナーとして働いたのち1881年にパリに出てモンマルトルに居を定めた。労働者の多い地区に住んだ理由のひとつには、ゾラの小説からの感化もあったという。イラストレーターとして活動し、同業のヴィレットによってキャバレー「黒猫」の創始者サリスRodolphe Salis（1851-97）に紹介されたことで、多くの芸術家と交流するようになった。サリスが1882年から刊行を始めた店と同名の週刊紙『黒猫』Le Chat noirに多くのイラストを寄稿し、看板イラストレーターとなる。版画、ポスター、挿絵などでは庶民の生活を好んで描いたほか、とりわけ猫のイラストを得意としたことで知られる。1901年にフランスに帰化した。多くの猫に囲まれたスタンランを描くこの号のカリカチュアには「ジャン・カイユー」の署名があるが、これはスタンラン自身が用いたペンネームのひとつであり、つまりは自画像である。他に「プティ・ピエール」Petit Pierreの偽名も用いたが、「砂利」も「小石」も、スタンランの名に含まれるドイツ語の「石」Steinに由来するものである。

No. 350 GEORGES COURTELINE

dessin de Théophile-Alexandre Steinlen

ジョルジュ・クルトリーヌ　1858.6.25-1929.6.25

フランスの劇作家。軽妙な喜劇を得意とした劇作家のジュール・モワノー Jules Moinaux（1815-95）を父にトゥールに生まれる。父の職業柄、子供の頃からモンマルトルの劇場に親しみ、モンマルトル育ちであることを誇りにしていた。そのためトゥール生まれとは認めようとしなかったという。1881年からの兵役とその後の役所勤めの経験は多くの小説と戯曲の主題を提供することになり、スタンランのカリカチュアは、『陽気な騎兵隊』Les Gaités des escadrons（1886）の一場面を踏まえている（このほかスタンランはクルトリーヌの著作に挿絵も描いている）。この号が発行された時点では、いまだ4作しか戯曲を発表していない駆け出しの存在だが、このあとアントワーヌの「自由劇場」で成功を収め、小市民の生活を観察した喜劇の第一人者として成功を収めた。1926年にはアカデミー・ゴンクールのメンバーとなり、3年後、71歳を迎えたその日に没した。作品には死後に映像化されたものも少なくなく、『陽気な騎兵隊』も1932年にフェルナンデル Fernandel（1903-71）、ジャン・ギャバン Jean Gabin（1904-76）の出演で映画化されている。

No. 351　GUSTAVE EIFFEL

dessin de Manuel Luque

ギュスターヴ・エッフェル　1832.12.15-1923.12.27

フランスの技師、実業家。ディジョンに生まれる。鉄骨構造を用いた建築を得意とし、26歳の若さでボルドーに500メートルにおよぶ鉄道橋を建設する作業の指揮を執った。この成功によって名を高めたエッフェルは1866年に会社を設立して大規模な工事を受注するようになり、のちに後継者となるモーリス・ケクラン Maurice Koechlin (1856-1946) をはじめとする有能な技術者にも恵まれた（なおケクランとケクラン゠シュヴァルツとは曽祖父同士が兄弟という8親等の関係にある）。1889年に完成しエッフェルの名を不朽にした「エッフェル塔」Tour Eiffel が彼自身の政治力、実行力、資金力によって実現に至ったのは間違いないが、コンセプトや設計に関してはケクランに帰するところが大きい。造り上げた数々の巨大建造物と対照的に小柄な体格はたびたびカリカチュアの主題となり、ルーケはエッフェル塔の頂上を軽々と馬跳びする姿で描いている。なお完成当時、この塔の最上階には実験室が設けられており、エッフェルはそこで気象学や空気力学の研究に専念し多くの業績を残した。塔の完成から30年以上を名声とともに過ごし、91歳の長命を保っている。

No. 352 CHARLES DE MAZADE

dessin de Manuel Luque

シャルル・ド・マザード　1820.3.19-1893.4.27

フランスの作家。ミディ=ピレネ地方、タルン=エ=ガロンヌ県カステルサラザンに検察官の息子として生まれる。マザード家は古い貴族の家系であり、その姓も十字軍に従軍した先祖がイェルサレム近郊のマサダで軍功を挙げたことが起源という。20歳でパリに出て詩集を刊行、その後1844年にマザラン図書館の司書の地位を得て文学に打ち込んだ。1846年から長年にわたって『両世界評論』に寄稿し、社主のビュロとも固い友情で結ばれていた。専門としたのは主に歴史と政治の分野だが、その一方で1857年にミュッセが死去した際には追悼記事を執筆し、当時軽視されていたこの作家に文学史的観点から高い評価を与えたことで知られる。同様に1872年にはラマルティーヌの伝記も残しており、ロマン派詩人を歴史上に位置づける上で大きな役割を果たした。ルーケのカリカチュアでは『両世界評論』の前に立つマザードがアカデミー=フランセーズの礼服を着ているが、この栄誉はすんなりと与えられたわけではない。1871年にリトレ、1880年にマクシム・デュ・カンに敗れたのち、ようやく1882年に歴史家シャンパニ Franz de Champagny (1804-82) の後任として入会に至ったものである。

No. 353　LUDGER NABONNE

dessin de Manuel Luque

リュジェ・ナボンヌ　1853.8.25-1914

フランスの外交官、政治家。パリに生まれる。法律を学んだのち外交官となり、ベルンを最初の任地とするが以降はフランス国内での勤務を主とした。国務院および司法省の官房副長官を経て、1899年には交渉の全権大使としてバイヨンヌでフランス・スペイン間の国境画定に関する協定を締結している。この号で登場した時期にはジャーナリストとして国際法に関するエッセーを書いており、多少名が知られていた。後半生は南仏オート=ピレネ県に身を落ち着けており、1888年から1895年までオート=ピレネ県議を務め、1901年から没年まで県北端に位置する小村マディランの市長として地元の振興に尽力した。息子のベルナール Bernard Nabonne（1898-1951）は作家となり、南仏の風土と農民の生活に取材した小説を発表、1927年にはバスク地方出身の女性を主人公とした『マイトゥナ』Maitena でルノードー賞を受賞している。ナボンヌ親子はマディランのブドウ栽培者団体の長として特産のワインを全国区にするべく数々の施策もおこない、その努力は1948年、「マディラン・ワイン」のAOC（原産地統制呼称）取得として大きな実を結んだ。

No. 354　JULES HABERT-DYS

dessin de Gil Baer

ジュール・アベール゠ディス　1850.9.23-没年不詳

フランスのイラストレーター。ロワール゠エ゠シェール県フレーヌに生まれる。官立美術学校を出たのち、早くからジャポニズムを取り入れ、昆虫や花をモチーフとした繊細なイラストで評判を得た。その技量が最も表れているのは、1886年から1年間、12回分冊で刊行された『装飾幻想集』Fantaisies décoratives である。収められた48枚のリトグラフは、写真製版技術を確立したシャルル・ジヨ Charles Gillot（1853-1903）の印刷によって、他の追随を許さないアベール゠ディスの精緻な図柄と絶妙な配色を再現した。アール・ヌーヴォー前夜における装飾デザインのひとつの極致であり、再評価の待たれる隠れた芸術家のひとりといえよう。1907年には国立装飾美術学校École nationale des arts décoratifs の教授に就任しており、その頃から始めたガラス工芸の分野でも高い評価を得た。1920年代まで存命であったが、没年は定かではない。この号でアベール゠ディスの日本趣味を強調したカリカチュアを描いているジル・ベール Gil Baer（1859-1931）も、当時多くの新聞・雑誌に関わっていた人気挿絵画家である。

No. 355 ROBERT DE LA VILLEHERVÉ

dessin de Manuel Luque

ロベール・ド・ラ・ヴィルエルヴェ　　1849.11.15-1919.8.14

フランスの作家。ノルマンディ地方のル・アーヴルに生まれる。生家はブルターニュ人が多く住む地区にあり、彼自身もブルターニュ人であることを誇りにしていたという。1882年の『薔薇のシャンソン』*Chansons des roses*をはじめとする抒情詩集や戯曲で成功を収め、この号の発行後、アカデミー・フランセーズに2度立候補したが、それぞれラヴィス Ernest Lavisse（1842-1922）、ボルニエに敗れて入会は果たせなかった。その彼が他の作家が容易には得られない経験をしたのは1893年9月12日のことである。解雇したばかりの20歳の元使用人が強盗に入り、女中が殺害され、彼自身も刃物で体中を16回刺された。事件後、彼の頭蓋骨に食い込んだ刃物の破片を取り除いたレオン・ラベ医師によれば生存は「奇跡」であったという。まもなく逮捕された犯人は同年11月に死刑判決が下り翌年1月に処刑、その間に被害者のラ・ヴィルエルヴェは徐々に回復し、事件の記憶も生々しいうちに『虐殺された者の印象』*Impressions de l'assassiné*（1894）という著作を発表した。現在では知名度は皆無だが、没後にオランドルフ社から全12巻の全集が刊行されており、一定の読者はあったらしい。ル・アーヴルに胸像が現存する。

No. 356 GIUSEPPE VERDI

dessin de Manuel Luque

ジュゼッペ・ヴェルディ　1813.10.10-1901.1.17

イタリアの作曲家。パルマ近郊に生まれる。音楽院不合格、妻の早世、上演の失敗など作曲家としてのスタートは順風満帆ではなかったが、オペラ『ナブッコ』(1842)の成功により一躍有名になった。続く『リゴレット』(1851)、『椿姫』(1853)の成功で全ヨーロッパ的な名声を確立すると、折しも盛り上がりつつあったイタリア統一運動の象徴ともなった。『アイーダ』(1871)、『オテロ』(1887)、『ファルスタッフ』(1893)など晩年まで数々の大作を発表し続け、19世紀イタリアを体現する最大の存在と見なされた。一方で早くからパリを活動拠点のひとつに定めており、初演をフランスで迎えたオペラも少なくない。こうした縁は彼の生誕にまでさかのぼる。ヴェルディが生まれた当時のパルマ周辺は、ナポレオンによって1808年以来フランスの「タロー県」となっていたため、後年のイタリアの「国民の父」も「ジョセフ゠フォルチュナン゠フランソワ・ヴェルディ」Joseph-Fortunin-François Verdi というフランス名で役場に登録されている。このタロー県は1814年4月のフォンテーヌブロー条約の締結によってパルマ公国として復帰し、その後サルディーニャ王国への併合を経て1861年にイタリア王国の一部となった。

No. 357 NASER AL-DIN CHAH

dessin de Manuel Luque

ナーセロッディーン・シャー　1831.7.16-1896.5.1

ペルシアのシャー。「シャー」はペルシアの王の称号である。1848年に17歳でガージャール朝4代目の君主となった。1873年以来、近代ペルシアの国家元首として初めてヨーロッパ諸国を歴訪した人物である。当時のペルシアはイギリスとロシアの進出により半植民地化されつつあり、フランスの政治的・経済的影響力は微々たるものだった。ただ、文化先進国としてはまだ敬意を払われていたので、ナーセロッディーン・シャーが、イギリス女王との会見を主な目的として1878年、1889年にヨーロッパ周遊に出た際にはパリの万国博覧会を訪れている。この号も1889年の訪問を期に発行されたものである。ルーケがカリカチュアで描くような、孔雀の羽で飾られた帽子をはじめとする特徴的なその姿は、当時大いにフランスの新聞・雑誌を賑わせた。ナーセロッディーン・シャー自身、写真に撮られることを好み、また西欧の文化を歓迎してペルシアに鉄道、郵便、銀行を導入したが、政権運営に関しては共和国フランスから学ぶ点は皆無であった。その治世は半世紀近くに及んだが、改革派の腹心を疎んじて暗殺してからは、専制の度合いを強め、ついに1896年に祈禱のために訪れた霊廟で活動家に狙撃されて命を落としている。

No. 358 GEORGES BERGER

dessin de Manuel Luque

ジョルジュ・ベルジェ　　1834.10.5-1910.7.8

フランスの政治家。パリに生まれる。国立鉱山学校École des minesを卒業後に北部鉄道会社に技師として入社するがまもなく退社、その後は世界を旅行して見聞を広めた。帰国後に鉱山学校時代の教授であったル・プレ Frédéric Le Play（1806-82）の誘いで1867年のパリ万国博覧会に関わり、外国部門の編成という大任を果した。その後も1878年、1889年、1900年と計4度の万国博覧会の運営に携わったほか、フランスで開催された各種国際博覧会を統括し、フランス国外での博覧会でも展示の責任者を務めている。なかでも1881年にパリで開催された国際電気博覧会 Exposition internationale d'Électricité では技師としての知見を生かした「電気の時代」の演出が効果をあげ、ベルジェの名を大いに高めた。フランスが国外に広く文化を発信する際に重宝された、「博覧会職人」とでも呼ぶべき人物である。1889年にセーヌ県から下院に当選し、再選を重ねて1910年5月まで務めた。美術にも造詣が深く『ジュルナル・デ・デバ』紙で美術評を担当したほか、官立美術学校で美術史を講じたこともある。

No. 359　AMBROISE THOMAS

dessin de Manuel Luque

アンブロワーズ・トマ　　1811.8.5-1896.2.12

フランスの作曲家。メッスに生まれる。父親はヴァイオリニスト、母親は歌手という恵まれた環境で音楽を吸収し、1828年にコンセルヴァトワールに入学、1832年にローマ賞を受賞している。その後はオペラ作品で地位を確立し、1856年に母校コンセルヴァトワールの教授に就任した。ゲーテの『ヴィルヘルム・マイスターの修業時代』をもととする『ミニョン』*Mignon*で(1866)ヨーロッパを席巻する大成功を収め、続く『ハムレット』*Hamlet* (1868)も前作に劣らぬ評判をとっている。1871年にコンセルヴァトワールの院長に就任してからは、教育改革に尽力してマスネら多くの後進を育てた。当時の学内ではトマの意向は絶対的であり、彼の目にはあまりに進歩的に映ったフォーレ Gabriel Fauré (1845-1924)の教授就任には断固として反対し、この人事の実現にはトマの死去を待たねばならなかった。陸軍省の要請により1887年に国家「ラ・マルセイエーズ」の公式編曲を定めたのもトマである(それまではベルリオーズの編曲が主に用いられていた)。以来、このヴァージョンはあらゆる公式行事に演奏されていたが、1974年にジスカール・デスタン大統領が行進曲調の編曲を和らげるよう求めてその役割を終えている。

No. 360 GUSTAVE KAHN

dessin de Maximilien Luce

ギュスターヴ・カーン　1859.12.21-1936.9.5

フランスの詩人。メッスに生まれる。国立古文書学校に学びながら文学活動を開始した。1880年から4年間、兵役でアフリカに滞在したが、この経験はカーンがパリ文壇の喧騒から離れて独自の文学を練り上げることにつながった。帰国後、1886年にパリで創刊した『ヴォーグ』 La Vogue 誌は、ランボーの『イリュミナシオン』 Illuminations、ヴェルレーヌの『呪われた詩人たち』 Les Poètes maudits、ラフォルグの『伝説的教訓劇』 Moralités légendaires、さらにマラルメの詩作品が掲載されたことで、文壇の新潮流が渦巻く最も先進的な場と認知された。その後『独立評論』 La Revue indépendante 誌でも編集者として活躍したカーンは時代を牽引する存在であったが、1889年に同誌の経営移管によって解雇され、その後は一詩人としての活動に戻っている。1887年の詩集『流浪の宮殿』 Les Palais nomades 以来、「自由詩」vers libre を実践したほか同時代の絵画に目を向けており、フェリックス・フェネオン Félix Fénéon（1861-1944）とともに「新印象派」néo-impressionnisme の画家たちを最初に評価した批評家のひとりでもある。晩年まで旺盛な執筆活動を続け、安定した生涯を静かに全うしている。

No. 361 CAMILLE SAINT-SAËNS

dessin de Manuel Luque

カミーユ・サン＝サーンス　1835.10.9-1921.12.16

フランスの作曲家。パリに生まれる。生後3ヶ月で父を失い、母と大叔母に育てられた。その「神童」ぶりを示す逸話には事欠かず、3歳で作曲をはじめ、11歳で開いた最初のコンサートではモーツァルトのピアノ協奏曲第15番を自作のカデンツァとともに演奏したという。1848年にコンセルヴァトワールに入学、1857年には権威あるマドレーヌ寺院のオルガン奏者となり、以降20年間その地位にあった。リストも絶賛する演奏の技量と卓越した見識を兼ね備え、第3番「オルガン付き」をはじめとする5曲の交響曲、オペラ『サムソンとデリラ』 *Samson et Dalila* (1877)、組曲『動物の謝肉祭』 *Le Carnaval des animaux* (1886) 等の作品を残した。1908年には世界初の映画音楽も作曲している。後半生は世界中を旅行して回り、86歳で没したのもアルジェリアにおいてであった。1913年にはレジオン・ドヌール勲章の最高等級「大十字(グラン・クロワ)」を受章しているが、この国家最高の栄誉を与えられた作曲家は他に1894年のトマ、1920年のフォーレ Gabriel Fauré (1845-1924)、1987年のメシアン Olivier Messiaen (1908-92) と数少ない。この顔ぶれから判断すると、コンセルヴァトワールの教授か大教会のオルガニストであることが受章の必須条件であるらしい。

No. 362　ADOLPHE PERRAUD

dessin de Manuel Luque

アドルフ・ペロー　1828.2.7-1906.2.10

フランスの枢機卿、歴史家。リヨンに生まれる。1847年に高等師範学校に入学、テーヌ Hippolyte Taine（1828-93）、アブー、サルセーらの1学年上にあたる。卒業後は歴史の教師をしていたが1852年に修道会に入り、2年後に司祭に叙階された。1874年にソーヌ゠エ゠ロワール県オータンの司教となる一方でソルボンヌの教授も務め、枢機卿リシュリューの評伝をはじめとする歴史学の著作を残している。そのリシュリューが創設したアカデミー・フランセーズには1882年に入会しているが、これは前任者のオーギュスト・バルビエ Auguste Barbier（1805-82）が生前にペローを後任者として望んでいたためと言われる。著作の多い聖職者がアカデミーに入会することは珍しくなく、フェリックス・デュパンルー Félix Dupanloup（1802-78）、アンリ・ラコルデール Henri Lacordaire（1802-61）、またペロー在学中に高等師範学校付き司祭であったジョゼフ・グラトリ Joseph Gratry（1805-72）が、それぞれ1854年、1860年、1867年に会員となっている。ペローは1893年に枢機卿に指名され（正式な任命は1895年）、1903年にレオ13世が没した際には次の教皇を選出するコンクラーヴェにも参加した。

No. 363 JULES-ÉMILE PÉAN

dessin de Coll-Toc

ジュール=エミール・ペアン　1830.11.29-1898.1.30

フランスの外科医。ウール=エ=ロワール県マルブエに生まれる。両親は公証人になることを望んだが、医師を志してパリに出た。1日に12時間から14時間にも及んだという猛勉強によって頭角をあらわし、複数の病院勤務を経てサン=ルイ病院の医師となる。努力に裏打ちされた確かな技術を持ち、1864年、医師に見放された貧しい女性患者の家に赴き、器具も乏しいなかで彼が成功させた前代未聞の子宮腫瘍の摘出手術は医学界に論争を巻き起こした。その後ペアンの手法が技術的に確立されたことにより、ほぼ100パーセントの患者が死亡していた子宮腫瘍の死亡率は一桁にまで下がっている。サン=ルイ病院では毎週土曜の午前に公開手術をし、ペアンの知名度はますます上がったが、毀誉褒貶は相半ばし、病院では教授の席を得られず、外科医協会にも入会が許されなかった。1887年に医学アカデミーの会員となったが、この際にも同業者からは激しい反対運動が起きている。コル=トックのカリカチュアでペアンが抱えている器具は彼が1868年に考案した止血鉗子であり、これは今日も「ペアン鉗子」の名で呼ばれている。扁桃を手術するペアンの姿を留めたトゥールーズ=ロートレックの油彩画が現存する。

No. 364 ÉMILE GOUDEAU

dessin de Manuel Luque

エミール・グドー　　1849.8.29-1906.9.17

フランスの作家。ペリグーに生まれる。ボルドーでのジャーナリズム活動を経て1873年からパリに定住した。金融省に勤めながら文学サークルに出入りし、1878年に「イドロパット」Les Hydropathes と名乗るサークルを組織する。「イドロパット」という造語には意味はなく、またサークルはサロンを開くこともなく、街のカフェを転々としながら会合が持たれた。主義主張を持たず、パロディと冗談を好む「イドロパット」はいまだ世に出ない多くの文学者をカルティエ・ラタンに集め、1879年からは雑誌『イドロパット』L'Hydropathe も創刊された。しかし会合は次第にマンネリズムに陥り、ロドルフ・サリス Rodolphe Salis (1851-97)に誘われたグドーが活動の軸足を「黒猫」に移したことで「イドロパット」は事実上消滅する。これは、カフェ文化の中心地が左岸からモンマルトルへと移動する象徴的な出来事となった。グドーはサリスと二人三脚で「黒猫」を盛り立てたがやがて決裂し、個人で文筆活動を続けた。1888年には『ボエームの10年』Dix ans de bohème と題した回想記を著したように、早々に過去に生きる人物となったグドーは酒に溺れ、1906年に没したときにはすでに完全に忘れられた存在であった。

No. 365　ERNEST MEISSONIER

dessin de Manuel Luque

エルネスト・メソニエ　　1815.2.21-1891.1.31

フランスの画家。リヨンに生まれ、早くから画家としての才能を発揮する。16歳で初めて官展(サロン)に入選し、古典的なタッチで生活情景を描く画家として名声を獲得した。その後はナポレオン戦争を描いた歴史画の分野でさらに評価を高め、画壇の大家としての地位を確立する。歴史画を描く際には当時の時代背景や資料などを詳細に調べたため、第一帝政期の軍服の変遷やヴァリエーションを知るにはメソニエの作品を見るのが最も正確であると言われるほどである。ルーケのカリカチュアでメソニエが軍服に身を包み、双眼鏡を床に置いて細密な絵に取り組んでいるのも、彼のこうした製作スタイルを踏まえている。当時最も高名な画家で作品の評価額も群を抜いており、その歴史画は存命中から王侯貴族に高値で買い上げられた。こうして財を成すと1846年にパリ郊外ポワシーの豪邸を手に入れた。最上階に位置する「冬のアトリエ」、ガラス張りの天井を持つ別棟の「夏のアトリエ」はその豪華さで知られた。建物全体の調度も、彼の絵画と同様、近代化を迎える以前の貴族趣味で統一されていたという。1890年には国立美術協会Société nationale des beaux-artsの会長に就任している。

No. 366 CAMILLE PISSARRO

dessin de Lucien Pissarro

カミーユ・ピサロ　1830.7.10-1903.11.13

フランスの画家。カリブ海、ヴァージン諸島のセント゠トーマス島で金属製品を扱う裕福な商人の家に生まれる。島は当時デンマーク領であったため、ピサロは生涯フランスとの二重国籍を保持した。青年期まで家業を手伝っていたが、1855年にフランスに渡って本格的に絵を学んだ。当初はアカデミズムの手法に忠実だったが、コロー、ミレー、クールベらのより自由な画風に惹かれ、その影響下で自らの絵画を発展させていった。やがて出会ったモネらとともに形成したグループは、1874年の展覧会以降「印象派」と呼ばれることになる。その後1886年まで全8回開催された「印象派展」に欠かさず出品した唯一の画家である。「印象派」の最年長者でもあり、温厚な性格で多くの画家と親しく交流したピサロはグループの要であったが、1880年代後半の一時期はスーラ、シニャックらの影響で「点描」を用いた画風に転換している。1866年から1883年まではパリを離れてポントワーズを主な拠点として風景画を描き、1884年以降は小村エラニ゠シュル゠エプトで農村の人々の生活を画題とした。表紙のカリカチュアは同じく画家となった長男リュシアン Lucien Pissarro（1863-1944）によるものである。

No. 367　LUCIEN DESCAVES

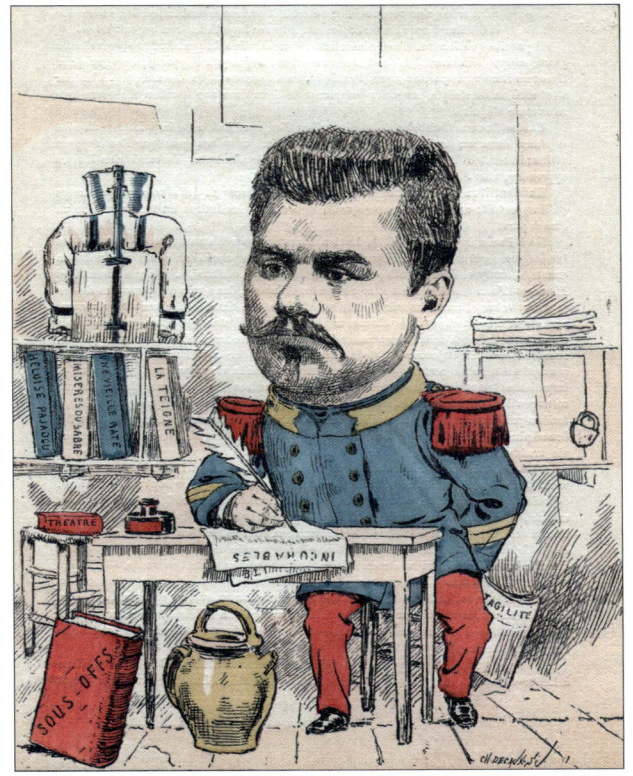

dessin d'H. Reboul

リュシアン・デカーヴ　1861.3.18-1949.9.6

フランスの作家。パリに生まれる。早くから自然主義の影響下で作家活動をはじめ、初期の小説の巻頭にはゾラへの献辞が付されたものもあった。しかし次第にゴンクールに接近し、1887年には同年代の小説家とともに「五人宣言」Manifeste des cinq を発表、ゾラの小説『大地』La Terre（1887）における手法と俗悪さを非難している。デカーヴが一般に名を知られたのは、自身の軍隊生活に取材した反戦小説『下士官』Sous-Offs（1889）のためである。同書は陸軍省から風俗壊乱および軍隊の侮辱の罪状で訴えられたため、文学者たちは寄付金を募ってデカーヴの裁判を支援した（この件ではゴンクールとゾラも共闘している）。晴れて無罪を勝ち取ったデカーヴは、その後のドレフュス事件でもドレフュスを擁護し、軍隊組織を強く非難している。1900年の発足以来、ほぼ半世紀にわたりアカデミー・ゴンクールの会員を務め、ゴンクール賞の選出にあたった。老いてなお硬骨漢として知られ、1932年にセリーヌ Louis-Ferdinand Céline（1894-1961）の『夜の果てへの旅』Voyage au bout de la nuit の受賞がほぼ確実視されながらも落選した際には、メンバーへの怒りからその後7年間会合のテーブルにつかなかったという逸話が残っている。

No. 368 GEORGES SEURAT

dessin de Maximilien Luce

ジョルジュ・スーラ　1859.12.2-1891.3.29

フランスの画家。パリに生まれる。兵役のため官立美術学校で学業の中断を余儀なくされると、任地のブレストで多くの海景を描いて過ごしたという。印象派の手法に科学的な視点を取り入れ、原色に近い細かい点を用いて絵を描く「点描」の技法を確立した。視覚混合の技術は印象派の画家たちによって用いられていたが、「点描」はそれをさらに一歩進め、各色の小さな点が鑑賞者の網膜で混交されて色調を生むという光学的な見地に基づいている。この新しい技法は驚きをもって迎えられ、印象派の大黒柱ピサロも一時期「点描」に傾いた。スーラの作品は悶着の末に1886年の第8回印象派展に出品を認められたが（ただし展示室は別であった）、技法の違いは明白であり、「印象派展」に終焉をもたらす一因となっている。「点描」は綿密な事前の構成、並外れた集中力、膨大な時間を要求するが、スーラ自身が31歳の若さで没したため、完成させることのできた大作は数点に過ぎない。その理論はシニャック、リュスらに継承されたが、まさしく『今日の人々』ではリュスがスーラを（368号）、スーラがシニャックを（373号）、シニャックがリュスを（376号）描いており、「点描」を追及した画家の三角形を成している。
レ・ゾム・ドージュルデュイ

380

No. 369 JOSÉPHIN PÉLADAN

dessin d'Alfred Le Petit

ジョゼファン・ペラダン　1858.3.29-1918.6.27

フランスの作家、神秘主義者。リヨンに生まれる。本名はジョゼフ゠エメ・ペラダン Joseph-Aimé Péladan だが、父の友人でもあった郷土の大詩人ジョゼファン・スーラリにあやかって幼い頃から「ジョゼファン」と呼ばれたという。パリでの文壇デビュー後、神秘主義に造詣が深かった兄が1885年9月に死去したことでその膨大な蔵書を受け継いで以来、彼もまた神秘主義にのめり込んだ。バビロン王の末裔を自称し「サール」Sâr の称号を名乗ったことでも知られる。1888年には神秘家スタニスラス・ド・ガイタとともに「カバラ薔薇十字団」Ordre Kabbalistique de la Rose-Croix を創設したが、1890年に袂を分かって別団体「神殿と聖杯のカトリック審美的薔薇十字団」Ordre de la Rose-Croix catholique et esthétique du Temple et du Graal を立ち上げた。芸術の総合を目指したペラダンは、多くの芸術家を集めた「薔薇十字展」を1892年から1897年まで開催し大きな成功を収めている。60年の生涯に膨大な著作を残したが、それらは小説家からは際物(きわもの)と、また専門的神秘家からは好事家の手遊びと見なされ、晩年のペラダンは「文学のドレフュス」を自称し世間の無理解を嘆息したという。

No. 370 ALBERT DUBOIS-PILLET

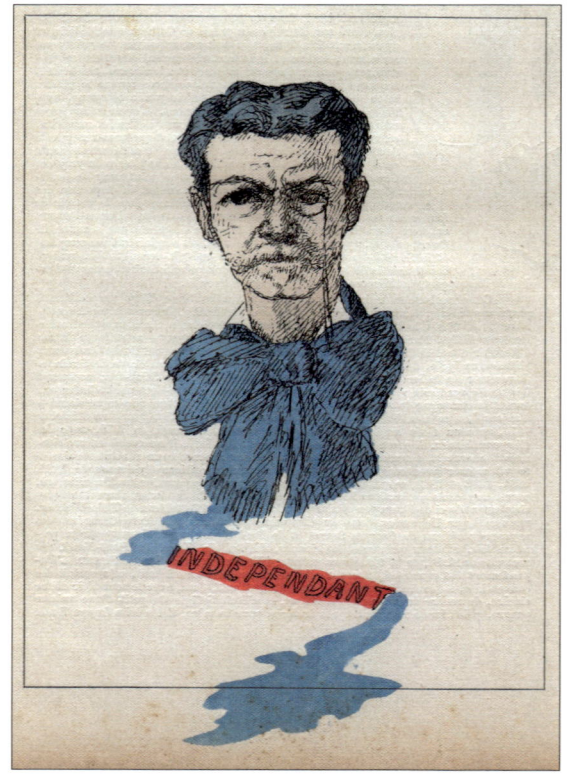

dessin d'Albert Dubois-Pillet

アルベール・デュボワ=ピエ　1846.10.28-1890.8.18

フランスの画家。パリに卸売商の息子として生まれる。1866年に陸軍士官学校に入学し、卒業後は普仏戦争に従軍、パリ・コミューンの鎮圧にも貢献した。第三共和政下でも軍人を続けたが、1876年にポワティエに移った頃から突如として絵画に目覚めたという。独学を続けるデュボワ=ピエの望みは中央画壇と関わることだったが、1880年にパリの警護にあたる共和国親衛隊 Garde républicaine に任命されたことでその夢が実現した。しかし官展では作品を拒絶され続け、同様に既成の画壇から認められないルドン、スーラ、シニャックらと親交を結び、やがてデュボワ=ピエのイニシアティヴで1884年に設立されたものが「独立美術家協会」Société des Artistes Indépendants である。毎年開催の「アンデパンダン展」サロン Salon des Artistes Indépendants は画壇の新たな潮流を世に知らしめる場となり、第1回展に彼が出品した《死児》*Enfant mort* はゾラに衝撃を与え、小説『制作』では主人公の画家の作品として叙述された。点描の技法を独自に進化させるなど「新印象派」としての活躍が期待されたが、この号が発行された直後に天然痘で没している。

No. 371　LÉON XANROF

dessin de B. Moloch

レオン・クサンロフ　1867.12.9-1953.5.17

フランスのシャンソニエ。医師を父にパリに生まれる。本名はレオン・フルノー Léon Fourneau だが、「かまど」を意味するラテン語 Fornax を逆から読んだ「クサンロフ」Xanrof を名乗り、1896年には正式に改名した。文学者となる希望を父に伝えた時に課された、文系理系双方での大学入学資格取得、弁護士資格の取得という条件を見事に達成した秀才である。念願かなってモンマルトルに身を投じるとシャンソン作家として活動し、歌手イヴェット・ギルベール Yvette Guilbert (1867-1944) を得て人気を博したほか。彼自身も「ミルリトン」や「黒猫」で自作を披露した。他のモンマルトルの住人と毛色が異なり、カリカチュアに描かれているように、フロックコートに身を包んだ紳士然とした外見を特徴とする。クサンロフの周囲を数々のシャンソンの主題が囲んでいるが、右下が最も有名な、妻とその愛人が乗った馬車に轢かれる男を歌った「辻馬車」Le fiacre である。なお、この表紙を描いた「B. モロク」の筆名の由来もクサンロフに類似している。本名はエクトル・コロン Hector Colomb (1849-1909) だが、姓の前に名前のイニシャルを置いた「H. Colomb」を逆に読んで「B. Moloch」としたものである。

No. 372 PHILIBERT AUDEBRAND

dessin d'Alfred Le Petit

フィリベール・オードゥブラン　1815.12.31-1906.9.10

フランスの作家。シェール県サン=タマンに生まれ、早くからジャーナリズムの世界に入った。積みあがる本に囲まれたオードゥブランを描いたル・プティのカリカチュアが示すように、博覧強記と多産をもって知られ、生涯に100冊近い著作を残した。1881年からは『イリュストラシオン』L'Illustration 紙のコラム「パリ通信」Courrier de Paris を四半世紀にわたって担当したほか、長命を保ったため、親しく接した作家たちの逸話やロマン主義時代のカフェに関する著作などを多く残した。第三共和政下において世紀前半の生き証人の役割を果たした作家である。筆名を数多く用いたことでも知られ、当時から次のような小話が語られていた。「昨日、フィリベール・オードゥブラン氏がド・リラダン de L'Isle-Adam 氏と決闘をおこなった。前者の介添人はボグダノフ Bogdanoff 氏とアンリ・プラサン Henri Plassan 氏、後者はミカエル Mikaël 氏とアルファ Alpha 氏。マクシム・パール Maxime Parr 医師が立ち会った。オードゥブラン氏の別の筆名が30人到着したため、流血の事態は免れた」。言うまでもなく、登場人物はすべてオードゥブランの用いた筆名である。

No. 373 PAUL SIGNAC

dessin de Georges Seurat

ポール・シニャック　　1863.11.11-1935.8.15

フランスの画家。パリに生まれる。高校を中途で退学し、芸術家として生きる道を選んだ。20歳になる前からモンマルトルに入り浸り、美術学校に通うことも大家の作品を模写することもなく、ほぼ独学で自らの絵画を手探りしている。その後は印象派の影響を受けながら同年代のスーラと友情を結ぶと、年長のピサロを巻き込んで印象派に科学を持ち込む試みを続け、「点描」の完成という成果を導いている。第8回印象派展にはスーラとともに参加したが、既存の「印象派」とは異なる画風によって「新印象派」と呼ばれた。この号の表紙も盟友スーラによるものである。スーラが早世すると「点描」の理論家となり、1899年には『ウジェーヌ・ドラクロワから新印象派まで』*D'Eugène Delacroix au néo-impressionnisme* を刊行して技法の進展を歴史的にとらえ、今は亡きスーラと完成させた技法を論じている。温厚な人格者として知られたシニャックは、世代や流派を超えて敬愛され、長く過ごした南仏サン=トロペの住居には、彼を慕って多くの画家が訪れたという。1908年には独立美術家協会の会長となっている。

No. 374 JEAN AJALBERT

dessin de Jean-François Raffaëlli

ジャン・アジャルベール　1863.6.10-1947.1.14

フランスの作家。パリ北西部に隣接するルヴァロワ=ペレに生まれる。フォンターヌ高校（現在のコンドルセ高校）卒業後、法律を学んで弁護士の資格を得た。当初は自然主義的な主題を扱う詩人として出発したのち、文壇内のさまざまなサークルに出入りして多くの知己を得る。1895年にロシア出身の裕福な女性詩人トラ・ドリアン Tola Dorian（1839-1918）の娘で女優のドラ Dora Dorian（1875-1951）と結婚しブルジョワ的な生活も経験したが3年後に離婚した。なおドラはその後ユゴーの孫ジョルジュ=ヴィクトル Georges-Victor Hugo（1868-1925）と再婚している。植民地を舞台とした小説のほか、第一次世界大戦で一人息子を失うと平和主義に根ざした随筆を発表、晩年は19世紀末文壇の回想録の執筆に専念している。1917年以降会員であったアカデミー・ゴンクールの内幕を暴露した文章でも物議をかもした。その一方で1907年からはナポレオンの妻ジョゼフィーヌの居城であったマルメゾン城 Château de Malmaison の管理者を務め、収蔵品の整理に手腕を発揮している。この号の表紙を描いているのは画家ジャン=フランソワ・ラファエリ Jean-François Raffaëlli（1850-1924）で、右下には「JFR」のサインが見られる。

No. 375　CHARLES LE GOFFIC

dessin de Gaston Noury

シャルル・ル・ゴフィック　1863.7.14-1932.2.11

フランスの作家。ブルターニュ地方のコート゠ダルモール県ラニオンに生まれる。大学教授資格を得て各地の学校で教鞭を執ったのち文学に専念した。ブルターニュ人であることを誇りとし、著作も故郷への愛情に貫かれている。地方言語ブルトン語も完璧に話したが、著作に用いることはなく、「母国」ブルターニュの地方性を主張するためには「他国」フランスの言語を用いざるをえない、というジレンマに生きた人物である。1898年にはアナトール・ル・ブラース Anatole Le Braz (1859-1926) とともに、ブルターニュで最初に地方主義を打ち出した団体「ブルターニュ地方主義連合」Union régionaliste bretonne を設立している。愛郷心は愛国心にも結びつき、早くから親交を結んだモーラス Charles Maurras (1868-1952) の影響を受けてアクシオン・フランセーズにも協力した。1930年にはフランス語を司るアカデミー・フランセーズの会員となっている。ルナン以来となる「ブルターニュ人」の入会は、長い歴史上でも稀な事例である。なおル・ゴフィックを描いているガストン・ヌーリ Gaston Noury (1866-没年不詳) は、このカリカチュアからは想像しにくいが、精緻な筆致で半裸の女性を幻想的に描くことに長けた画家であった。

No. 376 MAXIMILIEN LUCE

dessin de Paul Signac

マクシミリアン・リュス　1858.3.13-1941.2.6

フランスの画家。パリに生まれ、10代半ばで画家を志した。同世代のスーラ、シニャックと交流したほか、ピサロとは年齢差を越えた親友となり、多くのアドバイスを受けている。1880年代半ばから「点描」の熱心な推進者となったが、この新たな技法を用いて社会の現実を描こうとした点でスーラ、シニャックとは方向性を異にした。労働者の多いモンパルナスの出身のリュスは10代前半で苛烈なパリ・コミューンを体験しており、絵の題材としても頻繁に労働者を取り上げている。街路に物のように横たわる複数の市民の遺体を描いた《コミューンの犠牲者たち》Les Victimes de la Commune (1890)などは、出自と思想を絵画に反映させたリュスの代表作である。無政府主義者としての言動によって警察からは危険人物としてマークされており、1894年6月にカルノー大統領が暗殺された翌月には関係を疑われて逮捕、収監された。翌月には放免されたが、転んでもただでは起きず、リュスはこの経験を生かして獄中を描いた一連の作品を発表している。後年は点描から離れてより自由な手法を用いた。シニャックが1935年に没すると、彼の後を継いで独立美術家協会の会長に就任している。

No. 377 PAUL LÉONNEC

dessin de Manuel Luque

ポール・レオネック　1842.8.27-1899.10.4

フランスのイラストレーター。ブルターニュ地方の軍港ブレストに生まれる。父親をはじめ親類には海軍軍人が多く、彼も18歳で海軍に入り主計官となった。イラストを得意としたレオネックは、28歳で週刊紙『ジュルナル・アミュザン』に寄稿をはじめたが、彼の作品を目にしたナダールは「『ジュルナル・アミュザン』紙上ではグレヴァンとレオネックのみが画家の名に値する」と絶賛したという。出身地と職業柄、ブルターニュ人と船員のイラストをとりわけ得意とした。同じく海軍に属するロティの海洋小説に挿絵を描いたほか、海兵を主人公とした作品集をヴァニエ書店から数冊刊行している。ルーケのカリカチュアでは船員の姿をしたレオネックが船上に立ち、左手の袋に見られるタイトルは1884年にヴァニエ書店から刊行された『パタラとブルダンダン』*Patara et Bredindin*である。同書は1840年代に匿名で出版されて人気を博した、休暇中の2人の船員を主人公としたユーモア小説だが、レオネックはこれに挿絵を描いて再刊し、自身の代表作とした。息子のジョルジュ Georges Léonnec (1881-1940) もイラストレーターとなり、蠱惑的な女性を配したポスターと広告を多く残している。

No. 378 HIPPOLYTE BUFFENOIR

dessin d'Émile Cohl

イポリット・ビュフノワール　1847.10.16-1928.7.3

フランスの作家。コート゠ドール県、ディジョンの南に位置する小村ヴージョに生まれる。園芸家の一人息子として自然に囲まれて育ち、地元で教師をしたのちに1873年にパリに出た。バンヴィル、ルコント・ド・リールら詩壇の大家に学んで高踏派風の詩集を刊行する一方、文学サークル「イドロパット」Les Hydropathes にも出入りをするなど首都の文壇生活を満喫した。彼の名が広く知られるようになったのは、ジャン゠ジャック・ルソーの熱烈な信奉者として1880年代後半から旺盛に著した評伝、概説書によるものである。また未刊資料の刊行にも力を注いでおり、その後半生はルソーに捧げられたと言っていい。なお、このルソー傾倒の根本には啓蒙思想と共和主義への傾倒があり、1879年にはセーヌ゠エ゠オワーズ県から下院に立候補して落選している。ビュフノワールの自伝的小説『ロンクロル議員』 Le Député Ronquerolle (1889) ではこうした経験が生かされており、議員を志す主人公が選挙活動を始めるにあたってルソーの墓に詣で、決意を新たにする場面が描かれている。晩年まで執筆量は衰えず、広く18世紀を扱った多数の著作のほか、パリに出てからの人生を回顧した自伝を残した。

No. 379　ALPHONSE KARR

dessin d'Émile Cohl

アルフォンス・カール　1808.11.24-1890.9.30

フランスの作家。ドイツ人を父に、フランス人を母にパリに生まれる。父のアンリ Henri Karr (1780-1843) はバイエルン地方出身の音楽家であり、バルザックの『従兄ポンス』Le Cousin Pons (1847) にもその名が引かれている。不真面目だが抜群の頭の回転を示した学生時代を経て、中学校で教鞭を執ったが、1830年に教師不適格として罷免された。その後は筆で身を立てることを決意し、小説を発表したのちに『フィガロ』紙の寄稿者となっている。1839年にはゴシップと風刺に満ちた個人編集の月刊誌『スズメバチ』Les Guêpes を創刊、あらゆる著名人をその毒針で刺して大いに恐れられた。記事に憤激した女性によるカールの殺人未遂や、埋め草記事として自分の死亡記事にいろどられながら、自由奔放な『スズメバチ』は1876年まで断続的に刊行され続けている。幼い頃に父親から釣りを教わったカールは自然の魅力に敏感であり、いち早く景勝地エトルタを紹介したほか、第二帝政下で隠遁していたニースでは園芸に目覚め、逗留客のための花屋を開業して成功したという。こうした知見を生かして、釣りと園芸の手引書を多く著した。なお、この号はカールの死の直後に発行されたものである。

No. 380　EDMOND FRÉMY

dessin de Manuel Luque

エドモン・フレミ　　1814.2.28-1894.2.2

フランスの化学者。ヴェルサイユに生まれる。陸軍士官学校で化学を教えていた父から手ほどきを受け理工科学校に進んだ。化学者ゲ゠リュサック Louis-Joseph Gay-Lussac (1778-1850) に認められ、入学2年後の1833年にはその助手を務めるなど研究者として順調な滑り出しを見せた。兄弟子にあたるプルーズ Jules Pelouze (1807-67) との共同研究の成功、また高名な化学者ブトロン゠シャルラール Antoine-François Boutron-Charlard (1796-1879) の娘と結婚するなど環境に恵まれたフレミは、幅広い分野で業績を残しながら化学界で着々と地位を固めていった。1846年に母校の教授、1850年には師ゲ゠リュサックの後任として国立自然史博物館 Musée national d'histoire naturelle の化学担当となり、さらに1879年にはシュヴルールを継いで同館の館長に就任している。研究分野は酸 (酸化剤「フレミ塩」sel de Frémy に名を残す)、金属、骨組成、発酵など多岐にわたり、また石鹸や蝋燭の製造法の改良など、化学の産業への応用にも力を注いだ。1877年に人工ルビーの製造に成功したこともフレミの功績のひとつである。

No. 381 ALFRED LE PETIT

dessin d'Alfred Le Petit

アルフレッド・ル・プティ　1841.6.8-1909.11.15

フランスのイラストレーター。セーヌ=マリティーム県オマールに生まれる。デッサン、絵画、写真の技術をひととおり身につけ、ルーアンでの活動を経てパリに出た。1870年に創刊した『シャルジュ』La Charge 紙ではナポレオン3世の一家を痛烈に揶揄して名を馳せるなど、1880年代半ばには最も著名なカリカチュア画家のひとりであった。『今日の人々』(レ・ゾム・ドージュルデュイ)を離れたシャンソールが対抗紙を創刊する際、ジルに伍する大家としてル・プティを選んだ理由もここにある。この企ては失敗に終わったが、その後も多くの新聞・雑誌に寄稿し、『今日の人々』の表紙もたびたび描いている。当初は批判精神に溢れた共和主義者であったが、一時期から愛国主義に傾きはじめ、この号の左下に描かれた『シャルジュ』紙の表紙では、ユダヤ人に好意的なフェリーを長い鼻と髭で描く反ユダヤ的姿勢もあらわれている。ブーランジェ将軍を支持しドレフュスを攻撃するといった方向への転換は、ある意味で風刺画家としての自殺行為であり、1890年代に入るとル・プティのカリカチュアはほとんど力を失った。その後は絵画の分野での成功を目指したが挫折し、晩年は不遇のうちにエッフェル塔で似顔絵を描きながら生計を立てていたという。

No. 382 HENRY CÉARD

dessin de Manuel Luque

アンリ・セアール　1851.11.18-1924.8.16

フランスの作家。当時はパリ郊外であったベルシーに生まれる（1860年に解体されて一部がパリに編入された）。ゾラを慕う小説家志望の若者のひとりとして1880年の合同短編集『メダンの夕べ』 Les Soirée de Médan で文壇にデビューした。その翌年の小説『美しい日』 Une belle journée は、何事も起こらない一市民の日常を描いた自然主義文学の極致として知られる。しかし1893年頃に突如としてゾラと決別しており、これはドレフュス事件で意見を異にしたためとも、またゾラの愛人と隠し子をめぐる夫婦喧嘩に巻き込まれて嫌気がさしたためとも言われる。セアールは作家活動の一方で公務員の職務を真直に勤めあげており、陸軍省、セーヌ県知事官房の職員を経てカルナヴァレ博物館内の市立図書館の副館長にまで出世した（同図書館は1898年にル・プルティエ・ド・サン=ファルジョー館に移転）。このセアールも含め、ゾラと袂を分かったユイスマンスやエニック、また反ゾラの「5人宣言」に署名したデカーヴやポール・マルグリット Paul Marguerite (1860-1918)、ロニ兄 J.-H. Rosny (1856-1940) らは揃って後年アカデミー・ゴンクールの会員となっており、19世紀後半の小説界における2大派閥の対立を如実に示している。

No. 383　LOUIS LEGRAND

dessin de Pierre et Paul

ルイ・ルグラン　1863.9.23-1951.7.12

フランスの画家。ディジョンに生まれる。銀行に勤めながらディジョンの美術学校の夜間クラスに通った。1884年にパリに出ると、ベルギー出身の画家フェリシアン・ロップス Félicien Rops (1833-98) に学び、その影響下で版画の技術を身につける。ただしルグランは、師の幻想的・退廃的な画風を受け継ぐことはなく、むしろ市井の人々を直截に、生き生きと描くことを選んだ。熱心にダンス・ホールに通い、夜のパリに生きる人々の姿をとらえたルグランの試みは、トゥールーズ゠ロートレックの一連の作品に先んじたものである。1891年、ミュージック・ホールの踊り子たちを描いた彼の絵が表紙を飾った絵入新聞『ジル・ブラース・イリュストレ』 *Gil Blas illustré* は6万部を売り尽くしたという。その後は1900年のパリ万博に出品、1906年にはレジオン・ドヌール勲章を受章するなど一定の名声を獲得している。しかし、やがて時代が移り変わり、長命を保って第二次大戦後に没した際には、画家としてはほぼ完全に忘れられていた。夜の人工照明に逆光で浮かぶルグランの姿を描いたこの号の表紙は印象的だが、「ピエールとポール」という仮名の影に隠れた真の画家は不明である。

No. 384 LOUIS VALLET

dessin de Sidney

ルイ・ヴァレ　1856.2.26-1940

フランスのイラストレーター。パリに生まれる。イラストレーターとしてのデビューを飾った『シャリヴァリ』紙をはじめとして多くの新聞・雑誌にイラストを提供したほか、モーパッサンの短編集にも挿画を描いた。馬を描くことに長けたイラストレーターとして知られ、この号のカリカチュアも、ヴァレが乗馬の歴史をユーモアを交えて著した『馬上の粋』Le Chic à cheval (1891) を踏まえたものである。多数のイラストで飾られたこの著作でヴァレの肩書きは「ソミュール校卒業生」となっており、若い頃は騎兵となるべく修練を積み、確かな乗馬技術と馬に関する知識を備えていたことがうかがわれる（同校は1763年にルイ15世によって設立され、現在も「ソミュール騎兵学校」École de cavalerie de Saumurとして存続している）。1904年にはジャン=ルイ・フォラン Jean-Louis Forain (1852-1931) とともに「ユーモア・イラストレーター協会」Société des dessinateurs Humoristesを設立し、その副会長に収まっている。この号で表紙を担当しているシドネについては未詳。

No. 385　LOUIS-XAVIER DE RICARD

dessin de Manuel Luque

ルイ=グザヴィエ・ド・リカール　1843.1.25-1911.7.2

フランスの詩人。父親はナポレオン軍の士官であり、第二帝政期では将軍としてジェローム・ボナパルトの副官も務めた軍人であった。若い頃から自宅のサロンに詩人たちを集め、同世代の詩人の中では最も早く単独の詩集を刊行している。1866年にはカチュール・マンデスとともに若手詩人の合同詩集『現代高踏詩集』をとりまとめ、「高踏派」の中心人物と目された。しかしマンデスとの文壇内での勢力争いに敗れるとパリを去り、南仏モンペリエに活動の場を求めている。熱烈な共和主義者であり、政治的なパンフレットや雑誌を刊行するとともに、のちにノーベル文学賞を受賞するミストラル Frédéric Mistral（1830-1914）の思想に共鳴しフェリブリージュ運動にも関わった。地方議員選挙でのたび重なる落選、南米への移住の失敗など、華々しいデビューに比して後半生は不遇であり、パリ文壇から忘却されて没した。リカールがこの時点でも完全に過去の人物であったという事実は、ルーケが描くカリカチュアで手にしている本がルメール書店から刊行された処女詩集『空、街頭、家庭』 Ciel, rue et foyer（1866）、本を置く台が1865年に創刊されて翌年に潰れた『芸術』 L'Art 誌であることにも如実にあらわれている。

No. 386 ODILON REDON

dessin d'Émile Schuffenecker

オディロン・ルドン　1840.4.22-1916.7.6

フランスの画家。ボルドーに生まれ、本名はベルトラン゠ジャン・ルドン Bertrand-Jean Redon。「オディロン」は母親の名「オディール」に由来し、家族の間でもそう呼ばれていたという。父親の希望に沿って一時は建築家を目指したが、官立美術学校の入学試験に失敗し、画家の道を選ぶ。普仏戦争後にパリのモンパルナス地区に住み、文学者たちと交流を持ちながら独自の境地を切り開いていった。1879年に初の石版画集『夢の中で』 Dans le rêve を刊行し、無意識下の幻想を描いたその画風で知られるようになった。1884年にユイスマンスの小説『さかしま』À rebours にルドンが取り上げられたことで、「象徴派」や「デカダンス」といった当時の文学運動と同調し、それらを美術の分野で体現する画家として時代に迎えられた。人面の蜘蛛、気球となった眼球など、陰鬱とユーモアの混交したこの時期の石版画の印象が強いが、1890年以降はそれまでの黒を基調とした時期を脱し、パステルや油彩を用いて色彩豊かな作品を描いている。1867年以降半世紀にわたって付けられた日記は『自身に』À soi-même (1922) として没後に刊行され、そこにはルドンの豊かな美術観と批評精神を読み取ることができる。

No. 387 PAUL CÉZANNE

dessin de Camille Pissaro

ポール・セザンヌ　1839.1.19-1906.10.22

フランスの画家。エクス゠アン゠プロヴァンスの裕福な家庭に生まれ、中学時代に同級のエミール・ゾラと友情を結んだ。父親の意向からエクス大学で法律を学びながら絵筆をとっていたが、先にパリに出ていたゾラの説得で1862年に画業一本に絞って首都に赴く。ピサロ、モネ、ルノワールらと交流し、特にピサロとは都会を離れて自然のなかでともにキャンヴァスに向かうなど、「印象派」の技法を吸収していった。1874年の第1回、1877年の第3回「印象派展」に参加したが、やがてグループを離脱して1882年には南仏に戻り、独自の手法を磨くこととなった。代表作として知られる故郷のサント゠ヴィクトワール山を描いた連作は80枚近くにのぼる。1886年にはゾラと完全に決別しているが、これは小説『制作』*L'Œuvre*（1886）で描かれた画家の挫折と自殺のモデルに自分が使われていると信じたためとも言われる。自然の模倣から離れ、遠近法の伝統にも束縛されない独自の秩序を持つその手法はキュビスムを予告するものともされ、以降の絵画に多大な影響を与えている。この号の肖像は、人付き合いが苦手であったセザンヌが心を開いた数少ない友人のひとり、ピサロが描いたものである。

No. 388 ÉDOUARD DUJARDIN

dessin de Louis Anquetin

エドゥアール・デュジャルダン　　1861.11.10-1949.10.31

フランスの作家。ロワール=エ=シェール県の裕福な家庭に一人息子として生まれる。両親の死後に相続した遺産は、彼にパリで女優たちと浮名を流す「ダンディ」としての生活を可能とさせたばかりでなく、いくつかの戯曲を上演する資金ともなった。その後は1885年2月創刊の『ワグナー評論』*Revue wagnérienne*、また1886年11月からの第三次『独立評論』誌の主筆として象徴主義運動を牽引した人物として知られる。1887年に『独立評論』*Revue indépendante*誌に掲載され、翌年単行本となった小説『月桂樹は切られた』*Les Lauriers sont coupés*は、当時は大きな成功を収めなかったが、登場人物の思考の流れを文体に取り込む「内的独白」を用いた小説の先駆であり、ジェイムズ・ジョイスがその影響を語ったことで再評価され今日に至っている。『独立評論』と『ワグナー評論』の風船を背にしたデュジャルダンを描いたルイ・アンクタン(1861-1932)は、一時期のゴーギャンとともに、太い輪郭線を用いる画法「クロワゾニスム」cloisonnismeで知られた画家である。なおこの「クロワゾニスム」の語は、美術評論家でもあったデュジャルダンの造語である。

No. 389 ÉMILE SCHUFFENECKER

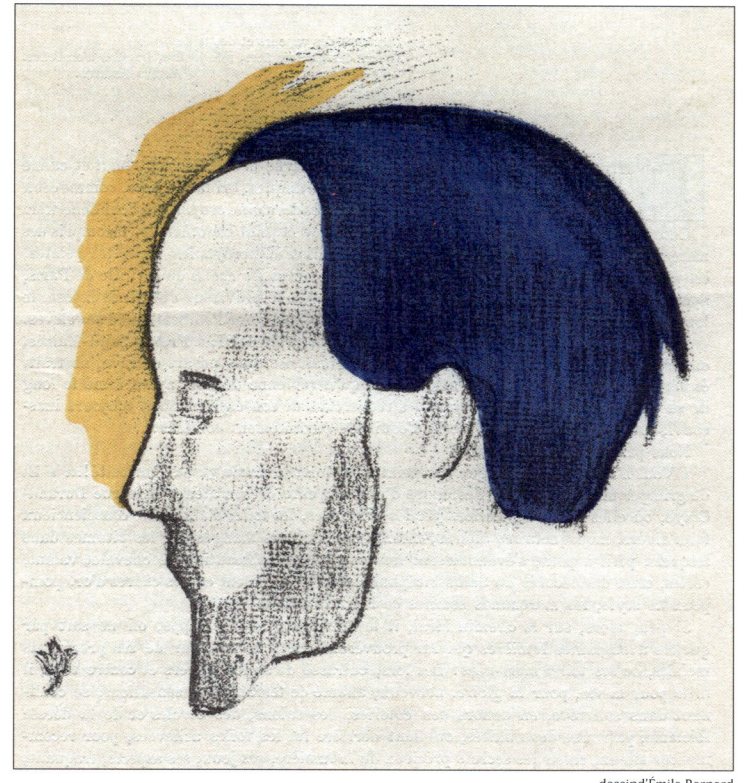

dessin d'Émile Bernard

エミール・シュフネッケル　1851.12.8-1934.7.31

フランスの画家。フランス東部のオート゠ソーヌ県に生まれる。株式仲買人として働いていた1872年、会社の同僚であったゴーギャンと意気投合し親友となる。ともに絵画を学んだシュフネッケルとゴーギャンは、お互いの子供の名付け親となるなど生涯にわたって友人関係を保った。ゴーギャンが1889年にシュフネッケル夫妻と娘を描いた作品はオルセー美術館に収蔵されている。1889年の第8回印象派展にも参加しており、シェフネッケル自身も画家として無名ではなかったが、今日ではゴーギャン、セザンヌ、ゴッホらの作品を所有していた収集家としての側面でのみ注目されることが多い。しかしシュフネッケル自身はそれらの友人の作品を「未完成」と見なしてたびたび加筆したといい、さらには贋作にも手を染めているという噂も生前から囁かれていた。こうした望ましくない形での絵画史への介入は、現在もなお検証の過程にある。『今日の人々(レ・ゾム・ドージュルデュイ)』ではルドン（386号）とゴーギャン（440号）の肖像を描いている。なお、この号で表紙を描いているエミール・ベルナール（1868-1941）も画家として一時期ゴーギャンと蜜月関係にあったが、1891年、口論の末に絶交したという。

No. 390 VINCENT VAN GOGH

dessind'Émile Bernard

フィンセント・ファン・ゴッホ　1853.3.30-1890.7.29

オランダの画家。オランダのズンデルトに牧師の息子として生まれる。しばしば言われるように「ゴッホ」の発音は日本独自のものであり、生地オランダのアクセントでは「ホーホ」、またフランス語の発音は「ヴァンサン・ヴァン・ゴーグ」に近い。美術商、牧師を経て画業に専念するが、生涯で絵が1枚しか売れなかったこと、ピストル自殺を遂げたことなど「狂気の天才」「炎の人」としての人生は舞台作品や映画による多分な脚色とともに広く知られている。生前の不遇が強調される傾向があるが、1886年以降フランスで生活しゴーギャンをはじめとする画家と交流していたため、美術界で全く無名の存在ではなかった。この号がゴッホの死から時を置かずに発行されているのもその証左であり、彼と面識があったエミール・ベルナールが表紙と本文の双方を担当している。1888年12月にゴーギャンとの口論の末に耳を切り落としたという「耳切事件」は有名だが、切り取られた部分に関しては諸説ある。のちに証言をまとめて検証した医師によれば、切除した部分は左耳の下半分に相当するらしいが、ベルナールによる肖像でも左の耳たぶや下部の輪郭線が明確に描かれておらず、この説を補強する証拠となっている。

No. 391 LAURENT TAILHADE

dessin de Charles Léandre

ローラン・タイヤード　1854.4.16-1919.11.2

フランスの作家。タルブに生まれる。地方在住のまま詩人としてデビューを飾り、その後、活動の場をパリに移した。1883年に最初の妻と死別すると、家族はタイヤードを地元に呼び戻して再婚させたが、ミサに行こうとする新妻を反教権主義者の夫がピストルで脅すという波乱の新婚生活はまもなく破綻、1888年から晴れて独り身となってパリに定住した。血気盛んな論争家として知られ、生涯に30回に及ぶ決闘をおこなっている。1893年12月9日、アナーキストのオーギュスト・ヴァイヤン Auguste Vaillant (1861-94) が下院の議場で爆弾を投げて多数の議員を負傷させた際の「行為が美しければ犠牲など問題ではない」というテロリズム擁護の発言は話題を集めた（ヴァイヤンは翌年2月5日に死刑）。しかし1894年4月、皮肉なことにタイヤード自身がレストランでの食事中に爆弾テロに巻き込まれ片目を失っている。彼を快く思わない人々はここぞとばかりに新聞、雑誌で揶揄したが、タイヤードは退院すると直ちに彼らに決闘を申し込んだ。この号の表紙を描いているシャルル・レアンドル (1862-1934) は、古典的な絵画からデフォルメを駆使したカリカチュアまで、幅広い画風を持つ画家である。

No. 392 CARAN D'ACHE

dessin de Manuel Luque

カラン・ダッシュ　1858.11.6-1909.2.26

フランスのイラストレーター。ナポレオンの遠征時にロシアに留まった軍人を祖父としてモスクワに生まれる。本名はエマニュエル・ポワレ Emmanuel Poiré といったが父親の代ですでにフランス国籍を失っており、フランスに赴いて兵役に就くことで国籍の取得を認められた。その後はモンマルトルを活動の拠点として多くの雑誌にイラストを描いた。なお筆名のカラン・ダッシュとは、ロシア語で「鉛筆」を意味する語の発音をフランスの人名風に綴ったものである。本業のイラストで人気を博したほか、キャバレー「黒猫(シャ・ノワール)」ではナポレオン戦争を題材とした影絵劇『叙事詩』*L'Épopée* (1886) で注目を集めている。また20世紀に入ると木製の玩具を製造、さらに生前に完成は見なかったがイラストで作る小説「ロマン・デシネ」roman dessiné に着手するなど、その活動は幅広い。ドレフュス事件に際して分裂する世論を風刺した作品がとりわけ有名だが、軍隊に縁の深いカラン・ダッシュはブーランジェ支持者、反ドレフュス派、さらに反ユダヤ主義者でもあった。なお色鉛筆、万年筆の製造で知られるスイスのカラン・ダッシュ社 (1924創業) は、この盛名を誇ったイラストレーターの名前を社名に借用したものである。

No. 393 CHARLES DIGUET

dessin de Manuel Luque

シャルル・ディゲ　1836-1909

フランスの作家。ル・アーヴルに生まれる。1861年、書きためた多くの詩作品と大詩人ラマルティーヌの推薦状を携えてパリの文壇に飛び込んだ。一時期は大デュマの秘書となり、1868年に創刊された新聞『ダルタニャン』 Le D'Artagnan で「アトス」Athos の筆名を用いていたところを見ると、師のかたわらで大きな信頼を得ていたらしい。その頃に入会した作家の全国組織「文学者協会」でも徐々に地位を高め、役員としてイギリスの会合に派遣されるなど、19世紀後半の文壇では一定の存在感を示した。詩集、小説をはじめとして旺盛に執筆し、とりわけ狩猟を題材とした著作で知られたため、ルーケのカリカチュアでは彼の足元に猟銃が置かれている。今日では彼の作品は全て忘れ去られており、ディゲの名がかろうじて研究者によって言及されるとすれば、当時まったく無名のままに世を去った「ロートレアモン伯爵」Comte de Lautréamont のおかげである。「伯爵」が本名のイジドール・デュカス Isidore Ducasse (1846-70) で晩年に発表した断章『ポエジー II』 Poésie II (1870) のなかでは「近代的叙情」が槍玉に挙げられているが、そこでディゲはゲーテやバイロン、サルドゥらとともに批判を受けるという栄誉に浴している。

No. 394 HENRI CAZALIS

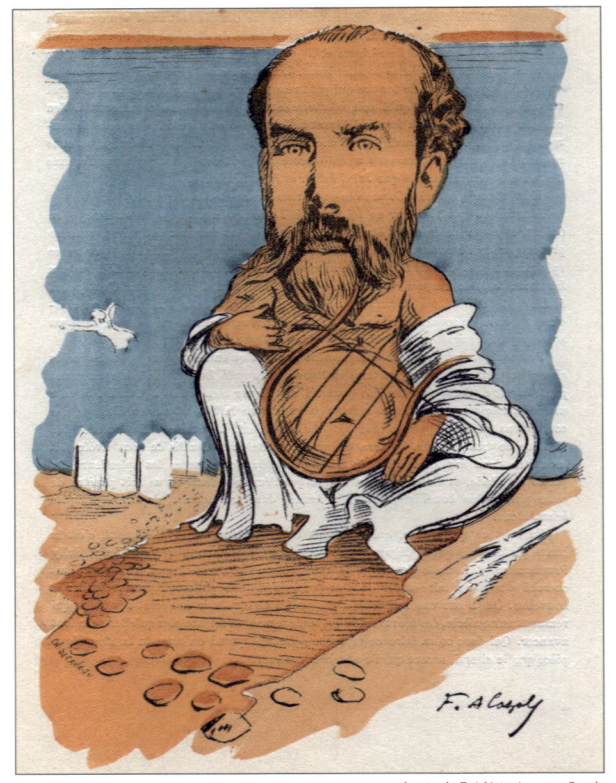

dessin de Frédéric-Auguste Cazals

アンリ・カザリス　　1840.3.9-1909.7.1

フランスの医師、作家。パリ北西約20キロに位置するヴァル゠ドワーズ県コルメイユ゠ザン゠パリジに生まれる。父親は軍医を経て地元で開業医をしており、カザリスも医師の道を歩みながらパリの文学サークルに出入りした。1865年にジャン・カゼリ Jean Caselli の筆名で最初の詩集を刊行したが、翌年からは本名に戻り、「高踏派」の一員として第一次から第三次まで全ての『現代高踏詩集』に参加した。その詩風はオリエント趣味と悲観主義によって特徴づけられる。1860年代初頭から親交を結んだマラルメとは書簡で文学を語り合い、文壇では最も親しい知人のひとりであった。その一方で水治療法を専門とする名の通った医師となったカザリスは、1885年以降、医学関係の著作には本名を用い、文学作品ではジャン・ラオール Jean Lahor を名乗っている。温泉保養地エクス゠レ゠バンで治療をおこない、モーパッサンを親身になって世話したほか、1889年には足に持病を持つヴェルレーヌもマラルメの紹介状を携えてカザリスのもとを訪れた。かねてからヴェルレーヌに尊敬の念を抱いていたカザリスは持ち前の寛大さで、極貧状態にあった詩人に対してできる限りの治療をほどこしたという。

No. 395 ÉMILE BLÉMONT

dessin de Frédéric-Auguste Cazals

エミール・ブレモン　1839.7.17-1927.2.8

フランスの詩人。染色工場を経営する裕福なパリの家庭に生まれた。本名はレオン゠エミール・プティディディエ Léon-Émile Petitdidier。高校卒業後に家業を手伝ったのち、親戚の経営するロンドンの商店に勤務して英語を身につけている。弁護士の資格を得て弁護士事務所で働きながら、ヴェルレーヌ、メラらパリ市役所に勤める詩人たちのグループに交わった。資質はむしろ叙情的で「高踏派」とはやや趣を異としていたため、同じく詩壇の傍流に身を置く詩人たちがブレモンの周囲に（より正確には資産家の娘と結婚したブレモンの豊富な資金の周囲に）集まることとなった。1872年に彼が創刊した雑誌『文学と芸術のルネサンス』La Renaissance littéraire et artistique には、中央文壇から放逐されていたヴェルレーヌやランボーの作品も発表されている。ホイットマンの『草の葉』をはじめとする英米文学の翻訳紹介もブレモンの隠れた功績である。ユゴーの熱烈な信奉者としても知られ、カザルスのカリカチュアの右端にも桂冠を戴いたユゴー像が描かれている。なおファンタン゠ラトゥールの絵画《テーブルの片隅》は、1897年から1920年までモデルのひとりであったブレモンが所有し、のちに国に寄贈されたものである。

No. 396　ALBERT MÉRAT

dessin de Frédéric-Auguste Cazals

アルベール・メラ　1840.3.23-1909.1.16

フランスの詩人。トロワに生まれる。パリでの高校時代に出会ったレオン・ヴァラード Léon Valade (1841-83) とはパリ市役所で同僚となり、その後は一心同体、莫逆の友として文学サークルでともに活動した。神経質なメラと陽気なヴァラードのコンビは性格の違いにもかかわらず見事な調和を見せ、連名で何冊もの詩集を共作したほか、2人揃って全ての『現代高踏詩集』に参加している。カザルスによるカリカチュアでメラの足許で胸像と化しているのがヴァラードである。ブレモン、ヴェルレーヌらの文学サークルにも参加したが、メラはランボーの粗暴な振る舞いを嫌悪し、グループから遠ざかった。ファンタン゠ラトゥールの《テーブルの片隅》にも当初はメラが描かれていたが、絵画のなかであってもランボーと同席することを潔しとせず、そのため下書きでメラが占めていた場所は花に置き換えられた。精神的に不安定なところがあり（15歳のときに父親が自殺したことが影を落としていたともいう）、1880年から1900年までの20年間は文学活動から離れている。20世紀に入るとかつての彼の輝きを知る若手詩人たちの招きで再び筆を執ったが、やがて精神は均衡を欠き、1909年に自宅で拳銃自殺を遂げた。

No. 397　PAUL DELMET

dessin d'Henricus

ポール・デルメ　　1862.6.17-1904.10.28

フランスの作曲家、歌手。パリに生まれる。子供の頃から合唱団で歌い、その美声で知られていた。モンマルトルのキャバレーでデビューを飾り、1886年からは「黒猫(シャ・ノワール)」を主な活動の場とした。当初は単なる「歌い手」に過ぎなかったが、やがて作詞・作曲を自ら手がけ、後年は作曲家としてさまざまな詩人に曲を提供している。その作品は当時から多くの人気歌手によって歌われてデルメの名を高めたが、彼自身は42歳で世を去った。昼夜逆転した生活と多量の飲酒が寿命を縮めたと言われる。代表作にはモーリス・ヴォケール Maurice Vaucaire (1863-1918) 作詞の「舗石」 *Les Petits Pavés* があり、作詞者の息子の妻コラ・ヴォケール Cora Vocaire (1918-2011)、セルジュ・ゲンズブール Serge Gainsbourg (1928-1991)、クロード・ヌガロ Claude Nougaro (1929-2004) ら、錚々(そうそう)たる歌手が1世紀にわたって歌い継いだ名曲である。この号でデルメを描いたヘンリクスはフルネームをヘンリクス・ヤンセン Henricus Jansen (1867-1921) といい、イラストレーター、画家、室内装飾家として母国オランダを中心に活動した。

No. 398 ANDRÉ LEMOYNE

dessin de Frédéric-Auguste Cazals

アンドレ・ルモワーヌ　1822.11.27-1907.2.28

フランスの作家。シャラント゠マリティーム県サン゠ジャン゠ダンジェリに生まれる。パリで法学を修めて1847年に弁護士となるが、翌年の二月革命の混乱を受けて一労働者となり、ディド書店に勤めた。最初は植字工、その後校正担当、広告担当として働きながら、数冊の詩集を同書店から刊行した。生年から見ればルモワーヌは「高踏派」の中心となった若手詩人よりも一世代前にあたるが、デビューの遅れもあって彼らと歩調をともにし、1866年の第一次から1876年の第三次まで、全ての『現代高踏詩集』に参加している。1877年、ようやく装飾美術学校付属図書館の司書の職を得たことでディド書店を離れ、安定した生活の中で詩作に打ち込んだ。目にした風景に自らの心象を重ね、外界と内観を混ぜた技巧的な詩人として定評があり、その詩風は「風景画家的」「内面派」と称された。これをふまえてカザルスは、自然を前に思い深げな表情をするルモワーヌの姿を表紙として描いている。森林と海景を主題とした詩集をそれぞれ出版したほか、『ノルマンディの牧歌』 Une idylle normande (1874) をはじめとする数冊の小説も残しており、それらにも「風景画家」ルモワーヌの持ち味は存分に生かされている。

No. 399　GEORGES LAFENESTRE

dessin de Frédéric-Auguste Cazals

ジョルジュ・ラフネートル　1837.5.5-1919.5.31

フランスの作家。卸売商の息子としてオルレアンに生まれる。法律を学んだのち、甥で画家のガストン Gaston Lafenestre (1840-77) の紹介によってバルビゾンの画家たちの面識を得て美術に目覚めた。その後は頻繁に海外を訪れて特にイタリア美術に精通し、1863年には官展(サロン)の批評記事によって新進の美術批評家として注目を集めている。1870年からは文部省で美術行政に関わり始め、学芸員の養成を目的に1882年に設立されたルーヴル学院 École du Louvre やコレージュ・ド・フランスでも美術史を講じた。ティツィアーノに関する研究書、浩瀚(こうかん)なイタリア美術史など、専門的な著作は学術的にも高く評価され、ルモワーヌを学士院入会へと導いている。美術方面の活動と並行して古典的な作風の詩人としても知られ、1871年の第二次、1876年の第三次『現代高踏詩集』に参加した。温厚な性格で野心のないラフネートルは、性格と詩風の近いシュリ・プリュドムやエレディアと一種のグループを形成し、揃って文壇で敬愛されたという。晩年にはアンリ・ドルレアン(オマール公)が居城のシャンティイ城と美術コレクションを学士院に寄贈して1897年に設立されたコンデ美術館 Musée Condé の学芸員も務めた。

411

No. 400 RAOUL PONCHON

dessin de Frédéric-Auguste Cazals

ラウール・ポンション　1848.12.30-1937.12.3

フランスの詩人。ヴァンデ県、現在のラ・ロシュ゠シュル゠ヨンに軍人の息子として生まれる。ナポレオンにより1804年に計画都市として造られたという歴史を持つ同市は政体の変化に伴って「ナポレオン゠シュル゠ヨン」Napoléon-sur-Yon、「ブルボン・ヴァンデ」Bourbon-Vandéeなど70年間で8回も名前を代えており、ポンションの誕生時は単に「ナポレオン」Napoléonと呼ばれていた。さまざまな職業を転々としたのち、パリ・コミューン後はパリで「ボエーム」としての生活に入った。カフェやレストラン、キャバレーのテーブルで軽妙な詩を即興で作る特異な才能を持つポンションは、文学サークルでは有名な存在であったが、世間的な名声には興味を示さなかった。作品の刊行にも無頓着であり、初の詩集は1920年、詩人が72歳のときのことである。1924年にアカデミー・ゴンクール会員に選ばれ、同年にはレジオン・ドヌール勲章も受章したが、自適の生活を続けて88歳の長命を保った。カザルスのイラストでポンションは植物と同化しているが、これはグラスに入った緑の酒「アブサント」の原料で、その語源ともなったニガヨモギであろう。グラスの影は同じくアブサントに溺れた詩人ヴェルレーヌのシルエットとなっている。

No. 401 GABRIEL VICAIRE

dessin de Frédéric-Auguste Cazals

ガブリエル・ヴィケール　1848.1.25-1900.9.24

フランスの詩人。ベルフォールに生まれる。少年時代をブレス地方で過ごしたのちパリに出て同世代の詩人たちと親交を結んだ。その作品にはブレス地方を郷土愛たっぷりに歌い上げたものが多い。形式的にも整った詩はアカデミー・フランセーズから賞を与えられただけでなく、レイナルド・アーン Raynaldo Hahn（1874-1947）らの作曲により歌曲としても親しまれている。しかし現在ヴィケールの名が文学史上に留まっているのは、1885年に発表した『溶解、アドレ・フルーペットの頽廃詩集』 Les Déliquescences, poèmes décadents d'Adoré Floupette による。架空の詩人の名をかたったこの詩集はマラルメやヴェルレーヌをはじめとする「象徴派」のパスティーシュであり、彼らの詩風を誇張して揶揄の対象としたものである。カザルスのカリカチュアでヴィケールがトルコ風の衣装を身にまとっている理由は、このパロディ詩集が発行地までもふざけて「ビザンティウム」と記載していたことに由来する。ヴィケールの背後には同書の共著者アンリ・ボークレール Henri Beauclair（1860-1919）の姿が見られる。

No. 402 MANUEL LUQUE

dessin de Manuel Luque

マヌエル・ルーケ　1854-1919

スペインのカリカチュア画家。アンダルシア地方、アルメリアに生まれる。名前をフランス式に読めば「マニュエル・リュック」となり、実際にそう呼ばれてもいたようだが、『今日の人々』の紹介文の中では「ルーケと発音してください」« Prononcez : Louqué »と書かれているためこれに従う。マドリッドで活動したのち1870年代半ばにパリに移り、『シャリヴァリ』をはじめとする新聞や雑誌にカリカチュアを描くようになった。1880年代後半にはヴァニエ書店とつながりができており、1887年にはカラン・ダッシュと共作のイラスト集『画家とイーゼル』Peintres et chevalets を刊行したほか、ヴェルレーヌの『呪われた詩人たち』新版でもイラストを描いている。また1880年代後半からはジル、ドゥマール、エミール・コール、コル゠トックらのあとを継いで、同じくヴァニエ書店が刊行する『今日の人々』の看板画家としての地位を摑んだ。しかしルーケのカリカチュアは、対象となる人物の顔を肖像写真に忠実に模写し、そのうえで胴体を描く手法をとっているため、人物像全体を見ると角度やバランスが歪んでいることが多い。本質的には人物戯画に向かないイラストレーターであったようである。

No. 403　EUSEBIO BLASCO

dessin de Manuel Luque

エウセビオ・ブラスコ　1844-1903

スペインの作家。サラゴサの貴族の家系に生まれる。父親は当時名を知られた建築家でありブラスコも当初は建築を学んだが、中途でやめて文学に専念した。10代で地元の風刺新聞でデビューし、20歳を前にマドリッドで本格的なジャーナリスト活動を始める。政変に巻き込まれて最初にパリへと脱出したのは1867年のことであったが、これ以降はフランスをたびたび訪れており、特派員として現地から本国にニュースを送った。1881年から1894年までの13年間はパリを生活の拠点としていたが、その後マドリッドに戻っている。この号はスペインへの帰国の年、1894年の発行と推定されるものであり、そのためルーケのカリカチュアでは、母国に戻ろうとコートを着るブラスコの足許に、長年寄稿を続けた『フィガロ』紙と旅行かばんが描かれている。新聞と雑誌への寄稿を除けば、フランスでは1896年に小説『危機にある女』Une femme compromiseが刊行されているのみだが、本国におけるブラスコの存在は単なるジャーナリストにはとどまらない。小説、詩、戯曲といった創作活動を長年にわたって続けた多産な作家であり、彼の死後には27巻にも及ぶ全集が刊行されている。

No. 404 JACQUES MADELEINE

dessin de Louis-Charles Bombled

ジャック・マドレーヌ　1859-1941

フランスの作家、編集者。パリに生まれ、本名はジャック・ノルマン Jacques Normand。1880年代から作品を発表する一方で（カリカチュア左下の看板が著作一覧である）、優秀な編集者として活躍した。1881年から1883年までは『パリ=モデルヌ』Paris-Moderne 誌の編集長としてヴェルレーヌらに発表の場を与え、発行元のヴァニエ書店が文壇の新潮流を産み出す一大拠点として認識される下地をつくった。そのほかゴーティエ、バンヴィル、ボードレールらの作品の校訂版も刊行しており、こうした19世紀半ばの詩人が「古典」となる過程に大きく関わった影の功労者でもある。新進作家の技量を見抜く人物として信頼を置かれていたマドレーヌは、1912年にファスケル社の依頼により、あるディレッタントの長大な原稿に目を通している。その感想が否定的なものであったため同社はこの小説、『失われた時を求めて』の刊行を見送ることとなったが、この一例をもってマドレーヌを無能な人物と見なすのはあまりに酷であろう。なおこの号のカリカチュアを描いているルイ=シャルル・ボンブレッド（1862-1927）はオランダ人の画家を父に持ち、本来は軍隊画を得意とした画家である。

No. 405 JOSÉ-MARIA DE HEREDIA

dessin de Frédéric-Auguste Cazals

ジョゼ=マリア・ド・エレディア　1842.11.22-1905.10.2

フランスの詩人。キューバのサンチアゴ近郊で、キューバ生まれのスペイン人である父親とフランス人の母親の間に生まれる。ジョゼ=マリアの名前は親類であったキューバの作家ホセ・マリア・エレディア José María Heredia（1803-39）にちなんでいる。1851年にフランスに渡って高校を終えたのち、1859年から1861年までキューバに一時帰国、その後パリで学業を再開し古典の学識を蓄えた。いわゆる「高踏派」の詩風を最もよく体現した詩人として評判は高かったが、詩集の刊行は遅れ、1893年にようやく生涯唯一となる詩集『戦勝牌』Les Trophées を世に問うている。同書は刊行後たちまち「古典」としての地位を確立し、著者も同年にフランス国籍を取得すると、翌年にはシャルル・ド・マザードの後任としてアカデミー・フランセーズ会員に選出された。なおエレディアの3人の娘はそれぞれ文学者と結婚、離婚、不倫等を繰り返し文壇の裏面史を彩ったことで知られる。なお、この号を含めて計9号で表紙を担当している画家のフレデリック=オーギュスト・カザルス（1865-1941）は、晩年のヴェルレーヌに気に入られた若年の友人である（色目を使われたともいう）。

No. 406 ANDRÉ THEURIET

dessin de Manuel Luque

アンドレ・トゥリエ　1833.10.8-1907.4.23

フランスの作家。パリにほど近いイヴリーヌ県に生まれる。父はブルゴーニュ出身であったが、トゥリエが5歳のときに母の故郷であるロレーヌ地方に一家で移住した。学業を終えて国有財産局の官吏となると、フランス各地に赴任したのちに1863年からは金融省に勤め、そのかたわらで文学活動を始めている。短編小説と詩集でささやかにデビューをしたのち、1872年に戯曲がオデオン座で上演されたことで契機をつかむと、小説の分野にも手を広げて徐々に大きな成功を収めた。フランス各地で過ごした経験から、土地の持つ雰囲気を作品に描くことを得意とし、その技量は各地方の読者がそれぞれトゥリエを同郷の作家と思い込むほどであったという。1893年以降はパリの南に位置するブール゠ラ゠レーヌに居を構え、1894年には当地の市長にも選出されるなど落ち着いた文学生活を送り、1896年には小デュマの後任としてアカデミー・フランセーズ会員となっている。晩年に発表された『青い季節の思い出』*Souvenirs des saisons vertes*（1904）は、1860年代に文壇に乗り出した新進詩人の苦闘と、ルメール書店を中心とした「高踏派」黎明期の出版状況を豊かに描く貴重な回想記である。

No. 407 HENRY SOMM

dessin d'Henri de Toulouse-Lautrec

アンリ・ソム　1844.2.29-1907.3.15

フランスのイラストレーター。ルーアンに生まれる。本名はフランソワ゠クレマン・ソミエ François-Clément Sommier。ルーアンで絵画を学び、1860年代にパリに出ると、アンリ・ソムを名乗って新聞・雑誌にイラストを描いた。『黒猫(シャ・ノワール)』をはじめとしたモンマルトルの雑誌にも関わることで多くの芸術家と知り合っており、この号の表紙を描いたトゥールーズ゠ロートレックは、同じくソムをモデルとしたドライポイント(鋼鉄の針などで銅版に直接線を彫る版画技法)も残している。イラスト以外にも水彩画を得意とし、1879年と1889年には印象派展にも参加した。またソムは終生日本文化に強い興味を持っていたが、これには第二帝政末期にレオン・ド・ロニ Léon de Rosny (1837-1914) が開いていた日本語講座を2年間聴講し、日本への渡航を望んでいたものの普仏戦争の勃発で断念したという経緯も関係している。1870年代からは新聞・雑誌に日本を題材としたイラストを描いたほか、着物姿の日本女性を描いた水彩画も多数残した。当時はジャポニズムを代表する画家と見なされていたため、1885年にはユゼス(288号参照)によって、着流しで髷を結った、岡っ引きのような姿でカリカチュアに描かれたこともある。

No. 408　MAURICE DU PLESSYS

dessin de Frédéric-Auguste Cazals

モーリス・デュ・プレシ　　1864.10.14-1924.1.22

フランスの詩人。パリに生まれる。本名はモーリス゠シルヴァン・フランドル Maurice-Sylvain Flandre。「高踏派」に異を唱える新たな潮流のなかで文壇にデビューし、当初はヴェルレーヌに接近し、バジュとともに 1886 年に『デカダン』Le Décadent を創刊している。しかしその後は「象徴派宣言」を唱えた若手の旗手モレアスの側に付き、その最も忠実な弟子となる。カザルスによるカリカチュアでは、際立った痩躯で知られたデュ・プレシの頭上に雲がかかり、その上に立つ人物はトレードマークの片眼鏡と尖った口ひげからモレアスとわかる。その後モレアスが結成した「ロマーヌ派」にレモン・ド・ラ・タイエード Raymond de La Tailhède（1867-1938）、シャルル・モーラス Charles Maurras（1868-1952）らとともに参加し、そのなかでは最も才能のある詩人と見なされた。御し難い古典語と古語法を自在に操る技量は、高名な猛獣使い（309 号参照）との連想から「言葉のビデル」Bidel du Verbe とたとえられて賞賛されている。資質としては古典的な詩人であり、文学運動への関わりを一過性のブームのようにして通り過ぎたあとはモレアスからも離れ、17 世紀の詩法に範を採った佳作を残した。

No. 409　ZO D'AXA

dessin de Louis Anquetin

ゾ・ダクサ　1864.5.24-1930.8.30

フランスのジャーナリスト。パリに生まれる。本名はアルフォンス・ガロー Alphonse Gallaud。父方からは探検家ラ・ペルーズ Jean-François de La Pérouse (1741-88) の血を引くと称し（この血縁は現在では否定されている）、母方の高祖父は銃士、祖父はパリ・コミューンの際に市民に私財を提供して区長クレマンソーに感嘆された篤志家であった。1882年に軍隊に入るが上官の妻と駆け落ちして脱走、フランス国外に逃れて居所を転々としながら各地のジャーナリズムに関わる。恩赦による帰国後はアナーキズム運動の中に身を置いたが、官憲による逮捕や追跡が重なると再び国外に逃れ、ロンドン、ミラノ、アテネ、コンスタンティノープル等を転々とした。各地で地元の運動家と行動を起こし、そのたびに逮捕や国外退去の処分を受けたため、1900年頃からは北米、南米、アジアまで足を伸ばしてフランスに記事を書き送っている。独立不羈のアナーキストとして「銃士」の異名をとるゾ・ダクサは、祖父を知るクレマンソーからも一目置かれる存在であった。1930年にマルセイユで拳銃自殺を遂げて波乱の人生に自ら終止符を打っている。なおアンクタンによる表紙画はもともと色が付いておらず、印刷ミスではない。

No. 410　PAPUS

dessin de Louis Delfosse

パピュス　1865.7.13-1916.10.25

フランスの医師、神秘学者。スペイン北西部の港湾都市ア・コルーニャでフランス人医学者の父とスペイン人の母の間に生まれる。本名はジェラール・アンコース Gérard Encausse。一家が1868年からモンマルトルに居を移したため、のちのシャンソニエ、クサンロフとは少年時代から友情を結び、ともに「黒猫」にも通ったという。パリで医学を学ぶかたわら国立図書館で古文書を渉猟して神秘学に傾倒し、1世紀のピュタゴラス主義者、テュアナのアポロニオスの神秘的著書『ヌクテメロン』（当時エリファス・レヴィによる仏訳が存在した）に登場する医術の霊の名である「パピュス」を名乗った。30歳を前に主著となる神秘学と魔術の理論書を著し、また概説書を著して一般層にも神秘学の知識を広めた。多数の神秘学サークルと関わることでフランス神秘学の中心的存在となったパピュスの作品群は膨大であり、「神秘学のバルザック」の異名をとる。医学博士号を取得したれっきとした医師という一面も持ち、第一次世界大戦に軍医として従軍し前線で患った結核がもとで没した。なおカリカチュアを描いているルイ・デルフォス（1863-1925?）はフェリシアン・ロップス Félicien Rops（1833-98）に学んだ画家であるという。

No. 411　JULES ROQUES

dessin d'Oswald Heidbrinck

ジュール・ロック　1850.10.24-1909.3.9

フランスの編集者。パリに生まれる。教育者の母親は反帝政の新聞を発行しており、ジャーナリズムを身近に育った。1884年に母親のかつての新聞と同名の週刊紙『クーリエ・フランセ』Le Courrier français を創刊、世紀末のパリを象徴するメディアに育て上げた。同紙はヴィレット、ルイ・ルグラン、ユゼスらの風刺画が表紙を飾り、「アンコエラン」Incohérents (「支離滅裂な人々」の意) のメンバーやキャバレー「黒猫」(シャ・ノワール) の常連による、重苦しい政治的傾向を避けた知的で軽妙な記事を掲載して好評を博した。なおヴィレットの証言によれば表紙画1枚の対価は創刊当時50フランだったが、同紙の成功を受けて四半世紀後には150フランに跳ね上がったという。1880年代後半には政界への進出も目論んだが、この際は他の新聞を買収してキャンペーンに用いており、『クーリエ・フランセ』の紙面の政治色を濃くすることを潔しとしなかった。こうした判断は編集者としてのロックの優れた嗅覚を示しているが、肝心の1889年の下院選、翌年の市議選はまったく票を獲得できずに完敗している。この号でロックを描いているアイドブランク (1860-1914) も、たびたび『クーリエ・フランセ』の表紙を飾ったイラストレーターである。

No. 412 WILLY

dessin de Fernand Fau

ヴィリ　1859.8.10-1931.1.12

フランスの作家。エソンヌ県の小村ヴィリエ゠シュル゠オルジュに生まれる。本名はアンリ・ゴーティエ゠ヴィラール Henri Gauthier-Villars。ラテン語とドイツ語に長け、作家、音楽批評家として名声を高める一方、派手な女性関係からパリきっての伊達男と呼ばれた（バイセクシュアルであったという証言もある）。カリカチュア画家のエミール・コールの妻を誘惑し、1889年には子供まで産ませている。この息子はロワレ県のシャティヨン゠シュル゠ロワン（1896年以降シャティヨン゠コリニに改名）に預けられてヴィリはたびたび当地に面会に行ったが、その際に出会った14歳年下の若い女性と1893年に結婚、これがのちの小説家コレット Colette（1873-1954）である。生前にはヴィリの名前で100冊以上の著作が刊行されたが、多くは彼が手足のように使ったゴーストライターたちによって書かれたという。その中にはコレットをはじめ、トリスタン・ベルナール Tristan Bernard（1866-1947）、リュニエ゠ポー Lugne-Poe（1869-1940）、フランシス・カルコ Francis Carco（1886-1958）ら、のちに名を高めた作家も少なくない。他人の才能を確実に見極める稀有な能力を、すべて自身の快楽のために利用した人物であったと言える。

No. 413 PIERRE TRIMOUILLAT

dessin de Fernand Fau

ピエール・トリムイヤ　1858-1929.1.5

フランスのシャンソニエ。アリエ県ムーランに生まれる。セーヌ県警に勤めながらシャンソニエとしてモンマルトルで活動した。見かけは華奢で声もか細かったが、独特の雰囲気が凝った歌詞に色を添えて人気を博した。シャンソン以外にも軽妙な小喜劇や朗読劇で評判をとり、キャバレー「黒猫(シャ・ノワール)」では創設者のロドルフ・サリスRodolphe Salis（1851-97）から「笑いの男爵」の称号を贈られている。この号が発行された時期には、パリ6区の老舗カフェ「カフェ・プロコープ」Café Procopeの2階でデルメ、ルゲらをメンバーとして「グランゴワール」Le Gringoireと名づけたシャンソニエの集会を定期的に開いており、モンマルトルの雰囲気を左岸に持ち込んで好評を得ている。1893年から翌年にかけては同名のユーモア紙も発行していたが、その直後に「シャンソニエの王」であるグザヴィエ・プリヴァを新たに加えて「プロコープの集い」と名を変えて再出発した。活動場所をモンマルトルに限ることなく、パリのあらゆるカフェ、キャバレーでコンサートを主催し旺盛に活動したが、1900年頃からは徐々に登場回数を減らし、記念コンサートでのゲスト出演などに時折姿を見せる程度にとどめた。

No. 414　STUART MERRILL

dessin d'Albert E. Sterner

スチュアート・メリル　1863.8.1-1915.12.1

アメリカの詩人。ニューヨーク州ロングアイランド、ヘンプステッドに生まれる。1866年に法律家の父親がパリのアメリカ大使館の法律顧問となったため家族で移住し、フランスで教育を受けた。パリの名門校であるフォンターヌ高校（現在のコンドルセ高校）でルネ・ギルらと同級になって文学に開眼し、フランス語で詩を書き始める。1884年にロー・スクールに通うため一時期アメリカに戻ったが、その間にはニューヨークの新聞にワーグナー関係の記事を寄稿し、また友人の尽力により1887年にパリで最初の詩集が刊行された。その後、パリに定住すると、ギルとともに象徴派の理論家として活躍している。なお1890年にアメリカで刊行された『散文のパステル』Pastels in Prose は、フランス象徴主義を英訳紹介した著作としてアーサー・シモンズ Arthur Simons (1865-1945) の『象徴主義の文学運動』The Symbolist Movement in Literature (1899) に先行し、T.S.エリオットらに影響を与えるなど、メリルの果たした文学史的意義は大きい。メリルを描いているアルバート・E・スターナー（1863-1946）もアメリカ出身の画家である。

No. 415 MARCEL LEGAY

dessin de Fernand Fau

マルセル・ルゲ　1851.11.8-1915.3.16

フランスのシャンソニエ。北仏パ゠ド゠カレ県のリュイに生まれる。リールの音楽学校で学んだのち1876年にパリに出る。当時はまだシャンソニエの活躍の場となるキャバレーやカフェが流行していなかったため、街頭でシャンソンの楽譜を売りながらその美声を響かせていた。グドーらの文学サークル「イドロパット」Les Hydropathes への参加を経て、1881年からはキャバレー「黒猫(シャ・ノワール)」の最初期のシャンソニエとなり、その男性的な魅力で人気を博している。舞台では自作のほか、ドーデ、コペ、リシュパンといった詩人の作品に作曲したシャンソンも歌っている。フェルナン・フォーが描くように、禿げ上がった額に対して両脇の髪は長く伸ばした印象的な風貌から、「長髪の禿頭」Chauve chevelu という矛盾的なあだ名で親しまれた。長くモンマルトルを拠点とし、数々のキャバレーで活動したが、青年時代までを過ごした故郷への愛着は深かった。ルゲが1904年に作詞作曲した「聞け、わが心よ」*Écoute ô mon cœur* は情感を込めて郷土を歌い上げたものである。この曲は「アルトワ地方(現在のパ゠ド゠カレ県にほぼ相当する旧名)の国歌」と呼ばれるまでに広く知られ、パリで故郷を思う人々の涙を誘ったという。

No. 416　JULES RENARD

dessin de Georges Smith

ジュール・ルナール　1864.2.22-1910.5.22

フランスの作家。マイエンヌ県の小村シャロン=デュ=メーヌに生まれる。公共事業を請け負っていた父親がたまたま同地で鉄道敷設に携わっていたためであり、土地とのつながりは希薄である。ルナールは末っ子であったが、夫への愛情がすでに冷めていた母親は彼に冷たく接したといい、こうした経験はのちの小説にも反映されている。パリで高校を卒業したのちに高等師範学校の入学を目指すも失敗し、文学者を志した。1889年に『メルキュール・ド・フランス』*Mercure de France*誌が創刊されると編集者として批評等を発表し、次第に作品も認められるようになった。愛情に恵まれない少年を描いた自伝的小説『にんじん』*Poil de carotte*（1894）や、機知に満ちた『博物誌』*Histoires naturelles*（1894）は、日本でも早くから岸田國士（1890-1954）らによって翻訳紹介されて多くの読者を持ったほか、芥川龍之介らに影響を与えている。また彼が残した『日記』は当時の文学状況を克明に記した資料であるばかりでなく、箴言やレトリックを散りばめた一種の文学作品として高く評価されている。1907年以降はアカデミー・ゴンクールの会員となった。

No. 417　ADOLPHE RETTÉ

dessin de Fernand Fau

アドルフ・レテ　　1863.7.25-1930.12.8

フランスの作家。パリに生まれるが、4歳からリエージュ近郊の父方の祖父に預けられた。ドイツ国境に近いフランシュ＝コンテ県の中学校の寄宿生を経て、1881年からの5年間は志願兵として過ごしたため、パリに至ってその文学潮流に浸るのは1880年代後半のことである。象徴派の文学運動のなかで詩人としての活動を始め、1889年から詩集を次々刊行した。批評家としても活躍し、ギュスターヴ・カーンとともに「自由詩」vers libre を擁護して文壇の守旧派を攻撃する戦闘的な姿勢で名を知られるようになった。しかしその後はアナーキズムへの傾倒を深めて既存の社会への反発を強めるとともに、独自の美意識を先鋭化させたことから、1893年には象徴派の巨頭であるマラルメまでも非難して一時は文壇の台風の目となった。こうした活動はレテの孤立を招き、次第にグループから離脱するとパリからも離れ、1906年にはカトリックに回心して平安を取り戻している。その後の詩風は自然を叙情豊かに歌うなどパリ時代とはまったく異なるものであり、レテ自身も晩年にはデビュー時の作品を完全に否定している。中央文壇からはほぼ忘れ去られながらも晩年まで旺盛に執筆し、世紀末の文壇状況を振り返る回想録も残した。

No. 418　PAUL VOGLER

dessin d'Henri Paillard

ポール・ヴォグレール　1852-1904

フランスの画家。無名の画家を父にパリに生まれる。建物塗装の仕事を経たのちに本格的に画家に転じたが、その間、美術学校にも通わず、またアトリエに出入りすることもなかった。ほぼ独学で自らの画風を手探りするなかで、尊敬するアルフレッド・シスレーAlfred Sisley（1839-99）からは正規の指導ではないものの直接アドバイスを受けており、作品にはその影響が強く見られる。セーヌ川、オワーズ川の河畔や南仏の情景などの風景画を得意とした。『メルキュール・ド・フランス』 Mercure de France 誌上でゴッホをはじめとする多くの新進画家を最初に評価したG.=アルベール・オーリエ G.-Albert Aurier（1865-92）とも親しく、オーリエが早世する直前にはマルセイユ旅行をともにしたこともある。画家として大成することはなかったが、1893年にメーテルランクの戯曲『ペレアスとメリザンド』 Pelléas et Mélisande の初演で舞台装飾を担当したことで名を残している。この号でヴォグレールを描いたアンリ・パイヤール（1846-1912）はモンマルトルに居を構えた画家であり、エミール・グドーやレニエの著作への挿画も残している。

No. 419 ALPHONSE OSBERT

dessin d'Henri-Gabriel Ibels

アルフォンス・オスベール　1857.3.23-1939.8.11

フランスの画家。パリのブルジョワ家庭に生まれ、官立美術学校で絵画を学んだ。当初の手法はアカデミズム的で、官展(サロン)への出品を続け、美術学校で同級のスーラが「アンデパンダン展」を立ち上げた際にもまったく無関心であった。しかし1880年代のスペイン旅行を機会として、突如として伝統的な画風から離れて新たな表現形式を模索することになる。「新印象派」たちの技法も吸収しながら、幻想的な光景を繊細に描き出すオスベールは、雑誌『プリューム』 La Plume の批評家たちのあと押しも受けて、当時文壇で興隆していた「象徴派」を絵画で体現する画家として持ち上げられた。1892年から97年までペラダンが主催した「薔薇十字展」Salon de la Rose-Croix にも旺盛に出品している。この号の紹介文中でオスベールは「絵画におけるヴェルレーヌ」とも呼ばれているが、確かにこの肖像は上がった額と髭とで2人を似せているようにも思われる(写真で見る限り実際にはそれほど似ていない)。この表紙を描いたアンリ゠ガブリエル・イベルス(1867-1936)は、当時の前衛運動である「ナビ派」Les Nabis に属し、ポスターで本領を発揮した画家である。

No. 420 JULES SIMON

dessin d'Émile Cohl

ジュール・シモン　1814.12.27-1896.6.8

フランスの哲学者、政治家。モルビアン県ロリアンに生まれる。実際の姓はシュイスSuisseだが「シモン」を通名とした。1833年に高等師範学校に入学、卒業後はソルボンヌの講座を担当しながらプラトンとアリストテレスに関する2本の博士論文を1836年と1840年に提出した秀才である。第二共和政下で議員となったが、第二帝政の到来で大学の講座が閉鎖されると、ジャーナリズムで政治、自由、経済といった問題を論じ、来るべき新体制を準備した共和国の父のひとりである。1876年から翌年にかけて首相も務め、就任時に述べた「心底から共和主義者であり、断固として保守主義者である」という所信はシモンの姿勢を示すものとして名高い。その言葉通り任期中は右派と左派の調停に努めたが、マクマオンによって更迭され無念のうちに首相の座を去った。この号の刊行時には80歳目前であったが、共和派の重鎮かつ良心的知識人として、労働問題、社会問題に関する国際会議に国家を代表して出席するなど、内外に存在感を示し続けた。なおシモンは1875年12月16日にアカデミー・フランセーズ会員と終身上院議員に立て続けに選出され、1日のうちに「終身」と「不滅」の2つの称号を手にしている。

No. 421 FERDINAND LUNEL

dessin de Manuel Luque

フェルディナン・リュネル　1857-1938

フランスのイラストレーター。パリに生まれる。官庁で事務員として働きながらイラストを『黒猫』『クーリエ・フランセ』*Le Courrier français* をはじめとする新聞・雑誌に描いて徐々に名を高めた。ときには居酒屋の主人を務め、趣味でボート遊びにも興じたというリュネルは、イラストに用いるさまざまな階層の人々のモデルには不自由しなかった。とりわけパリの夜に生きる人々を描くことに長け、ルイ・ルグランとともに、トゥールーズ=ロートレックに先駆けてこの分野に先鞭をつけた画家のひとりである。文学書の挿画も手がけたほか、1886年末には、同年初頭に何者かがウール県知事のジュール・バレーム Jules Barrême (1839-86) を鉄道の車内で射殺し死体を窓から投げ捨てた「バレーム事件」を題材とした影絵芝居をキャバレー「黒猫」で上演している。なお、当時話題をさらったこの事件はゾラの小説『獣人』*La Bête humaine* (1890) に影響を与えたとも言われるが、結局犯人は判明せず迷宮入りとなった。こうした多岐にわたるジャンルのうち、リュネルの技量が最も生かされたのは1890年代半ばに彼が手がけたポスターの一群であり、中流階級の人々をモデルにした構図、配色ともに優れた作品が残っている。

No. 422　LUDOVIC HALÉVY

dessin de Manuel Luque

リュドヴィック・アレヴィ　　1834.1.1-1908.5.8

フランスの作家。パリに生まれる。父親は社会主義思想家サン・シモン Henri de Saint Simon（1760-1825）晩年の秘書を務めた文筆家であり、オペラ『ユダヤの女』*La Juive* で知られる作曲家のジャック=フロマンタル・アレヴィ Jacques-Fromental Halévy（1799-1862）は伯父にあたる。1852年から官僚として働きながら作品を書き、文芸の庇護者でもあった有力者モルニー公 Charles de Morny（1811-65）とは仕事上でもオペラ台本でも共同作業をする間柄であった。台本を書いたオッフェンバックのオペレッタが一世を風靡したことによりアレヴィの名も高まり、1865年には役所を辞して文筆に専念する。当時の台本は共作であることが多かったが、アレヴィはこの時期にアンリ・メイヤック Henri Meilhac（1831-97）という無二の相棒を見つけ、「メイヤック&アレヴィ」は19世紀において最も成功した台本作者のコンビとなった。二人三脚は20年の長きに及び、アレヴィは1884年に、メイヤックは1888年に揃ってアカデミー・フランセーズ会員となっている。長男エリ Élie Halévy（1870-1937）、二男ダニエル Daniel Halévy（1872-1962）はともに秀才の誉れ高く、歴史家として名を残した。

No. 423　ERNEST CHEBROUX

dessin de Fernand Fau

エルネスト・シュブルー　1840.9.28-1910

フランスのシャンソニエ。ヴィエンヌ県リュジニャンに生まれる。職人を父に持ち、彼も少年時代に印刷工見習いとしてパリに送られた。仕事のかたわら夜間学校に通って知識を身につけ、16歳で最初のシャンソンを作ったという。シャンソニエたちのグループをとりまとめていたギュスターヴ・ナドーに才能を認められ、印刷工として働きながら活動を続けた。1885年、1899年に発表した作品集はレオン・クラデルやシュリ・プリュドムにも賞賛され、その歌詞の文学性の高さには定評があった。一方で同業者の置かれた現状にも意識的であり、ナドーとともにシャンソニエの生活の安定、社会的地位の確立に尽力し、貧困状態にあるシャンソニエのための基金を設立している。シャンソニエの先駆であるベランジェ、ピエール・デュポン Pierre Dupont（1821-70）の像を設立させたほか、サルセーとともに過去の名曲を取り上げた定期コンサートを企画して成功させるなど、シャンソンの歴史化と顕彰に大きな功績を残している。ナドーの死後はその遺言執行人となり、後継者としてシャンソニエ団体の長を歴任した。1900年のパリ万国博覧会の会期中には「シャンソニエ会議」を開催し、作品の質の向上を強く訴えている。

No. 424 FRANCIS POICTEVIN

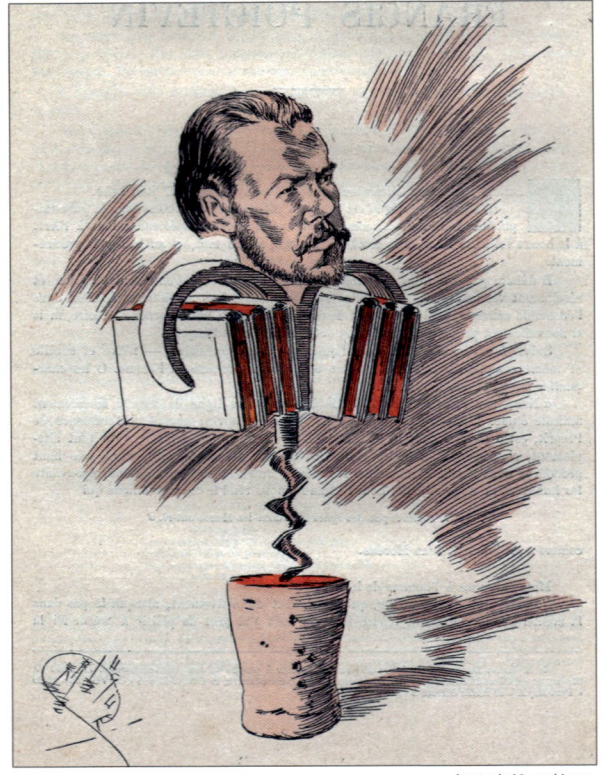

dessin de Manuel Luque

フランシス・ポワクトヴァン　1854.6.27-1904.5.6

フランスの作家。裕福な銀行家を父としてパリに生まれる。エドモン・ド・ゴンクールのサークルに出入りしながら、文体の美学に極度に執着した創作活動をおこなった。しかし師ゴンクールの『日記』でポワクトヴァンは常に「気がふれている」と形容されており、いかなる文壇の潮流にも影響されず独自の文体を追求する態度は、同業者の目にも奇異なものとして映ったらしい。1882年以降ほぼ1年に1冊のペースで発表した小説は、どれをとっても目立った筋書きはなく、凝りに凝った文体だけが連なるいわば世紀末文学のひとつの極北である。マラルメの娘に求婚したとも、ユイスマンスの小説『さかしま』À rebours（1884）のモデルになったとも伝えられるが、晩年は精神を病み、療養していた南仏のマントンで没した。当時から読者は非常に限られており、現在では刊本を探すことは非常に困難である。忘れられた作家の魅力を「発見」した人物のなかにはアンドレ・ブルトン André Breton (1896-1966) が数えられる。「シュルレアリスムの法王」がポワクトヴァンの著書を7冊、さらにこの『今日の人々』レ・ゾム・ドージュルデュイの号も併せて所有していた事実は、2003年におこなわれたコレクションの競売によって明らかになっている。

No. 425　EUGÈNE GRASSET

dessin de Paul Berthon

ウジェーヌ・グラッセ　1841.5.25-1917.10.23

フランスに帰化したスイス生まれのイラストレーター、装飾家。ローザンヌに生まれ、スイス国内でデッサンと建築を学んだのちにパリに出る。調度品や宝石の斬新なデザインでたちまち評判を得るが、これにはグラッセのエジプト旅行の経験や日本趣味が影響していると言われる。その作風はアール・ヌーヴォーの先駆とも言われ、特にポスターの分野ではフランスで成功したのちにアメリカからも注文を受け、後進が世界的に受け入れられる下地を作っている。ラルース社が自社の刊行物に長らく用いていた「ひまわりの種を飛ばす少女」のデザインをしたことでも名高い。活動の分野は広く、グラッセの肖像の左上に書かれた『エモンの4兄弟』Histoire des Quatre Fils Aymonは、1883年に彼が挿画を担当したドリウ神父 Claude-Joseph Driou (1820-98) の本のタイトルである。またイラスト全体は、グラッセがリヨンやトロワの教会のためにステンドグラスを制作したことを踏まえている。この凝ったイラストを描いたポール・ベルトン Paul Berthon (1872-1909) はグラッセの教え子であり後継者として将来を嘱望されたが、若くして没した。

No. 426 EUGÈNE POUBELLE

dessin de Manuel Luque

ウジェーヌ・プーベル　1831.4.15-1907.7.16

フランスの行政官。カーンに生まれ、優秀な成績で学業を修めたのち、カーン大学をはじめとする教育機関で教鞭を執る。1871年にティエールによってシャラント県知事に任命されて以降、いくつかの県で知事を歴任し、1883年10月にパリを含むセーヌ県知事となった。在任期間は1896年5月まで12年7ヶ月に及んだが、その間とりわけプーベルが力を注いだのが衛生問題である。悪臭と病気の蔓延を抜本的に解決すべく、着任翌年の1884年には家庭用のゴミを衛生的に分別回収するための蓋付きの大型ゴミ箱を建物ごとに設置する政策を早くも実現した。これによりパリ市内の衛生状態は大幅に改善され、この号が出た時期にもプーベルといえばただちに人々がゴミ箱を連想していたのは、ルーケのカリカチュアにも明らかである。この結びつきは非常に強固なものであり、「プーベル」poubelleは1890年頃には「ゴミ箱」を示す普通名詞として定着しはじめ、現在も日常的に用いられている。人名が普通名詞になる例は、フランスの歴史上では他にシルエット、ギロチンなどがよく知られるが、『今日の人々』に取り上げられた人物のなかではプーベルとバロデの2名がこの稀な栄誉に浴している。

No. 427 ERNEST BONNEJOY

dessin d'Emile Schuffenecker

エルネスト・ボヌジョワ　1833-1896

フランスの医師。ヴェクサン地方(パリとルーアンの中間に位置するセーヌ川右岸の一帯を指す)で活動したため、ボヌジョワ・デュ・ヴェクサン Bonnejoy du Vexin とも名乗る。シュフネッケルが描くカリカチュアにも見られるように、健康の観点から「死体を食べる」肉食ではなく、菜食主義を奨励した人物として知られる。1884年に刊行された調理レシピ付きの菜食主義奨励の書物を皮切りに、菜食主義者の協会を設立、さらに同種の本を立て続けに著して「啓蒙」をはかった。ボヌジョワの著書の好評を受けて次々と類似本が出版されると、フランスにはにわかに「菜食主義ブーム」も訪れたが、第一人者のボヌジョワは後発本を科学的見地に欠け、また十分な検証を受けていないものとして批判している。確かにボヌジョワの説はパスツールをはじめとする科学の最新の成果を随所に取り入れたものであったが、その一方で論拠はたびたび聖書にも求められている。一例を挙げれば、旧約聖書のアベルは菜食主義者であったから神に大地の恵みを捧げて喜ばれた、それに引き替えカインが肉を捧げて神に容れられず、さらに殺人者となったのはそもそも彼が肉食であったためである、といった具合である。

No. 428　XAVIER PRIVAS

dessin de Victor Tardieu

グザヴィエ・プリヴァ　　1863.9.27-1927.2.6

フランスのシャンソニエ。リヨンに生まれる。本名はアントワーヌ・タラヴェルAntoine Taravel。筆名は高校時代に地元の文芸誌に投稿をする際、その日が聖グザヴィエ（フランシスコ・ザビエル）の祝日であったことと、たまたま紙上で目にしたアルデシュ県の地名「プリヴァ」に由来するという。シャンソニエとしてデビューすると、たびたびリヨンを訪れていた大家ギュスターヴ・ナドーにも認められ、1892年に満を持してパリに出た。この号はプリヴァがパリに来て1年にも満たない時期に刊行されたものだが、すでにその際立った才能はシャンソン界を席巻しはじめており、その後1899年に「シャンソニエの王」Prince des chansonniersの互選がおこなわれた際には大多数の票を得てこの称号を獲得している。生涯で10冊以上のシャンソン集を発表したほか、20世紀初頭の彼自身の歌声も録音が現存する。カリカチュアを描いているヴィクトル・タルデュー（1870-1934）はリヨン近郊に生まれたプリヴァの同郷人であり、その楽譜にもたびたび挿絵を描いた。詩人ジャン・タルデュー Jean Tardieu（1903-95）はこの画家の息子である。

No. 429 LUCIEN HUBERT

dessin de Fernand Fau

リュシアン・ユベール　1868.8.17-1938.5.18

フランスの作家、政治家。アルデンヌ県のル・シェーヌに生まれる。1889年にパリに開校した植民地学校École coloniale（1885年設立のカンボジア学校École cambodgienneを前身とする）の初期の卒業生だが、在学中から文学サークルに出入りして同世代の詩人たちと親交を深めていた。この号が発行された時点ではヴァニエ書店の出版物に関わる若手作家として紹介されているが、ユベールの本当のキャリアはこの直後、1897年にアルデンヌ県から下院議員に立候補して当選したことに始まる。30歳に満たない若手議員であったが、外交と植民地問題を専門として頭角を現し、下院で再選を重ねたのちに1912年以降は上院に転じた。植民地主義者かつ平和主義者として知られ（植民地拡張と近代化・文明化が同一視されていた時代にのみ可能なレッテルである）、1920年代後半には国際連盟のフランス代表となり、また1929年から翌年にかけて司法相を務めた。こうした国際的な活動の一方で文筆活動も旺盛に続けており、1928年には同郷人であるテーヌ Hippolyte Taine（1828-93）とランボーに捧げた書物も刊行するなど、ひとりのアルデンヌ人であることを常に誇りとしていた。

No. 430 HENRI DE STA

dessin de Manuel Luque

アンリ・ド・スタ　1846.5.28-1920.11.5

フランスのイラストレーター。ヴェルサイユに生まれる。本名はアンリ・サン゠タラリ Henri Saint-Alary。軍人を父に持ち、彼自身も軍隊経験があったと言われるが、30代半ばでイラストレーターとして遅いデビューを飾るまでの経歴は定かではない。モンマルトルを中心として活動する芸術家たちと交流し、『黒猫』(シャ・ノワール)をはじめとする新聞・雑誌に多くのイラストを寄稿した。とりわけ得意としたのは軍人の戯画であり、軽騎兵を主人公としたユーモアに溢れた続き物のイラストは大いに人気を博した。現在では漫画の先駆者として評価されている。ルーケによるカリカチュアでもパレットを持つスタの前に軍人の戯画が描かれたキャンヴァスが置かれているが、これは実際のスタの絵の模写である。アルファベットにちなんだ軍人の姿をスタが描いてレオン・ヴァニエが文章を添えた『新・軍隊アルファベット』*Nouvel alphabet militaire*（1883）からの1枚であり、Sはサン゠シール（陸軍士官学校）Saint-Cyrの頭文字、士官が日曜日にカフェで葉巻をふかして息抜きをする姿を示している。大きなアルファベットに士官の体や机の脚が絡む構図の不思議な遠近感は、エッシャーや安野光雅を思わせる。

No. 431　ÉMILE VERHAEREN

dessin de Théo Van Rysselberghe

エミール・ヴェルハーレン　　1855.5.21-1916.11.27

ベルギーの詩人。ベルギー北部、フラマン語(オランダ語)を話すフランデレン地方に生まれる。Hの音を発音しないフランスでは「ヴェラーレン」と発音されることが多いが、フラマン語での読みは「ヴェルハーレン」に近い。フランス語で創作活動をおこない、1881年には当時のベルギーで最も先進的であった文学雑誌『若いベルギー』*La Jeune Belgique* に参加する。1883年の処女詩集の発表以降、旺盛な創作活動で「ベルギー象徴派」を代表する詩人として国際的な名声を得た。1895年の詩集『触手ある都会』*Les Villes tentaculaires* をひとつの頂点とするヴェルハーレンの作風は社会主義的・平和主義的であり、第一次世界大戦中は母国を蹂躙するドイツを嫌悪し、反戦的かつ愛国的な作品も発表し続けた。日本では高村光太郎(1883-1956)がヴェルハーレンの詩を愛好し、長年にわたって翻訳を試みている。この号で肖像を描いているテオ・ファン・レイセルベルヘ(1862-1926)は同じくベルギー出身の画家であり、点描画法を用いた作品で知られ「新印象派」のひとりに数えられる。

No. 432 HENRI BLOWITZ

dessin de Manuel Luque

アンリ・ブロヴィッツ　1825.12.28-1903.1.18

フランスのジャーナリスト。ボヘミア地方のユダヤ人家庭に生まれたが、15歳で家を出て諸国を回り、数ヶ国語を操るようになる。フランス各地の高校で外国語教師を務めたのちジャーナリストとなった。第二帝政末期、1869年の国政選挙ではマルセイユでティエール支持の活動を繰り広げ、これによって共和派の有力者に近づく大きな足がかりを得ている。普仏戦争の勃発とともに1870年にフランスに帰化し、戦後はマルセイユでコミューンの動きをヴェルサイユ政府に逐一報告するなどして政権中枢の信頼を獲得した。1871年以降はイギリスの『タイムズ』The Times紙のパリ特派員となり、1874年には前年の王党派のクーデター未遂の内幕を暴き出し、1875年にはドイツ国内における戦争推進派の動向を広く知らしめるなど、次々にスクープをものにして名を高めた。また、ティエール、ガンベッタ、フェリーといったフランス国内の大物政治家に留まらず、ビスマルクや教皇レオ13世、各国の王侯とのインタビューを成功させており、当時のブロヴィッツのジャーナリストとしての名声は世界的なものである。英語による回想記『わが回想』My Memoirs（1903）がある。

No. 433 EUGÈNE MURER

dessin d'A. Andréas

ウジェーヌ・ミュレール　1846.5.20-1906.4.22

フランスの画家。アリエ県ムーランに生まれる。貧しい少年時代ののちにパリに出て1870年に食堂を開くと、のちの「印象派」を形成する芸術家たちを手厚くもてなした。彼らの絵を置くギャラリーも用意し、多くの絵を自ら買い取ったため、当時必ずしも評価されていなかったモネ、ルノワールらは、大がかりな冗談ではないかと疑ったという。パリの店をたたんだあとはルーアンで同様に芸術家たちを供応した。彼自身も見よう見真似で絵筆を執って印象派風の画風を完成させると、何度か個展を開いている。ゴッホの作品も含んだ彼のコレクションは100枚以上にも及んだが、晩年に困窮すると売却せざるを得なくなった。芸術家たちが彼のもとを訪れることもなくなり、死後、埋葬の際には、遺言執行人のほかは同じく印象派たちを支えたガシェ医師Paul Gachet（1828-1909）と数名の姿しかなく、功成り名を遂げた画家たちはひとりも姿を見せなかったという。ミュレールが所有していた作品の一部、またミュレール自身の作品も、現在オルセー美術館が所蔵している。この号で表紙を描いているアンドレアス（1868-99）もルーアンでミュレール、ガシェ医師らに歓待された若手画家のひとりらしい。

No. 434　MAURICE MAETERLINCK

dessin de Charles Doudelet

モーリス・メーテルランク　1862.8.29-1949.5.6

ベルギーの作家。日本では「メーテルリンク」の名で親しまれてきたが、発音はフラマン語で「マーテルリンク」、フランス語で「メーテルランク」に近い。フラマン語圏のヘントに生まれるが、著述はフランス語でおこなった。1889年に戯曲『マレーヌ姫』*La Princesse Maleine* が批評家オクターヴ・ミルボー Octave Mirbeau（1848-1917）から「シェークスピアを凌ぐ」と激賞され、またたくまに「ベルギー象徴派」の旗手としてヨーロッパ中に轟く名声を勝ち得た。『ペレアスとメリザンド』*Pelléas et Mélisande* や『青い鳥』*L'Oiseau bleu* に代表される戯曲や、自然観察に基づくエッセーなどを発表し1911年にはノーベル文学賞を受けた。初期の作品には病的とも言える幻想性があったが、実際の作者は自転車とボクシングを趣味とし、豊かな体格と快活な性格で初対面の人物をしばしば驚かせたという。怪盗ルパンの作者モーリス・ルブラン Maurice Leblanc（1864-1941）の妹、美貌の女優ジョルジェット・ルブラン Georgette Leblanc（1875-1941）を長年の愛人としていたことでも知られる。この号で肖像を描いているシャルル・ドゥードゥレ（1861-1938）はメーテルランクと親交が深く、作品の舞台装飾や挿画も手がけた。

No. 435   ÉMILE BOUCHER

dessin d'Uzès

エミール・ブーシェ　　1854.7.29-没年不詳

フランスの詩人、編集者。1890年代までの詳しい経歴は知られていない。モンマルトルを中心に活動し、朗読劇「モノローグ」の数作は俳優兼作家のフェリックス・ガリポー Félix Galipaux（1860-1931）によって演じられてある程度の評判を呼んだという。このブーシェの名は、1893年6月に突如として人の口の端に上るようになった。1881年にキャバレー「黒猫（シャ・ノワール）」を開いたロドルフ・サリス Rodolphe Salis（1851-97）が翌年に創刊した同名の週刊紙『黒猫（シャ・ノワール）』の権利を3000フランで買い取って編集長に就任したためである。この買収劇を背景に、ユゼスはブーシェを「黒猫（シャ・ノワール）」を乗り回す姿で描いているが、しかし「黒猫（シャ・ノワール）」の魂はやはり最初の主人、サリスのものであり続けた。1897年3月20日にサリスが没すると、その直後に店はシャンソニエのアンリ・フュルシ Henry Fursy（1866-1929）（本名はアンリ・ドレフュス Henri Dreyfus）によって買収されて「フュルシ・キャバレー」La Boîte à Fursy へと姿を変えている。これを受けて15年来毎週土曜日に発行されてきた新聞『黒猫（シャ・ノワール）』も、同年9月30日号を最後に発行を停止した。幾多の文学者・芸術家を周囲に集め、モンマルトルの象徴であった「黒猫（シャ・ノワール）」の時代はこうして終わりを告げたのである。

No. 436 ALBERT COLLIGNON

dessin de Xileff [Félix Régamey]

アルベール・コリニョン　　1839.7.31-1922

フランスの編集者、著述家。理工科学校を卒業した技師を父にメッスに生まれる。ヨーロッパ各国とアメリカで遊学したのちにストラスブール大学で法学を修めた。弁護士活動をしながらジャン・マセに倣ってメッスで「教育連盟」を組織するなど、第二帝政下で共和主義者としての活動を繰り広げている。1863年にはジュール・シモン、ウジェーヌ・ペルタンなど共和派の大物の支援を受けて雑誌『ルヴュ・ヌーヴェル』 La Revue nouvelle を創刊して成功を収めたが、たび重なる検閲によって約1年で廃刊となった。こうしたジャーナリストとしての姿勢は、第三共和政下で彼が発行した週刊紙『文学生活』 La Vie littéraire に引き継がれ、カリカチュアによまれる「普通選挙」 suffrage universel の実施を強く訴えた。こうした政治的な活動の一方で、1869年に発表したスタンダールの評伝や、ペトロニウス、ディドロなど古典を対象とした著作には持ち前の教養が存分に生かされている。なお妻は、マラルメの友人として知られる学者詩人、エマニュエル・デ・ゼッサール Emmanuel des Essarts (1839-1909) の妹である。この号の表紙を担当している画家「クシレフ」とは、フェリックス・レガメの別名のひとつであるらしい。

448

No. 437　JACQUES LE LORRAIN

dessin d'Eugène Guisard

ジャック・ル・ロラン　　1856.5.20-1904.5.5

フランスの作家。製靴職人を父としてドルドーニュ県ベルジュラックに生まれる。最低限の教育を受けたのち、同じ靴職人の道を歩むこととなったが、突如として文学に開眼して16歳で学業を再開した。1881年頃にパリに出て、グドーら「イドロパット」のメンバーをはじめ文学者たちと交流し、いくつかの作品を著したが成功には恵まれず、1896年にはカルティエ・ラタンに店を開いて靴職人で身を立てた。ギザールの描く肖像には、靴を作るル・ロランの後ろに「作家の代表作ここで販売中」の文字が見られる。痩軀で夢想癖のあるル・ロランは友人たちからドン・キホーテにもたとえられたが、彼に最初で最後の成功を与えかけたのは、まさしくこの騎士であった。1904年4月、彼の戯曲『面長の騎士（ドン・キホーテ）』*Chevalier de la Longue-Figure (Don Quichotte)* が友人の尽力でパリで上演され、思わぬ人気を博したためである。しかしル・ロランはすでに体調を崩しており、この成功を味わうまもなく5月に没している。マスネのオペラ『ドン・キホーテ』*Don Quichotte*（1910）の台本も実際には彼の『面長の騎士』をもとにしたものだが、作中の騎士と同じく不幸のうちに死んだル・ロランの名が今日語られることは皆無である。

No. 438 RAYMOND THOLER

dessin de Charles Léandre

レモン・トレール　1859.11.19-没年不詳

フランスの画家。パリに生まれる。若くして官立美術学校に入り、歴史画や東方的主題の第一人者ジャン゠レオン・ジェローム Jean-Léon Gérôme（1824-1904）に学んだ。しかし大仰なテーマはトレールの資質に合わず、甲殻類をはじめとする食材の静物画で知られるドゥニ・ベルジュレ Denis Bergeret（1844-1910）のアトリエに通うことで、自らの進む道を定めた。10代にして官展(サロン)でデビューを飾り、さらにドイツ、ベルギー、オランダの美術館をめぐって歴史的な技法を吸収することで、1880年以降は静物画に特化した画家として名を知られた。花瓶と花、また野菜や果物、鳥、魚といった食材など日常生活のなかにある物を描いたトレールを、レアンドルは画題を抱きかかえて歩く姿で描いている。職人気質で誠実な画家であったことは確かだが、「印象派」「新印象派」の面々のような革新性とは無縁であり、トレールは完全に無名のままに終わった。没年も定かではなく、現在ではその足跡をたどることすら困難である。その存在の最も大きな痕跡が『今日の人々(レ・ゾム・ドージュルデュイ)』であり、ここに取り上げられていなければ、誰ひとりその生涯を追うことはなかっただろう。本書はおそらく彼の名が日本語で記される最初で最後の機会に違いない。

No. 439 SAINT-GEORGES DE BOUHÉLIER

dessin de Fabien Launay

サン=ジョルジュ・ド・ブーエリエ　1876.5.19-1947.12.20
フランスの作家。作家、政治家のエドモン・ルペルティエを父に、オー=ド=セーヌ県リュエイユに生まれる。ヴェルサイユの高校で出会ったモーリス・ル・ブロン Maurice Le Blond（1877-1944）とともに、文学運動「ナチュリスム」Naturisme を開始する。ナチュリスムとは、象徴主義の閉塞状態を抜け出すために現実の生に目を向けなおすべきだと主張する、いわば自然主義への揺り戻しの運動であった。ブーエリエの父ルペルティエはゾラとも親しく、またブロンも熱烈なゾラの信奉者であったため、ゾラ擁護の分派とも呼べるだろう。ドレフュス事件に際しても機関誌『ルヴュ・ナチュリスト』 Revue naturiste でゾラを支援している。この号でブーエリエの紹介文を書いている盟友ル・ブロンは、1908年にはゾラの娘と結婚、ブーエリエはその後、悲劇の復興を目指して主に戯曲に力を注ぎ、第二次世界大戦後まで旺盛な執筆を続けた。ブーエリエを描いたファビアン・ローネ（1877-1904）は18歳で画家としてデビュー、このカリカチュアも20歳そこそこで描いたもので、将来を嘱望されたが夭折している。

No. 440 PAUL GAUGUIN

dessin d'Émile Schuffenecker

ポール・ゴーギャン　1848.6.7-1903.5.8

フランスの画家。共和派のジャーナリストを父にパリに生まれる。母方の祖母は、社会主義者、フェミニストとして知られたフローラ・トリスタン Flora Tristan（1803-44）であり、そのためゴーギャンもペルー人の血を受け継いでいる。ルイ＝ナポレオンのクーデターを受けて一家はフランスから脱出したが、まもなく父が病死、7歳までペルーで過ごして帰国した。船員、のちに株式仲買人として働くうち、ピサロの誘いで1874年の第1回「印象派展」を観覧、絵画への興味を深めたという。1879年から「印象派展」に参加し、1882年に職を辞して以降画業に専念している。ブルターニュ地方のポン＝タヴェンでの創作活動、アルルでのゴッホとの共同生活等を経て、輪郭線が強く、配色が個性的な独自の画風を確立した。1887年にはパナマ、マルティニークに滞在するなどすでに海外での生活への志向を見せていたが、1891年にはフランスに見切りをつけてタヒチに渡航する。その後の苦悩に満ちた芸術家としての生は、彼をモデルとしたサマセット・モームの『月と六ペンス』でも広く知られている。こうした苦悩の画家としての側面を強調するかのようなこの号の表紙は、株式仲買人時代の同僚、シュフネッケルによるものである。

No. 441　ALFRED MORTIER

dessin de Charles Léandre

アルフレッド・モルティエ　1865.6.9-1937

フランスの作家。バーデン大公国（1871年にドイツに併合）に生まれる。オランダ人の父親と、フランス人の母親を持つモルティエがフランス国籍を取得したのは1890年のことである。1874年以降家族で移り住んだニースで高校を終えたのちパリに出ると、法律を学びながら新進の文学者たちと交流した。手がけたジャンルは幅広く著作も多いが、特にイタリア・ルネサンスに造詣が深く、16世紀の劇作家ルザンテに関する著作やマキャベリの翻訳も残している。1895年には『メルキュール・ド・フランス』 Mercure de France 誌の創刊メンバーとなった。趣味人でもあり、1908年以降はビリヤード「アマチュア世界チャンピオン」を名乗って『いかにしてビリヤードに強くなるか』 Comment on devient fort au billard（1914）と題した400ページにも及ぶ浩瀚な技術書も著した。妻のオーレリ・ド・フォーカンベルジュ Aurélie de Faucamberge（1869-1948）はオーレル Aurel の筆名を用いた作家であり、アポリネール Guillaume Apollinaire（1880-1918）、コクトー Jean Cocteau（1889-1963）ら、サロンに集まった若手の文学者たちに援助を惜しまなかったことでも知られる。

No. 442　ANTOINE GATTI

dessin de Raymond Tholer

アントワーヌ・ガティ　　1852.11.20-没年不詳

フランスの画家。マルセイユに生まれる。16世紀イタリアの画家ベルナルディノ・ガッティ Bernardino Gatti（1495?-1576）を筆頭に多くの画家を輩出した家系に連なるというが定かではない。師について絵画を習うということはなかったが、14歳で見事な絵を描いて周囲から画家の道を勧められた。1870年に始まった普仏戦争では志願兵としてフランシュ＝コンテ地方の戦線に赴き、戦後の一時期はアルジェリアで過ごしたという。1871年の帰国後はレース工場のデザイナーとなって糊口を凌ぎながら静物画、風景画、肖像画といったさまざまなジャンルに手を染めた。なかでも得意としたのは日常生活の風物を主題とした静物画であったが、画家として大成してはいない。この号では静物画に取り組むガッティの肖像が、画風の似通ったレモン・トレールによって描かれている。そのトレールと同じく、ガッティの描いた地味な絵画が今日語られることは皆無であり、没年も判明していない。絵画の収集家でもあり、画家ゴッホの弟で画商の「テオ」ことテオドルス・ファン・ゴッホ Théodorus van Gogh（1857-91）の顧客であったらしい。

No. 443 AUGUSTIN HAMON

dessin de Couturier

オーギュスタン・アモン　1862.1.20-1945.12.3

フランスの思想家。ナントに生まれ、1890年代初頭からアナーキズム運動に共鳴して活動を始めている。1894年に発表した『職業軍人の心理』 *La Psychologie du militaire professionnel* では緻密な分析をもとに軍国主義こそ犯罪の温床であると喝破し、その名を一躍高めた。同書は刊行後の10年間でドイツ語、イタリア語、ポルトガル語等に翻訳され、今日でも社会心理学の先駆けと見なされている。1896年にはロンドンで開催された第二インターナショナル大会に参加し、アナーキストがマルクス主義によって排除される様子をフランスに伝えた。1904年以降はパリを離れてブルターニュに定住し、雑誌の創刊、思想団体の設立など、地方での活動に力を注いだ。思想的にはアナーキズムから社会主義へ移行したのち、最晩年には共産党に入党している。一方でアモンは、アイルランドの劇作家で1925年にノーベル文学賞を受賞したジョージ・バーナード・ショー George Bernard Shaw (1856-1950) の仏訳者としても名を残した。1908年に戯曲の仏訳を刊行して以来、社会主義から共産主義への傾倒など思想的にも近かったアモンはショーから信頼を寄せられ、作家公認の訳者として多くの作品をフランスに紹介している。

No. 444　JULES JOUY

dessin d'Alfred Le Petit

ジュール・ジュイ　1855.4.12-1897.3.17

フランスのシャンソニエ。パリの貧しい家庭に生まれ、義務教育を終えると肉屋で働いたが、シャンソンを好み、近所のシャンソン酒場で自作を披露するようになる。1876年にレオン・ビアンヴニュ（トゥシャトゥ）の『轟音』*Le Tintamarre*（タンタマール）紙でデビューを飾り、その後はさまざまな新聞・雑誌に記事を寄稿しながらシャンソニエとして活動した。その姿勢の基盤には強固な共和主義精神があり、作品には社会と政治が頻繁に取りあげられている。晩年のヴァレスと共闘、「ブーランジスム」には断固として反対するなど、反骨のシャンソニエとして生涯を貫いた。1880年代からはモンマルトルを中心に活動してキャバレー「黒猫」（シャ・ノワール）の舞台にも立ったが、後年には支配人のサリス Rodolphe Salis（1851-97）と悶着を起こし、対抗して「黒犬」（シアン・ノワール）*Chien noir* と名づけた店を開いている。40歳を迎える頃から精神を病み、1895年に病院に入れられ、1897年3月17日に42歳の若さで没した。ジュイの埋葬は3日後のことであったが、まさにその日にサリスが没したという報が届き、ペール゠ラシェーズに集っていたモンマルトルのシャンソニエたちは一時代の終わりを感じたという。この号はジュイの死後に発行されたものである。

No. 445 MARS

dessin de Bellone

マルス　　1849.5.26-1912.3.28

ベルギーのイラストレーター。本名はモーリス・ボンヴォワザンMaurice Bonvoisin。ベルギー東部のヴェルヴィエで、紡績工場を営む裕福な家庭に生まれた。22歳で亡父のあとを継いで会社を経営するが、8年後に弟に職を譲り、若い頃から才能を示していたイラストに専念するためパリに出た。『シャリヴァリ』『ジュルナル・アミュザン』等で活躍したが、その後のマルスの方向性を決定づけたのは、イラストレーターとしては稀な彼の豊富な資金と育ちの良さであった。旅行を好んだ彼はヨーロッパ諸国を自由に巡り、その見聞をもとに多くのアルバムを刊行している。この号の表紙で彼が腰掛けている『黄金の岸辺にて』 *Aux rives d'or* (1888)は、マルセイユからジェノヴァまで地中海の海岸線に沿って描いた景色をまとめた代表作である。社会的地位によって社交界に自由に出入りすることができたため、海外の要人や有名人を題材にイラストを描ける人物としても重宝された。イギリスでも『グラフィック』The Graphic、『デイリー・グラフィック』The Daily Graphic、『イラストレイテッド・ロンドン・ニュース』The Illustrated London News等の新聞に定期的に寄稿しており、名声はフランス国内に留まらなかった。

No. 446 VICTORIEN SARDOU

dessin de Manuel Luque

ヴィクトリアン・サルドゥ　1831.9.5-1908.11.8

フランスの劇作家。パリに生まれ、父親は辞書の編纂をはじめ多くの著作を残した教育学者であった。医学の勉強を中途であきらめ、文学者として身を立てようと志すが、戯曲が上演されるには至らず苦難の日々を送った。さらに腸チフスに罹患し生死の境をさまよい、隣人の舞台女優の献身的な看病によって一命を取り留める。さらにその舞台女優の好意で大女優デジャゼ Virginie Déjazet (1798-1875) に紹介され、彼女の庇護のもとでようやく表舞台にデビューを飾り、さらに看病してくれた舞台女優をのちに妻とした。1859年にデジャゼはサルドゥにタンプル大通りの劇場を買い与えており、これが現在も残る「デジャゼ劇場」である。サルドゥの戯曲はたちまち好評を博し、小デュマ、オージエと並び立つ、第二帝政期を代表する劇作家となった。1877年にアカデミー・フランセーズ会員に選ばれて以降も作風の幅を広げ、社会問題を題材としたほか、晩年は歴史に多く想を汲んだ戯曲を多く発表し、人気作家の地位を守り続けた。なお彼に成功をもたらした妻は8年の結婚生活ののちに早世し、サルドゥはその後、ヴェルサイユ宮殿の維持管理に携わった美術史家ウドール・スーリエ Eudore Soulié (1817-76) の娘と再婚している。

No. 447　LÉO CLARETIE

dessin d'Albert Robida

レオ・クラルティ　　1862.6.2-1924.7.16

フランスの作家。パリに生まれ、作家ジュール・クラルティを叔父に持つ。高等師範学校に入学し、在学中は批評家ブリュヌティエールの授業に多くを学んだという。1886年に文学の教授資格を取得したが、教職を目指すことなくジャーナリズムの世界に飛び込んだ。同年に刊行した最初の著作『パリ、その起源から西暦3000年まで』*Paris depuis ses origines jusqu'en l'an 3000*（1886）にはジュール・クラルティが序文を書いており、デビューにあたってその後ろ盾が大きかったことがうかがわれる。なお同書では「1987年」の未来予測がなされており、世界中が共通の言語を話し、また各家庭に置かれた「幕」によって好きなスペクタクルを見たり他人と話したりすることもできる、と述べられている。その後は批評、小説のほか、主著となった5巻組の浩瀚な文学史を残した。私生活では12歳年下の女性と結婚、2児をもうけたが妻の不貞により離婚している。この女性が、1914年に『フィガロ』社主のガストン・カルメット Gaston Calmette（1858-1914）を射殺して世間の注目を集めたアンリエット・カイヨー Henriette Caillaux（1874-1943）である。なおクラルティ自身は1924年、パリ・ブレスト間で電車に轢かれて没している。

No. 448　ADELINA PATTI

dessin de Manuel Luque

アデリーナ・パッティ　　1843.2.10-1919.9.27

イタリアのオペラ歌手。イタリア人を両親としてマドリードに生まれる。父はテノール、母はソプラノという恵まれた環境を生かし、幼少時に一家で移住したアメリカにおいて早くからコンサートの場数を踏んだ。1859年、ニューヨークでドニゼッティの『ランメルモールのルチア』でオペラ歌手としてデビューし、翌年にはロンドンでベッリーニ『夢遊病の女』に主演、1861年にはパリでも同作品の上演があり、10代半ばにしてたちまち世界的な人気歌手となった。卓越した技巧を持つパッティはヴェルディをはじめとする作曲家たちからも絶大な信頼を置かれたが、彼女の信奉者は音楽界のみには留まらなかった。多くの文学者たちもまた彼女をモデルとした人物を作中に登場させ、さらには詩篇に名前を織り込んでオマージュを捧げており、19世紀後半を彩ったまさしく時代のミューズであったと言えるだろう。1868年に結婚した最初の夫はナポレオン3世の馬術教師であった侯爵アンリ・ド・ロジェ・ド・カユザック Henri de Roger de Cahuzac（1826-89）だが、1885年に離婚、元夫は莫大なパッティの財産の半分を得ている。なお2番目の夫はイタリア人テノール歌手、3番目で最後の夫はスウェーデンの男爵であった。

No. 449 TOM TIT

dessin d'Albert Robida

トム・ティット　1853-1928

フランスのエッセイスト。セーヌ゠マリティーム県のモンティヴィリエに生まれる。本名はアルチュール・ゴッド Arthur Good。パリの国立中央工芸学校を卒業して技師となるかたわら、『イリュストラシオン』L'Illustration 紙に週1回、トム・ティットの筆名で科学記事「楽しい科学」La Science amusante を連載して人気を博した。これは「簡単にできて、お金がかからず、安全で、身の回りにあるものでできる」を合言葉に、ひも、蠟燭、コップ、石鹸、台所用品などを用いた簡単な実験を図とともに示す啓蒙的な記事である。子供たちばかりでなく大人にも科学の楽しさを教える連載は、各巻100の実験を収める3巻の書籍となり、子供へのプレゼントを念頭に置いた豪華版も含めて、20世紀前半まで出版社を変えながら何度も再刊された。ロビダのカリカチュアでは、自らの著作を3冊重ねた上に座り込むティットの姿までが実験人形に化したように描かれている。横の新聞に『プティ・ジュルナル』と書かれているのは、「楽しい科学」の好評を受けて、同紙でも「トム・ティットの休憩時間」Récréation de Tom Tit の連載を持っていたためである。

No. 450 VICTORIA

dessin de Manuel Luque

ヴィクトリア　1819.5.24-1901.1.22

イギリスの女王。ジョージ3世の四男を父として生まれる。男性の王位継承者がいなくなった1837年、18歳で即位した。以来、1896年9月には祖父ジョージ3世の記録を抜き、イギリス史上最も治世の長い君主となっていた。この号が発行された年はヴィクトリアの即位60年の記念にあたる。ヴィクトリアは1855年、ナポレオン3世の招きでフランスを訪れ、普仏戦争後は亡命した皇帝夫妻を受け入れた。フリードリヒ3世に嫁いだ長女のヴィクトリアをはじめ、多くの子女が王家に嫁ぎ「ヨーロッパの祖母」と呼ばれた。末娘ベアトリスBeatrice（1857-1944）の結婚相手として、ナポレオン3世のひとり息子でありイギリスに亡命していたルイ＝ナポレオン・ボナパルトLouis-Napoléon Bonaparte（1856-79）を考えていたが、彼が1879年に従軍先のアフリカにおいてズールー族の襲撃を受け戦死したため実現を見なかった。「ナポレオン4世」の死はフランス国内のボナパルティストにとってこれ以上ないほどの大きな衝撃だったが、孫のように可愛がっていたヴィクトリアの悲嘆も大きく、ただちに時の首相ディズレーリにズールー族の掃討を命じたという。

No. 451 ALBERT ROBIDA

dessin d'Émile Cohl

アルベール・ロビダ　1848.5.14-1926.10.11

フランスのイラストレーター、作家。オワーズ県コンピエーニュの指物師の家に生まれる。極度の近眼であったため職人の道に進むことができず、当初は公証人になる勉強をしていたが、1866年に18歳でパリに出てイラストレーターとして生きる道を選んだ。その年のうちに『ジュルナル・アミュザン』でデビューを飾ると、洗練された画風でたちまち人気を博している。その一方、普仏戦争、パリ・コミューンの間もパリに留まり、目に映る惨劇を手帖に描いて記録に留めるなど、歴史の観察者としての一面も見せている。1880年には雑誌『カリカチュア』La Caricatureを創刊し、カラン・ダッシュをはじめとする多くの後進にデビューの機会を与えている。人気イラストレーターとして、『今日の人々』(レ・ゾム・ドージュルデュイ)にも447号、449号の計2回表紙を描いた。なおロビダは、もし絵筆を持たずに、純粋な筆のみで立っていたとしても、十分に名を成すだけの才能も備えていたと言われる。子供向けの小説、冒険小説を中心に生涯に60冊に及ぶ著作を残しているが、特に1883年から1890年に発表した20世紀の生活を予見するSF小説三部作の作者として名高く、その想像力をヴェルヌ以上と評価する人々も少なくない。

No. 452 ALBERT GUILLAUME

dessin d'Émile Cohl

アルベール・ギヨーム　　1873.2.14-1942.8.10

フランスのイラストレーター、画家。当時高名だった建築家エドモン・ギヨーム Edmond Guillaume（1826-94）の息子としてパリに生まれる。兄も建築の道に進んだが、早くからカリカチュアに興味を持った彼は、官立美術学校に学んでもアカデミズムの画風に染まることなく、猥雑さとユーモアを好んでイラストレーターとなった。この号が発行された当時はまだ20代半ばであり、エミール・コールのカリカチュアでは左手の下に1890年以来刊行されてきた彼のアルバムが置かれているが、まだ存命中の数々の大物に比べれば駆け出しの感は否めない。この時点での代表作は軍隊生活を主題としたアルバム『わが従軍 軍隊アルバム』Mes campagnes : album militaire（1896）であり、同じく軍隊生活を扱った喜劇を得意としたクルトリーヌの序文付きで刊行されて評判を得ている。このあと円熟味を増したギヨームの絶頂期は、第一次世界大戦を迎えるまでの「ベル・エポック」Belle époque にほぼ重なり、時代を映したイラストレーターとして高く評価されている。ジュール・シェレに影響を受け、劇場のポスターを描いて評判をとったほか、1904年以降はパリの社会を題材とした油絵も多数残した。

No. 453 ERNEST LEGOUVÉ

dessin de Manuel Luque

エルネスト・ルグーヴェ　　1807.2.14-1903.3.14

フランスの作家。アカデミー会員でもあった高名な詩人、ガブリエル゠マリ・ルグーヴェ Gabriel-Marie Legouvé（1764-1812）の息子としてパリに生まれる。幼くして両親を亡くし多額の遺産を相続したのち、後見人となった作家ジャン゠ニコラ・ブイイ Jean-Nicolas Bouilly（1763-1842）の教育により文学の素養豊かに育った。こうした環境を背景に、ロマン主義の過剰な流行をまったく気にかけることなく古典主義的な詩作と戯曲を発表し、アカデミズムから高く評価された。また、早くから女性の権利や教育の問題を講演で取りあげ、後年は旺盛に著作として持論をまとめるなど社会意識の高い作家としても知られた。こうした見識を買われて女子高等師範学校でも教鞭を執ったほか、教育監察官にも任命されている。1886年から翌年にかけて2巻本の回想録を出版したが、その後さらに四半世紀を生きた長命の文学者である。1855年にアカデミー・フランセーズ会員に選ばれて以降、ほぼ半世紀にわたってその席にあった。フェンシングの名手でもあり（しかし決闘は常に避けた）快活な人柄のルグーヴェは、友人の文学者、芸術家をパリ郊外の自宅に招いて歓待するなど、理想的な社交人として敬愛されたという。

No. 454 ERNEST FLAMMARION

dessin d'Émile Cohl

エルネスト・フラマリオン　1846-1936

フランスの出版者。オート=マルヌ県に生まれ、4歳上の兄がカミーユ・フラマリオン（109号参照）である。一家がパリに出たのちは問屋で働いていたが、1867年、作家として知られるようになった兄の紹介でたまたま書店に職を得る。1875年にフラマリオン書店を興すとドーデやゾラの旧作を再版したほか、挿絵入りの『居酒屋』の出版によって財を成した。さらに書店の成功をあと押ししたのが、兄カミーユの著作『みんなの天文学』 L'Astronomie populaire（1879）である。同書はその後半世紀で130万部を売り上げるロングセラーとなり、フラマリオン社の飛躍の契機となった。その後も古典作家からさまざまな傾向の現代作家、専門書から一般書まで多くのジャンルを取り扱ってフランスを代表する一大出版社となったが、成功の礎となった科学啓蒙の精神は忘れず、同社の得意分野のひとつとして残り続けた。エルネストの子、孫が後継者となって繁栄を続けた同社は、ひ孫の代に至った2000年、イタリアに本拠を置くグループ企業RCDの傘下となった。しかし2012年、ガリマール社がRCDグループから同ブランドを2億5100万ユーロで買収、フラマリオンの名は再びフランスのものとなっている。

No. 455 BERTHE DE MARSY

dessin d'A. B...

ベルト・ド・マルシ　　生没年不詳

フランスの運動家。9区の北端、「ムーラン・ルージュ」にほど近いデュペレ通りに「レディーズ゠クラブ」Ladies-Clubを開き、60人のメンバーを集めたという。1896年に開かれたこの「クラブ」は、その存在が新聞記者によって嗅ぎ付けられると、珍しさからたちまちジャーナリズムの皮肉、嘲笑、またときには邪な空想の餌食ともなったという。しかし上流階級に属する人々で結成された「クラブ」の目的は非常に慎ましく、夫や子供を失くした独居の女性に拠り所を与えるため、60フランの年会費で、会話や読書で日中を過ごせる場を開放したという。したがって新たなメンバーの候補となるのもやはり上流階級の人々であり、「団結、博愛、連帯、庇護」を標語とはしても、この号の表紙にも見られるとおり、その視線は社会一般に向けられるものではない。このような「レディーズ゠クラブ」が『今日の人々(レ・ゾム・ドージュルデュイ)』に取り上げられた理由は他にも求められる。ヴァニエ書店は前号からシャルル・ドノ Charles Donos (1858-1904) の小説『レディーズ・クラブ』*Le Ladies-Club* (1897) の広告を紙面に掲載しており、もはやこの時期には、かつての共和派の風刺紙が一種の広告紙にまで堕していたことを如実に示している。

467

No. 456　EUGÈNE DAUPHIN

— Quisque tu dis de cette mer ?
— On la boirait, mon bon !

dessin d'Adrien Oursou

ウジェーヌ・ドーファン　1857.11.30-1930

フランスの画家。トゥーロンに生まれ、父親は地元の大規模な建築請負業者であった。トゥーロンの美術学校で絵画を学び、その後パリの展覧会に出品して評価を得る。特に海景を得意とし、1889年には「フランス海軍公認画家」Peintre de la Marine に任命された。これは1830年に始まり現在まで続く制度だが、称号を受けた画家は海軍によって便宜がはかられるほか、作品への署名に錨のマークを付すことが許される。なお『今日の人々』に登場した画家では他にレガメ、シニャック、モントゥナールが「海軍公認画家」となっている。多くの海景画を残し、またトゥーロンの劇場の装飾にも関わったが、現在、最も人の目に触れるドーファンの作品は、1901年に開業したリヨン駅構内のレストラン「トラン・ブルー」Le Train bleu の装飾画であろう。パリからリヨン、地中海へと至る街を多くの画家が描いた豪華な内装のなかで、ドーファンは故郷トゥーロンを描いている。この号で初登場し計5号の『今日の人々』の表紙を担当したアドリアン・ウルスー（生年不詳-1914）は、絵画をモントゥナールに学び、ジョルジュ・ヴァロワ Georges Varoy の筆名でジャーナリズムにも関わった人物である。

No. 457 HENRI D'ORLÉANS [Duc d'Aumale]

dessin de Manuel Luque

アンリ・ドルレアン ［オマール公］　1822.1.16-1897.5.7

フランスの軍人、政治家。七月王政で成立したオルレアン朝のルイ・フィリップの五男として生まれる。1830年に代父のコンデ公ルイ6世アンリ Louis VI Henri（1756-1830）が死去、8歳にしてフランス屈指の莫大な遺産を相続する。1839年に軍隊に入るとアルジェリアにも従軍し軍功を重ね、1847年にはアフリカ総督に任命されている。第二共和政、第二帝政期はフランスから亡命していたが、第三共和政下の1872年に再び中将として軍隊に戻った。普仏戦争の際にメッスで降伏したバゼーヌ元帥 François-Achille Bazaine（1811-88）の裁判で被告を糾弾するなど、愛国的な言動によって国民から畏敬された。勇敢、高潔かつ指導力のある古風な軍人であったといい、女性との粋な噂も絶えなかった。当初は偽名を用いながら発表した歴史に関する著作も高く評価され、1889年にはアカデミー・フランセーズの会員に選出されている。息子たちに先立たれたこともあり、シャンティィの居城と地所、莫大な美術のコレクションを生前にフランス学士院に寄贈したことでも知られる。この号は1897年の彼の死を契機に発行されており、一時代に終わりをつげるその生涯を振り返りつつ哀悼の意を表したものである。

No. 458 HENRY MORTON STANLEY

dessin de Manuel Luque

ヘンリー・モートン・スタンリー　1841.1.28-1904.5.10

イギリスのジャーナリスト、探検家。ウェールズ地方に生まれたが父親を早く亡くし、母親が養育をほぼ放棄したため、救貧院で育ち自活の術を身につける。17歳でアメリカに渡ると、本名のジョン・ローランズ John Rowlands を改めてスタンリーを名乗るようになる。南北戦争への参加を経てジャーナリズムに身を投じ、1867年には『ニューヨーク・ヘラルド』紙の特派員となった。その後1871年、アフリカで消息を絶っていたリヴィングストン David Livingstone（1813-73）を発見、また1874年からはコンゴ地方を探検するなど、センセーショナルな事業によって世界的な名声を得た。探険家としての行動力は確かにすさまじいが、多分に自己宣伝的な自伝は眉に唾して読む必要もあり、山師的な部分も少なからずあった人物である。イギリスへの帰国後は1895年から1900年まで下院議員を務め、1899年にはナイトの爵位が与えられている。しかしベルギー国王レオポルド2世 Léopold II（1835-1909）を後見人としたコンゴ探検は奴隷貿易の片棒を担ぐとともに苛烈なコンゴ支配の下地を整備する結果となったこともあり、生前から毀誉褒貶は相半ばした。

No. 459　CHARLES FUSTER

dessin d'Adrien Oursou

シャルル・フュステール　1866.4.22-1929.1.10

スイスの作家。スイスのフランス語圏であるヴォー州イヴェルドンに牧師の息子として生まれる。ボルドーで教育を受けると、14歳にしてその文学的才能で知られるようになり、18歳で刊行した処女詩集『物思う魂』L'Âme pensive (1884) は年齢に見合わない技量によって評価されて版を重ねた。その後は小説、戯曲、評論とさまざまなジャンルに手を拡げながら旺盛に文学活動をおこなった。自ら雑誌も主宰したが、これは読者に投稿を呼びかけてその作品を掲載するという、ひとつのビジネスモデルを展開させたものである。文学者になりたいと望む多くの人々を「デビュー」させることで稿料なしで紙面を構成し、さらに掲載された人が多い分、一定の購読者を見込むことができるという、文学ブームのときにのみ可能な、一種の詐術的出版物である。フュステールの著作の特徴はその甘ったるいまでの過剰な叙情性にあり、カリカチュアに描かれている『ルイーズ』Louise (1894) にはまさしく「抒情的小説」roman lyrique という副題がついている。その詩想を地方に汲むことも多く、ブルターニュ地方やプロヴァンス地方に関する著作も残した。

No. 460 HENRI DE TOULOUSE-LAUTREC

dessin d'Émile Cohl

アンリ・ド・トゥールーズ゠ロートレック　1864.11.24-1901.9.9

フランスの画家。アルビに生まれる。トゥールーズ゠ロートレック家はフランス最古の家系のひとつと言われ、父親は伯爵の称号を持っていた。生まれつき体が弱く（両親がいとこ同士という近親結婚の影響ともされる）、1878年と翌年に左右の大腿骨を骨折、両足の成長が止まった。若い頃から絵画に天分を示し、パリに出るとモンマルトルを中心とした夜の世界に生きる人々を描き、その斬新な構図で名声を得た。ブリュアンを描いたポスターをはじめ、広告を芸術にまで高めた人物として芸術史上で特筆される。またエミール・コールのカリカチュアにも示されているように、自らの身体をさらにデフォルメして描いたり、また好んで写真の被写体になるなど、露悪的な表現を楽しむ諧謔を備えていた。長年にわたる多量の飲酒や不規則な生活がたたって体調を崩し、療養所を経て南仏の母の元に戻ると、まもなくアルコール中毒と梅毒に起因する合併症で没した。なお、梅毒への感染は、怪我ののちも両足の間の器官は人並み以上に成長したことと関連している。その不釣合いな大きさから女性たちには「三脚」のあだ名を奉られ、また彼も自らの体を「コーヒーポット」に例え、立派な注ぎ口を誇りにしていたという。

No. 461　STÉPHANE TARNIER

dessin de Manuel Luque

ステファヌ・タルニエ　　1828.4.29-1897.11.23

フランスの医師。コート゠ドール県エズレーに医師の息子として生まれる。父と同じ道を歩んでパリで医学を学び、産科を専門とした。出産の際に命を落とす若い母親が多いことに衝撃を受けたタルニエは、新たな医療器具の開発や出産に際しての無菌状態の奨励など多くの改良を次々に実践し、母体と新生児の死亡率の低下に貢献した。1884年にパリ大学医学部の教授となり、第一人者としてその後の産科学に大きく影響を及ぼしている。なかでも母体からの牽引がより安全かつ迅速にできるよう彼が改良した産科鉗子は「タルニエ鉗子」あるいは「フランス鉗子」と呼ばれて国外にも広く普及した。ルーケのカリカチュアでもタルニエはこの鉗子を手にし、横の鉢植えは、かつてジルがパジョを描いた際と同じように(33号参照)男児がキャベツから、女児がバラから生まれるという古い伝承を踏まえたものである。没後には彼の弟子たちにより、パリのアサス通りとオプセルヴァトワール大通りが交わる角にモニュメントが設置された。現在でも見られるこの巨大なレリーフは、無事に出産を終えて新生児の頬に口づける母親の横で優しく見守る姿でタルニエを描き出し、その業績と姿勢を世に伝えている。

No. 462 ABEL LETALLE

dessin de Manuel Luque

アベル・ルタル　1870-没年不詳

フランスの詩人。まったく無名の人物がしばしば取り上げられる『今日の人々』レ・ゾム・ドージュルデュイのなかでも、とりわけ情報の乏しい人物と言える。わずかな資料から浮かび上がる経歴にも目立ったところはない。1888年にパリで詩集『ヴィクトル・ユゴーへのオード』*Odes à Victor Hugo* を発表してデビューしているが、半世紀来続くユゴーの影響下でのデビューも、またこの詩集が印刷所の表記のみで出版社名が記載されていない自費出版であることも、当時の詩人志願者としてはごく平均的なものである。その後は出版社を次々と代えながら（おそらく著者負担での刊行を受け入れる書店を転々としたものだろう）、生涯に15冊の著作を発表している。この号の紹介文では、高踏派の詩人アルマン・シルヴェストルがルタルを称揚した新聞記事が引用されているが、その詩の多くは古典的な詩形のもとで花々や宗教心を表現するといった伝統的なものであり、同時代の象徴派等の試みからは遠い。常に改革者、革新者で形作られる文学史に彼の名が記されることはないだろう。数冊の美術批評も残している。没年は不明だが、知られる限りの最後の著作は1934年に刊行された、フランス語の誤用に注意を促す平凡な概説書である。

No. 463 HENRY HOUSSAYE

dessin d'Adrien Oursou

アンリ・ウーセ　1848.2.24-1911.9.23

フランスの歴史家、批評家。アルセーヌ・ウーセ(74号参照)の息子としてパリに生まれる。名門アンリ4世高校で学んだ彼は早くから学究肌の人物として知られ、紀元前4世紀の画家に関する研究『アペレス伝』*Histoire d'Apelles* (1867)を10代で執筆、好評を得て版を重ねた。その後は実際にギリシャに赴いて見聞を深めたが、1870年に普仏戦争が勃発すると急遽帰国し一兵士として従軍、その活躍によって表彰も受けている。戦後は歴史関係の著述に専念し、ギリシャ史と並行してナポレオン戦争を専門とした。膨大な資料を渉猟した上でなお的を射た雄弁な著作は、専門家からも一般読者からも高い評価を受けている。ウーセは歴史家としての矜持から、もはや自分の目には不正確なものとして映った若書きの著作を進んで買い集めては自ら破棄したという。1894年には、投票者30人のうち28票を獲得するという圧勝でアカデミー・フランセーズ会員に選出されている。これは彼自身の力量に加えて、前任者のルコント・ド・リールがギリシアに縁が深く、広い人脈を持ち存命中であったアルセーヌ・ウーセを知る会員が少なくなかったことが大きく影響したものだろう。

No. 464　LÉON NOËL

dessin d'Alfred Le Petit

レオン・ノエル　1844-1913

フランスの俳優。本名はLéon-Noël Grossetレオン=ノエル・グロセといったが、姓を除いて芸名とした。父親の意向で建築請負業に携わったのち、演劇への思いが高じて俳優となる。小劇場で経験を積んでからシャトレ座、アンビギュ座、ゲテ座と移り、この間には数年間の外国での興行にも参加した。観衆が共有する名演の記憶にもものおじすることなく、名優フレデリック・ルメートルFrédéric Lemaître（1800-76）の当たり役であった『ロベール・マケール』Robert Macaireがポルト=サン=マルタン劇場で再演された際にも、大方の好評をもって迎えられた。当時最も権威を持っていた劇評家のサルセーも、ノエルを「当代最良の俳優のひとり」と評し、特に喜劇を得意とした。カリカチュアの左下ではオーギュスト・ジェルマンAuguste Germain（1862-1915）の戯曲『異邦人』L'Étrangerのオデオン座での上演が予告されている。ペール=ラシェーズ墓地にあるノエルの墓は、カリカチュアと同じく下唇をやや突き出した特徴的な表情を留めたギュスターヴ・ドゥロワGustave Deloye（1838-99）によるブロンズ像で飾られている。

No. 465　EDMOND ROSTAND

dessin d'Adrien Oursou

エドモン・ロスタン　　1868.4.1-1918.12.2

フランスの劇作家。マルセイユ市長を祖父に持つ地元の名家に生まれ、パリで法学を修めたのち文学で身を立てることを決意する。デビューからしばらくは比較的地味な存在に留まっていた彼の名がフランス中に轟いたのは1897年の戯曲『シラノ・ド・ベルジュラック』 Cyrano de Bergerac 上演の折である。事前には誰も予想しなかったその成功は伝説的であり、観衆の拍手は20分間鳴り止まず、大臣からは上演初日にレジオン・ドヌール勲章が確約されたという。1901年には33歳の若さでアカデミー・フランセーズ会員に選出された。『鷲の子』 L'Aiglon (1900)、『シャントクレール』 Chantecler (1904) といった意欲作にもかかわらず一般には「シラノの作者」としてのみとらえられることが多い。あまりにも大きくなったシラノの影に隠されてしまった観もある、ある意味で不幸な作家である。晩年に離婚したが、妻のロズモンド・ジェラール Rosemonde Gérard (1871-1953) も詩人であった。2人の間に生まれた長男モーリス Maurice Rostand (1891-1968) は作家に、また二男ジャン Jean Rostand (1894-1977) は高名な生物学者・著述家となり、父親と同じくアカデミー・フランセーズ会員に選出されている。

No. 466 GABRIEL HANOTAUX

dessin d'E.-A. Viriez

ガブリエル・アノトー　　1853.11.19-1944.4.11

フランスの歴史家、外交官、政治家。エーヌ県に生まれ、国立古文書学校卒業後は教壇に立った。1879年に秘書官として外務省に採用されたのち、1886年にエーヌ県選出の下院議員を1期務めた。1889年の選挙に落選するもジュール・フェリーに重用され、1894年のデュピュイ内閣では外相に就任する。この際、国力を増すイギリスに対抗すべくドイツとの関連を強化しようとしたアノトーの試みは、ドレフュス事件によって挫かれている。こうした政治家としてのキャリアの一方で歴史家として著作を残し、最も知られたものは『リシュリュー伝』Histoire du cardinal de Richelieuである。1897年にはシャルメル=ラクールの後任として、そのリシュリューが創設したアカデミー・フランセーズの会員に選出され、この号は翌1898年3月に歓迎演説でアカデミーに正式に迎えられた折に発行されたものである。アカデミー会員の緑の礼服を着たアノトーが抱える書類入れには「外務」affaires etrangèresの文字が読み取れるが、この時期は2度目の外相の任にありロシアとの同盟の強化を図っていた。20世紀に入っても旺盛に著作活動をし、90歳の長命を保っている。プルーストの『失われた時を求めて』の外交官ノルポワのモデルのひとり。

No. 467　LÉON RIOTOR

dessin de Paterne Berrichon

レオン・リオトール　1865.7.8-1946

フランスの作家、政治家。植字工の組合を設立して活動していた父親はルイ=ナポレオンのクーデターによってパリを追われており、それ以来一家が住んでいたリヨンに生まれる。10代半ばから地元の新聞・雑誌に投稿し、自ら文芸誌を刊行するなど文学的に早熟な少年であった。その後パリに出てからも詩集、小説、美術批評、エッセーなどを旺盛に執筆し、その執筆量はカリカチュアの背景となっているポスターに見られるとおりである。モンマルトルを中心にその人脈は広く、パリ文壇にデビューした当時の回想は、仮名を用いたモデル小説『厄介事　モンマルトル時代の物語』*La Colle : récits du temps de Montmartre*（1926）に生き生きと描かれている。1919年にはパリ市議を務め、議会では（「教育的観点」を強調しながらではあるが）新興芸術の映画を積極的に擁護し、パリ市によるフィルム・ライブラリーの設立も訴えたが実現を見なかった。カリカチュアを描いているパテルヌ・ベリション Paterne Berrichon（1855-1922）はすでに文壇から姿を消していたランボーへの崇敬が高じて、かつての少年詩人の死から6年後の1897年に、その妹イザベルと結婚したことで知られる人物である。

No. 468　FRÉDÉRIC MONTENARD

dessin d'Adrien Oursou

フレデリック・モントゥナール　1849.5.21-1926.2.11

フランスの画家。パリに生まれる。一族には裕福な人物が多く、大伯父（父方の祖母の兄）の彫刻家ジャン゠バティスト゠ジロー Jean-Baptiste Giraud（1752-1830）は、ヴァンドーム広場に面した自宅にイタリア旅行で大量に買い求めた彫刻を並べ、市民に無料で開放したことで知られる。軍人と芸術家のいずれを選ぶか悩んだ末に官立美術学校に入学し、ピュヴィス・ド・シャヴァンヌ Pierre Puvis de Chavannes（1824-98）のアトリエで絵画を学んだ。1872年から官展(サロン)に出品し、風景画、海景画を得意とした。1873年にはトゥーロンの美術学校設立に関わり、そこで学んだ画家ウジェーヌ・ドーファンとは経歴が重なる部分が多い。モントゥナールもリヨン駅構内のレストラン「トラン・ブルー」Le Train bleuの装飾画でヴィルフランシュ（゠シュル゠メール）とモナコを描き、後年には海軍公認画家となっている。1892年以降はプロヴァンス地方に居を定め、その風景や人々の生活を描いた。同地方を舞台としたノーベル賞作家ミストラル Frédéric Mistral（1830-1914）の代表作『ミレイユ』Mireille（1859）に挿絵を描いた豪華版も1922年に刊行されている。晩年は地中海に面したベッス゠シュル゠イソルの城館に住み、同地で没した。

No. 469 PAUL DESCHANEL

dessin d'Alfred Le Petit

ポール・デシャネル　1855.2.13-1922.4.28

フランスの政治家。父親は共和主義者のエミール・デシャネル（89号参照）であり、ルイ＝ナポレオンのクーデターを受けて一家が亡命していたブリュッセルに生まれた。その誕生は同じく亡命中の共和主義者たちから祝福され、周囲からの大きな期待を受けて育つ。大赦による帰国後、有力政治家の秘書を経て1885年に30歳で下院に初当選し、その後1920年まで35年間にわたって議席を占めた。この号は1899年、デシャネルがアカデミー・フランセーズ会員に選ばれた直後に発行されたものである。雄弁で知られてはいても、目だった著作もない一政治家の選出に、共和主義者の強い人脈が関わっていたのは間違いない。1920年2月にはクレマンソーを破って大統領に選出されるが、これも彼の実力以上に、厭戦に起因する各党の相乗りがもたらした結果である。そして就任3ヵ月後、移動中に寝巻姿で列車から転落し血まみれとなるという大失態はデシャネルのイメージを決定付け、大いにカリカチュアの標的にされた。転落は心身の衰弱が一因であり、9月に職を辞して隠棲すると体調は徐々に回復したという。1921年に上院議員となり政界に復帰したものの、翌年胸膜炎で没した。

解　説

倉方 健作

　『今日の人々』Les Hommes d'aujourd'hui は1878年に創刊され、その後1899年までに469号を発行した人物紹介の冊子である。毎号ひとりの人物を扱い、表紙は色刷りのカリカチュア、残りのページが人物紹介となっている。19世紀後半のフランスを彩ったさまざまな人物を知る資料としてこれまでも図像集等にたびたび用いられてきたが、20年以上にも及ぶ発行期間のためか、全号揃ったコレクションは本国フランスでも稀であり、全体の傾向や刊行状況も明らかではなかった。本書は、この『今日の人々』全469号のカリカチュアをカラーで収め、その全貌を示した世界初の集成である。

　『今日の人々』の資料的価値は、まずその人選の豊かさにある。タイトルどおり今日のフランス社会と文化を担う人物が取り上げられており、第1号のヴィクトル・ユゴーを皮切りに著名な文学者、政治家、芸術家が居並ぶさまは、まさしく百花繚乱の観を呈している。そのときどきにスポットライトを浴びた人物が次々に登場する『今日の人々』を概観することで、19世紀フランスの社会と文化への理解は一段と深められる。

　しかしなんといっても、『今日の人々』を特徴づけているのは、表紙を飾るカリカチュアのレヴェルの高さである。142号まではカリカチュアの第一人者アンドレ・ジルが担当し、その後もアンリ・ドゥマール、コル゠トック、エミール・コールといった一流のカリカチュア作家たちが次々に絵筆を執った。時事性を織り込んで人物の特徴を示す彼らの名人芸は、フランスに根ざしたカリカチュア文化の粋であり、『今日の人々』はまさにその頂点にあると言っても過言ではない。全469号の『今日の人々』は、20年以上に及ぶフランス社会の見事な連作タブローであると言っていいだろう。

刊行期間と冊子の形態

　『今日の人々』は1878年秋に創刊され、1899年初頭の469号をもって刊行を終えている。大部分には発行年月日の表記がないが、6号から24号、および447号から452号の表紙には日付が印刷されている。それによれば、1878年末には毎週金曜日発行、1879年に入ると毎週土曜日の発行となり、刊行末期の1897年も同様である。基本的な方針としては、毎週末発行の週刊紙という位置づけであったらしい。

　冊子の形態は、1枚の横長の紙を半分に折ったもので、大きさはほぼA4版に相当し、値段は1部10サンチームであった。ただしブーランジェ将軍を扱った229号のみ、紙葉1枚を挟み全6ページ、価格は15サンチームとなっている。表紙のカリカチュアに続いて残りのページには人物紹介が掲載されているが、この文章は、1ページに小さい活字で80行も詰まっていることもあれば、余白を大きくとった30行前後のレイアウトというケースも見られる。さらに最終ページが既刊号のリストや広告に用いられることもあったため、長い紹介文と短いものとでは分量にしてゆうに倍以上の開きがある。取り上げられる人物はタイトルが示すとおり今日の人物であり、他国の元首や最近の物故者が扱われた少数の例外を除けば、基本的には存命の国内の人物が対象となっている。人物の選択の傾向については後述するが、『今日の人々』というタイトルには、大衆のアクチュアルな興味に応えるという商業的な役割と、十分には知られていない人物を紹介しよう

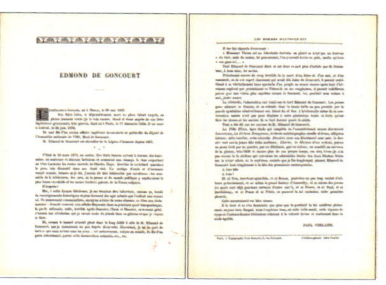

Les Hommes d'aujourd'hui『今日の人々』の基本的な紙面構成（図版は No.274　エドモン・ド・ゴンクール）。A3大の横長の紙を二つ折にしたA4大で、表紙はカリカチュア、2-4ページ目は人物紹介。4ページ目は上記のように既刊号のリストや広告などの場合もある。

という啓蒙的な使命とが二重写しになっていたと言えるだろう。

　全469号という数字はこの種の刊行物にしてみれば膨大なものだが、もし週刊のペースを保っていれば9年間で達成されるはずである。それにもかかわらず『今日の人々』の刊行が20年以上の長きにわたった最大の理由は、ときに年間の発行が10号にも満たない刊行ペースの著しい不規則さに求められる（前述の通り、多くの場合、発行日は記載されていないが、人物評の内容からおおよその発行時期は推定が可能である）。また発行元の変更に伴う長期の休刊もその一因となった。サンカルブル書店 Cinqualbre によって創刊された『今日の人々』は、1883年末発行と推定される229号をもってしばし休刊状態に入り、1885年中頃になってこれをヴァニエ書店 Vanier が引き継いでいる。

　不規則な刊行は発行元も意識するところであったらしく、本来の1年分にあたる52号ごとに、当初は「第1年度」「第2年度」« 1ᵉ année » « 2ᵉ année » と各号の表紙に記載されていたが、4年度以降は「第4巻」« 4ᵉ volume » に表記を変更している。「1年度」「1巻」につき6フランでの予約購読価格も設定されていたようだが、このような不定期な刊行で成立したものかどうか定かではない。ともあれ、キリのいいところまでは続けなければという気持ちが働いたものか、468号で「第9巻」を終え、「第10巻」の最初となる469号を発行して『今日の人々』は終刊している。なお、「第8巻」刊行中の375号では、予約購読者のうち希望者に肖像画をプレゼントするという募集が掲載されている。それによれば、肌、髪、目、服の色を指定して自分の写真を発行元に郵送すれば、1ヶ月から6週間で油彩画が届くという。読者サーヴィスの一環ではあろうが、企画としては珍奇な部類に入るだろう。

創刊の経緯

　『今日の人々』の創刊には当時の青年文学者フェリシアン・シャンソールが大きく関与している。後年彼を取り上げた『今日の人々』327号には以下のような記述が見られる。「フェリシアン・シャンソール、文学者、1858年ディーニュに生まれる。[…] フェリシアン・シャンソールがアンドレ・ジルと版元のサンカルブルとともに、1878年に『今日の人々』を創刊したことに触れておこう。この定期刊行物を最初に思いついた彼は、創刊から30号までの人物小伝を書いた。ほどなく彼は敵方に寝返り、様式と形態を同じくする対抗紙『レ・コンタンポラン』*Les Contemporains* をイラストレーターのル・プティとともに

に創刊したが、これは43号しか続かず、今日では全号揃いのコレクションは珍本、稀覯書の類である」。

　地方からパリに出てきたばかりの20歳の青年が、押しも押されもしないカリカチュアの第一人者アンドレ・ジルの協力を得て『今日の人々』の刊行にこぎつけた経緯には不明な点が多い。これはのちに「敵方に寝返り」、同種の企てに失敗したシャンソールにとって、おそらく『今日の人々』創刊時の記憶はあまり快くないものであり、回想などを残していないためでもある。冊子の成功がアンドレ・ジルの筆に多くを負っていたことにどうやら疑いはない。当時の読者にとって、『今日の人々』の価値のほとんどは表紙のカリカチュアにあり、ジルひとりに帰する「作品」として受け取られていたことは容易に想像される。そもそも当初の『今日の人々』は、創刊号のユゴーから30号のクレマンソーまでは当時のフランスきっての著名人が居並んでおり、とりたてて「紹介」が必要な人物でもない。ゾラ、ガンベッタ、サラ・ベルナールらに続き、10号でジル自身が取り上げられていることからも、『今日の人々』の成功が画家の高い知名度を背景としていたことが窺われる。そうした現実から目を背けたシャンソールが、ジルの力がなくとも成功できるのではないかという夢想に駆り立てられ、30号をもって『今日の人々』を離れたことは想像に難くない。しかし新たに創刊された『レ・コンタンポラン』が短命に終わった事実は、やはりカリカチュアの名人芸こそが冊子の主役であり、人物紹介はそれに従属するものでしかないという性質を明らかにしている（なお、対抗紙『レ・コンタンポラン』で扱われた43人の人物は大半が『今日の人々』と重なっており、紹介文の内容も酷似している）。

　シャンソールが30号を最後に『今日の人々』を離れたあとは、人物紹介は「ピエールとポール」Pierre et Paul（フランス語では「ペテロとパウロ」とも解釈できる）という署名で書かれるようになる。その後20年にわたって用いられるこの筆名に関して、シャンソールが去った直後の31号に以下のような付記が掲載されている。「われらが刊行物の成功、すなわち高名な風刺画家ジルの見事な肖像画に負う成功は、読者諸兄の好意に応える絶えざる努力をわれわれに課すものである。この目的のために、われわれは真摯な文学者たちの協力を取りつけており、彼らは真実で興味をそそる逸話に溢れた筆致で、心地よい文章を各人の伝記に提供し、賛辞と非難とをバランス良く配分する術も心得ている。われらの共同執筆者たちは、全員で共有するペンネームの影に慎み深く身を隠すだけの才能を有しているが、やがて読者諸兄はその仮面を完全に剝ぐことができるものと確信している」。ここでは冊子の成功が全てジルの手柄とされており、人物紹介の書き手の個性はもはや問題とされていない。同冊子が以降も「ピエールとポール」による人物紹介とともに成功を続けたという事実は、裏返せば30号までのシャンソールの署名が無意味であったことを残酷に証明している。

サンカルブル書店時代（1878-1883）の傾向

　それでは『今日の人々』に登場する人々は、どのように選ばれていたのだろうか。これについては、サンカルブル書店時代（1878-1883）とヴァニエ書店時代（1885-1899）を区別して扱う必要がある。

　サンカルブル書店時代の傾向を特徴づけているのは、まずその共和主義的姿勢である。『今日の人々』が創刊された1878年は、第三共和政下で王党派と共和派の主導権争

いが続いている時期であった。王党派のマクマオン大統領のもとで抑えられてきた共和派は上下両院の選挙、補選で徐々に議席を増やし、1879年1月、ついにマクマオン大統領を辞任させ、グレヴィ新大統領のもとで政権を掌握する。こうした動乱期に創刊された『今日の人々』は、共和派の象徴としてのユゴーやガンベッタをはじめ、第二共和政以来の闘士、また第三共和政の国父ともよべる人々を次々に取り上げる。それに対してマクマオンやティエールは、その政治的な重要さにもかかわらず登場することはない。共和派政権が確立されてからは急進共和派に好意的であり、穏健共和派との対立を背景に、多くの政治家・著述家を扱っている。またパリ市議会選挙の前後には、話題の候補者や当選者を扱った号が多く見られることからも、『今日の人々』がパリに根ざした、首都内部での流通のみを念頭においた出版物であったことがわかる。

またこの時期を特徴づけているのは、その強烈な「反教権主義」anti-cléricalisme である。これは依然として影響力を振るう教会の権威を削ぎ、司祭職や修道者、神学生が保持するさまざまな特権を奪うことを目的としている。60号から107号にかけて、紙上に『反教権週間』*La Semaine anticléricale* という定期刊行物の広告が頻繁に掲載されていることからも、この時期の『今日の人々』が棹差す流れは明らかである。ジルの筆致はそれほどでないにせよ、とりわけ143号以降の表紙を描いたドゥマールのカリカチュアには反教権主義の傾向が強く見て取れる。

これはサンカルブル書店自体の傾向を反映したものでもある。1878年に活動を開始した書店は、1881年までに約30冊の書目を刊行しており、クラデル（2号）、アメル（26号）、プーパン（39号）、シベケール（43号）、マセ（44号）、ペトロ（146号）らがその主な著者である。書店は1881年以降は単行本の刊行をやめ、『今日の人々』のみを発行し続けた。この時期の『今日の人々』とは、共和派の人脈に支えられた書店の、明確な政治的メッセージが反映された刊行物であったと言える。

ヴァニエ書店時代（1885-1899）の傾向

ブーランジェ将軍を扱った229号をもって休眠状態に入った『今日の人々』を、約2年の空白期間の後に引き継いだのがヴァニエ書店である。冊子が扱う人物の選択にも大きな変化が見られる。サンカルブル書店時代に多く扱われた政治家、議員の姿は影をひそめ、新進の文学者や画家が頻繁に登場するようになる。とりわけ1880年代後半からは文学と絵画における新潮流を担った、ヴェルレーヌ、ランボー、マラルメを筆頭とした「象徴派」の面々、またスーラ、シニャック、ピサロ、セザンヌ、ゴーギャン、ルドン、ゴッホら、印象派から後期印象派にかけての重要な画家たちの姿が見られる。またキャバレー「黒猫」（シャ・ノワール）を根城とするモンマルトルの芸術家、シャンソニエも多く登場し、その人選はサンカルブル書店時代に比べてはるかに先鋭的である（一方で音楽家の人選に関しては保守的であり、例えばドビュッシーなどが取り上げられることはない）。

ヴァニエ書店への移行が『今日の人々』にもたらした別の大きな変化は、表紙と人物紹介の担当者の多様化である。コル゠トックとエミール・コール、そしてやや遅れてマヌエル・ルーケを中心としながら、さまざまな画家、イラストレーターが表紙を描いている。そのなかにはリュス（360号、368号）、スーラ（373号）、シニャック（376号）、ピサロ（387号）ら印象派・後期印象派の画家、スタンラン（348号、350号）、ロートレック（407号）ら著名なポスター画家の姿がある。人物紹介も同様に、引き続き使用された「ピエールと

ポール」の署名のほか、個人名による記事が見られるようになる。計26号を担当したヴェルレーヌを筆頭に、ユイスマンス、ラフォルグ、レニエ、アナトール・フランスら、70人を越える多様な書き手が紙面に登場している。

　こうした変化は、『今日の人々』がヴァニエ書店の宣伝紙の色合いを強めたこととも関わっている。取り上げる人物、画家、紹介文の執筆者の全てが書店の近刊書に関連することが多くなったばかりではなく、裏表紙となる第4ページは、しばしばヴァニエ書店の広告が占めるようになった。ときには書籍の割引セールの情報まで掲載されたこの時期の『今日の人々』は、ヴァニエ書店の意向を反映し、結果的に人物紹介を「提灯記事」に近づけたことも否めない。実際に、「ピエールとポール」の仮面の下には、たびたび書店主のレオン・ヴァニエ自身の姿があったらしい。ヴァニエを扱った320号の、ヴェルレーヌによる紹介文には次のような記述がある。「そして『今日の人々』だが、これは彼が数年来指揮をとっており、「ピエールとポール」という名前のもとで、たびたび、大部分を彼の才気と学識に負っている伝記が掲載されている」。この時期の『今日の人々』の様相は、1880年代から90年代にかけて文壇の新たな潮流を生みだした書店の隆盛と表裏一体でとらえられる。

　もっとも、書店主の意向が直接反映されていたのは事実だとしても、「ピエールとポール」はヴァニエひとりのペンネームではなかった。たとえば246号、「ピエールとポール」の署名によるモーパッサンの紹介記事の本当の著者は、驚くべきことにかつて「敵方に寝返った」フェリシアン・シャンソールであったらしい。記事の内容は、1884年に新聞掲載され、1885年の単行本に収められたシャンソールの評論文とほぼ同一である（モーパッサン研究者の足立和彦氏の教示による）。30号をもって『今日の人々』を離れたのち、おそらくヴァニエに発行元が移行してから、シャンソールは今度は匿名に甘んじながらたびたび人物紹介を書いていたのではないかと推測される。シャンソールはその後、324号では実名で紹介記事を書いており、また彼が327号で、『レ・コンタンポラン』のカリカチュア画家であったル・プティが381号で取り上げられていることも、どこかで和解が成立し、人知れず創刊者が帰還していたことの傍証となるだろう。

合本と再版

　『今日の人々』は、先に述べた52号分を「1巻」とした合本も発行されている。その際には、共和国の象徴であるマリアンヌをコンパスで測るジルの自画像が表紙に用いられた。この図柄はサンカルブル書店時代の傾向にふさわしいものだが、ヴァニエもこれを踏襲している（320号のカリカチュア参照）。また、ヴァニエ書店時代の紙上に既刊号の全リストやバックナンバーの紹介もたびたび掲載されていることから、サンカルブル書店時代の在庫をヴァニエ書店が所有していたことは明らかである。発行元がヴァニエ書店に移行した直後の250号にも、最初の「5巻」をまとめて30フランで提供、毎月5フランの分割払いも可能、という広告が見られる。こうしてバックナンバーの販売を続けるうちに品切れとなった号に関しては、発行所の表記を変更した上で再版していたことが調査から判明している。古書店などで、229号以前の『今日の人々』にしばしばヴァニエ書店の表記が見つかることがあるのは、このためである。

　こうした再版についてはこれまで全く知られていなかったわけではない。ヴェルレーヌを扱った244号は、初版では紹介文が「ピエールとポール」と署名されていたが、再版

左から、サンカルブル書店時代に発行された151号(ドゥラットル)、172号(ゴダン)、173号(ラポムレ)の表紙。ヴァニエ書店版とはカリカチュアが異なる。

で「ポール・ヴェルレーヌ」と本名の署名に変更されたことは以前から知られてきた(本文にも多少の異同がある)。しかし、再版の際に、表紙のカリカチュアまで変えられた例があることは、これまでの『今日の人々』を扱った研究ではまったく言及がなく、今回はじめて明らかとなった。サンカルブル書店時代に発行されたドゥラットル(151号)、ゴダン(172号)、ラポムレ(173号)には、別のカリカチュアで発行されたものがみつかっており、これらはむしろ「第2版」と呼ぶべきものだろう。このうちヴァニエ書店時代の画家であるコル=トックとルーケが描いた172号、173号は後年の発行であることは明らかである。ドゥラットルに関しては、2種のいずれも発行所はサンカルブル書店の表記になっているため、変更の経緯は明らかではない。また、48号で紹介されたヴォーシェを再度扱った「特別号」Édition spécialeがサンカルブル書店時代に発行されていたことも判明している。これら計4種に、先ほど述べたヴェルレーヌの再版を加えれば、発行所の表記を変えただけのものを除いて、『今日の人々』の全貌は全469号、474種ということになる。

　313号の記載によれば、『今日の人々』は、いくつかの「良い」書店以外では、キオスク、駅の売店で売られていたらしい。そうした流通形態から考えれば、やはり時事性の高い、言い換えれば今日の命、その日限りの命を生きる刊行物のひとつであったことだろう。降車駅のくずかごに捨てられることもあれば、ベンチに置き去られることもあったに違いない。これがおそらく、『今日の人々』揃いのコレクションが稀である主な理由となっている。それがときに再版され、合本が流通した事実は、かつての「今日」を現前させる手だてとしてのカリカチュアを愛好する人々が19世紀末において存在していた証拠である。

　全469号の『今日の人々』には、21年間におよぶ「今日」が確かに映されている。100年以上の時を隔ててそこに浸り、かつての「今日」を追体験するには、当時の時代状況に関する知識が少なからず必要とされる。しかし、紙面に散りばめられた多くの情報を獲得しながらカリカチュアを「よみとく」その歩みは、好奇心をさらに駆り立て、コレクションを眺める喜びを一層深める過程でもある。本書のページを繰ることで、読者には必ず、19世紀末の空気に徐々に浸っていく喜びが感じられるものと確信している。

参考文献

*『今日の人々』Les Hommes d'aujourd'hui に関する先行研究には以下のものがある。
・Jean-Michel Place et André Vasseur, *Bibliographie des revues et journaux littéraires des XIXe et XXe siècles*, 3 vol., Éditions Jean-Michel Place, 1973-1977, t. 2, pp. 89-135
・鹿島茂『60戯画』中公文庫、2005年
・倉方健作「『今日の人びと』(1878-1899) ヴェルレーヌによる評伝とマラルメ像を中心に」『仏語仏文学研究』(東京大学仏語仏文学研究会)、第44号、2011年12月、pp. 89-110

*以下は参照した多くの文献の抜粋である。個々の人物に関する伝記は割愛した。

総合人物事典
・Gustave Vapereau, *Dictionnaire universel des contemporains*, 2 vol., Hachette, 1858; 1861; 1865; 1870; 1880; 1893 et supplément à la 6e éd. en 1895
・Adolphe Bitard, *Dictionnaire général de biographie française et étrangère*, Maurice Dreyfous, 1878.
・C.-E. Curinier (dir.), *Dictionnaire national des contemporains*, 6 vol, Office général d'édition, 1899-1919
・Jules Balteau et al. (dir.), *Dictionnaire de biographie française*, 20 tomes parus, Letouzey et Ané, 1933- (最も浩瀚な人物事典だが、分冊刊行で2013年現在Lの途中までしか刊行されていない)

政治史
・Adolphe Robert, Edgar Bourloton et Gaston Cougny (dir.), *Dictionnaire des parlementaires français*, 5 vol., Bourloton, 1889-1891
・Jean Jolly (dir.), *Dictionnaire des parlementaires français*, 6 vol., Presses universitaires de France, 1960-1977
・Pierre Casselle, *Paris républicain 1871-1914*, Association pour la publication d'une histoire de Paris, 2003
・Jean-Marie Mayeur et Alain Corbin (dir.), *Les Immortels du Sénat 1875-1918*, Publication de la Sorbonne, 1995
・Nobuhito Nagaï, *Les Conseillers municipaux de Paris sous la Troisième République 1871-1914*, Publication de la Sorbonne, 2002
・Arlette Schweitz (dir.), *Les Parlementaires de la Seine sous la Troisième République*, 2 vol., Publication de la Sorbonne, 2001
・Vincent Wright, *Les Préfets de Gambetta*, Presse de l'Université Paris-Sorbonne, 2007
・*Chronique de la France et des Français*, Larousse, 1987
・中木康夫『フランス政治史』全3巻、未来社、1975-6年
・柴田三千雄・樺山紘一・福井憲彦編『世界歴史大系 フランス史』全3巻、山川出版社、1995-6年

文学、美術、音楽
・Emmanuel Bénézit, *Dictionnaire des peintres, sculpteurs, dessinateurs et graveurs de tous les temps et tous les pays par un groupe d'écrivains spécialistes français et étrangers*, 4e éd., 14 vol., Gründ, 1999
・Colette Becker, Gina Gourdin-Servenière et Véronique Lavielle, *Dictionnaire d'Émile Zola*, Robert Laffont, « Bouquins », 1993
・René-Pierre Colin, *Dictionnaire du naturalisme*, Du Lérot, 2012
・Mariel Oberthur, *Le Cabaret du Chat Noir à Montmartre (1881-1897)*, Slatkine, 2007
・Joël-Marie Fauquet (dir.), *Dictionnaire de la musique en France au XIXe siècle*, Fayard, 2003
・日本フランス語フランス文学会編『フランス文学辞典』白水社、1974年
・バーナード・デンバー著、池上忠治監訳『印象派全史 1863-今日まで』日本経済新聞社、1994年

関連年表（1870-1900）

1870	7月19日　フランス、プロイセンに宣戦布告（普仏戦争開戦）。 9月2日　ナポレオン3世、スダンで降伏。第二帝政崩壊。 9月4日　パリ民衆蜂起、共和政を宣言。トロシュ将軍を首班とする国防政府発足（内相ガンベッタ、外相ファーヴル、法相クレミュー、文相シモンら）。 9月18日　プロイセン軍によるパリ包囲開始。 10月7日　ガンベッタら、パリから気球で脱出。
1871	1月5日　プロイセン軍、パリ砲撃開始 1月18日　ヴィルヘルム1世、ヴェルサイユで即位（ドイツ帝国発足）。 1月26日　国防政府、ビスマルクと休戦条約。 2月8日　国民議会選挙。無条件和平を主張する王党派が675議席のうち400議席を獲得する。 2月17日　ボルドーで開かれた国民議会でティエールが行政長官に選出される。 2月19日　第一次デュフォール内閣発足。 2月26日　ヴェルサイユ仮講和条約（アルザス・ロレーヌの割譲と50億フランの賠償）。 3月18日　パリ・コミューン勃発。28日、パリ・コミューン発足宣言。 5月10日　フランクフルト条約（普仏戦争終結）。 5月21日　フランス政府軍によるコミューン掃討（「血の一週間」）。28日、パリ・コミューン崩壊。 6月3日　アルザス・ロレーヌ割譲。 7月2日　国民議会の補選で共和派が圧勝。 7月23日、30日　パリ市議会議員選挙。 7月　第二次『現代高踏詩集』合本刊行。 8月31日　大統領制を議決。初代大統領にティエール就任。
1872	3月14日　インターナショナルの参加者への罰金と市民権の停止を定める法の成立。 6月19日　教育連盟が議会に非宗教的教育を求める120万人の署名を提出。 7月28日　徴兵制実施。
1873	1月9日　ナポレオン3世、亡命先のイギリスで死去。 3月13日　大統領の議会に対する権力が制限される。 5月18日　内閣改造（第二次デュフォール内閣）。 5月24日　王党派が多数を占める議会で不信任案が可決されティエール大統領辞任。王党派のマクマオン元帥が大統領就任。デュフォール首相辞任。 5月25日　正当王朝派のブロイ公が首相となる（第一次ブロイ内閣）。 9月18日　ドイツ軍、フランスからの撤退を完了。 11月10日　シャンボール伯の受け入れを拒否（王政復古の頓挫）。

	11月20日　大統領の任期を7年に延長。 11月24日　ブロイ首相辞任、2日後に再び首相に指名(第二次ブロイ内閣)。
1874	1月1日　アルザス・ロレーヌ両県がドイツに公式に割譲される。 1月20日　市長を選出する権利が各県知事に与えられる。 3月15日　安南と条約を締結しコーチシナと航行の自由を獲得。 3月16日　ロシュフォールほか5名、流刑地を脱出。 4月15日　第1回印象派展開催(5月15日まで)。 5月16日　反対勢力の団結によってブロイ内閣崩壊、辞任。 5月22日　マクマオン大統領、シセ将軍を首相に指名(シセ内閣)。 11月29日、12月6日　パリ市議会議員選挙。
1875	1月15日　オペラ座(ガルニエ宮)落成。 1月30日　共和政を制度化する「ヴァロン修正案」が1票差で可決。 2月24日　元老院(上院)の設置が国民議会で可決される。 2月25日　シセ首相辞任。3月10日にビュフェ内閣発足。 7月16日　公権力の相互関係に関する法。三権分立。 11月20日　21歳以上の全ての男性に選挙権を与える法律が発足。 12月27日　終身上院議員75名が下院から選出される。
1876	1月30日　最初の上院議員選挙(225議席)。王党派と共和派が拮抗する。 2月20日、3月5日　下院議員選挙。共和派が圧勝。 2月23日　ビュフェ首相辞任。第三次デュフォール内閣発足。 3月9日　第四次デュフォール内閣。 3月　第三次『現代高踏詩集』刊行。 4月11日　第2回印象派展開催(5月9日まで)。 10月2日　パリで第1回全国労働者大会。 12月3日　デュフォール首相辞任。12日、シモン内閣発足。
1877	1月　ゾラ『居酒屋』刊行 4月4日　第3回印象派展開催(4月30日まで)。 5月16日　マクマオンの圧力によりシモン首相辞任。翌日第三次ブロイ内閣発足。6月22日に下院解散を強行(「5月16日のクーデター」)。 10月14日、28日　下院議員選挙。共和派が勝利。 11月19日　ブロイ首相辞任。23日、ロシュブエ内閣発足。 12月13日　第五次デュフォール内閣。
1878	1月6日、13日　パリ市議会議員選挙。 5月1日　パリ万国博覧会開催(10月31日まで) 7月13日　フランスが国際外交の場に復帰する。 7月7日、14日　下院補選(20議席)で共和派が大勝。
1879	1月5日　上院3分の1改選。共和派が82議席中66議席を獲得。 1月30日　マクマオン大統領、デュフォール首相辞任。グレヴィが大統領就任(共和派政権の確立)。 2月4日　ヴァダントン内閣発足。

	4月10日　第4回印象派展開催(5月11日まで)。 5月29日　レセップス、パナマ運河を計画。 6月1日　ナポレオン3世の息子、アフリカで死亡。 6月21日　上下両院、ヴェルサイユからパリへの帰還を決定。 12月21日　ヴァダントン首相辞任。28日、第一次フレシネ内閣発足。
1880	4月1日　第5回印象派展開催(4月30日まで)。 4月　自然主義作家の合同作品集『メダンの夕べ』刊行。 7月10日　下院でコミューン参加者の大赦を決定。 7月14日　7月14日が祝日となる。 9月19日　フレシネ首相辞任。23日、第一次フェリー内閣発足。
1881	1月9日、16日　パリ市議会議員選挙。 4月2日　第6回印象派展開催(5月1日まで)。 6月16日　下院で初等教育の無償化を決定。 6月30日　集会の自由に関する法成立。 8月10日　パリ国際電気博覧会開催(11月20日まで)。 8月21日、9月4日　下院議員選挙。共和派が457議席を獲得し圧勝。 11月　キャバレー「黒猫（シャ・ノワール）」がロシュシュアール大通りに開店。 11月10日　フェリー首相辞任。14日、ガンベッタ内閣発足。
1882	1月8日　上院3分の1改選。 1月20日　ユニオン・ジェネラル銀行の破綻による恐慌。 1月26日　ガンベッタ首相辞任。30日、第二次フレシネ内閣発足。 3月1日　第7回印象派展開催。 3月3日　市長選出の権利が市議会に与えられる(パリを除く)。 3月29日　初等教育の義務化、非宗教性を定める法律(フェリー法)成立。 5月12日　デルレードら「愛国者同盟」設立。 7月29日　フレシネ首相辞任。8月7日、デュクレール内閣発足。 12月31日　ガンベッタ死去。
1883	1月28日　デュクレール首相辞任。翌日ファリエール内閣発足。 2月17日　ファリエール首相辞任。21日、第二次フェリー内閣発足。 5月　マダガスカル侵略開始。 8月25日　安南を保護国化。
1884	3月21日　労働組合の結社の自由を認める法(ヴァルデック＝ルソー法)成立。 5月4日、11日　パリ市議会議員選挙。 7月4日　自由の女神がアメリカに贈られる。 7月27日　離婚を認める法(ナケ法)成立。
1885	1月25日　上院3分の1改選。共和派が87議席中67議席獲得。 3月30日　トンキン事件の余波によりフェリー首相が辞任を余儀なくされる。 4月6日　第一次ブリソン内閣発足。 5月22日　ユゴー死去(6月1日国葬)。 6月11日　キャバレー「黒猫（シャ・ノワール）」、ラヴァル通りに移転。

	7月16日　パストゥール、世界初の狂犬病ワクチン接種。 10月4日、18日　下院議員選挙。 12月28日　グレヴィが大統領選挙でブリソン、フレシネに圧勝し再任される。翌日ブリソン首相辞任。
1886	1月7日　第三次フレシネ内閣発足。ブーランジェが陸軍相として入閣。 5月15日　第8回印象派展開催(6月15日まで)。 12月3日　フレシネ首相辞任。11日、ゴブレ内閣発足。ブーランジェ留任。
1887	5月8日、15日　パリ市議会議員選挙。 5月17日　ゴブレ首相辞任。30日、第一次ルーヴィエ内閣発足。 12月2日　娘婿による「ウィルソン勲章事件」の余波でグレヴィ大統領辞任。翌日、カルノーがソーシエ将軍を破り新大統領に就任。 12月4日　ルーヴィエ首相辞任。11日、第一次ティラール内閣発足。
1888	1月5日　上院3分の1改選。共和派が82議席中60議席獲得。 3月30日　ティラール首相辞任。4月3日、フロケ内閣発足。 8月19日　下院補選でブーランジェが3県で当選。
1889	1月17日　下院のセーヌ県補選でブーランジェが勝利。周囲はクーデターを望んだが将軍の拒否により実現せず。 2月14日　フロケ首相辞任。22日、第二次ティラール内閣発足。 4月1日　ブーランジェ、ベルギーに逃亡。 5月6日　パリ万国博覧会開催(10月31日まで)。 5月15日　エッフェル塔の一般公開開始。 7月15日　兵役を3年に短縮する法が成立。新たに神学生にも兵役が課される。 7月21日　パリの国際社会主義者会議で第二インターナショナル成立(1914年まで)。 9月22日、10月6日　下院議員選挙。共和派が右派を抑えて勝利。
1890	3月13日　ティラール首相辞任。17日、第四次フレシネ内閣発足。 4月27日、5月4日　パリ市議会議員選挙。
1891	1月4日　上院3分の1改選。 5月1日　ノール県フルミでの炭鉱ストライキに憲兵隊が発砲、9人が死亡。 9月30日　ブーランジェ、ブリュッセルで自殺。
1892	2月18日　フレシネ首相辞任。27日、ルーベ内閣発足。 11月8日　パナマ運河を巡る収賄が新聞で報道される(「パナマ疑獄」)。 12月28日　ルーベ首相辞任。12月6日、第一次リボ内閣発足。
1893	1月11日　内閣改造(第二次リボ内閣)。 3月30日　リボ首相辞任。4月4日、第一次デュピュイ内閣発足。 4月16日、23日　パリ市議会議員選挙。 8月20日、9月3日　下院議員選挙。急進左派が躍進しジョレスら社会主義者も当選。 11月23日　デュピュイ首相辞任。12月3日、カジミール＝ペリエ内閣発足。

	12月9日　無政府主義者ヴァイヤンによる議会での爆弾テロ。
1894	1月7日　上院3分の1改選。 5月22日　カジミール＝ペリエ首相辞任。30日、第二次デュピュイ内閣発足。 6月24日　カルノー大統領、リヨンでアナーキストに暗殺される。 6月27日　大統領選挙にカジミール＝ペリエ首相が出馬、ブリソンを破って当選。 7月1日　内閣改造（第三次デュピュイ内閣）。 12月22日　ドレフュス大尉にドイツへのスパイ容疑で終身刑の判決が下る。
1895	1月15日　デュピュイ首相辞任。 1月16日　カジミール＝ペリエ大統領辞任。翌日の選挙でフォールがブリソン、 　　　　ヴァルデック＝ルソーを破って新大統領となる。 1月26日　第三次リボ内閣発足。 9月28日　パストゥール死去（10月5日国葬）。 10月28日　リボ首相辞任。11月1日、ブルジョワ内閣発足。 12月29日　リュミエール兄弟、世界初となる映画の上映。
1896	4月23日　ブルジョワ首相辞任。28日、メリーヌ内閣発足。 5月3日、10日　パリ市議会議員選挙。 8月6日　議会でマダガスカル併合を決定。
1897	1月3日　上院3分の1改選。穏健共和派が97議席中66議席獲得。 5月4日　パリで慈善バザーの火災。上流階級の名士ら100人以上が焼死。 12月27日　ロスタン『シラノ・ド・ベルジュラック』初演。
1898	1月13日　ゾラ「われ弾劾す」を『曙光（オロール）』紙に発表（23日に有罪判決）。 5月8日、22日　下院議員選挙。 6月28日　メリーヌ首相辞任。同日、第二次ブリソン内閣発足。 10月26日　ブリソン首相辞任。11月1日、第四次デュピュイ内閣発足。 12月26日　キュリー夫妻、新元素ラジウムの発見を論文で報告。
1899	2月16日　フォール大統領、愛人との密会中に官邸で急逝。 2月18日　大統領選挙。ルーベがメリーヌを破って当選。同日、内閣改造（第五次デュピュイ内閣）。 2月23日　デルレードらによるクーデター未遂。 5月6日、13日　パリ市議会議員選挙。 6月12日　デュピュイ首相辞任。22日、ヴァルデック＝ルソー内閣発足。社会主義者ミルランの入閣により物議をかもす。 6月20日　アクシオン・フランセーズ結成。 8月7日　レンヌでドレフュスの再審（9月9日まで）、有罪判決が下る。 9月19日　ルーベ大統領の命によりドレフュス特赦。
1900	1月28日　上院3分の1改選。 3月30日　1日の労働時間の上限を11時間とする法（ミルラン法）採択。 4月14日　パリ万国博覧会開催（11月12日まで）。 5月14日　パリで第2回近代オリンピック開催（10月28日まで） 7月19日　ヴァンセンヌとヌイイを結ぶ地下鉄開通。

Les Hommes d'aujourd'hui 書誌一覧

号数	本書人名表記	原本人名表記	推定発行年	日付	テキスト	イラスト
1	VICTOR HUGO	VICTOR HUGO	1878		Félicien Champsaur	André Gill
2	LÉON CLADEL	LÉON CLADEL	1878		Félicien Champsaur	André Gill
3	CONSTANT COQUELIN	CONSTANT COQUELIN	1878		Félicien Champsaur	André Gill
4	ÉMILE ZOLA	ÉMILE ZOLA	1878		Félicien Champsaur	André Gill
5	LÉON GAMBETTA	LÉON GAMBETTA	1878		Félicien Champsaur	André Gill
6	AURÉLIEN SCHOLL	AURÉLIEN SCHOLL	1878	10-18	Félicien Champsaur	André Gill
7	SARAH BERNHARDT	SARAH BERNHARDT	1878	10-25	Félicien Champsaur	André Gill
8	NADAR	NADAR	1878	11-1	Félicien Champsaur	André Gill
9	AUGUSTE VACQUERIE	AUGUSTE VACQUERIE	1878	11-8	Félicien Champsaur	André Gill
10	ANDRÉ GILL	ANDRÉ GILL	1878	11-15	Félicien Champsaur	Alfred Grévin
11	ÉMILE DE GIRARDIN	ÉMILE DE GIRARDIN	1878	11-22	Félicien Champsaur	André Gill
12	VICTOR CAPOUL	VICTOR CAPOUL	1878	11-29	Félicien Champsaur	André Gill
13	LOUIS BLANC	LOUIS BLANC	1878	12-6	Félicien Champsaur	André Gill
14	PAUL DE CASSAGNAC	PAUL DE CASSAGNAC	1878	12-13	Félicien Champsaur	André Gill
15	EDMOND ABOUT	EDMOND ABOUT	1878	12-20	Félicien Champsaur	André Gill
16	SOPHIE CROIZETTE	SOPHIE CROIZETTE	1878	12-27	Félicien Champsaur	André Gill
17	ALFRED GRÉVIN	GRÉVIN	1879	1-4	Félicien Champsaur	André Gill
18	ÉMILE LITTRÉ	ÉMILE LITTRÉ	1879	1-11	Félicien Champsaur	André Gill
19	FRANCISQUE SARCEY	FRANCISQUE SARCEY	1879	1-18	Félicien Champsaur	André Gill
20	AGÉNOR BARDOUX	M. BARDOUX	1879	1-25	Félicien Champsaur	André Gill
21	OLIVIER MÉTRA	OLIVIER MÉTRA	1879	2-1	Félicien Champsaur	André Gill
22	PAUL CHALLEMEL-LACOUR	CHALLEMEL-LACOUR	1879	2-8	Félicien Champsaur	André Gill
23	ALPHONSE DAUDET	ALPHONSE DAUDET	1879	2-15	Félicien Champsaur	André Gill
24	GIUSEPPE GARIBALDI	GIUSEPPE GARIBALDI	1879	2-22	Félicien Champsaur	André Gill
25	JULES GRÉVY	JULES GRÉVY	1879		Félicien Champsaur	André Gill
26	ERNEST HAMEL	ERNEST HAMEL	1879		Félicien Champsaur	André Gill
27	CHARLES FLOQUET	CHARLES FLOQUET	1879		Félicien Champsaur	André Gill
28	SAINT-GENEST	SAINT-GENEST	1879		Félicien Champsaur	André Gill
29	ÉDOUARD LOCKROY	M. ÉDOUARD LOCKROY	1879		Félicien Champsaur	André Gill
30	GEORGES CLEMENCEAU	M. G. CLÉMENCEAU	1879		Félicien Champsaur	André Gill
31	HECTOR PESSARD	HECTOR PESSARD	1879		Pierre et Paul	André Gill
32	CHARLES MONSELET	CH. MONSELET	1879		Pierre et Paul	André Gill
33	CHARLES PAJOT	LE DOCTEUR PAJOT	1879		Pierre et Paul	André Gill
34	ARTHUR RANC	ARTHUR RANC	1879		Pierre et Paul	André Gill
35	JULES CLARETIE	JULES CLARETIE	1879		Pierre et Paul	André Gill
36	JULES FERRY	JULES FERRY	1879		Pierre et Paul	André Gill
37	ERCKMANN-CHATRIAN	ERCKMANN-CHATRIAN	1879		Pierre et Paul	André Gill
38	EUGÈNE SPULLER	SPULLER	1879		Pierre et Paul	André Gill
39	VICTOR POUPIN	VICTOR POUPIN	1879		Pierre et Paul	André Gill
40	EMMANUEL FÉLIX DE WIMPFFEN	LE GÉNÉRAL DE WIMPFFEN	1879		Pierre et Paul	André Gill
41	FERDINAND DE LESSEPS	FERDINAND DE LESSEPS	1879		Pierre et Paul	André Gill
42	ANATOLE DE LA FORGE	ANATOLE DE LA FORGE	1879		Pierre et Paul	André Gill
43	ÉDOUARD SIEBECKER	ÉDOUARD SIEBECKER	1879		Pierre et Paul	André Gill
44	JEAN MACÉ	JEAN MACÉ	1879		Pierre et Paul	André Gill
45	AUGUSTE VAUCORBEIL	VAUCORBEIL	1879		Pierre et Paul	André Gill
46	YVES GUYOT	UN VIEUX PETIT EMPLOYÉ (YVES GUYOT)	1879		Pierre et Paul	André Gill
47	ÉTIENNE CARJAT	ÉTIENNE CARJAT	1879		Pierre et Paul	André Gill
48	EMMANUEL VAUCHEZ	EMMANUEL VAUCHEZ	1879		Pierre et Paul	André Gill
	EMMANUEL VAUCHEZ	EMMANUEL VAUCHEZ	特別号		Pierre et Paul	André Gill
49	VICTOR SCHŒLCHER	VICTOR SCHŒLCHER	1879		Pierre et Paul	André Gill

号数	本書人名表記	原本人名表記	推定発行年 日付	テキスト	イラスト
50	JULES-ANTOINE CASTAGNARY	CASTAGNARY	1879	Pierre et Paul	André Gill
51	ALEXIS BOUVIER	ALEXIS BOUVIER	1879	Pierre et Paul	André Gill
52	LÉON BIENVENU [TOUCHATOUT]	TOUCHATOUT (LÉON BIENVENU)	1879	Pierre et Paul	André Gill
53	ALFRED NAQUET	ALFRED NAQUET	1879	Pierre et Paul	André Gill
54	LOUIS CANTIN	CANTIN	1879	Pierre et Paul	André Gill
55	PAUL ARÈNE	PAUL ARÈNE	1879	Pierre et Paul	André Gill
56	FÉLIX JOBBÉ-DUVAL	JOBBÉ-DUVAL	1879	Pierre et Paul	André Gill
57	CHARLES LECOCQ	CHARLES LECOCQ	1879	Pierre et Paul	André Gill
58	FERDINAND HÉROLD	HÉROLD	1879	Pierre et Paul	André Gill
59	PIERRE VÉRON	PIERRE VÉRON	1879	Pierre et Paul	André Gill
60	THÉODORE AUBANEL	THÉODORE AUBANEL	1879	Pierre et Paul	André Gill
61	MARIO PROTH	MARIO PROTH	1879	Pierre et Paul	André Gill
62	ALPHONSE HUMBERT	ALPHONSE HUMBERT	1879	Pierre et Paul	André Gill
63	THÉODORE DE BANVILLE	THÉODORE DE BANVILLE	1879	Pierre et Paul	André Gill
64	OLIVIER PAIN	OLIVIER PAIN	1879-1880	Pierre et Paul	André Gill
65	FRANÇOIS ALLAIN-TARGÉ	ALLAIN-TARGÉ	1880	Pierre et Paul	André Gill
66	TONY RÉVILLON	TONY RÉVILLON	1880	Pierre et Paul	André Gill
67	DUMAINE	DUMAINE	1880	Pierre et Paul	André Gill
68	HENRI ROCHEFORT	*** Rédacteur au Rappel	1880	Pierre et Paul	André Gill
69	CHARLES-ANGE LAISANT	LAISANT	1880	Pierre et Paul	André Gill
70	EUGÈNE FARCY	FARCY	1880	Pierre et Paul	André Gill
71	LÉO TAXIL	LÉO TAXIL	1880	Pierre et Paul	André Gill
72	ACHILLE DE SECONDIGNÉ	SECONDIGNÉ	1880	Pierre et Paul	André Gill
73	WLADIMIR GAGNEUR	GAGNEUR	1880	Pierre et Paul	André Gill
74	ARSÈNE HOUSSAYE	ARSÈNE HOUSSAYE	1880	Pierre et Paul	André Gill
75	LÉON LAURENT-PICHAT	LAURENT-PICHAT	1880	Pierre et Paul	André Gill
76	ANDRÉ-SATURNIN MORIN	A. S. MORIN	1880	Pierre et Paul	André Gill
77	HECTOR FRANCE	XXX (HECTOR FRANCE)	1880	Pierre et Paul	André Gill
78	BENJAMIN RASPAIL	BENJAMIN RASPAIL	1880	Pierre et Paul	André Gill
79	CHARLES CASTELLANI	CASTELLANI	1880	Pierre et Paul	André Gill
80	EDMOND TURQUET	EDMOND TURQUET	1880	Pierre et Paul	André Gill
81	GUSTAVE RIVET	GUSTAVE RIVET	1880	Pierre et Paul	André Gill
82	FRANCIS PITTIÉ	FRANCIS PITTIÉ	1880	Pierre et Paul	André Gill
83	DÉSIRÉ BARODET	DÉSIRÉ BARODET	1880	Pierre et Paul	André Gill
84	CLAUDE-ANTHIME CORBON	CLAUDE-ANTHIME CORBON	1880	Pierre et Paul	André Gill
85	MARTIN NADAUD	MARTIN NADAUD	1880	Pierre et Paul	André Gill
86	ELPHÈGE BOURSIN	Le Père Gérard (E. BOURSIN)	1880	Pierre et Paul	André Gill
87	JEAN-JOSEPH FARRE	GÉNÉRAL FARRE	1880	Pierre et Paul	André Gill
88	CHARLES LAUTH	CHARLES LAUTH	1880	Pierre et Paul	André Gill
89	ÉMILE DESCHANEL	ÉMILE DESCHANEL	1880	Pierre et Paul	André Gill
90	NARCISSE BLANPAIN	N. BLANPAIN	1880	Pierre et Paul	André Gill
91	LOUIS GREPPO	GREPPO	1880	Pierre et Paul	André Gill
92	HENRI ESCOFFIER	Thomas GRIMM (H. ESCOFFIER)	1880	Pierre et Paul	André Gill
93	PAUL NICOLE	PAUL NICOLE	1880	Pierre et Paul	André Gill
94	HENRI BRISSON	HENRI BRISSON	1880	Pierre et Paul	André Gill
95	JULES ROCHE	JULES ROCHE	1880	Pierre et Paul	André Gill
96	NOËL PARFAIT	NOEL PARFAIT	1880	Pierre et Paul	André Gill
97	ARTHUR ARNOULD	ARTHUR ARNOULD	1880	Pierre et Paul	André Gill
98	CHARLES FRÉBAULT	FRÉBAULT	1880	Pierre et Paul	André Gill
99	LÉON RICHER	LÉON RICHER	1880	Pierre et Paul	André Gill
100	FRANÇOIS CANTAGREL	CANTAGREL	1880	Pierre et Paul	André Gill
101	ADOLPHE COCHERY	COCHERY	1880	Pierre et Paul	André Gill
102	ALFRED LECONTE	LECONTE (DE L'INDRE)	1880	Pierre et Paul	André Gill
103	MARIA DERAISMES	MARIA DERAISMES	1880	Pierre et Paul	André Gill
104	VICTOR MEUNIER	VICTOR MEUNIER	1880	Pierre et Paul	André Gill

号数	本書人名表記	原本人名表記	推定発行年 日付	テキスト	イラスト
105	ERNEST D'HERVILLY	ERNEST D'HERVILLY	1880	Pierre et Paul	André Gill
106	HENRI TOLAIN	TOLAIN	1880	Pierre et Paul	André Gill
107	EDMOND LEPELLETIER	EDMOND LEPELLETIER	1880	Pierre et Paul	André Gill
108	CAMILLE PELLETAN	CAMILLE PELLETAN	1880	Pierre et Paul	André Gill
109	CAMILLE FLAMMARION	CAMILLE FLAMMARION	1880	Pierre et Paul	André Gill
110	ALPHONSE PEYRAT	PEYRAT	1880	Pierre et Paul	André Gill
111	EMMANUEL GONZALÈS	EMMANUEL GONZALÈS	1880	Pierre et Paul	André Gill
112	CHARLES HÉRISSON	CHARLES HÉRISSON	1880	Pierre et Paul	André Gill
113	SEVERIANO DE HEREDIA	S. DE HERÉDIA	1880	Pierre et Paul	André Gill
114	ÉDOUARD CADOL	ÉDOUARD CADOL	1880	Pierre et Paul	André Gill
115	DENIS POULOT	DENIS POULOT	1880	Pierre et Paul	André Gill
116	HECTOR MALOT	HECTOR MALOT	1880	Pierre et Paul	André Gill
117	PAUL SAUNIÈRE	PAUL SAUNIÈRE	1880	Pierre et Paul	André Gill
118	JULIETTE ADAM	JULIETTE LAMBER	1880	Pierre et Paul	André Gill
119	JULES VALLÈS	JULES VALLÈS	1880-1881	Pierre et Paul	André Gill
120	THÉODORE JUNG	LE COLONEL JUNG	1880-1881	Pierre et Paul	André Gill
121	EUGÈNE BONNEMÈRE	EUGÈNE BONNEMÈRE	1880-1881	Pierre et Paul	André Gill
122	CHARLES BOYSSET	CHARLES BOYSSET	1880-1881	Pierre et Paul	André Gill
123	JULES VERNE	JULES VERNE	1880-1881	Pierre et Paul	André Gill
124	PIERRE-JULES HETZEL	P.-J. STAHL (HETZEL)	1880-1881	Pierre et Paul	André Gill
125	LOUIS ULBACH	LOUIS ULBACH	1881	Pierre et Paul	André Gill
126	ÉDOUARD DE POMPÉRY	DE POMPERY	1881	Pierre et Paul	André Gill
127	CHARLES LEPÈRE	LEPÈRE	1881	Pierre et Paul	André Gill
128	ABEL HOVELACQUE	HOVELACQUE	1881	Pierre et Paul	André Gill
129	JULES CAZOT	CAZOT	1881	Pierre et Paul	André Gill
130	SIGISMOND LACROIX	SIGISMOND LACROIX	1881	Pierre et Paul	André Gill
131	CAMILLE MARGAINE	MARGAINE	1881	Pierre et Paul	André Gill
132	ALFRED TALANDIER	TALANDIER	1881	Pierre et Paul	André Gill
133	GERMAIN CASSE	GERMAIN CASSE	1881	Pierre et Paul	André Gill
134	HECTOR DEPASSE	H. DEPASSE	1881	Pierre et Paul	André Gill
135	JEAN-MARIE DE LANESSAN	J.-L. DE LANESSAN	1881	Pierre et Paul	André Gill
136	THÉOXÈNE ROQUE DE FILLOL	ROQUE (DE FILLOL)	1881	Pierre et Paul	André Gill
137	MAURICE ENGELHARD	MAURICE ENGELHARD	1881	Pierre et Paul	André Gill
138	GUILLAUME MAILLARD	GUILLAUME MAILLARD	1881	Pierre et Paul	André Gill
139	PIERRE MARMOTTAN	MARMOTTAN	1881	Pierre et Paul	André Gill
140	JULES VIETTE	VIETTE	1881	Pierre et Paul	André Gill
141	CHARLES BEAUQUIER	BEAUQUIER	1881	Pierre et Paul	André Gill
142	GUSTAVE HUBBARD	GUSTAVE HUBBARD	1881	Pierre et Paul	André Gill
143	VICTOR GUICHARD	GUICHARD	1881	Pierre et Paul	Demare
144	HENRI THULIÉ	THULIÉ	1881	Pierre et Paul	Henri Demare
145	HENRI DE LACRETELLE	HENRI DE LACRETELLE	1881	Pierre et Paul	Henri Demare
146	ALBERT PÉTROT	ALBERT PÉTROT	1881	Pierre et Paul	Henri Demare
147	ERNEST CAMESCASSE	E. CAMESCASSE	1881	Pierre et Paul	Henri Demare
148	EDGAR MONTEIL	EDGAR MONTEIL	1881	Pierre et Paul	Henri Demare
149	JUSTIN LABUZE	JUSTIN LABUZE	1881	Pierre et Paul	Henri Demare
150	LUCIEN DELABROUSSE	DELABROUSSE	1881	Pierre et Paul	Henri Demare
151a	EUGÈNE DELATTRE	EUGÈNE DELATTRE	1881	Pierre et Paul	Henri Demare
b	EUGÈNE DELATTRE	EUGÈNE DELATTRE	第 2 版	Pierre et Paul	不詳
152	HENRI RABAGNY	HENRI RABAGNY	1881	Pierre et Paul	Henri Demare
153	FRANCIS CHARMES	FRANCIS CHARMES	1881	Pierre et Paul	Henri Demare
154	JEAN LAFONT	LAFONT	1881	Pierre et Paul	Henri Demare
155	HENRY MARET	HENRY MARET	1881	Pierre et Paul	Henri Demare
156	EDMOND THIAUDIÈRE	EDMOND THIAUDIÈRE	1881	Pierre et Paul	Henri Demare
157	DÉSIRÉ-MAGLOIRE BOURNEVILLE	DR BOURNEVILLE	1881	Pierre et Paul	Henri Demare
158	ÉDOUARD MILLAUD	ÉDOUARD MILLAUD	1881	Pierre et Paul	Henri Demare

号数	本書人名表記	原本人名表記	推定発行年	日付	テキスト	イラスト
159	ERNEST LEFÈVRE	ERNEST LEFÈVRE	1881		Pierre et Paul	Henri Demare
160	JEHAN DE BOUTEILLER	DE BOUTEILLER	1881		Pierre et Paul	Henri Demaree
161	DIONYS ORDINAIRE	DYONIS ORDINAIRE	1881		Pierre et Paul	Henri Demare
162	CHARLES BRADLAUGH	BRADLAUGH	1881		A. S. M.	Henri Demare
163	ARTHUR CHALAMET	ARTHUR CHALAMET	1881			Henri Demare
164	GUSTAVE ISAMBERT	GUSTAVE ISAMBERT	1881		Pierre et Paul	Henri Demare
165	CAMILLE RASPAIL	CAMILLE RASPAIL	1881		Pierre et Paul	Henri Demare
166	CLOVIS HUGUES	CLOVIS HUGUES	1881		Pierre et Paul	Henri Demare
167	HENRY MARSOULAN	HENRY MARSOULAN	1881		Pierre et Paul	Henri Demare
168	LÉON DELHOMME	LÉON DELHOMME	1881		Pierre et Paul	Henri Demare
169	LÉON MARGUE	LÉON MARGUE	1881		Pierre et Paul	Henri Demare
170	CLÉMENCE ROYER	CLÉMENCE ROYER	1881-1882		Pierre et Paul	Henri Demare
171	PIERRE WALDECK-ROUSSEAU	WALDECK-ROUSSEAU	1881-1882			Henri Demare
172a	JEAN-BAPTISTE-ANDRÉ GODIN	J.-B.-ANDRÉ GODIN	1881-1882		Pierre et Paul	Henri Demare
b	JEAN-BAPTISTE-ANDRÉ GODIN	J.-B.-ANDRÉ GODIN	第 2 版		Pierre et Paul	Coll-Toc
173a	HENRI DE LAPOMMERAYE	H. DE LA POMMERAYE	1881-1882		Pierre et Paul	Henri Demare
b	HENRI DE LAPOMMERAYE	H. DE LAPOMMERAYE	第 2 版		Pierre et Paul	Manuel Luque
174	HENRI MARTIN	HENRI MARTIN	1882		Pierre et Paul	Henri Demare
175	AUGUSTE CADET	CADET	1882		Pierre et Paul	Henri Demare
176	ARTHUR LABORDÈRE	LABORDÈRE	1882		Pierre et Paul	Henri Demare
177	EUGÈNE DE MÉNORVAL	E. DE MÉNORVAL	1882		Pierre et Paul	Henri Demare
178	PAUL MEURICE	PAUL MEURICE	1882		Pierre et Paul	Henri Demare
179	FERDINAND LELIÈVRE	FERDINAND LE LIÈVRE	1882		Pierre et Paul	Henri Demare
180	AMAURY DRÉO	A. DRÉO	1882		Pierre et Paul	Henri Demare
181	FRANÇOIS-XAVIER CATTIAUX	CATTIAUX	1882		Pierre et Paul	Henri Demare
182	LOUIS AMAGAT	LOUIS AMAGAT	1882		Pierre et Paul	Henri Demare
183	MATHURIN MOREAU	MATHURIN MOREAU	1882		Pierre et Paul	Henri Demare
184	JEAN-PLACIDE TURIGNY	DOCTEUR TURIGNY	1882		Pierre et Paul	Henri Demare
185	RÉMY JACQUES	RÉMY JACQUES	1882		Pierre et Paul	Henri Demare
186	ÉMILE JULLIEN	ÉMILE JULLIEN	1882		Pierre et Paul	Henri Demare
187	ALFRED LETELLIER	ALFRED LETELLIER	1882		Pierre et Paul	Henri Demare
188	AUGUSTE SCHEURER-KESTNER	SCHEURER-KESTNER	1882		Pierre et Paul	Henri Demare
189	JEAN FORNÉ	FORNÉ	1882		Pierre et Paul	Henri Demare
190	ARMAND LÉVY	ARMAND LÉVY	1882		Pierre et Paul	Henri Demare
191	EUGÈNE RIU	LE COLONEL RIU	1882		Pierre et Paul	Henri Demare
192	ÉMILE MARTIN-LANDELLE	MARTIN-LANDELLE	1882		Pierre et Paul	Henri Demare
193	EUGÈNE TÉNOT	EUGÈNE TÉNOT	1882		Pierre et Paul	Henri Demare
194	ERNEST BLUM	ERNEST BLUM	1882		Pierre et Paul	Henri Demare
195	JACQUES SONGEON	SONGEON	1882		Pierre et Paul	Henri Demare
196	ÉMILE VILLENEUVE	VILLENEUVE	1882		Pierre et Paul	Henri Demare
197	THÉOPHILE MARCOU	MARCOU	1882		Pierre et Paul	Henri Demare
198	HONORÉ PONTOIS	H. PONTOIS	1882		Pierre et Paul	Henri Demare
199	NOËL MADIER DE MONTJAU	MADIER-MONTJAU	1882		Pierre et Paul	Henri Demare
200	HENRI DEMARE	H. DEMARE	1882		Pierre et Paul	Henri Demare
201	LOUIS BIZARELLI	BIZARELLI	1882		Pierre et Paul	Henri Demare
202	ÉMILE CORRA	ÉMILE CORRA	1882		Pierre et Paul	Henri Demare
203	CATULLE MENDÈS	CATULLE MENDÈS	1882		Pierre et Paul	Henri Demare
204	CÉSAR BERTHOLON	BERTHOLON	1882		Pierre et Paul	Henri Demare
205	ALBERT REGNARD	ALBERT REGNARD	1882		Pierre et Paul	Henri Demare
206	JEAN DESTREM	JEAN DESTREM	1882		Pierre et Paul	Henri Demare
207	SEXTIUS MICHEL	SEXTIUS MICHEL	1882		Pierre et Paul	Henri Demare
208	ERNEST FIGUREY	ERNEST FIGUREY	1882		Pierre et Paul	Henri Demare
209	LOUIS AMIABLE	LOUIS AMIABLE	1882		Pierre et Paul	Henri Demare
210	JOSEPH MANIER	MANIER	1882		Pierre et Paul	Henri Demare
211	DANIEL WILSON	DANIEL WILSON	1882		Pierre et Paul	Henri Demare
212	JULES CLÈRE	JULES CLÈRE	1882		Pierre et Paul	Henri Demare

号数	本書人名表記	原本人名表記	推定発行年 日付	テキスト	イラスト
213	ÉMILE ACOLLAS	ÉMILE ACOLLAS	1882	Pierre et Paul	Henri Demare
214	AUGUSTIN CHALLAMEL	AUGUSTIN CHALLAMEL	1882	Pierre et Paul	Henri Demare
215	CHARLES-ALFRED DE JANZÉ	DE JANZÉ	1882-1883	Pierre et Paul	Henri Demare
216	JACQUES-CHARLES CURÉ	J.-CH. CURÉ	1882-1883	Pierre et Paul	Henri Demare
217	EDMOND TIERSOT	TIERSOT	1882-1883	Pierre et Paul	Henri Demare
218	ÉMILE GIRODET	GIRODET	1882-1883	Pierre et Paul	Henri Demare
219	PAUL VIGUIER	PAUL VIGUIER	1882-1883	Pierre et Paul	Henri Demare
220	FRÉDÉRIC DESMONS	DESMONS	1882-1883	Pierre et Paul	Henri Demare
221	JEAN-CLAUDE COLFAVRU	COLFAVRU	1882-1883	Pierre et Paul	Henri Demare
222	PAUL FÉAU	FÉAU	1882-1883	Pierre et Paul	Henri Demare
223	MARIE-LOUISE GAGNEUR	MADAME M.-L. GAGNEUR	1882-1883	Pierre et Paul	A. Dreux
224	FÉLIX RÉGAMEY	FÉLIX RÉGAMEY	1882-1883	Pierre et Paul	Frédéric Régamey
225	JEAN-FRANÇOIS TRÉBOIS	TRÉBOIS	1882-1883	Pierre et Paul	A. Dreux
226	J.-A. MANCEL	MANCEL	1883	Pierre et Paul	Henri Demare
227	EUGÈNE CHEVREUL	MICHEL-EUGÈNE CHEVREUL	1885?	Pierre et Paul	Boquillon Bridet
228	GABRIEL COMPAYRÉ	GABRIEL COMPAYRÉ	1884-1885	Pierre et Paul	Henri Demare
229	GEORGES BOULANGER	LE GÉNÉRAL BOULANGER	1883	Pierre et Paul	Henri Demare
230	AMÉDÉE COURBET	AMIRAL COURBET	1885	Pierre et Paul	Boquillon Bridet
231	ROSÉLIA ROUSSEIL	ROSÉLIA ROUSSEIL	1885	Pierre et Paul	André Gill
232	DRANER	DRANER	1885	Pierre et Paul	Boquillon Bridet
233	GEORGES OHNET	GEORGES OHNET	1885	Pierre et Paul	Boquillon Bridet
234	LOUIS FAIDHERBE	LE GÉNÉRAL FAIDHERBE	1885	Pierre et Paul	Coll-Toc
235	PAUL BERT	PAUL BERT	1885	Pierre et Paul	Coll-Toc
236	HIPPOLYTE MAZE	HIPPOLYTE MAZE	1885	Pierre et Paul	Coll-Toc
237	ADOLPHE MAUJAN	A. MAUJAN	1885	Pierre et Paul	Coll-Toc
238	PAUL DÉROULÈDE	PAUL DÉROULÈDE	1885	Pierre et Paul	Coll-Toc
239	MAURICE ROUVIER	MAURICE ROUVIER	1885	Pierre et Paul	Coll-Toc
240	VICTOR DURUY	VICTOR DURUY	1885	Pierre et Paul	Coll-Toc
241	LECONTE DE LISLE	LECONTE DE LISLE	1885	Paul Verlaine	Coll-Toc
242	JULES BOBILLOT	LE SERGENT BOBILLOT	1885	Pierre et Paul	Émile Cohl
243	FRANÇOIS COPPÉE	FRANÇOIS COPPÉE	1885	Paul Verlaine	Émile Cohl
244a	PAUL VERLAINE	PAUL VERLAINE	1886	Pierre et Paul	Émile Cohl
b	PAUL VERLAINE	PAUL VERLAINE	再版	Paul Verlaine	Émile Cohl
245	ERNEST COQUELIN	COQUELIN CADET	1886	Pierre et Paul	Émile Cohl
246	GUY DE MAUPASSANT	GUY DE MAUPASSANT	1886	Pierre et Paul	Coll-Toc
247	HILARION BALLANDE	H. BALLANDE	1886	Pierre et Paul	Émile Cohl
248	CHARLES DE FREYCINET	DE FREYCINET	1886	Pierre et Paul	Émile Cohl
249	HENRI DE BORNIER	HENRI DE BORNIER	1886	Pierre et Paul	André Gill
250	ERNEST RENAN	ERNEST RENAN	1886	Pierre et Paul	Émile Cohl
251	ÉMILE AUGIER	ÉMILE AUGIER	1886	Pierre et Paul	Émile Cohl
252	HENRY BUGUET	HENRY BUGUET	1886	Pierre et Paul	Alfred Choubrac
253	FRANÇOIS CANROBERT	MARÉCHAL CANROBERT	1886	Pierre et Paul	Coll-Toc
254	ALEXANDRE DUMAS (FILS)	ALEXANDRE DUMAS FILS	1886	Pierre et Paul	Émile Cohl
255	HENRY LITOLFF	LITOLFF	1886	Pierre et Paul	Coll-Toc
256	ARMAND DESPRÉS	DOCTEUR A. DESPRÉS	1886	Pierre et Paul	Coll-Toc
257	FRÉDÉRIC PASSY	FRÉDÉRIC PASSY	1886	Pierre et Paul	Coll-Toc
258	AUGUSTE DE VILLIERS DE L'ISLE-ADAM	VILLIERS DE L'ISLE-ADAM	1886	Paul Verlaine	Coll-Toc
259	MARIUS FONTANE	MARIUS FONTANE	1886	Pierre et Paul	Alfred Choubrac
260	FRANCIS MAGNARD	FRANCIS MAGNARD	1886	Pierre et Paul	Coll-Toc
261	GASTON DE GALLIFFET	LE GÉNÉRAL DE GALLIFFET	1886	Pierre et Paul	Job
262	HENRI MICHELIN	MICHELIN	1886	L. Bréchemin	Coll-Toc
263	JORIS-KARL HUYSMANS	J. K. HUYSMANS	1886	A. Meunier [J.-K. Huysmans]	Coll-Toc
264	JULES BÉCLARD	LE PROFESSEUR J. BÉCLARD	1886	Pierre et Paul	Roc
265	ARMAND SILVESTRE	ARMAND SILVESTRE	1886	Paul Verlaine	Coll-Toc

号数	本書人名表記	原本人名表記	推定発行年 日付	テキスト	イラスト
266	ÉDOUARD HERVÉ	ÉDOUARD HERVÉ	1886	Pierre et Paul	Émile Cohl
267	ALPHONSE LEMERRE	ALPHONSE LEMERRE	1886	Pierre et Paul	Job
268	JEAN MORÉAS	JEAN MORÉAS	1886	Félix Fénéon	Émile Cohl
269	JULES LERMINA	JULES LERMINA	1886	Pierre et Paul	Coll-Toc
270	PHILIPPE RICORD	DOCTEUR RICORD	1886	Pierre et Paul	Coll-Toc
271	MAURICE FAURE	MAURICE FAURE	1886	Pierre et Paul	Coll-Toc
272	LOUIS ANDRIEUX	L. ANDRIEUX	1886	Pierre et Paul	Coll-Toc
273	MATHIAS DUVAL	PROFESSEUR MATHIAS DUVAL	1886	Étienne Roc	Roc
274	EDMOND DE GONCOURT	EDMOND DE GONCOURT	1886	Paul Verlaine	Coll-Toc
275	JULES CHÉRET	JULES CHÉRET	1886	Pierre et Paul	Alfred Choubrac
276	DAUBRAY	DAUBRAY	1886	Pierre et Paul	Émile Cohl
277	ANTON RUBINSTEIN	RUBINSTEIN	1886	Pierre et Paul	Job
278	LÉON SAY	LÉON SAY	1886	Pierre et Paul	Émile Cohl
279	JEAN-BAPTISTE BILLOT	LE GÉNÉRAL BILLOT	1886	Pierre et Paul	Émile Cohl
280	JEAN RICHEPIN	JEAN RICHEPIN	1886	Paul Verlaine	Coll-Toc
281	LOUIS FIGUIER	LOUIS FIGUIER	1886	E. Armand	Émile Cohl
282	JULES BARBEY D'AUREVILLY	J. BARBEY D'AUREVILLY	1886	Paul Verlaine	Coll-Toc
283	FÉLIX-GUSTAVE SAUSSIER	LE GÉNÉRAL SAUSSIER	1886	Pierre et Paul	Coll-Toc
284	SULLY PRUDHOMME	SULLY-PRUDHOMME	1886	Paul Verlaine	Émile Cohl
285	PAUL BOURGET	PAUL BOURGET	1886	Jules Laforgue	Émile Cohl
286	PAUL GINISTY	PAUL GINISTY	1886	Pierre et Paul	Émile Cohl
287	LÉON DIERX	LÉON DIERX	1886	Paul Verlaine	Émile Cohl
288	ÉMILE COHL	ÉMILE COHL	1886	Pierre et Paul	Uzès
289	PIERRE SAVORGNAN DE BRAZZA	SAVORGNAN DE BRAZZA	1886	Pierre et Paul	Manuel Luque
290	LÉON LABBÉ	DOCTEUR LÉON LABBÉ	1886	Pierre et Paul	Alfred Choubrac
291	JOSÉPHIN SOULARY	JOSÉPHIN SOULARY	1886	Charles Pitou	Manuel Luque
292	ÉMILE BERGERAT	ÉMILE BERGERAT	1886	Paul Belon	H. Reboul
293	HECTOR GIACOMELLI	HECTOR GIACOMELLI	1886-1887	Charles Pitou	Émile Cohl
294	JOHN GRAND-CARTERET	JOHN GRAND-CARTERET	1886-1887	Charles Pitou	Coll-Toc
295	MAURICE MAC-NAB	MAURICE MAC-NAB	1887	Pierre et Paul	Fernand Fau
296	STÉPHANE MALLARMÉ	STÉPHANE MALLARMÉ	1887	Paul Verlaine	Manuel Luque
297	J.-ÉMILE LABADIE	J. ÉMILE LABADIE	1887	Pierre et Paul	Émile Cohl
298	JULES LAFORGUE	JULES LAFORGUE	1887	Gustave Kahn	Émile Laforgue
299	ERNEST MAINDRON	ERNEST MAINDRON	1887	H. B. Jean Coudray	Jules Chéret
300	CHARLES VIGNIER	CHARLES VIGNIER	1887	Félix Fénéon	M. Reymond
301	ÉDOUARD DRUMONT	ÉDOUARD DRUMONT	1887	E. Armand	Manuel Luque
302	ARTHUR MEYER	ARTHUR MEYER	1887	Pierre et Paul	Manuel Luque
303	MAURICE ROLLINAT	MAURICE ROLLINAT	1887	Paul Verlaine	Émile Cohl
304	PAUL ADAM	PAUL ADAM	1887	Gustave Kahn	Zed
305	AUGUSTE BARTHOLDI	BARTHOLDI	1887	E. Armand	Manuel Luque
306	EDMOND BENOÎT-LÉVY	EDMOND BENOIT-LÉVY	1887	Pierre et Paul	Émile Cohl
307	JULES LEMAÎTRE	JULES LEMAITRE	1887	Jules Tellier	Manuel Luque
308	ANATOLE CERFBERR JULES CHRISTOPHE	JULES CHRISTOPHE ET ANATOLE CERFBERR	1887	Félix Fénéon	Albert Dubois-Pillet
309	FRANÇOIS BIDEL	BIDEL	1887	Pierre et Paul	Coll-Toc
310	JULES BARIC	JULES BARIC	1887	Pierre et Paul	Craïb [Jules Baric]
311	GUSTAVE NADAUD	GUSTAVE NADAUD	1887	Pierre et Paul	André Gill
312	CHARLES GILBERT-MARTIN	GILBERT-MARTIN	1887	Charles Pitou	Coll-Toc
313	CHARLES GARNIER	CHARLES GARNIER	1887	Maurice Guillemot	Manuel Luque
314	LÉON HENNIQUE	LÉON HENNIQUE	1887	A.Meunier [J.-K. Huysmans]	Manuel Luque
315	FRÉDÉRIC III	LE KRONPRINZ	1887-1888	Pierre et Paul	Manuel Luque
316	CAMILLE DOUCET	CAMILLE DOUCET	1887-1888	Armand Lods	Manuel Luque
317	FÉLIX PYAT	FÉLIX PYAT	1888	Anatole Cerfberr	Manuel Luque
318	ARTHUR RIMBAUD	ARTHUR RIMBAUD	1888	Paul Verlaine	Manuel Luque
319	JULES MASSENET	J. MASSENET	1888	E. Armand	Manuel Luque

号数	本書人名表記	原本人名表記	推定発行年	日付	テキスト	イラスト
320	LÉON VANIER	LÉON VANIER	1888		Paul Verlaine	Manuel Luque
321	GUILLAUME Ier	GUILLAUME Ier	1888		Pierre et Paul	Manuel Luque
322	ADOLPHE WILLETTE	A. WILLETTE	1888		Pierre et Paul	Manuel Luque
323	PHILIPPE GILLE	PHILIPPE GILLE	1888		Paul Adam	Manuel Luque
324	ANTOINE GUILLEMET	ANTOINE GUILLEMET	1888		Félicien Champsaur	Manuel Luque
325	ALFRED RICHET	LE PROFESSEUR RICHET	1888		Pierre et Paul	Manuel Luque
326	FRANCIS VIELÉ-GRIFFIN	FRANCIS VIELÉ-GRIFFIN	1888		Pierre et Paul	Manuel Luque
327	FÉLICIEN CHAMPSAUR	FÉLICIEN CHAMPSAUR	1888		Jean Moréas et Frédéric Loliée	Émile Cohl
328	JEHAN SARRAZIN	JEHAN SARRAZIN	1888		Saint-Valery	George Auriol
329	HYACINTHE LOYSON	LE PÈRE HYACINTHE LOYSON	1888		E. Armand	Manuel Luque
330	ERNEST GRENET-DANCOURT	GRENET-DANCOURT	1888		Émile Goudeau	Émile Cohl
331	PIERRE LOTI	PIERRE LOTI	1888		Paul Pupat	H. Reboul
332	ANATOLE BAJU	ANATOLE BAJU	1888		Paul Verlaine	Manuel Luque
333	ALFRED KOECHLIN-SCHWARTZ	ALFRED KŒCHLIN	1888		Pierre et Paul	Coll-Toc
334	ÉDOUARD PAILLERON	ÉDOUARD PAILLERON	1888		Maurice Guillemot	Manuel Luque
335	CHARLES CROS	CHARLES CROS	1888		Paul Verlaine	Manuel Luque
336	PAUL ALEXIS	PAUL ALEXIS	1888		Anatole Cerfberr	Manuel Luque
337	SADI CARNOT	LE PRÉSIDENT CARNOT	1888		Pierre et Paul	Manuel Luque
338	RENÉ GHIL	RENÉ GHIL	1888		Paul Verlaine	Manuel Luque
339	EDMOND GONDINET	EDMOND GONDINET	1888		Maurice Guillemot	Manuel Luque
340	MAURICE BARRÈS	MAURICE BARRÈS	1888		Jean Moréas	Alexis Axilette
341	ANDRÉ ANTOINE	ANDRÉ ANTOINE	1888		Désiré Luc	Désiré Luc
342	HENRI DE RÉGNIER	HENRI DE REGNIER	1888-1889		Pierre et Paul	Manuel Luque
343	JEAN-MARTIN CHARCOT	LE PROFESSEUR CHARCOT	1888-1889		Pont-Calé	Manuel Luque
344	ERNEST REYER	ERNEST REYER	1888-1889		René de Lopitau	Manuel Luque
345	EDMOND JURIEN DE LA GRAVIÈRE	L'AMIRAL JURIEN DE LA GRAVIÈRE	1888-1889		Armand Lods	Manuel Luque
346	ANATOLE FRANCE	ANATOLE FRANCE	1888-1889		Paul Verlaine	Manuel Luque
347	CHARLES GOUNOD	CHARLES GOUNOD	1888-1889		René de Lopitau	Coll-Toc
348	ARISTIDE BRUANT	ARISTIDE BRUANT	1889		Pierre et Paul	Th.-A. Steinlen
349	THÉOPHILE-ALEXANDRE STEINLEN	STEINLEN	1889		Pierre et Paul	Jean Caillou [Th.-A. Steinlen]
350	GEORGES COURTELINE	GEORGES COURTELINE	1889		Pierre et Paul	Th.-A. Steinlen
351	GUSTAVE EIFFEL	GUSTAVE EIFFEL	1889		Pierre et Paul	Manuel Luque
352	CHARLES DE MAZADE	CHARLES DE MAZADE	1889		Pierre et Paul	Manuel Luque
353	LUDGER NABONNE	LUDGER NABONNE	1889		Pierre et Paul	Manuel Luque
354	JULES HABERT-DYS	J. HABERT-DYS	1889		Charles Pitou	Gil Baer
355	ROBERT DE LA VILLEHERVÉ	ROBERT DE LA VILLEHERVÉ	1889		Pierre et Paul	Manuel Luque
356	GIUSEPPE VERDI	GIUSEPPE VERDI	1889		René de Lopitau	Manuel Luque
357	NASER AL-DIN CHAH	LE SHAH DE PERSE	1889		Pierre et Paul	Manuel Luque
358	GEORGES BERGER	GEORGES BERGER	1889		Pierre et Paul	Manuel Luque
359	AMBROISE THOMAS	AMBROISE THOMAS	1889-1890		René de Lopitau	Manuel Luque
360	GUSTAVE KAHN	KAHN	1890		Félix Fénéon	Maximilien Luce
361	CAMILLE SAINT-SAËNS	CAMILLE SAINT-SAËNS	1890		René de Lopitau	Manuel Luque
362	ADOLPHE PERRAUD	MONSEIGNEUR PERRAUD	1890		Armand Lods	Manuel Luque
363	JULES-ÉMILE PÉAN	LE DOCTEUR PÉAN	1890		Pierre et Paul	Coll-Toc
364	ÉMILE GOUDEAU	ÉMILE GOUDEAU	1890		Camille de Sainte-Croix	Manuel Luque
365	ERNEST MEISSONIER	MEISSONIER	1890		Pierre et Paul	Manuel Luque
366	CAMILLE PISSARRO	CAMILLE PISSARO	1890		Georges Lecomte	Lucien Pissarro
367	LUCIEN DESCAVES	LUCIEN DESCAVES	1890		J.-K. Huysmans	H. Reboul
368	GEORGES SEURAT	GEORGES SEURAT	1890		Jules Christophe	Maximilien Luce
369	JOSÉPHIN PÉLADAN	JOSÉPHIN PÉLADAN	1890		George Montière	Alfred Le Petit
370	ALBERT DUBOIS-PILLET	DUBOIS-PILLET	1890		Jules Christophe	Albert Dubois-Pillet
371	LÉON XANROF	LÉON XANROF	1890		Pierre et Paul	B. Moloch
372	PHILIBERT AUDEBRAND	PHILIBERT AUDEBRAND	1890		Anatole Cerfberr	Alfred Le Petit

号数	本書人名表記	原本人名表記	推定発行年 日付	テキスト	イラスト
373	PAUL SIGNAC	SIGNAC	1890	Félix Féneon	Georges Seurat
374	JEAN AJALBERT	JEAN AJALBERT	1890	Gustave Geffroy	J.-F. Raffaëlli
375	CHARLES LE GOFFIC	CHARLES LE GOFFIC	1890	Charles Maurras	Gaston Noury
376	MAXIMILIEN LUCE	MAXIMILIEN LUCE	1890	Jules Christophe	Paul Signac
377	PAUL LÉONNEC	PAUL LÉONNEC	1890	Pierre et Paul	Manuel Luque
378	HIPPOLYTE BUFFENOIR	HIPPOLYTE BUFFENOIR	1890	Pierre et Paul	Émile Cohl
379	ALPHONSE KARR	ALPHONSE KARR	1890	Pierre et Paul	Émile Cohl
380	EDMOND FRÉMY	EDMOND FRÉMY	1890	Pierre et Paul	Manuel Luque
381	ALFRED LE PETIT	ALFRED LE PETIT	1890	Pierre et Paul	Alfred Le Petit
382	HENRY CÉARD	HENRY CÉARD	1890-1891	Lucien Muhlfeld	Manuel Luque
383	LOUIS LEGRAND	LOUIS LEGRAND	1890-1891	Pierre et Paul	Pierre et Paul
384	LOUIS VALLET	LOUIS VALLET	1891	Pierre et Paul	Sidney
385	LOUIS-XAVIER DE RICARD	LOUIS XAVIER DE RICARD	1891	Paul Verlaine	Manuel Luque
386	ODILON REDON	ODILON REDON	1891	Charles Morice	E. Schuffenecker
387	PAUL CÉZANNE	PAUL CÉZANNE	1891	Émile Bernard	Camille Pissaro
388	ÉDOUARD DUJARDIN	ÉDOUARD DUJARDIN	1891	Teodor de Wyzewa	Louis Anquetin
389	ÉMILE SCHUFFENECKER	E. SCHUFFENECKER	1891	Richard Ranft	Émile Bernard
390	VINCENT VAN GOGH	VINCENT VAN GOGH	1891	Émile Bernard	Émile Bernard
391	LAURENT TAILHADE	LAURENT TAILHADE	1891	Charles Vignier	Charles Léandre
392	CARAN D'ACHE	CARAN D'ACHE	1891	Pierre et Paul	Manuel Luque
393	CHARLES DIGUET	CHARLES DIGUET	1891	Émile Delaunay	Manuel Luque
394	HENRI CAZALIS	H. CAZALIS (JEAN LAHOR)	1891	R. G.	F.-A. Cazals
395	ÉMILE BLÉMONT	ÉMILE BLÉMONT	1891-1892	Anatole Cerfberr	F.-A. Cazals
396	ALBERT MÉRAT	ALBERT MÉRAT	1892	Paul Verlaine	F.-A. Cazals
397	PAUL DELMET	PAUL DELMET	1892	Pierre et Paul	Henricus
398	ANDRÉ LEMOYNE	ANDRÉ LEMOYNE	1892	Paul Verlaine	F.-A. Cazals
399	GEORGES LAFENESTRE	GEORGES LAFENESTRE	1892	Paul Verlaine	F.-A. Cazals
400	RAOUL PONCHON	RAOUL PONCHON	1892	Paul Verlaine	F.-A. Cazals
401	GABRIEL VICAIRE	GABRIEL VICAIRE	1892	Paul Verlaine	F.-A. Cazals
402	MANUEL LUQUE	MANUEL LUQUE	1892	Pierre et Paul	Manuel Luque
403	EUSEBIO BLASCO	EUSEBIO BLASCO	1892	Pierre et Paul	Manuel Luque
404	JACQUES MADELEINE	JACQUES MADELEINE	1892	Robert de La Villehervé	L.-Ch. Bombled
405	JOSÉ-MARIA DE HEREDIA	JOSÉ MARIA DE HEREDIA	1892	Paul Verlaine	F.-A. Cazals
406	ANDRÉ THEURIET	ANDRÉ THEURIET	1892	Paul Verlaine	Manuel Luque
407	HENRY SOMM	HENRY SOMM	1892	L. Roger-Milès	Henri de Toulouse- Lautrec
408	MAURICE DU PLESSYS	MAURICE DU PLESSYS	1892	Pierre et Paul, Anatole France et Jean Moréas	F.-A. Cazals
409	ZO D'AXA	d'Axa	1892	Lucien Descaves	Louis Anquetin
410	PAPUS	PAPUS	1892-1893	M. Haven	Louis Delfosse
411	JULES ROQUES	JULES ROQUES	1892-1893	Michel Zévaco	Oswald Heidbrinck
412	WILLY	WILLY	1893	Georges Lecomte	Fernand Fau
413	PIERRE TRIMOUILLAT	PIERRE TRIMOUILLAT	1893	Pierre et Paul	Fernand Fau
414	STUART MERRILL	STUART MERRILL	1893	Henri de Régnier	Albert E. Sterner
415	MARCEL LEGAY	MARCEL LEGAY	1893	Léon Durocher	Fernand Fau
416	JULES RENARD	JULES RENARD	1893	Alfred Vallette	Georges Smith
417	ADOLPHE RETTÉ	ADOLPHE RETTÉ	1893	Théodore de Bèze	Fernand Fau
418	PAUL VOGLER	PAUL VOGLER	1893-1894	Lucien Hubert	Henri Paillard
419	ALPHONSE OSBERT	ALPHONSE OSBERT	1893-1894	Albert Charpentier	H.-G. Ibels
420	JULES SIMON	JULES SIMON	1894	Pierre et Paul	Émile Cohl
421	FERDINAND LUNEL	F. LUNEL	1894	Pierre et Paul	Manuel Luque
422	LUDOVIC HALÉVY	LUDOVIC HALÉVY	1894	Pierre et Paul	Manuel Luque
423	ERNEST CHEBROUX	ERNEST CHEBROUX	1894	Pierre et Paul	Fernand Fau
424	FRANCIS POICTEVIN	FRANCIS POICTEVIN	1894	Paul Verlaine	Manuel Luque
425	EUGÈNE GRASSET	GRASSET	1894	Paul Berthon	Paul Berthon
426	EUGÈNE POUBELLE	POUBELLE	1894-1895	Pierre et Paul	Manuel Luque

号数	本書人名表記	原本人名表記	推定発行年	日付	テキスト	イラスト
427	ERNEST BONNEJOY	LE Dʳ BONNEJOY	1894-1895		Émile Schuffenecker	E. Schuffenecker
428	XAVIER PRIVAS	XAVIER PRIVAS	1894-1895		Pierre Trimouillat	Victor Tardieu
429	LUCIEN HUBERT	LUCIEN HUBERT	1894-1895		René Barjean	Fernand Fau
430	HENRI DE STA	H. DE STA	1894-1895		Léon Vanier	Manuel Luque
431	ÉMILE VERHAEREN	ÉMILE VERHAEREN	1894-1895		Francis Vielé-Griffin	Théo Van Rysselberghe
432	HENRI BLOWITZ	BLOWITZ	1894-1895		Pierre et Paul	Manuel Luque
433	EUGÈNE MURER	EUGÈNE MURER	1896		Jérôme Doucet	A. Andréas
434	MAURICE MAETERLINCK	MAURICE MAETERLINCK	1896		Camille Mauclair	Charles Doudelet
435	ÉMILE BOUCHER	ÉMILE BOUCHER	1896		George Auriol	Uzès
436	ALBERT COLLIGNON	ALBERT COLLIGNON	1896		Albert Tournier	Xileff [Félix Régamey]
437	JACQUES LE LORRAIN	JACQUES LE LORRAIN	1896		Jean Thorel	Eugène Guisard
438	RAYMOND THOLER	RAYMOND THOLER	1896		Léon Durocher	Charles Léandre
439	SAINT-GEORGES DE BOUHÉLIER	SAINT-GEORGES DE BOUHÉLIER	1896		Maurice Le Blond	Fabien Launay
440	PAUL GAUGUIN	PAUL GAUGUIN	1896		Charles Morice	E. Schuffenecker
441	ALFRED MORTIER	ALFRED MORTIER	1896		Charles Morice	Charles Léandre
442	ANTOINE GATTI	ANTOINE GATTI	1896-1897		A. Lenoël	Raymond Tholer
443	AUGUSTIN HAMON	A. HAMON	1896-1897		Whirlily	Couturier
444	JULES JOUY	JULES JOUY	1897		Pierre et Paul	Alfred Le Petit
445	MARS	MARS (Maurice Bonvoisin)	1897		Charles Donos	Bellone
446	VICTORIEN SARDOU	VICTORIEN SARDOU	1897		Paul et Pierre	Manuel Luque
447	LÉO CLARETIE	LÉO CLARETIE	1897	2-27	Ch. Mart	Albert Robida
448	ADELINA PATTI	ADELINA PATTI	1897	3-6	Pierre et Paul	Manuel Luque
449	TOM TIT	TOM TIT	1897	3-13	Ch. Mart	Albert Robida
450	VICTORIA	LA REINE D'ANGLETERRE	1897	3-20	Pierre et Paul	Manuel Luque
451	ALBERT ROBIDA	ALBERT ROBIDA	1897	3-27	Charles Donos	Émile Cohl
452	ALBERT GUILLAUME	ALBERT GUILLAUME	1897	4-3	Charles Donos	Émile Cohl
453	ERNEST LEGOUVÉ	ERNEST LEGOUVÉ de l'Académie française	1897		Léo Claretie	Manuel Luque
454	ERNEST FLAMMARION	ERNEST FLAMMARION	1897		Charles Donos	Émile Cohl
455	BERTHE DE MARSY	Mᵐᵉ BERTHE de MARSY	1897		Charles Donos	A. B...
456	EUGÈNE DAUPHIN	EUGÈNE DAUPHIN	1897		Charles Donos	Adrien Oursou
457	HENRI D'ORLÉANS	HENRI D'ORLÉANS duc d'Aumale	1897-1898		Pierre et Paul	Manuel Luque
458	HENRY MORTON STANLEY	Henri M. STANLEY	1897-1898		Ch. Mart	Manuel Luque
459	CHARLES FUSTER	CHARLES FUSTER	1897-1898		Pierre et Paul	Adrien Oursou
460	HENRI DE TOULOUSE-LAUTREC	DE TOULOUSE-LAUTREC	1897-1898		Charles Donos	Émile Cohl
461	STÉPHANE TARNIER	Le docteur TARNIER	1897-1898		Pierre et Paul	Manuel Luque
462	ABEL LETALLE	Abel LETALLE	1897-1898		Antoine Ricard	Manuel Luque
463	HENRY HOUSSAYE	HENRY HOUSSAYE	1897-1898		Pierre et Paul	Adrien Oursou
464	LÉON NOËL	LÉON NOEL	1898		Léon Maillard	Alfred Le Petit
465	EDMOND ROSTAND	EDMOND ROSTAND	1898		Charles Donos	Adrien Oursou
466	GABRIEL HANOTAUX	GABRIEL HANOTAUX	1898		Charles Donos	E.-A. Viriez
467	LÉON RIOTOR	LÉON RIOTOR	1898		Georges Denoinville	Paterne Berrichon
468	FRÉDÉRIC MONTENARD	FRÉDÉRIC MONTENARD	1898-1899		Charles Donos	Adrien Oursou
469	PAUL DESCHANEL	PAUL DESCHANEL	1899		Pierre et Paul	Alfred Le Petit

人名カタカナ索引

ア

アコラス、エミール 225
アジャルベール、ジャン 386
アダン、ジュリエット 130
アダン、ポール 316
アノトー、ガブリエル 478
アブー、エドモン 27
アベール=ディス、ジュール 366
アマガ、ルイ 194
アミアーブル、ルイ 221
アメル、エルネスト 38
アモン、オーギュスタン 455
アラン=タルジェ、フランソワ 77
アルヌー、アルチュール 109
アレヴィ、リュドヴィック 434
アレクシ、ポール 348
アレーヌ、ポール 67
アンジェラール、モーリス 149
アンドリュー、ルイ 284
アントワーヌ、アンドレ 353
アンベール、アルフォンス 74
アンリ・ドルレアン[オマール公] 469

イ

イザンベール、ギュスターヴ 176

ウ

ヴァクリ、オーギュスト 21
ヴァニエ、レオン 332
ヴァルデック=ルソー、ピエール 183
ヴァレ、ルイ 396
ヴァレス、ジュール 131
ヴィエット、ジュール 152
ヴィエレ=グリファン、フランシス 338
ヴィギエ、ポール 231
ヴィクトリア 462
ヴィケール、ガブリエル 413
ヴィニエ、シャルル 312
ヴィリ 424
ヴィリエ・ド・リラダン、オーギュスト・ド 270
ウィルソン、ダニエル 223
ヴィルヌーヴ、エミール 208
ヴィルヘルム1世 333
ヴィレット、アドルフ 334
ウィンプフェン、エマニュエル=フェリックス・ド 52
ヴェルハーレン、エミール 443
ヴェルディ、ジュゼッペ 368
ヴェルヌ、ジュール 135
ヴェルレーヌ、ポール 256
ヴェロン、ピエール 71
ヴォグレール、ポール 430
ヴォーコルベイユ、オーギュスト 57
ヴォーシェ、エマニュエル 60
ウーセ、アルセーヌ 86
ウーセ、アンリ 475

エ

エスコフィエ、アンリ 104
エッツェル、ピエール=ジュール 136
エッフェル、ギュスターヴ 363
エニック、レオン 326
エリソン、シャルル 124
エルヴェ、エドゥアール 278
エルクマン=シャトリアン 49
エレディア、ジョゼ=マリア・ド 417
エレディア、セベリアーノ・ド 125
エロルド、フェルディナン 70

オ

オヴラック、アベル 140
オージエ、エミール 263
オスベール、アルフォンス 431
オードゥブラン、フィリペール 384
オーネ、ジョルジュ 245
オーバネル、テオドール 72
オルディネール、ディオニス 173

カ

カサニャック、ポール・ド 26
カザリス、アンリ 406
カスタニャリ、ジュール=アントワーヌ 62
カステラニ、シャルル 91
カゾ、ジュール 141
カッス、ジェルマン 145
カデ、オーギュスト 187
ガティ、アントワーヌ 454
カティオ、フランソワ=グザヴィエ 193
カドル、エドゥアール 126
ガニュール、ヴラディミール 85
ガニュール、マリ=ルイーズ 235
カプール、ヴィクトル 24
カメカッス、エルネスト 159
カラン・ダッシュ 404
ガリバルディ、ジュゼッペ 36
ガリフェ、ガストン・ド 273
カール、アルフォンス 391
カルジャ、エティエンヌ 59
ガルニエ、シャルル 325
カルノー、サディ 349
カーン、ギュスターヴ 372
カンタグレル、フランソワ 112
カンタン、ルイ 66
ガンベッタ、レオン 17
カンロベール、フランソワ 265

キ

ギシャール、ヴィクトル 155
ギュイヨ、イヴ 58
ギュメ、アントワーヌ 336
キュレ、ジャック=シャルル 228
ギヨーム、アルベール 464
ギル、ルネ 350

ク

クサンロフ、レオン 383
グドー、エミール 376
グノー、シャルル 359
グラッセ、ウジェーヌ 437
クラデル、レオン 14
クラルティ、ジュール 47
クラルティ、レオ 459
グラン=カルトレ、ジョン 306
クリストフ、ジュール 320
クルトリーヌ、ジョルジュ 362
グルネ=ダンクール、エルネスト 342
クールベ、アメデ 242
グレヴァン、アルフレッド 29
グレヴィ、ジュール 37

グレボ、ルイ 103
クレマンソー、ジョルジュ 42
クレール、ジュール 224
クロ、シャルル 347
クロワゼット、ソフィ 28

ケ
ケクラン゠シュヴァルツ、アルフレッド 345

コ
ゴーギャン、ポール 452
コクラン、エルネスト 257
コクラン、コンスタン 15
コシュリ、アドルフ 113
ゴダン、ジャン゠バティスト゠アンドレ 184
コペ、フランソワ 255
コラ、エミール 214
コリニョン、アルベール 448
コール、エミール 300
コルファヴュ、ジャン゠クロード 233
コルボン、クロード゠アンティーム 96
ゴンクール、エドモン・ド 286
ゴンザレス、エマニュエル 123
ゴンディヌ、エドモン 351
コンペレ、ガブリエル 240

サ
サヴォルニャン・ド・ブラザ、ピエール 301
サラザン、ジュアン 340
サルセー、フランシスク 31
サルドゥ、ヴィクトリアン 458
サン゠サーンス、カミーユ 373
サン゠ジュネ 40

シ
シェレ、ジュール 287
ジニスティ、ポール 298
シニャック、ポール 385
シベケール、エドゥアール 55
シモン、ジュール 432
ジャコメリ、エクトル 305
ジャック、レミ 197
シャラメ、アルチュール 175
シャラメル、オーギュスタン 226
シャルコー、ジャン゠マルタン 355

シャルム、フランシス 165
シャルメル゠ラクール、ポール 34
ジャンゼ、シャルル゠アルフレッド・ド 227
シャンソール、フェリシアン 339
ジュイ、ジュール 456
シュヴルール、ウジェーヌ 239
シュフネッケル、エミール 401
シュブルー、エルネスト 435
シュリ・プリュドム 296
ジュリアン、エミール 198
ジュリアン・ド・ラ・グラヴィエール、エドモン 357
シュルシェール、ヴィクトル 61
シュレル゠ケストネル、オーギュスト 200
ジョベ゠デュヴァル、フェリックス 68
ショル、オーレリアン 18
ジラルダン、エミール・ド 23
ジル、アンドレ 22
ジル、フィリップ 335
シルヴェストル、アルマン 277
ジルベール゠マルタン、シャルル 324
ジロデ、エミール 230

ス
スゴンディニェ、アシール・ド 84
スタ、アンリ・ド 442
スタンラン、テオフィル゠アレクサンドル 361
スタンリー、ヘンリー・モートン 470
スピュレール、ウジェーヌ 50
スーラ、ジョルジュ 380
スーラリ、ジョゼファン 303

セ
セー、レオン 290
セアール、アンリ 394
セザンヌ、ポール 399
セルベール、アナトール 320

ソ
ソーシエ、フェリックス゠ギュスターヴ 295
ソニエール、ポール 129
ソム、アンリ 419
ゾラ、エミール 16

ソンジョン、ジャック 207

タ
タイヤード、ローラン 403
ダクサ、ゾ 421
タクシル、レオ 83
タランディエ、アルフレッド 144
タルニエ、ステファヌ 473

チ
チュリエ、アンリ 156
チュリニ、ジャン゠プラシッド 196
チュルケ、エドモン 92

テ
ディエルクス、レオン 299
ティエルソ、エドモン 229
ティオディエール、エドモン 168
ディゲ、シャルル 405
ティット、トム 461
デカーヴ、リュシアン 379
デシャネル、エミール 101
デシャネル、ポール 481
デストレム、ジャン 218
テノ、ウジェーヌ 205
デプレ、アルマン 268
デモン、フレデリック 232
デュ・プレシ、モーリス 420
デュヴァル、マティアス 285
デュジャルダン、エドゥアール 400
デュボワ゠ピエ、アルベール 382
デュマ（・フィス）、アレクサンドル 266
デュメーヌ 79
デュリュイ、ヴィクトル 252
デルヴィイ、エルネスト 117
デルメ、ポール 409
デルレード、ポール 250

ト
トゥシャトゥ 64
ドゥーセ、カミーユ 328
ドゥパッス、エクトル 146
ドゥマール、アンリ 212
ドゥラットル、ウジェーヌ 163
ドゥラブルース、リュシアン 162
トゥリエ、アンドレ 418
トゥールーズ゠ロートレック、アンリ・ド 472
ドゥレーム、マリア 115

ドゥロム、レオン　180
ドーデ、アルフォンス　35
ドーファン、ウジェーヌ　468
ドーブレ　288
トマ、アンブロワーズ　371
ドラネル　244
トラン、アンリ　118
トリムイヤ、ピエール　425
ドレオ、アモリ　192
トレボワ、ジャン=フランソワ　237
トレール、レモン　450

ナ

ナケ、アルフレッド　65
ナーセロッディーン・シャー　369
ナダール　20
ナドー、ギュスターヴ　323
ナドー、マルタン　97
ナボンヌ、リュジェ　365

ニ

ニコル、ポール　105

ノ

ノエル、レオン　476

ハ

パイユロン、エドゥアール　346
パシ、フレデリック　269
バジュ、アナトール　344
バジョ、シャルル　45
パッティ、アデリーナ　460
パピュス　422
バランド、イラリオン　259
バリック、ジュール　322
バルドゥ、アジェノール　32
バルトルディ、オーギュスト　317
パルフェ、ノエル　108
バルベ・ドールヴィイ、ジュール　294
バレス、モーリス　352
バロデ、デジレ　95
パン、オリヴィエ　76
バンヴィル、テオドール・ド　75

ヒ

ビアンヴニュ［トゥシャトゥ］、レオン　64
ビザレリ、ルイ　213

ピサロ、カミーユ　378
ピティエ、フランシス　94
ビデル、フランソワ　321
ピヤ、フェリックス　329
ビュジェ、アンリ　264
ビュフノワール、イポリット　390
ビヨ、ジャン=バティスト　291

フ

ファール、ジャン=ジョゼフ　99
ファルシ、ウジェーヌ　82
ファン・ゴッホ、フィンセント　402
フィギエ、ルイ　293
フィギュレ、エルネスト　220
ブーヴィエ、アレクシ　63
フェオ、ポール　234
フェデルブ、ルイ　246
フェリー、ジュール　48
ブーエリエ、サン=ジョルジュ・ド　451
フォール、モーリス　283
フォルネ、ジャン　201
フォンターヌ、マリユス　271
ブーシェ、エミール　447
ブーテイエ、ジュアン・ド　172
ブノワ=レヴィ、エドモン　318
ブーパン、ヴィクトル　51
プーベル、ウジェーヌ　438
フュステール、シャルル　471
ブラスコ、エウセビオ　415
ブラッドロー、チャールズ　174
フラマリオン、エルネスト　466
フラマリオン、カミーユ　121
ブラン、ルイ　25
ブーランジェ、ジョルジュ　241
フランス、アナトール　358
フランス、エクトル　89
ブランパン、ナルシス　102
プリヴァ、グザヴィエ　440
ブリソン、アンリ　106
フリードリヒ3世　327
ブリュアン、アリスティッド　360
ブルサン、エルフェージュ　98
ブールジェ、ポール　297
ブルヌヴィル、デジレ=マグロワール　169
ブルム、エルネスト　206
フレシネ、シャルル・ド　260
フレボー、シャルル　110
フレミ、エドモン　392

ブレモン、エミール　407
プーロ、ドゥニ　127
ブロヴィッツ、アンリ　444
フロケ、シャルル　39
プロート、マリオ　73

ヘ

ペアン、ジュール=エミール　375
ベクラール、ジュール　276
ペサール、エクトル　43
ペトロ、アルベール　158
ペラ、アルフォンス　122
ペラダン、ジョゼファン　381
ベール、ポール　247
ベルジェ、ジョルジュ　370
ベルジュラ、エミール　304
ベルタン、カミーユ　120
ベルトロン、セザール　216
ベルナール、サラ　19
ペロー、アドルフ　374

ホ

ボーキエ、シャルル　153
ボヌジョワ、エルネスト　439
ボヌメール、ウジェーヌ　133
ボビヨ、ジュール　254
ボルニエ、アンリ・ド　261
ポワクトヴァン、フランシス　436
ボワセ、シャルル　134
ポンション、ラウール　412
ポントワ、オノレ　210
ポンペリ、エドゥアール・ド　138

マ

マイヤール、ギヨーム　150
マザード、シャルル・ド　364
マーズ、イポリット　248
マスネ、ジュール　331
マセ、ジャン　56
マック=ナブ、モーリス　307
マディエ・ド・モンジョー、ノエル　211
マドレーヌ、ジャック　416
マニエ、ジョゼフ　222
マニャール、フランシス　272
マラルメ、ステファヌ　308
マルグ、レオン　181
マルクー、テオフィル　209
マルゲーヌ、カミーユ　143
マルシ、ベルト・ド　467

505

マルス 457
マルスーラン、アンリ 179
マルタン、アンリ 186
マルタン=ランデル、エミール 204
マルモッタン、ピエール 151
マレ、アンリ 167
マロ、エクトル 128
マンセル、J.=A. 238
マンデス、カチュール 215
マンドロン、エルネスト 311

ミ
ミシェル、セクスティユス 219
ミシュラン、アンリ 274
ミュレール、ウジェーヌ 445
ミヨー、エドゥアール 170

ム
ムニエ、ヴィクトル 116
ムーリス、ポール 190

メ
メイエル、アルチュール 314
メソニエ、エルネスト 377
メーテルランク、モーリス 446
メトラ、オリヴィエ 33
メノルヴァル、ウジェーヌ・ド 189
メラ、アルベール 408
メリル、スチュアート 426

モ
モージャン、アドルフ 249
モーパッサン、ギ・ド 258
モラン、アンドレ=サチュルナン 88
モルティエ、アルフレッド 453
モレアス、ジャン 280
モロー、マチュラン 195
モンスレ、シャルル 44
モンテイユ、エドガール 160
モントゥナール、フレデリック 480

ユ
ユイスマンス、ジョリス=カルル 275
ユゴー、ヴィクトル 13
ユーグ、クロヴィス 178
ユバール、ギュスターヴ 154

ユベール、リュシアン 441
ユルバック、ルイ 137
ユン、テオドール 132

ラ
ラ・ヴィルエルヴェ、ロベール・ド 367
ラ・フォルジュ、アナトール・ド 54
ラクルテル、アンリ・ド 157
ラクロワ、シジスモン 142
ラスパイユ、カミーユ 177
ラスパイユ、バンジャマン 90
ラネサン、ジャン=マリ・ド 147
ラバディ、J.=エミール 309
ラバニ、アンリ 164
ラビューズ、ジュスタン 161
ラフォルグ、ジュール 310
ラフォン、ジャン 166
ラフネートル、ジョルジュ 411
ラベ、レオン 302
ラボムレ、アンリ・ド 185
ラボルデール、アルチュール 188
ランク、アルチュール 46
ランボー、アルチュール 330

リ
リヴェ、ギュスターヴ 93
リオトール、レオン 479
リカール、ルイ=グザヴィエ・ド 397
リコール、フィリップ 282
リシェ、アルフレッド 337
リシェ、レオン 111
リシュパン、ジャン 292
リトルフ、アンリ 267
リトレ、エミール 30
リュ、ウジェーヌ 203
リュス、マクシミリアン 388
リュネル、フェルディナン 433

ル
ル・ゴフィック、シャルル 387
ル・プティ、アルフレッド 393
ル・ロラン、ジャック 449
ルーヴィエ、モーリス 251
ルグーヴェ、エルネスト 465
ルグラン、ルイ 395
ルーケ、マヌエル 414

ルゲ、マルセル 427
ルコック、シャルル 69
ルコント、アルフレッド 114
ルコント・ド・リール 253
ルーセイユ、ロゼリア 243
ルタル、アベル 474
ルテリエ、アルフレッド 199
ルドン、オディロン 398
ルナール、ジュール 428
ルナン、エルネスト 262
ルニャール、アルベール 217
ルビンシュテイン、アントン 289
ルフェーヴル、エルネスト 171
ルペール、シャルル 139
ルペルティエ、エドモン 119
ルメートル、ジュール 319
ルメール、アルフォンス 279
ルモワーヌ、アンドレ 410
ルリエーヴル、フェルディナン 191

レ
レイエル、エルネスト 356
レヴィ、アルマン 202
レヴィヨン、トニ 78
レオネック、ポール 389
レガメ、フェリックス 236
レザン、シャルル=アンジュ 81
レセップス、フェルディナン・ド 53
レテ、アドルフ 429
レニエ、アンリ・ド 354
レルミナ、ジュール 281

ロ
ロシュフォール、アンリ 80
ロスタン、エドモン 477
ロティ、ピエール 343
ロック、ジュール 423
ロック・ド・フィヨル、テオクセーヌ 148
ロックロワ、エドゥアール 41
ロッシュ、ジュール 107
ロート、シャルル 100
ロビダ、アルベール 463
ローラン=ピシャ、レオン 87
ロリナ、モーリス 315
ロワイエ、クレマンス 182
ロワゾン、イヤサント 341

人名欧文索引

A

About, Edmond 27
Acollas, Émile 225
Adam, Juliette 130
Adam, Paul 316
Ajalbert, Jean 386
Alexis, Paul 348
Allain-Targé, François 77
Amagat, Louis 194
Amiable, Louis 221
Andrieux, Louis 284
Antoine, André 353
Arène, Paul 67
Arnould, Arthur 109
Aubanel, Théodore 72
Audebrand, Philibert 384
Augier, Émile 263
Axa, Zo d' 421

B

Baju, Anatole 344
Ballande, Hilarion 259
Banville, Théodore de 75
Barbey d'Aurevilly, Jules 294
Bardoux, Agénor 32
Baric, Jules 322
Barodet, Désiré 95
Barrès, Maurice 352
Bartholdi, Auguste 317
Beauquier, Charles 153
Béclard, Jules 276
Benoît-Lévy, Edmond 318
Berger, Georges 370
Bergerat, Émile 304
Bernhardt, Sarah 19
Bert, Paul 247
Bertholon, César 216
Bidel, François 321
Bienvenu [Touchatout], Léon 64
Billot, Jean-Baptiste 291
Bizarelli, Louis 213
Blanc, Louis 25
Blanpain, Narcisse 102
Blasco, Eusebio 415
Blémont, Émile 407
Blowitz, Henri 444

Blum, Ernest 206
Bobillot, Jules 254
Bonnejoy, Ernest 439
Bonnemère, Eugène 133
Bornier, Henri de 261
Boucher, Émile 447
Bouhélier, Saint-Georges de 451
Boulanger, Georges 241
Bourget, Paul 297
Bourneville, Désiré-Magloire 169
Boursin, Elphège 98
Bouteiller, Jehan de 172
Bouvier, Alexis 63
Boysset, Charles 134
Bradlaugh, Charles 174
Brisson, Henri 106
Bruant, Aristide 360
Buffenoir, Hippolyte 390
Buguet, Henry 264

C

Cadet, Auguste 187
Cadol, Édouard 126
Camescasse, Ernest 159
Canrobert, François 265
Cantagrel, François 112
Cantin, Louis 66
Capoul, Victor 24
Caran d'Ache 404
Carjat, Étienne 59
Carnot, Sadi 349
Cassagnac, Paul de 26
Casse, Germain 145
Castagnary, Jules-Antoine 62
Castellani, Charles 91
Cattiaux, François-Xavier 193
Cazalis, Henri 406
Cazot, Jules 141
Céard, Henry 394
Cerfberr, Anatole 320
Cézanne, Paul 399
Chalamet, Arthur 175
Challamel, Augustin 226
Challemel-Lacour, Paul 34
Champsaur, Félicien 339
Charcot, Jean-Martin 355

Charmes, Francis 165
Chebroux, Ernest 435
Chéret, Jules 287
Chevreul, Eugène 239
Christophe, Jules 320
Cladel, Léon 14
Claretie, Jules 47
Claretie, Léo 459
Clemenceau, Georges 42
Clère, Jules 224
Cochery, Adolphe 113
Cohl, Émile 300
Colfavru, Jean-Claude 233
Collignon, Albert 448
Compayré, Gabriel 240
Coppée, François 255
Coquelin, Constant 15
Coquelin, Ernest 257
Corbon, Claude-Anthime 96
Corra, Émile 214
Courbet, Amédée 242
Courteline, Georges 362
Croizette, Sophie 28
Cros, Charles 347
Curé, Jacques-Charles 228

D

Daubray 288
Daudet, Alphonse 35
Dauphin, Eugène 468
Delabrousse, Lucien 162
Delattre, Eugène 163
Delhomme, Léon 180
Delmet, Paul 409
Demare, Henri 212
Depasse, Hector 146
Deraismes, Maria 115
Déroulède, Paul 250
Descaves, Lucien 379
Deschanel, Émile 101
Deschanel, Paul 481
Desmons, Frédéric 232
Després, Armand 268
Destrem, Jean 218
Dierx, Léon 299
Diguet, Charles 405

507

Doucet, Camille   328
Draner   244
Dréo, Amaury   192
Drumont, Édouard   313
Du Plessys, Maurice   420
Dubois-Pillet, Albert   382
Dujardin, Édouard   400
Dumaine   79
Dumas (fils), Alexandre   266
Duruy, Victor   252
Duval, Mathias   285

E

Eiffel, Gustave   363
Engelhard, Maurice   149
Erckmann-Chatrian   49
Escoffier, Henri   104

F

Faidherbe, Louis   246
Farcy, Eugène   82
Farre, Jean-Joseph   99
Faure, Maurice   283
Féau, Paul   234
Ferry, Jules   48
Figuier, Louis   293
Figurey, Ernest   220
Flammarion, Camille   121
Flammarion, Ernest   466
Floquet, Charles   39
Fontane, Marius   271
Forné, Jean   201
France, Anatole   358
France, Hector   89
Frébault, Charles   110
Frédéric III   327
Frémy, Edmond   392
Freycinet, Charles de   260
Fuster, Charles   471

G

Gagneur, Marie-Louise   235
Gagneur, Wladimir   85
Galliffet, Gaston de   273
Gambetta, Léon   17
Garibaldi, Giuseppe   36
Garnier, Charles   325
Gatti, Antoine   454
Gauguin, Paul   452
Ghil, René   350

Giacomelli, Hector   305
Gilbert-Martin, Charles   324
Gill, André   22
Gille, Philippe   335
Ginisty, Paul   298
Girardin, Émile de   23
Girodet, Émile   230
Godin, Jean-Baptiste-André   184
Goncourt, Edmond de   286
Gondinet, Edmond   351
Gonzalès, Emmanuel   123
Goudeau, Émile   376
Gounod, Charles   359
Grand-Carteret, John   306
Grasset, Eugène   437
Grenet-Dancourt, Ernest   342
Greppo, Louis   103
Grévin, Alfred   29
Grévy, Jules   37
Guichard, Victor   155
Guillaume Iᵉʳ   333
Guillaume, Albert   464
Guillemet, Antoine   336
Guyot, Yves   58

H

Habert-Dys, Jules   366
Halévy, Ludovic   434
Hamel, Ernest   38
Hamon, Augustin   455
Hanotaux, Gabriel   478
Hennique, Léon   326
Henri d'Orléans [duc d'Aumale]   469
Heredia, José-Maria de   417
Heredia, Severiano de   125
Hérisson, Charles   124
Hérold, Ferdinand   70
Hervé, Édouard   278
Hervilly, Ernest d'   117
Hetzel, Pierre-Jules   136
Houssaye, Arsène   86
Houssaye, Henry   475
Hovelacque, Abel   140
Hubbard, Gustave   154
Hubert, Lucien   441
Hugo, Victor   13
Hugues, Clovis   178
Humbert, Alphonse   74
Huysmans, Joris-Karl   275

I

Isambert, Gustave   176

J

Jacques, Rémy   197
Janzé, Charles-Alfred de   227
Jobbé-Duval, Félix   68
Jouy, Jules   456
Jullien, Émile   198
Jung, Théodore   132
Jurien de la Gravière, Edmond   357

K

Kahn, Gustave   372
Karr, Alphonse   391
Koechlin-Schwartz, Alfred   345

L

La Forge, Anatole de   54
La Villehervé, Robert de   367
Labadie, J.-Émile   309
Labbé, Léon   302
Labordère, Arthur   188
Labuze, Justin   161
Lacretelle, Henri de   157
Lacroix, Sigismond   142
Lafenestre, Georges   411
Lafont, Jean   166
Laforgue, Jules   310
Laisant, Charles-Ange   81
Lanessan, Jean-Marie de   147
Lapommeraye, Henri de   185
Laurent-Pichat, Léon   87
Lauth, Charles   100
Le Goffic, Charles   387
Le Lorrain, Jacques   449
Le Petit, Alfred   393
Lecocq, Charles   69
Leconte de Lisle   253
Leconte, Alfred   114
Lefèvre, Ernest   171
Legay, Marcel   427
Legouvé, Ernest   465
Legrand, Louis   395
Lelièvre, Ferdinand   191
Lemaître, Jules   319
Lemerre, Alphonse   279
Lemoyne, André   410
Léonnec, Paul   389
Lepelletier, Edmond   119

Lepère, Charles 139
Lermina, Jules 281
Lesseps, Ferdinand de 53
Letalle, Abel 474
Letellier, Alfred 199
Lévy, Armand 202
Litolff, Henry 267
Littré, Émile 30
Lockroy, Édouard 41
Loti, Pierre 343
Loyson, Hyacinthe 341
Luce, Maximilien 388
Lunel, Ferdinand 433
Luque, Manuel 414

M

Macé, Jean 56
Mac-Nab, Maurice 307
Madeleine, Jacques 416
Madier de Montjau, Noël 211
Maeterlinck, Maurice 446
Magnard, Francis 272
Maillard, Guillaume 150
Maindron, Ernest 311
Mallarmé, Stéphane 308
Malot, Hector 128
Mancel, J.-A. 238
Manier, Joseph 222
Marcou, Théophile 209
Maret, Henry 167
Margaine, Camille 143
Margue, Léon 181
Marmottan, Pierre 151
Mars 457
Marsoulan, Henry 179
Marsy, Berthe de 467
Martin, Henri 186
Martin-Landelle, Émile 204
Massenet, Jules 331
Maujan, Adolphe 249
Maupassant, Guy de 258
Mazade, Charles de 364
Maze, Hippolyte 248
Meissonier, Ernest 377
Mendès, Catulle 215
Ménorval, Eugène de 189
Mérat, Albert 408
Merrill, Stuart 426
Métra, Olivier 33
Meunier, Victor 116

Meurice, Paul 190
Meyer, Arthur 314
Michel, Sextius 219
Michelin, Henri 274
Millaud, Édouard 170
Monselet, Charles 44
Monteil, Edgar 160
Montenard, Frédéric 480
Moréas, Jean 280
Moreau, Mathurin 195
Morin, André-Saturnin 88
Mortier, Alfred 453
Murer, Eugène 445

N

Nabonne, Ludger 365
Nadar 20
Nadaud, Gustave 323
Nadaud, Martin 97
Naquet, Alfred 65
Naser al-Din Chah 369
Nicole, Paul 105
Noël, Léon 476

O

Ohnet, Georges 245
Ordinaire, Dionys 173
Osbert, Alphonse 431

P

Pailleron, Édouard 346
Pain, Olivier 76
Pajot, Charles 45
Papus 422
Parfait, Noël 108
Passy, Frédéric 269
Patti, Adelina 460
Péan, Jules-Émile 375
Péladan, Joséphin 381
Pelletan, Camille 120
Perraud, Adolphe 374
Pessard, Hector 43
Pétrot, Albert 158
Peyrat, Alphonse 122
Pissarro, Camille 378
Pittié, Francis 94
Poictevin, Francis 436
Pompéry, Édouard de 138
Ponchon, Raoul 412
Pontois, Honoré 210

Poubelle, Eugène 438
Poulot, Denis 127
Poupin, Victor 51
Privas, Xavier 440
Proth, Mario 73
Pyat, Félix 329

R

Rabagny, Henri 164
Ranc, Arthur 46
Raspail, Benjamin 90
Raspail, Camille 177
Redon, Odilon 398
Régamey, Félix 236
Regnard, Albert 217
Régnier, Henri de 354
Renan, Ernest 262
Renard, Jules 428
Retté, Adolphe 429
Révillon, Tony 78
Reyer, Ernest 356
Ricard, Louis-Xavier de 397
Richepin, Jean 292
Richer, Léon 111
Richet, Alfred 337
Ricord, Philippe 282
Rimbaud, Arthur 330
Riotor, Léon 479
Riu, Eugène 203
Rivet, Gustave 93
Robida, Albert 463
Roche, Jules 107
Rochefort, Henri 80
Rollinat, Maurice 315
Roque de Fillol, Théoxène 148
Roques, Jules 423
Rostand, Edmond 477
Rousseil, Rosélia 243
Rouvier, Maurice 251
Royer, Clémence 182
Rubinstein, Anton 289

S

Saint-Genest 40
Saint-Saëns, Camille 373
Sarcey, Francisque 31
Sardou, Victorien 458
Sarrazin, Jehan 340
Saunière, Paul 129
Saussier, Félix-Gustave 295

Savorgnan de Brazza, Pierre 301
Say, Léon 290
Scheurer-Kestner, Auguste 200
Schœlcher, Victor 61
Scholl, Aurélien 18
Schuffenecker, Émile 401
Secondigné, Achille de 84
Seurat, Georges 380
Siebecker, Édouard 55
Signac, Paul 385
Silvestre, Armand 277
Simon, Jules 432
Somm, Henry 419
Songeon, Jacques 207
Soulary, Joséphin 303
Spuller, Eugène 50
Sta, Henri de 442
Stanley, Henry Morton 470
Steinlen, Théophile-Alexandre 361
Sully Prudhomme 296

T

Tailhade, Laurent 403
Talandier, Alfred 144
Tarnier, Stéphane 473
Taxil, Léo 83
Ténot, Eugène 205

Theuriet, André 418
Thiaudière, Edmond 168
Tholer, Raymond 450
Thomas, Ambroise 371
Thulié, Henri 156
Tiersot, Edmond 229
Tit, Tom 461
Tolain, Henri 118
Touchatout 64
Toulouse-Lautrec, Henri de 472
Trébois, Jean-François 237
Trimouillat, Pierre 425
Turigny, Jean-Placide 196
Turquet, Edmond 92

U

Ulbach, Louis 137

V

Vacquerie, Auguste 21
Vallès, Jules 131
Vallet, Louis 396
Van Gogh, Vincent 402
Vanier, Léon 332
Vauchez, Emmanuel 60
Vaucorbeil, Auguste 57
Verdi, Giuseppe 368
Verhaeren, Émile 443

Verlaine, Paul 256
Verne, Jules 135
Véron, Pierre 71
Vicaire, Gabriel 413
Victoria 462
Vielé-Griffin, Francis 338
Viette, Jules 152
Vignier, Charles 312
Viguier, Paul 231
Villeneuve, Émile 208
Villiers de L'Isle-Adam, Auguste de 270
Vogler, Paul 430

W

Waldeck-Rousseau, Pierre 183
Willette, Adolphe 334
Willy 424
Wilson, Daniel 223
Wimpffen, Emmanuel-Félix de 52

X

Xanrof, Léon 383

Z

Zola, Émile 16

［著者紹介］

鹿島 茂（かしま しげる）
1949年生まれ。東京大学大学院人文科学研究科博士課程修了。共立女子大学を経て、明治大学国際日本学部教授。19世紀フランスの古書・稀覯書コレクターとしても有名。
主要著書：『馬車が買いたい！』（白水社、サントリー学芸賞）、『子供より古書が大事と思いたい』（青土社、講談社エッセイ賞）、『職業別パリ風俗』（白水社、読売文学賞）、『成功する読書日記』（文藝春秋、毎日書評賞）、『愛書狂』（角川春樹事務所、コンラッド・ゲスナー賞）、『文学的パリガイド』（日本放送出版協会）、『怪帝ナポレオンIII世』（講談社）、『モンマルトル風俗事典』（白水社）ほか多数。

倉方 健作（くらかた けんさく）
1975年生まれ。パリ第四大学DEA取得。東京大学大学院人文社会系研究科博士課程単位取得満期退学。日本学術振興会特別研究員を経て、ポール・ヴェルレーヌに関する論文で2010年に博士号取得。現在、東京理科大学ほか講師。

カリカチュアでよむ　19世紀末フランス人物事典

印　刷	2013年5月20日
発　行	2013年6月10日
著　者　©	鹿島　茂
©	倉方　健作
発行者	及川直志
印刷・製本所	大日本印刷株式会社
発行所	株式会社白水社
	〒101-0052 東京都千代田区神田小川町3の24
	電話 03-3291-7811（営業部）, 7821（編集部）
	振替 00190-5-33228
	http://www.hakusuisha.co.jp

乱丁・落丁本は、送料小社負担にてお取り替えいたします。

ISBN978-4-560-08283-6
Printed in Japan

▷本書のスキャン、デジタル化等の無断複製は著作権法上での例外を除き禁じられています。本書を代行業者等の第三者に依頼してスキャンやデジタル化することはたとえ個人や家庭内での利用であっても著作権法上認められていません。

白水社

[新版] 馬車が買いたい！
鹿島 茂 著

十九世紀小説に登場するパリの風俗・世相を豊富な資料を駆使して描いた鹿島氏の代表作。図版・レイアウトを一新し、未収録の新たな原稿を加えた新版。サントリー学芸賞受賞作。

職業別 パリ風俗
鹿島 茂 著

法廷では弁護活動をしない「代訴人」、情報通の「門番女」、自営業としての「高級娼婦」……。バルザックやフロベールの小説に多く登場する"職業"の実態から、十九世紀社会に迫る。

モンマルトル風俗事典
鹿島 茂 著

十九世紀、モンマルトルに花開いたカフェ、キャバレーの数々……そこに渦巻く人間模様を生き生きと再現。この一冊で、あの小説もあの絵画も、ひと味ちがった楽しみかたができる！

文学は別解で行こう
鹿島 茂 著

プルーストには髭があるが、コクトーにないのはなぜか？『八十日間世界一周』は旅行小説ではない！ その他、印象派の「必然的貧乏」の解明など、汲めども尽きぬ鹿島ワールド！